KB153434

LG그룹
온라인 인적성검사

시대에듀

2024 하반기 시대에듀 All-New LG그룹 온라인 인적성검사 최신기출유형 + 모의고사 5회 + 무료LG특강

Always **with you**

사람의 인연은 길에서 우연하게 만나거나 함께 살아가는 것만을 의미하지는 않습니다.
책을 펴내는 출판사와 그 책을 읽는 독자의 만남도 소중한 인연입니다.
시대에듀는 항상 독자의 마음을 헤아리기 위해 노력하고 있습니다. 늘 독자와 함께하겠습니다.

자격증 · 공무원 · 금융/보험 · 면허증 · 언어/외국어 · 검정고시/독학사 · 기업체/취업
이 시대의 모든 합격! 시대에듀에서 합격하세요!
www.youtube.com → 시대에듀 → 구독

머리말 PREFACE

LG그룹은 1947년 첫걸음을 내딛은 이래 수많은 '국내 최초'를 만들어 내며 우리 생활의 발전과 경영 패러다임의 변화를 주도해 왔으며, 1995년 이름을 LG로 바꾸고 여러 계열사를 거느린 글로벌 기업으로 '제2의 도약'을 이루어냈다. 이제 LG그룹은 우리나라를 대표하는 기업으로 성장하여 내일을 향한 뜨거운 열정으로 1등 LG라는 목표를 달성하기 위해 '제3의 도약'을 시작하고 있다.

현재 LG그룹은 공채를 폐지하고 수시채용을 확대하여 계열사별로 필요에 따라 채용을 진행하고 있으며, 지원자가 업무에 필요한 역량을 갖추고 있는지를 평가하기 위해 인적성검사를 실시하여 회사와 직무에 적합한 맞춤인재를 선발하고 있다. 인적성검사는 LG임직원의 사고 및 행동 방식의 기본 틀인 LG Way에 적합한 인재를 선별하기 위한 LG만의 평가방식이다. 이는 모든 신입/인턴 지원자에게 공통으로 실시되는 시험으로, 신입사원으로 입사하기 위한 필수 단계이며 인성검사와 적성검사로 구성되어 있다.

이에 시대에듀에서는 수험생들이 LG그룹 온라인 인적성검사를 준비하는 데 부족함이 없도록 다음과 같은 특징을 지닌 본서를 출간하게 되었다.

도서의 특징

❶ 2024년 상반기에 시행된 LG그룹 온라인 인적성검사 기출복원문제로 최신 출제경향을 파악하도록 하였다.

❷ 인적성검사 영역별 대표기출유형과 기출응용문제를 수록하여 단계별로 체계적인 학습이 가능하도록 하였다.

❸ 최종점검 모의고사와 도서 동형 실전연습 서비스를 함께 제공하여 온라인 시험에 대비할 수 있도록 하였다.

❹ LG그룹 인성검사인 LG Way Fit Test 모의 연습과 실제 면접 기출 질문을 통해 한 권으로 채용 전반을 준비하도록 하였다.

끝으로 본서로 LG그룹 채용을 준비하는 모든 수험생 여러분이 합격의 기쁨을 누리기를 진심으로 기원한다.

SDC(Sidae Data Center) 씀

◇ 비전

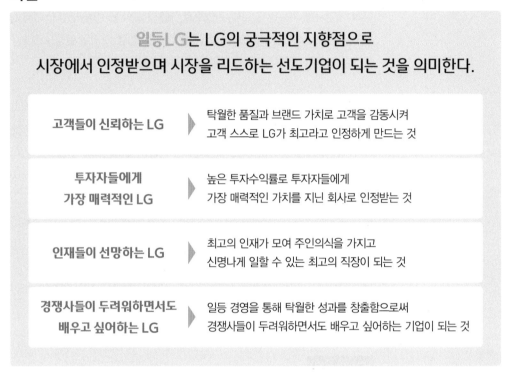

일등LG는 LG의 궁극적인 지향점으로
시장에서 인정받으며 시장을 리드하는 선도기업이 되는 것을 의미한다.

고객들이 신뢰하는 LG	탁월한 품질과 브랜드 가치로 고객을 감동시켜 고객 스스로 LG가 최고라고 인정하게 만드는 것
투자자들에게 가장 매력적인 LG	높은 투자수익률로 투자자들에게 가장 매력적인 가치를 지닌 회사로 인정받는 것
인재들이 선망하는 LG	최고의 인재가 모여 주인의식을 가지고 신명나게 일할 수 있는 최고의 직장이 되는 것
경쟁사들이 두려워하면서도 배우고 싶어하는 LG	일등 경영을 통해 탁월한 성과를 창출함으로써 경쟁사들이 두려워하면서도 배우고 싶어하는 기업이 되는 것

◇ 행동방식

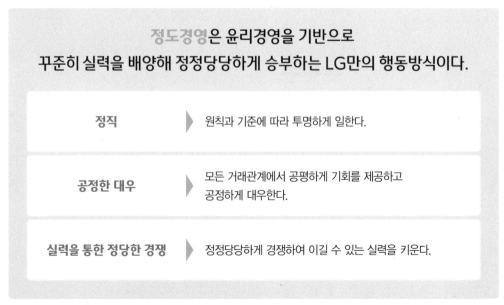

정도경영은 윤리경영을 기반으로
꾸준히 실력을 배양해 정정당당하게 승부하는 LG만의 행동방식이다.

정직	원칙과 기준에 따라 투명하게 일한다.
공정한 대우	모든 거래관계에서 공평하게 기회를 제공하고 공정하게 대우한다.
실력을 통한 정당한 경쟁	정정당당하게 경쟁하여 이길 수 있는 실력을 키운다.

◇ **경영이념**

고객을 위한 가치창조	고객중시	• 경영의 출발점이 되는 고객을 최우선으로 생각한다. • 항상 최종 소비자 관점을 중시하여 판단하고 평가한다.
	실질적 가치 제공	• 고객의 잠재적 요구까지도 한발 앞서 찾아낸다. • 고객의 기대를 뛰어넘는 최고의 제품과 서비스를 제공한다.
	혁신을 통한 창조	• 기존의 틀을 깨는 차별화된 아이디어를 창출한다. • 끊임없이 더 나은 방식을 찾아 실행한다.
인간 존중의 경영	창의 · 자율	• 고정관념에서 탈피하여 새로운 생각과 시도를 추구한다. • 자기 책임과 권한에 따라 주인의식을 가지고 일한다.
	인간중시	• 개개인의 인격과 다양성을 존중한다. • 고객가치 창출의 원천인 구성원을 가장 중요한 자산으로 여긴다.
	능력 개발 및 발휘 극대화	• 스스로 세계 최고가 되겠다는 신념으로 일하고 능력을 개발한다. • 개개인의 잠재력이 최대한 발휘될 수 있도록 기회를 제공한다.
	성과주의	• 도전적인 목표를 세우고 지속적인 성과 창출에 노력한다. • 능력과 장 · 단기 성과에 따라 공정하게 평가하고 보상한다.

◇ **인재상**

LG Way에 대한 신념과 실행력을 겸비한 LG인

꿈과 열정을 가지고 세계 최고에 도전하는 사람	고객을 최우선으로 생각하고 끊임없이 혁신하는 사람
팀워크를 이루며 자율적이고 창의적으로 일하는 사람	꾸준히 실력을 배양하여 정정당당하게 경쟁하는 사람

2024년 상반기 기출분석 ANALYSIS

총평

2023년 하반기 인적성검사와 영역 및 유형이 동일하게 출제되었으며, 문항 수와 시간 또한 일치하였다. 전반적인 난도는 높지 않았으며, 자료해석의 계산 문제 난이도도 평이했다. 단, 온라인으로 시행되며 주어진 시간이 길지 않은 만큼 빠르고 정확하게 풀이하는 것이 중요하다. 특히 언어이해의 경우 지문을 이해하는 데 시간이 소요될 수 있으므로 시간 계산을 하면서 풀어야 한다.

◇ 핵심 전략

어려운 문제를 푸는 것보다 빠르게 정답을 짚어내는 것이 중요한 시험이다. 40분을 주고 영역을 왔다 갔다 하며 문제를 푸는 시험이 아니라 한 영역당 10분의 시간이 네 번 주어지므로 놓친 문제는 다시 확인할 수 없다.

따라서 영역별로 접근하는 것이 필요하다. 먼저 영역별로 자주 출제되는 문제 유형을 익히고, 가장 자신 있는 유형과 자신 없는 유형을 파악해야 한다. 평소에도 문제 순서를 미리 정해 강한 유형을 먼저 풀고 약한 유형에 나머지 시간을 투자하는 연습을 한다.

또한, LG그룹은 적성검사만큼 인성검사의 반영 비율이 높다. 적성검사를 먼저 풀고 인성검사를 풀게 되므로 많은 문항 수에 지치지 않도록 체력 안배를 해두는 것이 좋다.

◇ 시험 진행

구분	영역	문항 수	시간
적성검사	언어이해	15문항	10분
	언어추리	15문항	10분
	자료해석	15문항	10분
	창의수리	15문항	10분
인성검사	LG Way에 맞는 개인별 역량 또는 직업 성격적인 적합도 확인	183문항	20분

❶ 실제 인적성검사 시작 전에 약 45분의 점검 및 준비 시간이 주어진다.
❷ 각 영역 시작 전에 예시 문제와 함께 1~3분의 준비 시간이 주어진다.
❸ 10분 동안의 시간을 재는 타이머가 제공되고, 10분이 지나면 다음 영역으로 넘어간다.

◇ 필수 준비물

❶ 타인과 접촉이 없으며 원활한 네트워크 환경이 조성된 응시 장소

❷ 권장 사양에 적합한 PC, 스마트폰 및 주변 기기(웹캠, 마이크, 스피커, 키보드, 마우스)

❸ 신분증(주민등록증, 운전면허증, 여권, 외국인등록증 중 택 1)

◇ 온라인 인적성검사 프로세스

❶ 전형 안내사항 확인

❷ 응시자 매뉴얼 숙지/검사 프로그램 다운로드 및 설치

❸ 지정 기한 내 사전점검 진행(해당 계열사 한정)

❹ 본 검사 응시

◇ 유의사항

❶ 사전검사는 절대 잊지 않도록 미리미리 일정을 확인한다.

❷ 난이도가 쉬워도 방심하지 말고 끝까지 집중력을 잃지 않도록 한다.

❸ 빠르게 풀어서 시간이 남더라도 감독관이 확인하고 있으므로 의심받을 만한 행동은 삼간다.

❹ 책, 연습장, 필기구 등이 책상 위에 올라와 있거나, 사용하면 부정행위로 간주된다.

❺ 인적성검사의 문제가 선명하게 보이도록 해상도를 1,920×1,080으로 설정하고 프로그램에 접속한다.

◇ 알아두면 좋은 TIP

❶ 10분 내에 15문제를 풀 수 있을 정도의 난이도로 출제되기 때문에 짧은 시간에 실수 없이 많은 문제를 풀 수 있도록 연습해야 한다.

❷ 평소에도 문제를 풀 때 눈으로 확인하고 메모장 및 계산기 프로그램을 이용해봐야 실전에서 당황하지 않을 수 있다. 이때 영역별로 10분씩 시간을 재면서 학습하면 더욱 도움이 된다.

❸ 실제 시험에서는 문제마다 계산기와 메모판을 제공하고, 개인적으로 연필이나 펜, 연습장 등을 사용할 수 없도록 감독관이 1:1로 확인한다.

❹ 시험 전에 LG그룹에서 제공하는 인적성검사 프로그램을 다운로드하고, 사전검사를 한다(사전검사 미응시 시 인적성검사 응시 불가).

◇ **모집시기**

수시채용으로 계열사 또는 본부별로 신입사원 채용

◇ **지원방법**

LG그룹 채용 포털(careers.lg.com) 접속 후 지원서 작성 및 제출

◇ **채용절차**

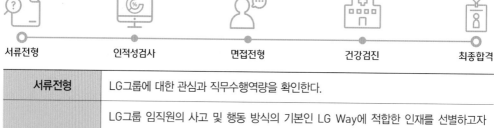

| 서류전형 | 인적성검사 | 면접전형 | 건강검진 | 최종합격 |

서류전형	LG그룹에 대한 관심과 직무수행역량을 확인한다.
인적성검사	LG그룹 임직원의 사고 및 행동 방식의 기본인 LG Way에 적합한 인재를 선별하고자 진행하는 평가 방식이며, 온라인 시험으로 실시된다. ※ LG그룹 인적성검사의 유효 기간은 응시일 기준 12개월로, 기간 내에 LG 계열사의 채용공고에 재지원할 경우 이전 응시 결과를 적용할 수 있다.
면접전형	지원서에 작성한 내용을 바탕으로 지원자가 갖추고 있는 기본 역량과 자질을 확인한다. ※ 계열사별로 토론면접, PT면접, AI면접 등 다양한 방식의 면접을 시행한다.

◇ **유의사항**

❶ 각 부문에 따라 채용 프로세스가 달라질 수 있으며, 상황에 따라 유동적으로 운영될 수 있다.

❷ 지원서 작성 내용이 사실과 다르거나 증빙할 수 없는 경우, 합격 취소 또는 전형상의 불이익을 받을 수 있다.

❖ 채용절차는 채용유형 · 직무 · 시기 등에 따라 변동될 수 있으니 반드시 LG 계열사에서 발표하는 채용공고를 확인하기 바랍니다.

합격 선배들이 알려주는
LG그룹 온라인 인적성검사 합격기

"온라인 인적성검사에 가장 적합한 책입니다."

온라인이라는 트렌드에 맞추려고 노력한 점이 보였다는 면에서도 좋은 교재였지만, 무엇보다 시험 문제의 난이도가 가장 잘 반영되어 있는 책이었습니다. 시험이 시중 교재들보다 훨씬 쉽게 나왔는데, 다른 책들보다 시대에듀 책의 난이도가 가장 적절하고 좋았습니다. 실제 LG 온라인 인적성을 본 선배들이 들려준 시험후기와도 가장 유사했어요.

"한 권으로 모든 온라인 인적성을 준비할 수 있었습니다."

평소에 인적성검사를 준비하고 있었다면 시험에서는 편안하게 풀 수 있는 정도의 난이도였습니다. 문제의 난이도는 쉽고, 시간은 짧은 시험이었어요. 온라인으로 보게 된 시험이라서 걱정이 많았는데, 온라인 대비용이라고 해서 시대에듀 교재를 구입해 풀었습니다. 책의 문제 수와 유형이 엄청 다양하게 구성되어 있어서 책대로만 연습하고 보면 문제 없이 시험을 보실 수 있을 거라고 생각합니다. 특히, 온라인 모의고사가 유형, 문제 수, 시간이 실제 시험과 동일하게 구성되어 있습니다. 실전에 대비하는 데 꽤 도움이 됐어요!

❖ 본 독자 후기는 실제 시대에듀의 도서를 통해 공부하여 합격한 독자들의 후기를 재구성한 것입니다.

주요 대기업 적중 문제 TEST CHECK

LG

언어추리 ▶ 진실게임

Hard

04 환경부의 인사실무 담당자는 환경정책과 관련된 특별위원회를 구성하는 과정에서 외부 환경전문가를 위촉하려 한다. 현재 거론되고 있는 외부 전문가는 A ~ F 6명이지만, 인사실무 담당자는 B를 위촉하지 않기로 결정했다. 제시된 명제가 모두 참일 때, 총 몇 명의 환경전문가가 위촉되는가?

- A가 위촉되면, B와 C도 위촉되어야 한다.
- A가 위촉되지 않는다면, D가 위촉되어야 한다.
- B가 위촉되지 않는다면, C나 E가 위촉되어야 한다.
- C와 E가 위촉되면, D는 위촉되지 않는다.
- D나 E가 위촉되면, F도 위촉되어야 한다.

① 1명   ② 2명
③ 3명   ④ 4명
⑤ 5명

자료해석 ▶ 자료해석

02 한별이는 회사 근처에 이사를 하고 처음으로 수도세 고지서를 받은 결과, 한 달 동안 사용한 수도요금이 17,000원이었다. 다음 수도 사용요금 요율표를 참고할 때, 한별이가 한 달 동안 사용한 수도량은 몇 m^3인가?(단, 구간 누적요금을 적용한다)

〈수도 사용요금 요율표〉

(단위 : 원)

구분	사용구분(m^3)	m^3당 단가
수도	0 ~ 30 이하	300
	30 초과 ~ 50 이하	500
	50 초과	700
기본료		2,000

① $22m^3$ ② $32m^3$
③ $42m^3$ ④ $52m^3$

창의수리 ▶ 경우의 수

14 A사원과 B사원이 함께 일하면 이틀 만에 마칠 수 있는 일이 있다. A사원이 1일 동안 작업한 후 나머지를 B사원이 4일 동안 작업하여 마쳤다고 할 때, B사원이 이 일을 혼자 하면 며칠이 걸리겠는가?

① 4일   ② 5일
③ 6일   ④ 7일
⑤ 8일

삼성

2024년 적중

수리 ▶ 자료추론

04 S유통에서 근무하는 W사원은 A, B작업장에서 발생하는 작업 환경의 유해 요인을 조사한 후 다음과 같이 정리하였다. 이에 대한 〈보기〉의 설명 중 옳은 것을 모두 고르면?

〈A, B작업장의 작업 환경 유해 요인〉

구분	작업 환경 유해 요인	사례 수		
		A작업장	B작업장	합계
1	소음	3	1	4
2	분진	1	2	3
3	진동	3	0	3
4	바이러스	0	5	5
5	부자연스러운 자세	5	3	8
합계		12	11	23

2024년 적중

추리 ▶ 명제

02
> 전제1. 로맨스를 좋아하면 액션을 싫어한다.
> 전제2. _____
> 결론. 로맨스를 좋아하면 코미디를 좋아한다.

① 액션을 싫어하면 코미디를 싫어한다.
② 액션을 싫어하면 코미디를 좋아한다.
③ 코미디를 좋아하면 로맨스를 싫어한다.
④ 코미디를 좋아하면 액션을 좋아한다.
⑤ 액션을 좋아하면 코미디를 좋아한다.

2024년 적중

추리 ▶ 진실게임

Hard

04 S그룹에서 근무하는 A ~ E사원 중 한 명은 이번 주 금요일에 열리는 세미나에 참석해야 한다. 다음 A ~ E사원의 대화에서 2명이 거짓말을 하고 있다고 할 때, 다음 중 이번 주 금요일 세미나에 참석하는 사람은?(단, 거짓을 말하는 사람은 거짓만을 말한다)

> A사원 : 나는 금요일 세미나에 참석하지 않아.
> B사원 : 나는 금요일에 중요한 미팅이 있어. D사원이 세미나에 참석할 예정이야.
> C사원 : 나와 D는 금요일에 부서 회의에 참석해야 하므로 세미나는 참석할 수 없어.
> D사원 : C와 E 중 한 명이 참석할 예정이야.
> E사원 : 나는 목요일부터 금요일까지 휴가라 참석할 수 없어. 그리고 C의 말은 모두 사실이야.

① A사원
② B사원
③ C사원
④ D사원
⑤ E사원

주요 대기업 적중 문제 TEST CHECK

언어이해 ▶ 비판적 독해

16 다음 글의 주장에 대한 반박으로 가장 적절한 것은?

> 우리는 우리가 생각한 것을 말로 나타낸다. 또 다른 사람의 말을 듣고, 그 사람이 무슨 생각을 가지고 있는가를 짐작한다. 그러므로 생각과 말은 서로 떨어질 수 없는 깊은 관계를 가지고 있다.
>
> 그러면 말과 생각이 얼마만큼 깊은 관계를 가지고 있을까? 이 문제를 놓고 사람들은 오랫동안 여러 가지 생각을 하였다. 그 가운데 가장 두드러진 것이 두 가지 있다. 그 하나는 말과 생각이 서로 꼭 달라붙은 쌍둥이인데 한 놈이 생각이 되어 속에 감추어져 있고 다른 한 놈은 말이 되어 사람 귀에 들리는 것이라는 생각이다. 다른 하나는 생각이 큰 그릇이고 말은 생각 속에 들어가는 작은 그릇이어서 생각에는 말 이외에도 다른 것이 더 있다는 생각이다.
>
> 이 두 가지 생각 가운데서 앞의 것은 조금만 깊이 생각해 보면 틀렸다는 것을 즉시 깨달을 수 있다. 우리가 생각한 것은 거의 대부분 말로 나타낼 수 있지만, 누구든지 가슴 속에 응어리진 어떤 생각이 분명히 있기는 한데 그것을 어떻게 말로 표현해야 할지 애태운 경험을 가지고 있을 것이다. 이것 한 가지만 보더라도 말과 생각이 서로 안팎을 이루는 쌍둥이가 아님은 쉽게 판명된다.
>
> 인간의 생각이라는 것은 매우 넓고 큰 것이며, 말이란 결국 생각의 일부분을 주워 담는 작은 그릇에 지나지 않는다. 그러나 아무리 인간의 생각이 말보다 범위가 넓고 큰 것이라고 하여도 그것을 가능한 한 말로 바꾸어 놓지 않으면 그 생각의 위대함이나 오묘함이 다른 사람에게 전달되지 않기 때문에 생각이 형님이요, 말이 동생이라고 할지라도 생각은 동생의 신세를 지지 않을 수가 없게 되어

창의수리 ▶ 일률

02 톱니가 각각 24개, 60개인 두 톱니바퀴 A, B가 서로 맞물려 회전하고 있다. 이 두 톱니바퀴가 한 번 맞물린 후 같은 톱니에서 처음으로 다시 맞물리려면 톱니바퀴 A는 최소한 몇 바퀴 회전해야 하는가?

① 2바퀴   ② 3바퀴
③ 5바퀴   ④ 6바퀴
⑤ 8바퀴

언어추리 ▶ 명제

03
> • 술을 많이 마시면 간에 무리가 간다.
> • _____
> • 스트레스를 많이 받으면 술을 많이 마신다.
> 그러므로 운동을 꾸준히 하지 않으면 간에 무리가 간다.

① 운동을 꾸준히 하지 않아도 술을 끊을 수 있다.
② 간이 건강하다면 술을 마실 수 있다.
③ 술을 마시지 않는다는 것은 스트레스를 주지 않는다는 것이다.
④ 스트레스를 많이 받지 않는다는 것은 운동을 꾸준히 했다는 것이다.
⑤ 운동을 꾸준히 한다고 해도 스트레스를 많이 받지 않는다는 것은 아니다.

포스코

언어이해 ▶ 나열하기

09 다음 문단을 논리적 순서대로 바르게 나열한 것은?

(가) 다만 각자에게 느껴지는 감각질이 뒤집혀 있을 뿐이고 경험을 할 때 겉으로 드러난 행동과 하는 말은 똑같다. 예컨대 그 사람은 신호등이 있는 건널목에서 똑같이 초록 불일 때 건너고 빨간 불일 때는 멈추며, 초록 불을 보고 똑같이 "초록 불이네."라고 말한다. 그러나 그는 자신의 감각질이 뒤집혀 있는지 전혀 모른다. 감각질은 순전히 사적이며 다른 사람의 감각질과 같은지를 확인할 수 있는 방법이 없기 때문이다.

(나) 그래서 어떤 입력이 들어올 때 어떤 출력을 내보낸다는 기능적·인과적 역할로써 정신을 정의하는 기능론이 각광을 받게 되었다. 기능론에서는 정신이 물질에 의해 구현되므로 그 둘이 별개의 것이 아니라고 주장한다는 점에서 이원론과 다르면서도, 정신의 인과적 역할이 뇌의 신경세포에서든 로봇의 실리콘 칩에서든 어떤 물질에서도 구현될 수 있음을 보여 준다는 점에서

자료해석 ▶ 자료추론

03 다음은 4개 고등학교의 대학진학 희망자의 학과별 비율과 그 중 희망대로 진학한 학생의 비율을 나타낸 자료이다. 이에 대해 바르게 추론한 사람을 모두 고르면?

〈A ~ D고 진학 통계〉

고등학교		국문학과	경제학과	법학과	기타	진학 희망자 수
A	진학 희망자 비율	60%	10%	20%	10%	700명
	실제 진학 비율	20%	10%	30%	40%	
B	진학 희망자 비율	50%	20%	40%	20%	500명
	실제 진학 비율	10%	30%	30%	30%	
C	진학 희망자 비율	20%	50%	40%	60%	300명
	실제 진학 비율	25%	40%	15%	10%	

추리 ▶ 버튼도식

※ 다음 규칙을 바탕으로 〈보기〉에 제시된 도형을 변환하려 한다. 도형을 보고 이어지는 질문에 답하시오. [5~6]

작동 버튼	기능
▐	모든 칸의 색을 바꾼다(흰색 ↔ 회색).
▲	홀수가 적힌 곳의 색을 바꾼다(흰색 ↔ 회색).
▽	모든 숫자를 1씩 뺀다(단, 1의 경우 4로 바꾼다).
○	도형을 180° 회전한다.

`Easy`

05 〈보기〉의 왼쪽 도형에서 버튼을 눌렀더니 오른쪽 도형으로 변형되었다. 다음 중 작동 버튼의 순서를 바르게 나열한 것은?

보기

4	3	2
		1

⇨

4		
1	2	3

도서 200% 활용하기 STRUCTURES

1 기출복원문제로 출제경향 파악

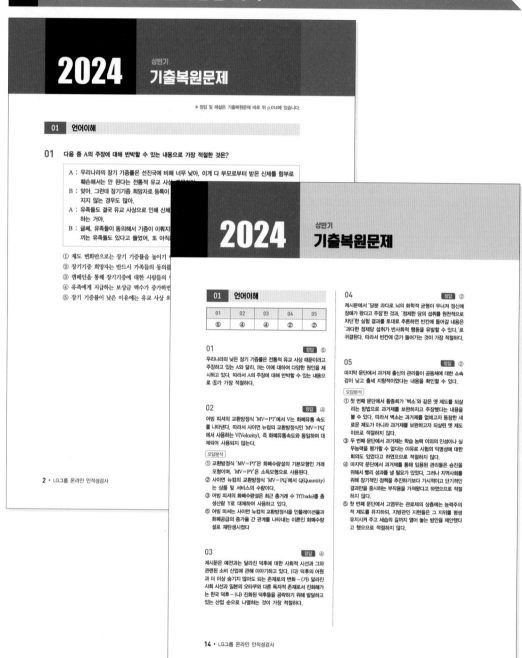

▶ 2024년 상반기 기출복원문제를 수록하여 최근 출제경향을 파악할 수 있도록 하였다.

▶ 기출복원문제를 바탕으로 학습을 시작하기 전에 자신의 실력을 판단할 수 있도록 하였다.

2 이론점검, 대표기출유형, 기출응용문제로 영역별 학습

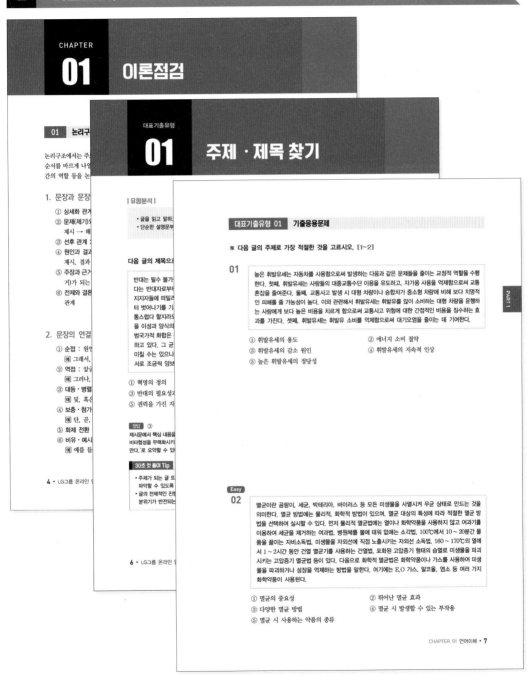

CHAPTER 01 이론점검

대표기출유형 01 주제·제목 찾기

대표기출유형 01 기출응용문제

※ 다음 글의 주제로 가장 적절한 것을 고르시오. [1~2]

01

높은 휘발유세는 자동차를 사용함으로써 발생하는 다음과 같은 문제들을 줄이는 교정적 역할을 수행한다. 첫째, 휘발유세는 사람들의 대중교통수단 이용을 유도하고, 자가용 사용을 억제함으로써 교통혼잡을 줄여준다. 둘째, 교통사고 발생 시 대형 차량이나 승합차가 중소형 차량에 비해 보다 치명적인 피해를 줄 가능성이 높다. 이와 관련해서 휘발유세는 휘발유를 많이 소비하는 대형 차량을 운행하는 사람에게 보다 높은 비용을 치르게 함으로써 교통사고 위험에 대한 간접적인 비용을 징수하는 효과를 가진다. 셋째, 휘발유세는 휘발유 소비를 억제함으로써 대기오염을 줄이는 데 기여한다.

① 휘발유세의 용도
② 에너지 소비 절약
③ 휘발유세의 감소 원인
④ 휘발유세의 지속적 인상
⑤ 높은 휘발유세의 정당성

Easy 02

멸균이란 곰팡이, 세균, 박테리아, 바이러스 등 모든 미생물을 사멸시켜 무균 상태로 만드는 것을 의미한다. 멸균 방법에는 물리적, 화학적 방법이 있으며, 멸균 대상의 특성에 따라 적절한 멸균 방법을 선택하여 실시할 수 있다. 먼저 물리적 멸균법에는 열이나 화학약품을 사용하지 않고 여과기를 이용하여 세균을 제거하는 여과법, 병원체를 불에 태워 없애는 소각법, 100℃에서 10~20분간 물품을 끓이는 자비소독법, 미생물을 자외선에 직접 노출시키는 자외선 소독법, 160~170℃의 열에서 1~2시간 동안 건열 멸균기를 사용하는 건열법, 포화된 고압증기 형태의 습열로 미생물을 파괴시키는 고압증기 멸균법 등이 있다. 다음으로 화학적 멸균법은 화학약품이나 가스를 사용하여 미생물을 파괴하거나 성장을 억제하는 방법을 말한다. 여기에는 E.O 가스, 알코올, 염소 등 여러 가지 화학약품이 사용된다.

① 멸균의 중요성
② 뛰어난 멸균 효과
③ 다양한 멸균 방법
④ 멸균 시 발생할 수 있는 부작용
⑤ 멸균 시 사용하는 약품의 종류

▶ 출제되는 영역에 대한 이론점검, 대표기출유형과 기출응용문제를 수록하였다.

▶ 최근 출제되는 유형을 체계적으로 학습하고 점검할 수 있도록 하였다.

도서 200% 활용하기 STRUCTURES

3 최종점검 모의고사 + 도서 동형 온라인 실전연습 서비스로 반복 학습

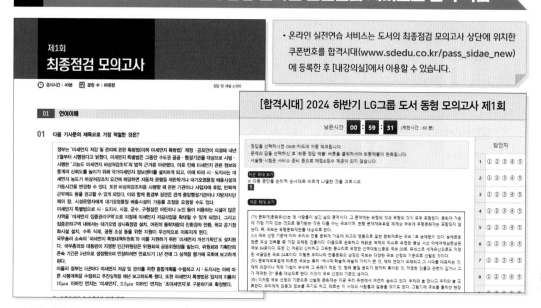

- 온라인 실전연습 서비스는 도서의 최종점검 모의고사 상단에 위치한 쿠폰번호를 합격시대(www.sdedu.co.kr/pass_sidae_new)에 등록한 후 [내강의실]에서 이용할 수 있습니다.

▶ 실제 시험과 유사하게 구성된 최종점검 모의고사 3회분을 통해 마무리를 하도록 하였다.
▶ 이와 동일하게 구성된 온라인 실전연습 서비스로 실제 시험처럼 연습하도록 하였다.

4 인성검사부터 면접까지 한 권으로 대비하기

PART 3 인성검사

개인이 업무를 수행하면서 능률적인 성과물을 만들기 위해서는 개인의 능력과 경험 그리고 회사의 교육 및 훈련 등이 필요하지만, 개인의 성격이나 성향 역시 중요하다. 여러 직무분석 연구 결과에 따르면, 직무에서의 성공과 관련된 특성을 줄 최고 70% 이상이 능력보다는 성격과 관련이 있다고 한다. 따라서 최근 기업들은 인성검사의 비중을 높이고 있는 추세이다.

현재 기업들은 인성검사를 KIRBS(한국행동과학연구소)나 SHR(에스에이치알) 등의 전문기관에 의뢰해서 시행하고 있다. 전문기관에 따라서 인성검사 방법에 차이가 있고, 보안을 위해서 인성검사를 의뢰한 기업을 공개하지 않을 수 없기 때문에 특정인 유형의 인성검사를 정확하게 판단할 수 없지만, 지원자가 후기에 올린 문제를 통해 인성검사 유형을 예상할 수 있다.

이에 본서는 후기를 바탕으로 LG그룹의 자체 인성검사인 LG Way Fit Test와 인성검사에 수검 요령 및 검사 시 유의사항에 대해 간략하게 정리하였다. 또한 LG Way Fit Test 모의연습을 통해 실제 시험 유형을 확인할 수 있도록 하였다.

01 LG Way Fit Test란?

1. LG그룹 인성검사

LG그룹의 모든 계열사는 LG Way Fit Test라는 인성검사를 실시한다. LG Way Fit Test는 LG그룹의 인재상과 적합한 인재인지를 알아보는 한편, 조직적응에 이는 정도인지를 평가하는 전형이다. 지원자의 개인 성향이나 인성에 관한 질문으로 구성되어 있으며, 서류합격자에 한하여 계열사별 인성검사시 치르는 곳도 있고, 적성검사와 함께 치르는 곳도 있다.

LG Way Fit Test는 총 183문항으로 20분간 진행된다. 유형은 한 문항당 3개의 문장이 나오며, 자신의 성향과 가까운 정도에 따라 1～7점을 부여한다(① 매우 그렇다, ② 거의 그렇지 않다, ③ 조금 그렇지 않다,

▶ 인성검사 모의연습을 통해 LG그룹의 인재상에 부합하는지 판별할 수 있도록 하였다.

CHAPTER 02 LG그룹 실제 면접

LG그룹은 면접을 통해 지원자가 갖추고 있는 기본 역량 및 자질을 확인하고자 한다. LG Way 기반의 인성면접과 더불어 계열사별 토론 면접, PT 면접, 인턴십 등 다양한 방식으로 각 계열사 및 지원 분야에 맞는 인재를 찾고자 한다. 따라서 자신이 지원하고자 하는 계열사 정보 및 면접 방법을 확인한 후 미리미리 대비하여야 한다.

1. LG전자

LG Way에 대한 신념과 실행력을 겸비한 사람을 인재상으로 하는 LG전자는 업무 분야에 적합한 최고의 인재를 선발하기 위하여 다양한 방법의 면접을 활용하고 있다. 면접은 AI 면접, 1차 면접, 2차 면접으로 진행되며, 직무면접과 직합도를 검증할 수 있는 직무면접과 LG Way형 인재를 검증할 수 있는 인성면접으로 지원자의 직무 및 인성 역량을 평가한다.

(1) AI 면접
❶ 면접 시간 : 약 1시간
❷ 면접 형태 : 문제당 1분 30초의 시간제한이 있으며, 답변을 준비하는 시간과 답변을 하는 시간이 각각 차례대로 주어진다.
❸ 면접 내용 : 자기소개를 바탕으로 자신의 경험 및 인성에 관한 질문이 주어진다. 돌발적인 상황에도 당황하지 않고 제한된 시간 안에 대답하는 연습을 하는 것이 중요하다.

(2) 1차 면접
❶ 면접 시간 : 약 20～30분
❷ 면접 형태 : 다대일 면접
❸ 면접 내용 : 전공 필기, PT 면접, 외국어 면접, 실무 면접으로 구성되어 있으며, 전공과 외국어 면

▶ 면접 기출 질문을 통해 실제 면접에서 나오는 질문에 미리 대비할 수 있도록 하였다.

5 Easy & Hard로 난이도별 시간 분배 연습

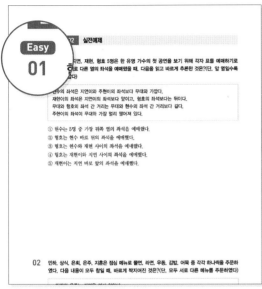

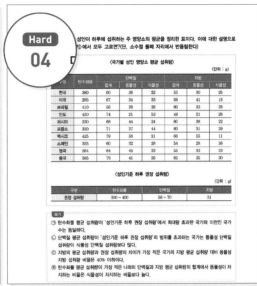

▶ Easy & Hard 표시로 문제별 난이도에 따라 시간을 적절하게 분배하여 풀이하는 연습이 가능하도록 하였다.

6 정답 및 오답분석으로 풀이까지 완벽 마무리

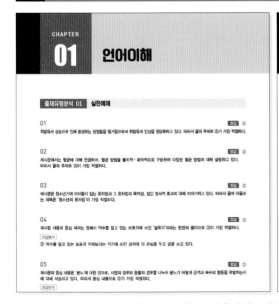

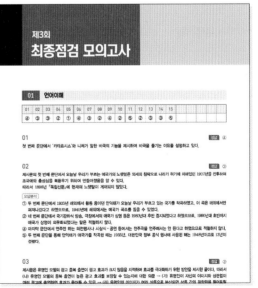

▶ 정답에 대한 상세한 해설과 오답분석을 통해 혼자서도 체계적인 학습이 가능하도록 하였다.

학습플랜 STUDY PLAN

1주 완성 학습플랜

본서에 수록된 전 영역을 단기간에 끝낼 수 있도록 구성한 학습플랜이다. 한 번에 전 영역을 공부하지 않고, 한 영역을 집중적으로 공부할 수 있도록 하였다. 인성검사 및 필기시험에 내한 기초 학습은 되어 있으나, 학습 계획 세우기에 자신이 없는 분들이나 미리 시험에 대비하지 못해 단시간에 많은 분량을 봐야 하는 수험생에게 추천한다.

ONE WEEK STUDY PLAN

	1일 차 ☐	2일 차 ☐	3일 차 ☐
Start!	＿＿월＿＿일	＿＿월＿＿일	＿＿월＿＿일

4일 차 ☐	5일 차 ☐	6일 차 ☐	7일 차 ☐
＿＿월＿＿일	＿＿월＿＿일	＿＿월＿＿일	＿＿월＿＿일

STUDY CHECK BOX							
구분	1일 차	2일 차	3일 차	4일 차	5일 차	6일 차	7일 차
기출복원문제							
PART 1							
제1회 최종점검 모의고사							
제2회 최종점검 모의고사							
제3회 최종점검 모의고사							
다회독 1회							
다회독 2회							
다회독 3회							
오답분석							

스터디 체크박스 활용법

1주 완성 학습플랜에서 계획한 학습량을 어느 정도 실천하였는지 표시하여 자신의 학습량을 효율적으로 관리한다.

구분	1일 차	2일 차	3일 차	4일 차	5일 차	6일 차	7일 차
PART 1	언어이해	✕	✕	완료			

이 책의 차례 CONTENTS

Add+

2024년 상반기
기출복원문제

※ 기출복원문제는 수험생들의 후기를 통해 시대에듀에서 복원한 문제로 실제 문제와 다소 차이가 있을
수 있으며, 본 저작물의 무단전재 및 복제를 금합니다.

※ 정답 및 해설은 기출복원문제 바로 뒤 p.014에 있습니다.

01	언어이해

01 다음 중 A의 주장에 대해 반박할 수 있는 내용으로 가장 적절한 것은?

> A : 우리나라의 장기 기증률은 선진국에 비해 너무 낮아. 이게 다 부모로부터 받은 신체를 함부로 훼손해서는 안 된다는 전통적 유교 사상 때문이야.
> B : 맞아. 그런데 장기기증 희망자로 등록이 돼 있어도 유족들이 장기기증을 반대하여 기증이 이뤄지지 않는 경우도 많아.
> A : 유족들도 결국 유교 사상으로 인해 신체 일부를 다른 사람에게 준다는 방식을 잘 이해하지 못하는 거야.
> B : 글쎄, 유족들이 동의해서 기증이 이뤄지더라도 보상금을 받고 '장기를 팔았다.'는 죄책감을 느끼는 유족들도 있다고 들었어. 또 아직은 장기기증에 대한 생소함 때문일 수도 있어.

① 제도 변화만으로는 장기 기증률을 높이기 어렵다.
② 장기기증 희망자는 반드시 가족들의 동의를 미리 받아야 한다.
③ 캠페인을 통해 장기기증에 대한 사람들의 인식을 변화시켜야 한다.
④ 유족에게 지급하는 보상금 액수가 증가하면 장기 기증률도 높아질 것이다.
⑤ 장기 기증률이 낮은 이유에는 유교 사상 외에도 여러 가지 원인이 있을 수 있다.

02 다음 글의 내용으로 적절하지 않은 것은?

> 경제학자인 사이먼 뉴컴이 소개한 화폐와 실물 교환의 관계식인 '교환방정식'을 경제학자인 어빙 피셔가 발전시켜 재소개한 것이 바로 '화폐수량설'이다. 사이먼 뉴컴의 교환방정식은 'MV=PQ'로 나타나는데, M(Money)은 화폐의 공급, V(Velocity)는 화폐유통속도, P(Price)는 상품 및 서비스의 가격, Q(Quantity)는 상품 및 서비스의 수량이다. 즉 화폐공급과 화폐유통속도의 곱은 상품의 가격과 거래된 상품 수의 곱과 같다는 항등식이다.
>
> 어빙 피셔는 이러한 교환방정식을 인플레이션율과 화폐공급의 증가율 간 관계를 나타내는 이론인 화폐수량설로 재탄생시켰다. 이중 기본모형이 되는 피셔의 거래모형에 따르면 교환방정식은 'MV=PT'로 나타나는데, M은 명목화폐수량, V는 화폐유통속도, P는 상품 및 서비스의 평균가격, T(Trade)는 거래를 나타낸다. 다만 거래의 수를 측정하기 어렵기 때문에 최근에는 총거래 수인 T를 총생산량인 Y로 대체하여 소득모형인 'MV=PY'로 사용되고 있다.

① 교환방정식 'MV=PT'는 화폐수량설의 기본모형이 된다.

② 사이먼 뉴컴의 교환방정식 'MV=PQ'에서 Q는 상품 및 서비스의 수량을 의미한다.

③ 어빙 피셔의 화폐수량설은 최근 총거래 수를 총생산량으로 대체하여 사용되고 있다.

④ 어빙 피셔의 교환방정식 'MV=PT'의 V는 교환방정식 'MV=PY'에서 Y와 함께 대체되어 사용되고 있다.

⑤ 어빙 피셔는 사이먼 뉴컴의 교환방정식을 인플레이션율과 화폐공급의 증가율 간 관계를 나타내는 이론으로 재탄생시켰다.

03 다음 중 제시된 문단을 논리적 순서대로 바르게 나열한 것은?

> (가) 덕후에 대한 사회의 시선도 달라졌다. 과거의 덕후는 이해할 수 없는 자기들만의 세계에 빠져 사는 소통 능력이 부족한 잉여 인간이라는 이미지가 강했다. 하지만 이제는 특정 분야에 해박한 지식을 가진 전문가, 독특한 취향을 지닌 조금 특이하지만 멋있는 존재로 받아들여진다. 전문가들은 이제 한국의 덕후는 단어의 어원이었던 일본의 오타쿠와는 완전히 다른 존재로 진화하고 있다고 진단한다.
>
> (나) 현재 진화한 덕후들은 자신만의 취미에 더욱 몰입한다. 취향에 맞는다면 아낌없이 지갑을 연다. 좋아하는 대상도 다양해지고 있다. 립스틱이나 매니큐어 같은 화장품, 스타벅스 컵까지도 덕질(덕후+질)의 대상이 된다. 이른바 취향 소비를 덕후들이 이끌고 있는 것이다. 덕후들은 자신이 좋아하는 대상을 위해 댓글을 달며 기업이 내놓는 상품에 입김을 발휘하기도 한다. 아예 스스로 좋아하는 대상과 관련된 상품을 제작해 판매하기도 하고, 파생산업까지 나오고 있다.
>
> (다) 덕후는 일본의 오타쿠(御宅)를 한국식으로 발음한 인터넷 신조어 오덕후를 줄인 말이다. 얼마 전까지 덕후 이미지는 사회성이 부족하거나 우스꽝스럽다는 식으로 그다지 긍정적이지 않았다. 하지만 최근 들어 인터넷과 SNS는 물론 일상생활에서도 자신이 덕후임을 만천하에 드러내며 덕밍아웃(덕후+커밍아웃)하는 사례가 늘고 있다.

① (가) – (나) – (다)　　　　　　② (가) – (다) – (나)

③ (나) – (가) – (다)　　　　　　④ (다) – (가) – (나)

⑤ (다) – (나) – (가)

04 다음 글의 빈칸에 들어갈 내용으로 가장 적절한 것은?

1979년 경찰관 출신이자 샌프란시스코 시의원이었던 화이트씨는 시장과 시의원을 살해했다는 이유로 1급 살인죄로 기소되었다. 화이트의 변호인은 피고인이 스낵을 비롯해 컵케이크, 캔디 등을 과다 섭취해 당분 과다로 뇌의 화학적 균형이 무너져 정신에 장애가 왔다고 주장하면서 책임 경감을 요구하였다. 재판부는 변호인의 주장을 인정하여 계획 살인죄보다 약한 일반 살인죄를 적용하여 7년 8개월의 금고형을 선고했다. 이 항변은 당시 미국에서 인기 있던 스낵의 이름을 따 '트윙키 항변'이라 불렸고 사건의 사회성이나 의외의 소송 전개 때문에 큰 화제가 되었다.

이를 계기로 1982년 슈엔달러는 교정시설에 수용된 소년범 276명을 대상으로 섭식과 반사회 행동의 상관관계에 대해 실험을 하였다. 기존의 식단에서 각설탕을 꿀로 바꾸어 보고, 설탕이 들어간 음료수에서 천연 과일주스를 주는 등으로 변화를 주었다. 이처럼 정제한 당의 섭취를 원천적으로 차단한 결과 시설 내 폭행, 절도, 규율 위반, 패싸움 등이 실험 전에 비해 무려 45%나 감소했다는 것을 알게 되었다. 따라서 이 실험을 통해 _____

① 과다한 영양 섭취가 범죄 발생에 영향을 미친다는 것을 알 수 있다.
② 과다한 정제당 섭취는 반사회적 행동을 유발할 수 있다는 것을 알 수 있다.
③ 가공식품의 섭취가 일반적으로 폭력 행위를 증가시킨다는 것을 알 수 있다.
④ 정제당 첨가물로 인한 범죄 행위는 그 책임이 경감되어야 한다는 것을 알 수 있다.
⑤ 범죄 예방을 위해 교정시설 내에 정제당을 제공하지 말아야 한다는 것을 알 수 있다.

05 다음 글의 내용으로 가장 적절한 것은?

조선 후기의 대표적인 관료 선발제도 개혁론인 유형원의 공거제 구상은 능력주의적, 결과주의적 인재 선발의 약점을 극복하려는 의도와 함께 신분적 세습의 문제점도 의식한 것이었다. 중국에서는 17세기 무렵 관료 선발에서 세습과 같은 봉건적인 요소를 부분적으로 재도입하려는 개혁론이 등장했다. 고염무는 관료제의 상층에는 능력주의적 제도를 유지하되, 지방관인 지현들은 어느 정도의 검증 기간을 거친 이후 그 지위를 평생 유지시켜 주고 세습의 길까지 열어 놓는 방안을 제안했다. 황종희는 지방의 관료가 자체적으로 관리를 초빙해서 시험한 후에 추천하는 '벽소'와 같은 옛 제도를 되살리는 방법으로 과거제를 보완하자고 주장했다.

이러한 개혁론은 갑작스럽게 등장한 것이 아니었다. 과거제를 시행했던 국가들에서는 수백 년에 걸쳐 과거제를 개선하라는 압력이 있었다. 시험 방식이 가져오는 부작용들은 과거제의 중요한 문제였다. 치열한 경쟁은 학문에 대한 깊이 있는 학습이 아니라 합격만을 목적으로 하는 형식적 학습을 하게 만들었고, 많은 인재들이 수험생활에 장기간 매달리면서 재능을 낭비하는 현상도 낳았다. 또한 학습 능력 이외의 인성이나 실무 능력을 평가할 수 없다는 이유로 시험의 익명성에 대한 회의도 있었다. 과거제의 부작용에 대한 인식은 과거제를 통해 임용된 관리들의 활동에 대한 비판적 시각으로 연결되었다. 능력주의적 태도는 시험뿐 아니라 관리의 업무에 대한 평가에도 적용되었다. 세습적이지 않으면서 몇 년의 임기마다 다른 지역으로 이동하는 관리들은 승진을 위해서 빨리 성과를 낼 필요가 있었기에, 지역사회를 위해 장기적인 전망을 가지고 정책을 추진하기보다 가시적이고 단기적인 결과만을 중시하는 부작용을 가져왔다. 개인적 동기가 공공성과 상충되는 현상이 나타났던 것이다. 공동체 의식의 약화 역시 과거제의 부정적 결과로 인식되었다. 과거제 출신의 관리들이 공동체에 대한 소속감이 낮고 출세 지향적이기 때문에 세습 엘리트나 지역에서 천거된 관리에 비해 공동체에 대한 충성심이 약했던 것이다.

① '벽소'는 과거제를 없애고자 등장한 새로운 제도이다.
② 과거제 출신의 관리들은 공동체에 대한 소속감이 낮고 출세 지향적이었다.
③ 과거제는 학습 능력 이외의 인성이나 실무능력까지 정확하게 평가할 수 있는 제도였다.
④ 과거제를 통해 임용된 관리들은 지역 사회를 위해 장기적인 전망을 가지고 정책을 추진하였다.
⑤ 고염무는 관료제의 상층에는 세습제를 실시하고, 지방관에게는 능력주의적 제도를 실시하자는 방안을 제안했다.

01 다음 중 명제가 모두 참일 때, 빈칸에 들어갈 명제로 가장 적절한 것은?

> • 광물은 매우 규칙적인 원자 배열을 가지고 있다.
> • 다이아몬드는 광물이다.
> • _____

① 광물은 다이아몬드이다.
② 광물이 아니면 다이아몬드이다.
③ 다이아몬드가 아니면 광물이 아니다.
④ 다이아몬드는 매우 규칙적인 원자 배열을 가지고 있다.
⑤ 광물이 아니면 규칙적인 원자 배열을 가지고 있지 않다.

02 어느 사무실에 도둑이 들어서 갑, 을, 병, 정, 무 5명의 용의자를 대상으로 조사를 했다. 이 중 1명만 진실을 말하고 나머지는 거짓을 말한다고 할 때, 범인은 누구인가?

> • 갑 : 을이 범인이에요.
> • 을 : 정이 범인이 확실해요.
> • 병 : 저는 확실히 도둑이 아닙니다.
> • 정 : 을은 거짓말쟁이에요.
> • 무 : 제가 도둑입니다.

① 갑   ② 을
③ 병   ④ 정
⑤ 무

03 재은이는 얼마 전부터 건강을 위해 매일 아침마다 달리기를 한다. 다음 사실로부터 추론할 수 있는 것은?

> • 재은이는 화요일에 월요일보다 50m 더 달려 200m를 달렸다.
> • 재은이는 수요일에 화요일보다 30m 적게 달렸다.
> • 재은이는 목요일에 수요일보다 10m 더 달렸다.

① 재은이는 월요일에 수요일보다 50m 적게 달렸다.
② 재은이는 수요일에 가장 적게 달렸다.
③ 재은이는 목요일에 가장 많이 달렸다.
④ 재은이는 목요일에 가장 적게 달렸다.
⑤ 재은이는 목요일에 화요일보다 20m 적게 달렸다.

04 김대리, 박과장, 최부장 중 한 명은 점심으로 짬뽕을 먹었다. 다음 여러 개의 진술 중 두 개의 진술만 참이고 나머지는 모두 거짓일 때, 짬뽕을 먹은 사람과 참인 진술을 바르게 연결한 것은?(단, 중국집에서만 짬뽕을 먹을 수 있고, 중국 음식은 짬뽕뿐이다)

> 김대리 : 박과장이 짬뽕을 먹었다. ··· ㉠
>   나는 최부장과 중국집에 갔다. ··· ㉡
>   나는 중국 음식을 먹지 않았다. ··· ㉢
> 박과장 : 김대리와 최부장은 중국집에 가지 않았다. ··· ㉣
>   나는 점심으로 짬뽕을 먹었다. ··· ㉤
>   김대리가 중국 음식을 먹지 않았다는 것은 거짓말이다. ··· ㉥
> 최부장 : 나와 김대리는 중국집에 가지 않았다. ··· ㉦
>   김대리가 점심으로 짬뽕을 먹었다. ··· ㉧
>   박과장의 마지막 말은 사실이다. ··· ㉨

① 김대리, ㉡·㉥
② 박과장, ㉠·㉤
③ 박과장, ㉤·㉨
④ 최부장, ㉡·㉦
⑤ 최부장, ㉡·㉢

01 다음은 1인 1일 이메일과 휴대전화 스팸 수신량을 나타낸 그래프이다. 이에 대한 설명으로 옳은 것은?

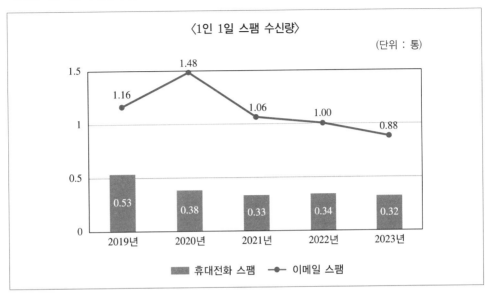

① 이메일 스팸 수신량은 같은 해의 휴대전화 스팸 수신량보다 항상 2.5배 이상이다.
② 2021년부터 2023년까지 휴대전화 스팸 수신량과 이메일 스팸 수신량 증감 추이는 같다.
③ 전년 대비 2021년 이메일 스팸 수신량 감소율은 전년 대비 2022년 감소율의 4배 이하이다.
④ 전년 대비 2022년도 휴대전화 스팸 증가량과 2021년 대비 2023년도 휴대전화 스팸 감소량은 같다.
⑤ 이메일 스팸 수신량이 가장 많은 해는 2020년이고, 휴대전화 스팸 수신량이 가장 적은 해는 2022년이다.

02 다음은 주요 온실가스의 연평균 농도 변화 추이를 나타낸 표이다. 이에 대한 설명으로 옳지 않은 것은?

<주요 온실가스의 연평균 농도 변화 추이>

구분	2017년	2018년	2019년	2020년	2021년	2022년	2023년
이산화탄소(CO_2, ppm)	387.2	388.7	389.9	391.4	392.5	394.5	395.7
오존 전량(O_3, DU)	331	330	328	325	329	343	335

① 오존 전량은 계속해서 증가하고 있다.
② 이산화탄소의 농도는 계속해서 증가하고 있다.
③ 오존 전량이 가장 크게 감소한 해는 2023년이다.
④ 2023년 오존 전량은 2017년의 오존 전량보다 4DU 증가했다.
⑤ 2023년 이산화탄소의 농도는 2018년보다 7ppm 증가했다.

03 어느 도서관에서 일정 기간의 도서 대여 횟수를 작성한 자료이다. 자료를 통해 얻을 수 있는 내용으로 옳지 않은 것은?

<도서 대여 횟수>

(단위 : 회)

구분	비소설		소설	
	남자	여자	남자	여자
40세 미만	20	10	40	50
40세 이상	30	20	20	30

① 40세 미만보다 40세 이상의 전체 대여 횟수가 더 적다.
② 소설을 대여한 전체 횟수가 비소설을 대여한 전체 횟수보다 많다.
③ 남자가 소설을 대여한 횟수는 여자가 소설을 대여한 횟수의 70% 이하이다.
④ 40세 이상의 전체 대여 횟수에서 소설 대여 횟수가 차지하는 비율은 40% 이상이다.
⑤ 40세 미만의 전체 대여 횟수에서 비소설 대여 횟수가 차지하는 비율은 20%를 넘는다.

04 퇴직 후 네일아트를 전문적으로 하는 뷰티숍을 개점하려는 L씨는 평소 눈여겨 본 지역의 고객분포를 알기 위해 직접 설문조사를 하였다. 설문조사 결과가 다음과 같을 때, L씨가 이해한 내용으로 적절한 것은?(단, 복수응답과 무응답은 없다)

〈응답자의 연령대별 방문 횟수〉

(단위 : 명)

방문횟수 \ 연령대	20 ~ 25세	26 ~ 30세	31 ~ 35세	합계
1회	19	12	3	34
2 ~ 3회	27	32	4	63
4 ~ 5회	6	5	2	13
6회 이상	1	2	0	3
합계	53	51	9	113

〈응답자의 직업〉

(단위 : 명)

직업	응답자
학생	49
회사원	43
공무원	2
전문직	7
자영업	9
가정주부	3
합계	113

① 26 ~ 30세 응답자 중 4회 이상 방문한 응답자 비율은 10% 이상이다.
② 31 ~ 35세 응답자의 1인당 평균 방문 횟수는 2회 미만이다.
③ 전체 응답자 중 20 ~ 25세인 전문직 응답자 비율은 5% 미만이다.
④ 전체 응답자 중 20 ~ 25세 응답자가 차지하는 비율은 50% 이상이다.
⑤ 전체 응답자 중 직업이 학생 또는 공무원인 응답자 비율은 50% 이상이다.

01 흰 구슬 4개, 검은 구슬 6개가 들어 있는 주머니에서 연속으로 2개의 구슬을 꺼낼 때, 흰 구슬과 검은 구슬을 각각 1개씩 뽑을 확률은?(단, 꺼낸 구슬은 다시 넣지 않는다)

① $\dfrac{2}{15}$ ② $\dfrac{4}{15}$

③ $\dfrac{7}{15}$ ④ $\dfrac{8}{15}$

⑤ $\dfrac{11}{15}$

02 같은 헤어숍에 다니고 있는 A와 B는 일요일에 헤어숍에서 마주쳤다. 서로 마주친 이후 A는 10일 간격으로, B는 16일마다 방문했다. 두 사람이 다시 헤어숍에서 만났을 때의 요일은?

① 월요일 ② 화요일

③ 수요일 ④ 목요일

⑤ 금요일

※ 다음과 같이 일정한 규칙으로 수를 나열할 때, 빈칸에 들어갈 알맞은 수를 고르시오. [3~5]

03

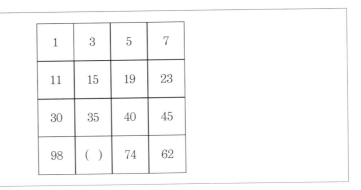

1	3	5	7
11	15	19	23
30	35	40	45
98	( )	74	62

① 80   ② 82
③ 84   ④ 86
⑤ 88

04

$$1 \quad -2 \quad 1 \quad -2 \quad 4 \quad -8 \quad 1 \quad -2 \quad (\quad)$$

① 8   ② 9
③ 10   ④ 11
⑤ 12

05

$$100 \quad 80 \quad 61 \quad 43 \quad (\quad) \quad 10 \quad -5$$

① 28   ② 27
③ 26   ④ 25
⑤ 24

01   언어이해

01	02	03	04	05
⑤	④	④	②	②

01   정답 ⑤

우리나라의 낮은 장기 기증률은 전통적 유교 사상 때문이라고 주장하고 있는 A와 달리, B는 이에 대하여 다양한 원인을 제시하고 있다. 따라서 A의 주장에 대해 반박할 수 있는 내용으로 ⑤가 가장 적절하다.

02   정답 ④

어빙 피셔의 교환방정식 'MV=PT'에서 V는 화폐유통 속도를 나타낸다. 따라서 사이먼 뉴컴의 교환방정식인 'MV=PQ'에서 사용하는 V(Velocity), 즉 화폐유통속도와 동일하며 대체되어 사용되지 않는다.

[오답분석]
① 교환방정식 'MV=PT'는 화폐수량설의 기본모형인 거래모형이며, 'MV=PY'는 소득모형으로 사용된다.
② 사이먼 뉴컴의 교환방정식 'MV=PQ'에서 Q(Quantity)는 상품 및 서비스의 수량이다.
③ 어빙 피셔의 화폐수량설은 최근 총거래 수 T(Trade)를 총생산량 Y로 대체하여 사용하고 있다.
⑤ 어빙 피셔는 사이먼 뉴컴의 교환방정식을 인플레이션율과 화폐공급의 증가율 간 관계를 나타내는 이론인 화폐수량설로 재탄생시켰다.

03   정답 ④

제시문은 예전과는 달라진 덕후에 대한 사회적 시선과 그와 관련된 소비 산업에 관해 이야기하고 있다. 따라서 (다) 덕후의 어원과 더 이상 숨기지 않아도 되는 존재로의 변화 – (가) 달라진 사회 시선과 일본의 오타쿠와 다른 독자적 존재로서 진화해가는 한국 덕후 – (나) 진화된 덕후들을 공략하기 위해 발달하고 있는 산업 순으로 나열하는 것이 가장 적절하다.

04   정답 ②

제시문에서 '당분 과다로 뇌의 화학적 균형이 무너져 정신에 장애가 왔다고 주장'한 것과 '정제한 당의 섭취를 원천적으로 차단'한 실험 결과를 토대로 추론하면 빈칸에 들어갈 내용은 '과다한 정제당 섭취가 반사회적 행동을 유발할 수 있다.'로 귀결된다. 따라서 빈칸에 ②가 들어가는 것이 가장 적절하다.

05   정답 ②

마지막 문단에서 과거제 출신의 관리들이 공동체에 대한 소속감이 낮고 출세 지향적이었다는 내용을 확인할 수 있다.

[오답분석]
① 첫 번째 문단에서 황종희가 '벽소'와 같은 옛 제도를 되살리는 방법으로 과거제를 보완하자고 주장했다는 내용을 볼 수 있다. 따라서 벽소는 과거제를 없애고자 등장한 새로운 제도가 아니라 과거제를 보완하고자 되살린 옛 제도이므로 적절하지 않다.
③ 두 번째 문단에서 과거제는 학습 능력 이외의 인성이나 실무 능력을 평가할 수 없다는 이유로 시험의 익명성에 대한 회의도 있었다고 하였으므로 적절하지 않다.
④ 마지막 문단에서 과거제를 통해 임용된 관리들은 승진을 위해서 빨리 성과를 낼 필요가 있었다. 그러나 지역사회를 위해 장기적인 정책을 추진하기보다 가시적이고 단기적인 결과만을 중시하는 부작용을 가져왔다고 하였으므로 적절하지 않다.
⑤ 첫 번째 문단에서 고염무는 관료제의 상층에는 능력주의적 제도를 유지하되, 지방관인 지현들은 그 지위를 평생 유지시켜 주고 세습의 길까지 열어 놓는 방안을 제안했다고 했으므로 적절하지 않다.

01	02	03	04	
④	③	⑤	⑤	

01

정답 ④

다이아몬드는 광물이고, 광물은 매우 규칙적인 원자 배열을 가지고 있다.

따라서 다이아몬드는 매우 규칙적인 원자 배열을 가지고 있다.

02

정답 ③

만약 갑의 말이 진실이면 을의 말은 거짓, 병의 말은 진실, 정의 말도 진실, 무의 말은 거짓이 되어 진실을 말한 사람이 3명이 되므로 1명만 진실을 말한다는 조건에 맞지 않는다. 따라서 갑의 말은 거짓이다. 또한, 을이나 무의 말이 진실이라면 병의 말이 진실이 되므로 이 역시 1명만 진실을 말한다는 조건에 어긋나 을과 무의 말 역시 거짓이다. 병의 말이 진실이라면 을의 말은 거짓, 정의 말은 진실이 되므로 병의 말도 거짓이다.

따라서 진실을 말한 사람은 정이고, 갑, 을, 병, 무의 말은 모두 거짓이 된다. 그러므로 병이 범인이다.

03

정답 ⑤

재은이가 요일별로 달린 거리를 표로 정리하면 다음과 같다.

월	화	수	목
200−50= 150m	200m	200−30= 170m	170+10= 180m

따라서 재은이가 목요일에 화요일보다 20m 적게 달린 것을 알 수 있다.

04

정답 ⑤

ⓛ과 ㉣·㉖은 상반되며, ㉢과 ㉥·㉧·㉨ 역시 상반된다.
- 김대리가 짬뽕을 먹은 경우 : ㉥, ㉧, ㉨ 세 개의 진술이 참이 되므로 성립하지 않는다.
- 박과장이 짬뽕을 먹은 경우 : ㉠, ㉢, ㉤ 세 개의 진술이 참이 되므로 성립하지 않는다.
- 최부장이 짬뽕을 먹은 경우 : 최부장이 짬뽕을 먹었으므로 ㉠, ㉤, ㉨은 반드시 거짓이 된다. 이때, ㉢은 반드시 참이 되므로 상반되는 ㉥, ㉨은 반드시 거짓이 되고, ㉣, ㉖ 또한 반드시 거짓이 되므로 상반되는 ⓛ이 참이 되는 것을 알 수 있다.

따라서 짬뽕을 먹은 사람은 최부장이고, 참인 진술은 ⓛ·㉢이다.

01	02	03	04	
④	①	③	①	

01

정답 ④

2022년도 휴대전화 스팸 수신량은 2021년보다 0.34−0.33=0.01통 많으며, 2023년에는 2021년보다 0.33−0.32=0.01통이 적다.

따라서 증가량과 감소량이 0.01통으로 같음을 알 수 있으므로 옳은 설명이다.

오답분석

① 2019년의 이메일 스팸 수신량은 1.16통으로 휴대전화 스팸 수신량의 2.5배인 약 1.33통보다 적으므로 옳지 않은 설명이다.

② 2021년부터 2023년까지 휴대전화 스팸 수신량은 2022년도 증가하고 다음 해에 감소했으나 이메일 스팸 수신량은 계속 감소했으므로 옳지 않은 설명이다.

③ 전년 대비 이메일 스팸 수신량 감소율은 2021년에 $\frac{1.48-1.06}{1.48}$

$\times100 ≒ 28.4\%$, 2022년에 $\frac{1.06-1.00}{1.06}\times100 ≒ 5.7\%$

로 2021년 감소율이 2022년의 약 5배이므로 옳지 않은 설명이다.

⑤ 이메일 스팸수신량이 가장 많은 해는 2020년이 맞지만 휴대전화 스팸 수신량이 가장 적은 해는 2023년이므로 옳지 않은 설명이다.

02

정답 ①

이산화탄소의 농도가 계속해서 증가하고 있는 것과 달리 오존 전량은 2018년부터 2020년까지 차례로 감소하였고 2023년에도 감소하였으므로 옳지 않다.

오답분석

② 이산화탄소의 농도는 2017년 387.2ppm에서 시작하여 2023년 395.7ppm으로 해마다 증가했다.

③ 오존 전량은 2018년에는 1DU, 2019년에는 2DU, 2020년에는 3DU 감소하였으며, 2023년에는 8DU 감소하였다.

④ 2023년 오존 전량은 335DU로, 2017년의 331DU보다 4DU 증가했다.

⑤ 2023년 이산화탄소 농도는 2018년의 388.7ppm에서 395.7ppm으로 7ppm 증가했다.

03

정답 ③

남자가 소설을 대여한 횟수는 60회이고, 여자가 소설을 대여한 횟수는 80회이므로 $\frac{60}{80} \times 100 = 75\%$이다.

따라서 남자가 소설을 대여한 횟수는 여자가 소설을 대여한 횟수의 70% 이상이므로 옳지 않다.

오답분석

① 40세 미만의 전체 대여 횟수는 120회, 40세 이상의 전체 대여 횟수는 100회이므로 옳다.

② 소설 전체 대여 횟수는 140회, 비소설 전체 대여 횟수는 80회이므로 옳다.

④ 40세 이상의 전체 대여 횟수는 100회이고, 그중 소설 대여는 50회이므로 $\frac{50}{100} \times 100 = 50\%$이므로 옳다.

⑤ 40세 미만의 전체 대여 횟수는 120회이고, 그중 비소설 대여는 30회이므로 $\frac{30}{120} \times 100 = 25\%$이므로 옳다.

04

정답 ①

26~30세 응답자는 총 51명이다. 그중 4회 이상 방문한 응답자는 5+2=7명이고, 비율은 $\frac{7}{51} \times 100 ≒ 13.72\%$이므로 10% 이상이다.

오답분석

② 주어진 자료만으로는 31~35세 응답자의 1인당 평균 방문 횟수를 정확히 구할 수 없다. 그 이유는 방문 횟수를 '1회', '2~3회', '4~5회', '6회 이상' 등 구간으로 구분했기 때문이다. 다만 구간별 최소값으로 평균을 냈을 때, 평균 방문 횟수가 2회 이상이라는 점을 통해 2회 미만이라는 것은 틀렸다는 것을 알 수 있다.

③ 주어진 자료만으로 판단할 때, 전문직 응답자 7명 모두 20~25세일 수 있으므로 비율이 5% 이상이 될 수 있다.

1, 1, 1, 2, 2, 2, 2, 4, 4 → 평균 = $\frac{19}{9} ≒ 2.11$회

④ 전체 응답자 수는 113명이다. 그중 20~25세 응답자는 53명이므로, 비율은 $\frac{53}{113} \times 100 ≒ 46.90\%$가 된다.

⑤ 응답자의 직업에서 학생과 공무원 응답자의 수는 51명이다. 즉, 전체 113명의 절반에 미치지 못하므로 비율은 50% 미만이다.

---

04 창의수리

01	02	03	04	05
④	③	④	③	③

01

정답 ④

흰 구슬을 먼저 뽑고, 검은 구슬을 뽑을 확률 : $\frac{4}{10} \times \frac{6}{9} = \frac{4}{15}$

검은 구슬을 먼저 뽑고, 흰 구슬을 뽑을 확률 : $\frac{6}{10} \times \frac{4}{9} = \frac{4}{15}$

$\therefore \frac{4}{15} + \frac{4}{15} = \frac{8}{15}$

따라서 흰 구슬과 검은 구슬을 각각 1개씩 뽑을 확률은 $\frac{8}{15}$이다.

02

정답 ③

두 사람이 각각 헤어숍에 방문하는 간격인 10과 16의 최소공배수 80을 일주일 단위로 계산하면 11주 3일(80÷7=11 … 3)이 된다.

따라서 두 사람은 일요일의 3일 후인 수요일에 다시 만난다.

03

정답 ④

각 행은 인접한 두 수의 차이가 일정한 수열이다.

1행 : 1 → 3 → 5 → 7
　　　　+2　　+2　　+2

2행 : 11 → 15 → 19 → 23
　　　　+4　　+4　　+4

3행 : 30 → 35 → 40 → 45
　　　　+5　　+5　　+5

4행 : 62−74=−12이므로 앞의 항에 12씩 빼는 수열임을 알 수 있다.

98 → (86) → 74 → 62
　　−12　　−12　　−12

따라서 (　)=98−12=86이다.

04

정답 ③

×(−2)와 +(3의 배수)를 번갈아 가면서 적용하는 수열이다.

따라서 (　)=(−2)+12=10이다.

05

정답 ③

앞의 항에 −20, −19, −18, −17, −16, …인 수열이다.

따라서 (　)=43−17=26이다.

PART 1

대표기출유형

CHAPTER 01
언어이해

합격 CHEAT KEY

언어이해는 총 15문제가 출제되며, 10분의 시간이 주어진다. 글의 중심 내용을 파악하거나 구조를 파악하는 능력을 알아보기 위한 사실적 사고 검사와 개별 진술문 간의 관계 및 구조를 파악하여 논리적인 판단을 내리는 능력을 알아보기 위한 추론적 사고 검사로 구성되어 있다.

01 독해

글에 대한 이해력과 분석력을 평가하는 유형으로, 제시문과의 내용 일치 여부나 주제 / 제목, 추론 등의 문제가 출제되며, 글의 흐름 및 내용을 파악하고 제시되지 않은 부분을 추론하는 능력 등을 평가한다.

┤ 학습 포인트 ├
- 경제·경영·철학·역사·예술·과학 등 다양한 분야와 관련된 글이 제시된다.
- 독해의 경우 단기간의 공부로 성적을 올릴 수 있는 부분이 아니므로 평소에 꾸준히 연습해야 한다.
- 추론하기의 경우 제시문을 바탕으로 정확한 근거를 판단하여 풀이하면 오답을 피할 수 있다.

02　나열하기

나열하기에는 주어진 문장을 논리적 순서에 맞게 나열하는 문제, 〈보기〉에 주어진 문장을 제시문에서 적절한 자리에 배치하는 문제 유형 등이 있다.

┤ 학습 포인트 ├
- 인적성검사 언어 영역에서 꾸준히 출제되고 있는 유형이다.
- 문장과 문장을 연결하는 접속어의 쓰임에 대해 알고 있으면 빠른 시간 내에 문제를 풀 수 있다.
- 문장 속에 나타나는 지시어는 해당 문장의 앞에 어떤 내용이 오는지에 대한 힌트가 되므로 이에 집중한다.

03　빈칸추론

빈칸추론은 주로 문맥의 흐름에 맞는 적절한 문장을 찾는 유형이다. 앞뒤 문장으로 추론하거나 글의 전체적인 맥락을 알지 못하면 풀 수 없는 등 문제별로 난이도가 다른 유형이므로 글의 중심 내용을 빠르게 이해해야 한다.

┤ 학습 포인트 ├
- 제시문을 처음부터 끝까지 다 읽지 않고도 빈칸의 앞뒤 문장만으로 그 사이에 들어갈 내용을 유추하는 연습을 해야 한다.
- 선택지를 읽으며 빈칸에 들어갈 답을 고른 후 해설과 비교한다. 확실하게 정답을 선택한 경우를 제외하고, 왜 틀렸는지 파악하고 놓친 부분을 반드시 체크하는 습관을 들인다.

01 논리구조

논리구조에서는 주로 단락과 문장 간의 관계나 글 전체의 논리적 구조를 정확히 파악했는지를 묻는다. 글의 순서를 바르게 나열하는 유형이 출제되고 있다. 제시문의 전체적인 흐름을 바탕으로 각 문단의 특징, 단락 간의 역할 등을 논리적으로 구조화할 수 있는 능력을 길러야 한다.

1. 문장과 문장 간의 관계

① 상세화 관계 : 주지 → 구체적 설명(비교, 대조, 유추, 분류, 분석, 인용, 예시, 비유, 부연, 상술 등)
② 문제(제기)와 해결 관계 : 한 문장이 문제를 제기하고, 다른 문장이 그 해결책을 제시하는 관계(과제 제시 → 해결 방안, 문제 제기 → 해답 제시)
③ 선후 관계 : 한 문장이 먼저 발생한 내용을 담고, 다음 문장이 나중에 발생한 내용을 담고 있는 관계
④ 원인과 결과 관계 : 한 문장이 원인이 되고, 다른 문장이 그 결과가 되는 관계(원인 제시 → 결과 제시, 결과 제시 → 원인 제시)
⑤ 주장과 근거 관계 : 한 문장이 필자가 말하고자 하는 바(주지)가 되고, 다른 문장이 그 문장의 증거(근거)가 되는 관계(주장 제시 → 근거 제시, 의견 제안 → 의견 설명)
⑥ 전제와 결론 관계 : 앞 문장에서 조건이나 가정을 제시하고, 뒤 문장에서 이에 따른 결론을 제시하는 관계

2. 문장의 연결 방식

① 순접 : 원인과 결과, 부연 설명 등의 문장 연결에 쓰임
 예 그래서, 그리고, 그러므로 등
② 역접 : 앞글의 내용을 전면적 또는 부분적으로 부정
 예 그러나, 그렇지만, 그래도, 하지만 등
③ 대등·병렬 : 앞뒤 문장의 대비와 반복에 의한 접속
 예 및, 혹은, 또는, 이에 반하여 등
④ 보충·첨가 : 앞글의 내용을 보다 강조하거나 부족한 부분을 보충하기 위해 다른 말을 덧붙이는 문맥
 예 단, 곧, 즉, 더욱이, 게다가, 왜냐하면 등
⑤ 화제 전환 : 앞글과는 다른 새로운 내용을 이야기하기 위한 문맥
⑥ 비유·예시 : 앞글에 대해 비유적으로 다시 말하거나 구체적인 예를 보임
 예 예를 들면, 예컨대, 마치 등

3. 원리 접근법

앞뒤 문장의 중심 의미 파악	→	앞뒤 문장의 중심 내용이 어떤 관계인지 파악	→	문장 간의 접속어, 지시어의 의미와 기능	→	문장의 의미와 관계성 파악
각 문장의 의미를 어떤 관계로 연결해서 글을 전개하는지 파악해야 한다.		지문 안의 모든 문장은 서로 논리적 관계성이 있다.		접속어와 지시어를 음미하는 것은 독해의 길잡이 역할을 한다.		문단의 중심 내용을 알기 위한 기본 분석 과정이다.

02　논리적 이해

1. 전제의 추론

전제의 추론은 원칙적으로 주어진 내용의 이면에 내포되어 있는 이미 옳다고 인정된 사실을 유추하는 유형이다.
① 먼저 주장이 무엇인지 명확하게 파악해야 한다.
② 주장이 성립하기 위해서 논리적으로 필요한 요건이 무엇인지 생각해 본다.
③ 선택지 중 주장과 논리적으로 인과관계를 형성할 수 있는 조건을 찾아낸다.

2. 결론의 추론

주어진 내용을 명확히 이해한 다음, 이를 근거로 끌어낼 수 있는 올바른 결론이나 관련 사항을 논리적인 관점에서 찾는 문제 유형이다. 이와 같은 문제는 평상시 비판적이고 논리적인 관점으로 글을 읽는 연습을 충분히 해두어야 유리하다고 볼 수 있다.

3. 주제의 추론

주제와 관련된 추론 문제는 적성검사에서 자주 출제되는 유형으로서, 글의 표제, 부제, 주제, 주장, 의도를 파악하는 형태의 문제와 같은 유형이다. 이러한 유형의 문제는 주제를 글의 첫 문단이나 마지막 문단을 통해서 찾을 수 있으며 그렇지 않더라도 문단의 병렬·대등 관계를 파악하면 쉽게 찾을 수 있다. 여러 문단에서 공통된 주제를 추론할 때는 각각의 제시문을 먼저 요약한 뒤, 핵심 키워드를 찾은 다음 이를 토대로 주제문을 가려내어 하나의 주제를 유추하면 된다. 따라서 평소에 제시문을 읽고 핵심 키워드를 찾아 문장을 구성하는 연습을 많이 해두어야 한다. 또한 겉으로 드러난 주제나 정보를 찾는 데 그치지 않고 글 속에 숨겨진 의도나 정보를 찾기 위해 꼼꼼히 관찰하는 태도가 필요하다.

01 주제 · 제목 찾기

| 유형분석 |

- 글을 읽고 말하고자 하는 주제를 파악할 수 있는지를 평가하는 유형이다.
- 단순한 설명문부터 주장, 반박문까지 다양한 성격의 지문이 제시되므로 글의 성격별 특징을 알아두는 것이 좋다.

다음 글의 제목으로 가장 적절한 것은?

> 반대는 필수 불가결한 것이다. 지각 있는 대부분의 사람이 그러하듯 훌륭한 정치가는 항상 열렬한 지지자보다는 반대자로부터 더 많은 것을 배운다. 만약 반대자들이 위험이 있는 곳을 지적해 주지 않는다면, 그는 지지자들에 떠밀려 파멸의 길을 걷게 될 수 있기 때문이다. 따라서 현명한 정치가라면 그는 종종 친구들로부터 벗어나기를 기도할 것이다. 친구들이 자신을 파멸시킬 수도 있다는 것을 알기 때문이다. 그리고 비록 고통스럽다 할지라도 결코 반대자 없이 홀로 남겨지는 일이 일어나지 않기를 기도할 것이다. 반대자들이 자신을 이성과 양식의 길에서 멀리 벗어나지 않도록 해준다는 사실을 알기 때문이다. 자유의지를 가진 국민의 범국가적 화합은 정부의 독단과 반대당의 혁명적 비타협성을 무력화시키는 정치권력의 충분한 균형에 의존하고 있다. 그 균형이 어떤 상황 때문에 강제로 타협하게 되지 않는 한, 모든 시민이 어떤 정책에 영향을 미칠 수는 있으나 누구도 혼자 정책을 지배할 수 없다는 것을 느끼게 되지 않는 한, 습관과 필요에 의해서 서로 조금씩 양보하지 않는 한, 자유는 유지될 수 없기 때문이다.

① 혁명의 정의
② 민주주의와 사회주의
③ 반대의 필요성과 민주주의
④ 민주주의와 일방적인 의사소통
⑤ 권력을 가진 자와 혁명을 꿈꾸는 집단

정답 ③

제시문에서 핵심 내용을 '반대는 필수 불가결한 것이다.', '자유의지를 가진 국민의 범국가적 화합은 정부의 독단과 반대당의 혁명적 비타협성을 무력화시키는 정치권력의 충분한 균형에 의존하고 있다.', '그 균형이 더 이상 존재하지 않는다면 민주주의는 사라지고 만다.'로 요약할 수 있다. 이 내용을 토대로 글의 제목을 찾는다면 '반대의 필요성과 민주주의'가 가장 적절하다.

30초 컷 풀이 Tip

- 주제가 되는 글 또는 문단의 앞과 뒤에 핵심어가 오는 경우가 있으므로 먼저 글을 읽어 핵심어를 잡아낸 뒤 중심 내용을 파악할 수 있도록 한다. 또한 선택지 중 세부적인 내용을 다루고 있는 것은 정답에서 제외시킨다.
- 글의 전체적인 진행 중에 반전이 되는 내용이나 접속어가 나온다면 그 다음 내용이 중심 내용인 경우가 많다. 따라서 글의 분위기가 반전되는 경우 이에 집중하여 독해한다.

※ 다음 글의 주제로 가장 적절한 것을 고르시오. [1~2]

01

> 높은 휘발유세는 자동차를 사용함으로써 발생하는 다음과 같은 문제들을 줄이는 교정적 역할을 수행한다. 첫째, 휘발유세는 사람들의 대중교통수단 이용을 유도하고, 자가용 사용을 억제함으로써 교통혼잡을 줄여준다. 둘째, 교통사고 발생 시 대형 차량이나 승합차가 중소형 차량에 비해 보다 치명적인 피해를 줄 가능성이 높다. 이와 관련해서 휘발유세는 휘발유를 많이 소비하는 대형 차량을 운행하는 사람에게 보다 높은 비용을 치르게 함으로써 교통사고 위험에 대한 간접적인 비용을 징수하는 효과를 가진다. 셋째, 휘발유세는 휘발유 소비를 억제함으로써 대기오염을 줄이는 데 기여한다.

① 휘발유세의 용도   ② 에너지 소비 절약
③ 휘발유세의 감소 원인   ④ 휘발유세의 지속적 인상
⑤ 높은 휘발유세의 정당성

`Easy`

02

> 멸균이란 곰팡이, 세균, 박테리아, 바이러스 등 모든 미생물을 사멸시켜 무균 상태로 만드는 것을 의미한다. 멸균 방법에는 물리적, 화학적 방법이 있으며, 멸균 대상의 특성에 따라 적절한 멸균 방법을 선택하여 실시할 수 있다. 먼저 물리적 멸균법에는 열이나 화학약품을 사용하지 않고 여과기를 이용하여 세균을 제거하는 여과법, 병원체를 불에 태워 없애는 소각법, 100℃에서 10 ~ 20분간 물품을 끓이는 자비소독법, 미생물을 자외선에 직접 노출시키는 자외선 소독법, 160 ~ 170℃의 열에서 1 ~ 2시간 동안 건열 멸균기를 사용하는 건열법, 포화된 고압증기 형태의 습열로 미생물을 파괴시키는 고압증기 멸균법 등이 있다. 다음으로 화학적 멸균법은 화학약품이나 가스를 사용하여 미생물을 파괴하거나 성장을 억제하는 방법을 말한다. 여기에는 E.O 가스, 알코올, 염소 등 여러 가지 화학약품이 사용된다.

① 멸균의 중요성   ② 뛰어난 멸균 효과
③ 다양한 멸균 방법   ④ 멸균 시 발생할 수 있는 부작용
⑤ 멸균 시 사용하는 약품의 종류

※ 다음 글의 제목으로 가장 적절한 것을 고르시오. [3~4]

03

청소년기에는 신체 변화를 겪으면서 외모에 관심을 가지게 된다. 지금까지 자기의 외모에 무관심했던 아이도 옷차림이나 머리모양, 신발, 가방 등에 부쩍 관심을 가지고 거울 앞에서 오랜 시간을 보낸다. 또한, 또래 집단의 친구들과 비슷한 외모와 의상을 갖추려고 신경을 쓴다. 비슷한 청바지나 신발은 모두 이들에게 집단과 의사소통을 할 때에 중요한 수단이 되기 때문이다. 의복에 대한 만족감은 청소년의 정서와 행동에 큰 영향을 끼치며, 이에 대한 자신감은 자신의 외모 평가에 영향을 준다. 한 조사에 의하면, 남녀 학생 모두 자신의 외모와 의복에 대한 만족도가 높을수록 일에 적극적으로 참여하려는 동기도 높은 것으로 나타났다.

① 청소년의 사회성
② 청소년의 옷차림
③ 청소년의 사춘기
④ 청소년의 만족도
⑤ 청소년기의 또래 집단

04

만공탑에서 다시 돌계단을 오르면 정혜사 능인선원이 나온다. 정혜사 앞뜰에 서서 담장을 앞에 두고 올라온 길을 내려다보면 홍성 일대의 평원이 일망무제로 펼쳐진다. 산마루와 가까워 바람이 항시 세차게 불어오는데, 살면서 쌓인 피곤과 근심이 모두 씻겨지는 후련한 기분을 느낄 수 있을 것이다. 자신도 모르게 물 한 모금을 마시며 이 호탕하고 맑은 기분을 오래 간직하고 싶어질 것이다. 정혜사 약수는 바위틈에서 비집고 올라오는 샘물이 공을 반으로 자른 모양의 석조에 넘쳐흐르는데 이 약수를 덮고 있는 보호각에는 '불유각(佛乳閣)'이라는 현판이 걸려 있다. 부처님의 젖이라! 글씨는 분명 스님의 솜씨다. 말을 만들어낸 솜씨도 예사롭지 않다. 누가 저런 멋을 가졌던가. 누구에게 묻지 않아도 알 것 같았고 설혹 틀린다 해도 상관할 것이 아니었다(훗날 다시 가서 확인해 보았더니 예상대로 만공의 글씨였다). 나는 그것을 사진으로 찍고 그만한 크기로 인화해서 보며 즐겼다. 그런데 우리 집에는 그것을 걸 자리가 마땅치 않았다. 임시방편이지만 나는 목욕탕 문짝에 그것을 압정으로 눌러 놓았다.

① 만공탑의 뜻
② 약수 보호각
③ 정혜사의 불유각
④ 정혜사 능인선원
⑤ 돌계단을 오르면서

05

> 분노는 공격과 복수의 행동을 유발한다. 분노 감정의 처리에는 '눈에는 눈, 이에는 이'라는 탈리오 법칙이 적용된다. 분노의 감정을 느끼게 되면 상대방에 대해 공격적인 행동을 하고 싶은 공격 충동이 일어난다. 동물의 경우, 분노를 느끼면 이빨을 드러내게 되고 발톱을 세우는 등 공격을 위한 준비 행동을 나타내게 된다. 사람의 경우에도 분노를 느끼면 자율신경계가 활성화되고 눈매가 사나워지며 이를 꽉 깨물고 주먹을 불끈 쥐는 등 공격 행위와 관련된 행동들이 나타나게 된다. 특히 분노 감정이 강하고 상대방이 약할수록 공격 충동은 행동화되는 경향이 있다.

① 분노 감정의 처리와 법칙　　　　② 분노가 야기하는 행동의 변화
③ 공격을 유발하게 되는 원인　　　④ 탈리오 법칙의 정의와 실제 사례
⑤ 동물과 인간의 분노 감정의 차이

Hard

06

> 1948년에 제정된 대한민국 헌법은 공동체의 정치적 문제는 기본적으로 국민의 의사에 의해 결정된다는 점을 구체적인 조문으로 명시하고 있다. 그러나 이러한 공화제적 원리는 1948년에 이르러 갑작스럽게 등장한 것이 아니다. 이미 19세기 후반부터 한반도에서는 이와 같은 원리가 공공 영역의 담론 및 정치적 실천 차원에서 표명되고 있었다.
> 공화제적 원리는 1885년부터 발행되기 시작한 근대적 신문인 『한성주보』에서도 어느 정도 언급된 바 있지만 특히 1898년에 출현한 만민 공동회에서 그 내용이 명확하게 드러난다. 독립협회를 중심으로 촉발되었던 만민 공동회는 민회를 통해 공론을 형성하고 이를 국정에 반영하고자 했던 완전히 새로운 형태의 정치운동이었다. 이것은 전통적인 집단 상소나 민란과는 전혀 달랐다. 이 민회는 자치에 대한 국민의 자각을 기반으로 공동생활의 문제들을 협의하고 함께 행동해 나가려 하였다. 이것은 자신들이 속한 정치공동체에 대한 소속감과 연대감을 갖지 않고서는 불가능한 현상이었다. 즉, 만민 공동회는 국민이 스스로 정치적 주체가 되고자 했던 시도였다. 전제적인 정부가 법을 통해 제한하려고 했던 정치참여를 국민이 스스로 쟁취하여 정치체제를 변화시키고자 하였던 것이다.
> 19세기 후반부터 한반도에 공화제적 원리가 표명되고 있었다는 사례는 이뿐만이 아니다. 당시 독립협회가 정부와 함께 개최한 관민 공동회에서 발표한 「헌의 6조」를 살펴보면 제3조에 "예산과 결산은 국민에게 공표할 일"이라고 명시하고 있는 것을 확인할 수 있다. 이것은 오늘날의 재정 운용의 기본원칙으로 여겨지는 예산공개의 원칙과 정확하게 일치하는 것으로 국민과 함께 협의하여 정치를 하여야 한다는 공화주의 원리를 보여주고 있다.

① 한반도에서 예산공개의 원칙은 19세기 후반 관민 공동회에서 처음으로 표명되었다.
② 만민 공동회를 통해 대한민국 헌법에 공화제적 원리를 포함시키는 것이 결정되었다.
③ 만민 공동회는 전제 정부의 법적 제한에 맞서 국민의 정치 참여를 쟁취하고자 했다.
④ 예산과 결산이라는 용어는 관민 공동회가 열렸던 19세기 후반에 이미 소개되어 있었다.
⑤ 한반도에서 공화제적 원리는 이미 19세기 후반부터 담론 및 실천의 차원에서 표명되고 있었다.

| 유형분석 |

- 글의 내용과 흐름을 잘 파악하고 있는지를 평가하는 유형이다.
- 나열하기에서 가장 중요한 것은 지시어와 접속어이므로, 접속어의 쓰임에 대해 정확히 알고 있어야 하며, 지시어가 가리키는 것이 무엇인지 잘 파악해야 한다.

다음 문단을 논리적 순서대로 바르게 나열한 것은?

(가) 인간의 도덕적 자각과 사회적 실천을 강조한 개인 윤리로 '충서(忠恕)'가 있다. 충서란 공자의 모든 사상을 꿰뚫고 있는 도리로서, 인간 개인의 자아 확립과 이를 통한 만물일체의 실현을 위한 것이다.

(나) 또한 '서(恕)'란 '여심'이다. '내 마음과 같이 한다.'는 말이다. '공자는 내가 하고자 하지 않는 것을 남에게 베풀지 말라 내가 서고자 하면 남도 서게 하고 내가 이루고자 하면 남도 이루게 하라.'고 하였다.

(다) 이때, '충(忠)'이란 '중심'이다. 주희는 충을 '자기의 마음을 다하는 것'이라고 설명하였다. 이것은 자신의 내면에 대한 충실을 의미한다. 이는 자아의 확립이며 본성에 대한 깨달음이다.

(라) 즉, 역지사지(易地思之)의 마음을 지닌 상태가 '서'의 상태인 것이며 인간의 자연스러운 마음이라는 것이다.

① (가) – (다) – (나) – (라) 　　　② (가) – (라) – (나) – (다)
③ (나) – (가) – (라) – (다) 　　　④ (다) – (가) – (나) – (라)
⑤ (다) – (나) – (가) – (라)

정답 ①

제시문은 인간의 도덕적 자각과 사회적 실천을 강조하는 개인 윤리인 '충'과 '서'가 있음을 알리고, 각각의 의미를 설명하고 있다. 따라서 (가) 인간의 도덕적 자각과 사회적 실천을 강조하는 개인 윤리인 '충서' – (다) '충'의 의미 – (나) '서'의 의미 – (라) '서'가 의미하는 역지사지의 상태 순으로 나열하는 것이 가장 적절하다.

30초 컷 풀이 Tip

글의 전체적인 진행 중에 반전이 되는 내용이나 접속어가 나온다면 그 다음 내용이 중심 내용인 경우가 많다. 따라서 글의 분위기가 반전되는 경우 이에 집중하여 독해한다.

※ 다음 문단을 논리적 순서대로 바르게 나열한 것을 고르시오. [1~3]

Easy

01

> (가) 과거에 한 월간 잡지가 여성 모델이 정치인과 사귄다는 기사를 내보냈다가 기자는 손해배상을 하고 잡지도 폐간된 경우가 있었다. 일부는 추측 기사이고 일부는 사실도 있었지만, 사실이든 허위든 관계없이 남의 명예와 인권을 침해하였기에 그 책임을 진 것이다.
>
> (나) 인권이라는 이름으로 남의 사생활을 침해하는 일은 자기 인권을 내세워 남의 불행을 초래하는 것이므로 보호받을 수 없다. 통상 대중 스타나 유명인들의 사생활은 일부 노출되어 있고, 이러한 공개성 속에서 상품화되므로 비교적 보호 강도가 약하기는 하지만 그들도 인간으로서 인권이 보호되는 것은 마찬가지다.
>
> (다) 우리 사회에서 이제 인권이라는 말은 강물처럼 넘쳐흐른다. 과거에는 인권을 말하면 붙잡혀 가고 감옥에도 가곤 했지만, 이제는 누구나 인권을 스스럼없이 주장한다. 그러나 중요한 점은 인권이라 하더라도 무제한 보장되는 것이 아니라 남의 행복과 공동체의 이익을 침해하지 않는 범위 안에서만 보호된다는 것이다.
>
> (라) 그런데 남의 명예를 훼손하여도 손해배상을 해주면 그로써 충분하고, 자기 잘못을 사죄하는 광고를 신문에 강제로 싣게 할 수는 없다. 헌법재판소는 남의 명예를 훼손한 사람이라 하더라도 강제로 사죄 광고를 싣게 하는 것은 양심에 반하는 가혹한 방법이라 하여 위헌으로 선고했다.

① (가) - (나) - (다) - (라) 　　　　② (나) - (가) - (다) - (라)

③ (다) - (나) - (가) - (라) 　　　　④ (다) - (나) - (라) - (가)

⑤ (라) - (다) - (나) - (가)

02

(가) 오히려 클레나 몬드리안의 작품을 우리 조각보의 멋에 비견되는 것으로 보아야 할 것이다. 조각보는 몬드리안이나 클레의 작품보다 100여 년 이상 앞서 제작된 공간 구성미를 가진 작품이며, 시대적으로 앞설 뿐 아니라 평범한 여성들의 일상에서 시작되었다는 점 그리고 정형화되지 않은 색채감과 구성미로 독특한 예술성을 지닌다는 점에서 차별화된 가치를 지닌다.

(나) 조각보는 일상생활에서 쓰다 남은 자투리 천을 이어서 만든 것으로, 옛 서민들의 절약 정신과 소박한 미의식을 보여준다. 조각보의 색채와 공간구성 면은 공간분할의 추상화가로 유명한 클레(Paul Klee)나 몬드리안(Peit Mondrian)의 작품과 비견되곤 한다. 그만큼 아름답고 훌륭한 조형미를 지녔다는 의미이기도 하지만 일견 돌이켜 보면 이것은 잘못된 비교이다.

(다) 기하학적 추상을 표방했던 몬드리안의 작품보다 세련된 색상 배치로 각 색상이 가진 느낌을 살렸으며, 동양적 정서가 담김 '오방색'이라는 원색을 통해 강렬한 추상성을 지닌다. 또한 조각보를 만드는 과정과 그 작업의 내면에 가족의 건강과 행복을 기원하는 마음이 담겨 있어 단순한 오브제이기 이전에 기복신앙적인 부분이 있다. 조각보가 아름답게 느껴지는 이유는 이처럼 일상 속에서 삶과 예술을 함께 담았기 때문일 것이다.

① (가) – (나) – (다)　　　　　② (나) – (가) – (다)
③ (나) – (다) – (가)　　　　　④ (다) – (가) – (나)
⑤ (다) – (나) – (가)

`Easy`

03

(가) 그렇지만 그러한 위험을 감수하면서 기술 혁신에 도전했던 기업가와 기술자의 노력 덕분에 산업의 생산성은 지속적으로 향상되었고, 지금 우리는 그 혜택을 누리고 있다.

(나) 산업 기술은 적은 비용으로 더 많은 생산이 가능하도록 제조 공정의 효율을 높이는 방향으로 발전해 왔다.

(다) 기술 혁신의 과정은 과다한 비용지출이나 실패의 위험이 도사리고 있는 험난한 길이기도 하다.

(라) 이러한 기술 발전은 제조공정의 일부를 서로 결합함으로써 대폭적인 비용 절감을 가능하게 하는 기술 혁신을 통하여 이루어진다.

① (가) – (라) – (나) – (다)　　　　② (나) – (다) – (가) – (라)
③ (나) – (라) – (다) – (가)　　　　④ (다) – (나) – (가) – (라)
⑤ (다) – (라) – (가) – (나)

04 다음 제시된 글을 읽고 이어질 문단을 논리적 순서대로 바르게 나열한 것은?

> 연금 제도의 금융 논리와 관련하여 결정적으로 중요한 원리는 중세에서 비롯된 신탁 원리다. 12세기 영국에서는 미성년 유족(遺族)에게 토지에 대한 권리를 합법적으로 이전할 수 없었다. 그럼에도 영국인들은 유언을 통해 자식에게 토지 재산을 물려주고 싶어 했다.

> (가) 이런 상황에서 귀족들이 자신의 재산을 미성년 유족이 아닌, 친구나 지인 등 제3자에게 맡기기 시작하면서 신탁 제도가 형성되기 시작했다. 여기서 재산을 맡긴 성인 귀족, 재산을 물려받은 미성년 유족, 그리고 미성년 유족을 대신해 그 재산을 관리·운용하는 제3자로 구성되는 관계, 즉 위탁자, 수익자, 그리고 수탁자로 구성되는 관계가 등장했다.
>
> (나) 연금 제도가 이 신탁 원리에 기초해 있는 이상, 연금 가입자는 연기금 재산의 운용에 대해 영향력을 행사하기 어렵게 된다. 왜냐하면 신탁의 본질상 공·사 연금을 막론하고 신탁 원리에 기반을 둔 연금 제도에서는 수익자인 연금 가입자의 적극적인 권리 행사가 허용되지 않기 때문이다.
>
> (다) 이 관계에서 주목해야 할 것은 미성년 유족은 성인이 될 때까지 재산권을 온전히 인정받지는 못했다는 점이다. 즉 신탁 원리 하에서 수익자는 재산에 대한 운용 권리를 모두 수탁자인 제3자에게 맡기도록 되어 있었기 때문에 수익자의 지위는 불안정했다.
>
> (라) 결국 신탁 원리는 수익자의 연금 운용 권리를 현저히 약화시키는 것을 기본으로 한다. 그 대신 연금 운용을 수탁자에게 맡기면서 '수탁자 책임'이라는, 논란이 분분하고 불분명한 책임이 부과된다. 수탁자 책임 이행의 적절성을 어떻게 판단할 수 있는가에 대해 많은 논의가 있었지만, 수탁자 책임의 내용에 대해서 실질적인 합의가 이루어지지는 못했다.

① (가) – (나) – (라) – (다) ② (가) – (다) – (나) – (라)
③ (나) – (가) – (다) – (라) ④ (나) – (라) – (가) – (다)
⑤ (다) – (가) – (나) – (라)

| 유형분석 |

- 글의 세부적인 내용을 이해할 수 있는지를 평가하는 유형이다.
- 경제·경영·철학·역사·예술·과학 등 다양한 분야에 관련된 지문이 제시되므로 평소 폭 넓은 지식을 쌓아두면 좋다.

다음 글을 읽고 알 수 있는 내용으로 적절하지 않은 것은?

> 낭만주의의 초석이라 할 수 있는 칸트는 인간 정신에 여러 범주들이 내재하기 때문에 이것들이 우리가 세계를 지각하는 방식을 선험적으로 결정한다고 주장한 바 있다. 이 범주들은 공간, 시간, 원인, 결과 등의 개념들이다. 우리는 이 개념들을 '배워서' 아는 것이 아니다. 즉, 경험에 앞서 이미 아는 것이다. 경험에 앞서는 범주를 제시했다는 점에서 혁명적 개념이었고, 경험을 강조한 베이컨 주의에 대한 강력한 반동인 셈이다.
>
> 칸트 스스로도 이것을 철학에 있어 '코페르니쿠스적 전환'이라고 보았다. "따라서 우리는 자신의 인식에 부분적으로 책임이 있고, 자기 존재의 부분적 창조자다." 인간이라는 존재는 백지에 쓴 경험의 총합체가 아니며, 그만큼 우리는 권리와 의무를 가진 주체적인 결정권자라는 선언이었다. 세상은 결정론적이지 않고 인간은 사회의 기계적 부품 같은 존재가 아님을 강력히 암시하고 있다.
>
> 칸트가 건설한 철학적 관념론은 우리 외부에서 지각되는 대상은 사실 우리 정신의 내용과 연관된 관념일 뿐이라는 것을 명백히 했다. 현실적인 것은 근본적으로 심리적이라는 것이라는 신념으로서, 객관적이고 물질적인 것에서 근본을 찾는 유물론과는 분명한 대척점에 있는 관점이다.
>
> 그 밖에도 "공간과 시간은 경험적으로 실재적이지만 초월적으로는 관념적이다.", "만일 우리가 주관을 제거해버리면 공간과 시간도 사라질 것이다. 현상으로서 공간과 시간은 그 자체로서 존재할 수 없고 단지 우리 안에서만 존재할 수 있다."처럼 시간과 공간의 실재성에도 의문을 품었던 칸트의 생각들은 독일 철학의 흐름 속에 이어지다가 후일 아인슈타인에게도 결정적 힌트가 되었다. 그리고 결국 아인슈타인은 상대성이론으로 뉴턴의 세계를 무너뜨린다.

① 칸트의 철학적 관념론은 주관적인 것에 가깝다.

② 칸트와 아인슈타인의 견해는 같다고 볼 수 있다.

③ 낭만주의와 베이컨 주의는 상반된 견해를 가지고 있다.

④ 칸트에 의하면 현실의 공간과 시간은 인간에 의해 존재한다.

⑤ 칸트에 의하면 공간, 시간 등의 개념들은 태어나면서부터 아는 것이다.

정답 ②

마지막 문단의 '칸트의 생각들은 독일 철학의 흐름 속에 이어지다가 후일 아인슈타인에게도 결정적 힌트가 되었다.'는 내용에서 칸트의 견해가 아인슈타인에게 영향을 끼친 것은 알 수 있지만, 두 사람의 견해가 같다는 것은 확인할 수 없다.

오답분석

① 세 번째 문단 중 '칸트가 건설한 철학적 관념론은 … 객관적이고 물질적인 것에서 근본을 찾는 유물론과는 분명한 대척점에 있는 관점이다.'라는 내용을 통해 객관적이기보다는 주관적인 것에 가깝다는 것을 유추할 수 있다.

③ '경험에 앞서는 범주를 제시했다는 점에서 혁명적 개념이었고, 경험을 강조한 베이컨 주의에 대한 강력한 반동인 셈이다.'라는 내용을 통해 낭만주의와 베이컨 주의가 상반된 내용을 다룬다는 것을 짐작할 수 있다.

④ '현상으로서 공간과 시간은 그 자체로서 존재할 수 없고 단지 우리 안에서만 존재할 수 있다.'는 내용을 통해 알 수 있다.

⑤ '우리는 이 개념들을 배워서 아는 것이 아니다. 즉, 경험에 앞서 이미 아는 것이다.'에서 공간, 시간 등의 개념은 태어날 때부터 가진 것임을 알 수 있다.

30초 컷 풀이 Tip

주어진 글의 내용과 일치하는 것 또는 일치하지 않는 것을 고르는 문제의 경우, 지문을 읽기 전에 문제와 선택지를 먼저 읽어보는 것이 좋다. 이를 통해 지문 속에서 알아내야 할 정보가 무엇인지를 먼저 인지한 후 글을 읽어야 문제 푸는 시간을 단축할 수 있다.

온라인 풀이 Tip

선택지를 읽고 전체적인 내용을 대략적으로 이해한 후 제시문을 읽는다. LG그룹의 온라인 인적성검사는 짧은 시간 내에 많은 문제를 풀어야 하므로, 2~3번을 읽으면 그만큼 다른 문제의 풀이 시간에 손해가 생긴다. 때문에 시험 시작 전에 화면으로 텍스트를 읽으면서 워밍업을 하는 것도 좋은 방법이다.

01 다음 글에 대한 이해로 적절하지 않은 것은?

> 현대 우주론의 출발점은 1917년 아인슈타인이 발표한 정적 우주론이다. 아인슈타인은 우주는 팽창하지도 수축하지도 않는다고 주장했다. 그런데 위 이론의 토대가 된 아인슈타인의 일반 상대성 이론을 면밀히 살핀 러시아의 수학자 프리드만과 벨기에의 신부 르메트르의 생각은 아인슈타인과 달랐다. 프리드만은 1922년 "우주는 극도의 고밀도 상태에서 시작돼 점차 팽창하면서 밀도가 낮아졌다."라는 주장을, 르메트르는 1927년 "우주가 원시 원자들의 폭발로 시작됐다."라는 주장을 각각 논문으로 발표했다. 그러나 아인슈타인은 그들의 논문을 무시해 버렸다.

① 아인슈타인의 정적 우주론에 대한 반론이 제기되었다.

② 정적 우주론은 일반상대성이론의 연장선상에 있는 이론이다.

③ 프리드만의 이론과 르메트르의 이론은 양립할 수 없는 관계이다.

④ 아인슈타인은 프리드만과 르메트르의 주장을 받아들이지 않았다.

⑤ 아인슈타인의 이론과 프리드만의 이론은 양립할 수 없는 관계이다.

※ 다음 글의 내용으로 가장 적절한 것을 고르시오. [2~3]

02

사람의 키는 주로 다리뼈의 길이에 의해서 결정된다. 다리뼈는 뼈대와 뼈끝판, 그리고 뼈끝으로 구성되어 있다. 막대기 모양의 뼈대는 뼈 형성세포인 조골세포를 가지고 있다. 그리고 뼈끝은 다리뼈의 양쪽 끝 부분이며 뼈끝과 뼈대의 사이에는 여러 개의 연골세포층으로 구성된 뼈끝판이 있다. 뼈끝판의 세포층 중 뼈끝과 경계면에 있는 세포층에서만 세포분열이 일어난다.

연골세포의 세포분열이 일어날 때, 뼈대 쪽에 가장 가깝게 있는 연골세포의 크기가 커지면서 뼈끝판이 두꺼워진다. 크기가 커진 연골세포는 결국 죽으면서 빈 공간을 남기고 이렇게 생긴 공간이 뼈대에 있는 조골세포로 채워지면서 뼈가 형성된다. 이 과정을 되풀이하면서 뼈끝판이 두꺼워지는 만큼 뼈대의 길이 성장이 일어나는데, 이는 연골세포의 분열이 계속되는 한 지속된다.

사춘기 동안 뼈의 길이 성장에는 여러 호르몬이 관여하는데, 이 중 뇌에서 분비하는 성장호르몬은 직접 뼈에 작용하여 뼈를 성장시킨다. 또한 성장호르몬은 간세포에 작용하여 뼈의 길이 성장 과정 전체를 촉진하는 성장인자를 분비하도록 한다. 이외에도 갑상샘 호르몬과 남성호르몬인 안드로겐도 뼈의 길이 성장에 영향을 미친다. 성장호르몬이 뼈에 작용하기 위해서는 갑상샘 호르몬의 작용이 있어야 하기 때문에 갑상샘 호르몬은 뼈의 성장에 중요한 요인이다. 안드로겐은 뼈의 성장을 촉진함으로써 사춘기 남자의 급격한 성장에 일조한다. 부신에서 분비되는 안드로겐은 이 시기에 나타나는 뼈의 길이 성장에 관여한다. 하지만 사춘기가 끝날 때, 안드로겐은 뼈끝판 전체에서 뼈가 형성되도록 하여 뼈의 길이 성장을 정지시킨다. 결국 사춘기 이후에는 호르몬에 의한 뼈의 길이 성장이 일어나지 않는다.

① 사춘기 이후에 뼈의 길이가 성장하였다면, 호르몬이 그 원인이다.
② 사람의 키를 결정짓는 다리뼈는 연골세포의 분열로 인해 성장하게 된다.
③ 뼈끝판의 세포층 중 뼈대와 경계면에 있는 세포층에서만 세포분열이 일어난다.
④ 뼈의 성장을 촉진시키는 호르몬인 안드로겐은 남성호르몬으로서, 여자에게는 생성되지 않는다.
⑤ 성장호르몬은 간세포에 작용하여 뼈 성장을 촉진하는 성장인자를 분비하는 등 뼈 성장에 간접적으로 도움을 준다.

03

이슬람 사회에서 결혼은 계약 관계로 간주된다. 따라서 부부관계는 계약 사항이 위반될 때 해제될 수 있다. 결혼식 전 신랑 측과 신부 측이 서로 합의하에 결혼계약서를 작성하며, 결혼식에서 신랑과 신부 집안의 가장(家長), 양가의 중재자, 양쪽 집안에서 정한 증인이 결혼계약서에 각각 서명해야 하는 점은 이를 반영한다. 결혼계약서에 서명이 없거나, 이슬람의 관습에 따라 결혼식이 진행되지 않았거나, 서명이 끝난 결혼계약서가 정부에 등록되지 않으면 결혼은 무효로 간주되어 법적 효력이 없다.

결혼식은 아랍어로 '시가'라고 하는 결혼 서약으로 시작된다. 이는 결혼식 날 주례로서 결혼을 주관하는 '마우준'이 신랑 측과 신부 측에 결혼 의사를 묻고 동의 의사를 듣는 것으로 이루어진다. 이슬람 사회의 관습에 따르면 결혼식에서 직접 동의 의사를 공표하는 신랑과 달리, 신부는 스스로 자신의 결혼 의사를 공표할 수 없다. 신부의 후견인인 '왈리'가 신부를 대신해 신부의 결혼 의사를 밝힌다. 보통 아버지가 그 역할을 담당하지만 아버지의 부재 시 삼촌이나 오빠가 대신한다. 당사자 혹은 대리인의 동의 없는 결혼 서약은 무효로 간주된다.

결혼에 대한 양가의 의사 이외에도 이슬람 사회에서 결혼이 성립되기 위한 필수조건으로 '마흐르'라고 불리는 혼납금이 있어야 한다. 이슬람 사회의 관습에 따르면 혼납금은 신부의 개인 재산으로 간주된다. 혼납금은 결혼계약서를 작성하면서 신랑이 신부에게 지급해야 한다.

증인 또한 중요하다. 결혼식의 증인으로는 믿을만한 양가 친척이나 부모의 친구가 선택된다. 양가를 대표하는 두 명의 증인은 결혼계약서에 서명함으로써 결혼에 거짓이 없음을 증명한다. 결혼식에서 증인이 확인하는 내용은 신랑이나 신부가 친남매 간이나 수양남매 관계가 아니라는 것, 양가의 사회적 지위가 비슷하며 종교가 같다는 것, 이전에 다른 결혼 관계가 있었는지 여부, 신부가 '잇다' 기간에 있지 않다는 것 등이다. '잇다' 기간이란 여성이 이전 결혼 관계가 해제된 후 다음 결혼 전까지 두어야 하는 결혼 대기 기간으로, 이 기간 동안 전 결혼에서 발생했을지 모를 임신 여부를 확인한다.

① 이슬람 사회에서 남성은 전처의 잇다 기간 동안에는 재혼할 수 없다.

② 이슬람 사회에서 결혼은 계약 관계로 간주되기 때문에 결혼의 당사자가 직접 결혼계약서에 서명해야 법적 효력이 있다.

③ 이슬람 사회의 결혼계약서에는 신랑과 신부의 가족관계, 양가의 사회적 배경, 양가의 결합에 대한 정부의 승인 등의 내용이 들어 있다.

④ 이슬람 사회에서 대리인을 통하지 않고 법적으로 유효하게 결혼 동의 의사를 밝힌 결혼 당사자는 상대방에게 혼납금을 지급하였을 것이다.

⑤ 이슬람 사회에서 남녀의 결혼이 합법적으로 인정받기 위해서는 결혼 중재자와 결혼식 주례, 결혼계약서, 혼납금, 증인, 결혼식 하객이 필수적이다.

04 다음 글을 읽고 이해한 내용으로 가장 적절한 것은?

> 녹내장은 안구 내 여러 가지 원인에 의하여 시신경이 손상되고, 이에 따른 시야 결손이 발생하는 진행성의 시신경 질환이다. 현재까지 녹내장 발병 원인에 대한 많은 연구가 진행되었으나, 지금까지 가장 확실한 원인은 안구 내 안압의 상승이다. 상승된 안압이 망막 시신경 섬유층과 시신경을 압박함으로써 시신경이 손상되거나 시신경으로 공급되는 혈류량이 감소됨으로써 시신경 손상이 발생될 수 있다.
> 녹내장은 일반적으로 주변 시야부터 좁아지는 것이 주된 증상이며, 그래서 초기에는 환자가 느낄 수 있는 자각 증상이 없는 경우가 대부분이다. 그래서 결국은 중심 시야까지 침범한 말기가 돼서야 병원을 찾는 경우가 많다. 녹내장은 제대로 관리되지 않으면 각막 혼탁, 안구로(眼球癆)*, 실명의 합병증이 동반될 수 있다.
> 녹내장을 예방할 수 있는 방법은 아직 알려지지 않았다. 단지 녹내장은 대부분 장기간에 걸쳐 천천히 진행되는 경우가 많으므로 조기에 발견하는 것이 가장 좋은 예방법이라고 할 수 있다. 정기적인 검진으로 자신의 시신경 상태를 파악하고 그에 맞는 생활 패턴의 변화를 주는 것이 도움이 된다. 녹내장으로 진단이 되면 금연을 해야 하며, 가능하면 안압이 올라가는 상황을 피하는 것이 좋다. 예를 들면 무거운 물건을 든다든지, 목이 졸리게 넥타이를 꽉 맨다든지, 트럼펫과 같은 악기를 부는 경우에는 병의 경과를 악화시킬 가능성이 있으므로 피해야 한다.
> *안구로(眼球癆) : 눈알이 쭈그러지고 작아져서 그 기능이 약해진 상태

① 녹내장의 발병을 예방할 수 있는 방법은 아직 없다.
② 녹내장은 단기간에 빠르게 진행되는 경우가 대부분이다.
③ 녹내장 진단 후 안압이 하강할 수 있는 상황은 되도록 피해야 한다.
④ 상승된 안압이 시신경으로 공급되는 혈류량을 증폭시켜 시신경 손상이 발생한다.
⑤ 녹내장은 일반적으로 중심 시야부터 시작하여 주변 시야로 시야 결손이 확대된다.

04 추론적 독해

| 유형분석 |

- 글에 드러나지 않은 부분을 추론하여 답을 도출해야 하는 유형이다.
- 자신의 주관적인 판단보다는 글의 세부적 내용에 대한 이해를 기반으로 문제를 풀어야 한다.

다음 글을 읽고 추론한 내용으로 적절한 것은?

사람들은 단순히 공복을 채우기 위해서가 아니라 다른 많은 이유로 '먹는다.'는 행위를 행한다. 먹는다는 것에 대한 비생리학적인 동기에 관해서 연구하고 있는 과학자들에 따르면 비만인 사람들과 표준체중인 사람들은 식사 패턴에서 꽤 차이를 보이는 것을 알 수 있다고 한다. 한 연구에서 비만인 사람들에게 식사 전, 그 식사에 관한 상세한 설명을 하면 하지 않은 경우 보다 식사량이 늘었지만, 표준체중인 사람들에게서는 그런 현상이 보이지 않았다. 또한 표준체중인 사람들은 밝은 색 접시에 담긴 견과류와 어두운 색 접시에 담긴 견과류를 먹은 개수의 차가 거의 없는 것에 비해, 비만인 사람들은 밝은 색 접시에 담긴 견과류를 어두운 색 접시에 담긴 견과류보다 2배 더 많이 먹었다는 연구도 있다.

① 비만인 사람들은 표준체중인 사람들보다 감각이 예민하다.
② 표준체중인 사람들은 음식에 대한 욕구를 절제할 수 있다.
③ 표준체중인 사람들은 비만체중인 사람들에 비해 식사량이 적다.
④ 비만인 사람들은 표준체중인 사람들에 비해 외부 자극에 의해 식습관에 영향을 받기 쉽다.
⑤ 비만인 사람들은 생리학적인 필요성이라기보다 감정적 또는 심리적인 필요성에 쫓겨서 식사를 하고 있다.

정답 ④

식사에 관한 상세한 설명이 주어지거나, 요리가 담긴 접시 색이 밝을 때 비만인 사람들의 식사량이 증가했다는 내용을 통해 비만인 사람들이 외부로부터의 자극에 의해 식습관에 영향을 받기 쉽다는 것을 추론할 수 있다.

30초 컷 풀이 Tip

문제에서 제시하는 추론유형이 어떤 형태인지 파악한다.
- 글쓴이의 주장 / 의도를 추론하는 유형 : 글에 나타난 주장, 근거, 논증 방식을 파악하는 유형으로, 주장의 타당성을 평가하여 글쓴이의 관점을 이해하며 읽는다.
- 세부적인 내용을 추론하는 유형 : 주어진 선택지를 먼저 읽고 지문을 읽으면서 답이 아닌 선택지를 지워나가는 방법이 효율적이다.

Easy

01 다음 글의 요지를 뒷받침할 수 있는 근거로 옳지 않은 것은?

> 요즘 사람들은 티를 내고 싶어 안달한다. 유행에 민감한 소비자들의 행태를 자세히 살펴보라. 티를 내고 싶어 물불을 가리지 않는 사람들이 많다. 기업들은 그걸 간파하고 소비자들에게 티를 낼 것을 강력히 권유한다. 예컨대, 신용카드의 다음과 같은 광고 문구를 보자. '누구나 카드를 갖는 시대에 아무나 가질 수 없는 카드', '당신이 누구인지 말하지 마십시오. 다이너스 카드가 모든 걸 말해드립니다.'
>
> 사람들의 그런 노력을 가리켜 부르디외는 '티 내기(Distinction)'라고 불렀다. 좀 어렵게 말하자면, 티 내기는 행위자들이 사회적인 구별을 확실시 하고 서로 구분되는 인지(認知) 양식을 확보하기 위해 사용하는 전략을 가리킨다. '티'란 '어떤 태도나 기색'을 의미한다. 그래서 우리는 '촌티'가 나느니 어쩌느니 말한다. 물론 여기서 티 내기는 중상류층 사람들이 서민들과 구별되고 싶어 하는 상향적인 것을 의미하지만 말이다.

① 자신이 더욱 높은 계급에 속한 것처럼 보이고 싶어 하기 때문이다.
② 현대 사회는 개방된 시장에서의 경쟁으로 인해 개인의 선택의 폭이 넓어졌다.
③ 현대인은 타인과 구별되는 특별함을 가지고 싶은 욕구를 물질적으로 해소하려고 한다.
④ 타자화된 현대인들이 자신의 존재를 인정받으려는 욕구를 차별적인 방식으로 표출한다.
⑤ 중상류층 사람들이 서민들과 구별되고 싶어 하는 상향적인 것을 의미하는 단어로 '촌티'가 있다.

02 다음 글의 뒤에 이어질 내용으로 가장 적절한 것은?

> 태초의 자연은 인간과 동등한 위치에서 상호소통할 수 있는 균형적인 관계였다. 그러나 기술의 획기적인 발달로 인해 자연과 인간사회 사이에 힘의 불균형이 초래되었다. 자연과 인간의 공생은 힘의 균형을 전제로 한다. 균형적 상태에서 자연과 인간은 긴장감을 유지하지만 한쪽에 의한 폭력적 관계가 아니기에 원활한 소통이 된다. 또한 일방적인 관계에서는 한쪽의 희생이 필수적이지만 균형적 관계에서는 상호호혜적인 거래가 발생한다. 이때의 거래란 단순히 경제적인 효율을 의미하는 것이 아니다. 대자연의 환경에서 각 개체와 그 후손들의 생존은 상호관련성을 지닌다. 이에 따라 자연은 인간에게 먹거리를 제공하고 인간은 자연을 위한 의식을 행함으로써 상호이해와 화해를 도모하게 된다. 인간에게 자연이란 정복의 대상이 아닌 존중받아야 할 거래 대상인 것이다. 결국 대칭적인 관계로의 회복을 위해서는 힘의 균형이 전제되어야 한다.

① 인간 사회에서 소통의 중요성
② 인간과 자연이 거래하는 방법
③ 태초의 자연이 인간을 억압해온 사례
④ 경제적인 효율을 극대화하기 위한 방법
⑤ 인간과 자연이 힘의 균형을 회복하기 위한 방법

03 다음 글을 통해 추론할 수 있는 내용으로 적절하지 않은 것은?

태양 빛은 흰색으로 보이지만 실제로는 다양한 파장의 가시광선이 혼합되어 나타난 것이다. 프리즘을 통과시키면 흰색 가시광선은 파장에 따라 붉은빛부터 보랏빛까지의 무지갯빛으로 분해된다. 가시광선의 파장 범위는 390 ~ 780nm* 정도인데 보랏빛이 가장 짧고 붉은빛이 가장 길다. 빛의 진동수는 파장과 반비례하므로 진동수는 보랏빛이 가장 크고 붉은빛이 가장 작다. 태양 빛이 대기층에 입사하여 산소나 질소 분자와 같은 공기 입자(직경 0.1 ~ 1nm 정도), 먼지 미립자, 에어로졸**(직경 1 ~ 100,000nm 정도) 등과 부딪치면 여러 방향으로 흩어지는데 이러한 현상을 산란이라 한다. 산란은 입자의 직경과 빛의 파장에 따라 '레일리(Rayleigh) 산란'과 '미(Mie) 산란'으로 구분된다. 레일리 산란은 입자의 직경이 파장의 1/10보다 작을 경우에 일어나는 산란을 말하는데 그 세기는 파장의 네제곱에 반비례한다. 대기의 공기 입자는 직경이 매우 작아 가시광선 중 파장이 짧은 빛을 주로 산란시키며, 파장이 짧을수록 산란의 세기가 강하다. 따라서 맑은 날에는 주로 공기 입자에 의한 레일리 산란이 일어나서 보랏빛이나 파란빛이 강하게 산란되는 반면 붉은빛이나 노란빛은 약하게 산란된다. 산란되는 세기로는 보랏빛이 가장 강하겠지만, 우리 눈은 보랏빛보다 파란빛을 더 잘 감지하기 때문에 하늘은 파랗게 보이는 것이다. 만약 태양 빛이 공기 입자보다 큰 입자에 의해 레일리 산란이 일어나면 공기 입자만으로는 산란이 잘되지 않던 긴 파장의 빛까지 산란되어 하늘의 파란빛은 상대적으로 엷어진다.

미 산란은 입자의 직경이 파장의 1/10보다 큰 경우에 일어나는 산란을 말하는데 주로 에어로졸이나 구름 입자 등에 의해 일어난다. 이때 산란의 세기는 파장이나 입자 크기에 따른 차이가 거의 없다. 구름이 흰색으로 보이는 것은 미 산란으로 설명된다. 구름 입자(직경 20,000nm 정도)처럼 입자의 직경이 가시광선의 파장보다 매우 큰 경우에는 모든 파장의 빛이 고루 산란된다. 이 산란된 빛이 동시에 우리 눈에 들어오면 모든 무지갯빛이 혼합되어 구름이 하얗게 보인다. 이처럼 대기가 없는 달과 달리 지구는 산란 효과에 의해 파란 하늘과 흰 구름을 볼 수 있다.

*nm(나노미터) : 물리학적 계량 단위(1nm＝10^{-9}m)
**에어로졸 : 대기 중 또는 가스에 떠 있는 미세한 액체나 고체 입자의 부유물

① 가시광선의 파란빛은 보랏빛보다 진동수가 작다.
② 프리즘으로 분해한 태양 빛을 다시 모으면 흰색이 된다.
③ 파란빛은 가시광선 중에서 레일리 산란의 세기가 가장 크다.
④ 빛의 진동수가 2배가 되면 레일리 산란의 세기는 16배가 된다.
⑤ 달의 하늘에서는 공기 입자에 의한 태양 빛의 산란이 일어나지 않는다.

04 다음 글을 통해 추론할 수 있는 내용으로 가장 적절한 것은?

조건화된 환경의 영향을 중시하는 스키너와 같은 행동주의와는 달리 로렌츠는 동물 행동의 가장 중요한 특성들은 타고나는 것이라고 보았다. 인간을 진화의 과정을 거친 동물의 하나로 보는 그는, 공격성은 동물의 가장 기본적인 본능 중 하나이기에 인간에게도 자신의 종족을 향해 공격적인 행동을 하는 생득적인 충동이 있다는 것이다. 진화의 과정에서 가장 단합된 형태로 공격성을 띤 종족이 생존에 유리했으며, 이것은 인간이 호전성에 대한 열광을 갖게 된 이유라고 로렌츠는 설명한다. 로렌츠의 관찰에 따르면 치명적인 발톱이나 이빨을 가진 동물들이 같은 종의 구성원을 죽이는 경우는 드물다. 이는 중무장한 동물의 경우 그들의 자체 생존을 위해서는 자기 종에 대한 공격을 제어할 억제 메커니즘이 필요했고, 그것이 진화의 과정에 반영되었기 때문이라고 로렌츠는 설명한다. 그에 비해서 인간을 비롯한 신체적으로 미약한 힘을 지닌 동물들은 자신의 힘만으로 자기 종을 죽인다는 것이 매우 어려운 일이었기 때문에 이들의 경우 억제 메커니즘에 대한 진화론적인 요구가 없었다는 것이다. 그런데 기술이 발달함에 따라 인간은 살상 능력을 지니게 되었고, 억제 메커니즘을 지니지 못한 인간에 내재된 공격성은 자기 종을 살육할 수 있는 상황에 이르게 된 것이다.

그렇다면 인간에 내재된 공격성을 제거하면 되지 않을까? 이 점에 대해서 로렌츠는 회의적이다. 우선 인간의 공격적인 본능은 긍정적인 측면과 부정적인 측면을 모두 포함해서 오늘날 인류를 있게 한 중요한 요소 중 하나이기에 이를 제거한다는 것이 인류에게 어떤 영향을 끼칠지 알 수 없으며, 또 공격성을 최대한 억제시킨다고 해도 공격성의 본능은 여전히 배출구를 찾으려고 하기 때문이다.

① 인간은 본능적인 공격성을 갖고 있지만, 학습을 통해 공격성을 억제한다.
② 인간은 환경의 요구에 따라 같은 종의 구성원을 공격할 수 있도록 진화하였다.
③ 인간은 동물에 비해 지능이 뛰어나기 때문에 같은 종의 구성원을 공격하지 않는다.
④ 인간의 공격적인 본능을 억제해야 하는 이유는 부정적인 측면이 더 크기 때문이다.
⑤ 늑대 등은 진화 과정에 반영된 공격 억제 메커니즘을 통해 자기 종에 대한 공격을 억제할 수 있다.

05 비판적 독해

| 유형분석 |

- 글을 읽고 비판적 의견이나 반박을 생각할 수 있는지를 평가하는 유형이다.
- 제시문의 '주장'에 대한 반박을 찾는 것이므로, '근거'에 대한 반박이나 논점에서 벗어난 것을 찾지 않도록 주의해야 한다.

다음 글의 주장에 대한 반박으로 가장 적절한 것은?

> 비타민D 결핍은 우리 몸에 심각한 건강 문제를 일으킬 수 있다. 비타민D는 칼슘이 체내에 흡수되어 뼈와 치아에 축적되는 것을 돕고 가슴뼈 뒤쪽에 위치한 흉선에서 면역세포를 생산하는 작용에 관여하는데, 비타민D가 부족할 경우 칼슘과 인의 흡수량이 줄어들고 면역력이 약해져 뼈가 약해지거나 신체 불균형이 일어날 수 있다.
>
> 비타민D는 주로 피부가 중파장 자외선에 노출될 때 형성된다. 중파장 자외선은 피부와 혈류에 포함된 7-디하이드로콜레스테롤을 비타민D로 전환시키는데 이렇게 전환된 비타민D는 간과 신장을 통해 칼시트리올(Calcitriol)이라는 호르몬으로 활성화된다. 바로 이 칼시트리올을 통해 우리는 혈액과 뼈에 흡수될 칼슘과 인의 흡수를 조절하는 것이다.
>
> 이러한 기능을 담당하는 비타민D를 함유하고 있는 식품은 자연에서 매우 적기 때문에, 우리의 몸은 충분한 비타민D를 생성하기 위해 주기적으로 태양 빛에 노출될 필요가 있다.

① 비타민D 보충제만으로는 체내에 필요한 비타민D를 얻을 수 없다.

② 태양 빛에 노출될 경우 피부암 등의 질환이 발생하여 도리어 건강이 더 악화될 수 있다.

③ 비타민D 결핍으로 인해 생기는 부작용은 주기적인 칼슘과 인의 섭취를 통해 해결힐 수 있다.

④ 선크림 등 자외선 차단제를 사용하더라도 비타민D 생성에 충분한 중파장 자외선에 노출될 수 있다.

⑤ 태양 빛에 직접 노출되지 않거나 자외선 차단제를 사용했음에도 체내 비타민D 수치가 정상을 유지한다는 연구 결과가 있다.

정답 ⑤

제시문에서는 비타민D의 결핍으로 인해 발생하는 건강 문제를 근거로 신체를 태양 빛에 노출하여 건강을 유지해야 한다고 주장하고 있다. 따라서 태양 빛에 노출되지 않고도 충분한 비타민D 생성이 가능하다는 근거가 있다면 제시문의 주장에 대한 반박이 된다.

오답분석

① 제시문에서는 비타민D 보충제에 대해 언급하고 있지 않다. 따라서 비타민D 보충제가 태양빛 노출을 대체할 수 있을지 판단하기 어렵다.

② 태양빛에 노출될 경우 피부암 등의 질환이 발생하는 것은 사실이나, 이것이 비타민D의 결핍을 해결하는 또 다른 방법을 제시하거나 제시문에서 주장하는 내용을 반박하고 있지는 않다.

③ 비타민D는 칼슘과 인의 흡수 외에도 흉선에서 면역세포를 생산하는 작용에 관여하고 있다. 따라서 칼슘과 인의 주기적인 섭취만으로는 문제를 해결할 수 없으며, 제시문에 대한 반박이 되지 못한다.

④ 제시문에서는 자외선 차단제를 사용했을 때 중파장 자외선이 어떻게 작용하는지 언급하고 있지 않다. 또한 자외선 차단제를 사용한다는 사실이 태양빛에 노출되어야 한다는 제시문의 주장을 반박한다고는 보기 어렵다.

30초 컷 풀이 Tip

- 주장, 관점, 의도, 근거 등 문제를 풀기 위한 글의 핵심을 파악한다. 이후 글의 주장 및 근거의 어색한 부분을 찾아 반박할 주장과 근거를 생각해 본다.
- 제시된 지문이 지나치게 길 경우 먼저 선택지부터 파악하여 홀로 상반된 의견을 제시하거나 글의 내용이 어색한 선택지는 없는지 확인하는 것도 답을 찾는 방법이다.

온라인 풀이 Tip

비판적 독해는 결국 주제 찾기와 추론적 독해가 결합된 유형이다. 반박하는 내용으로 제시되는 선택지는 추론적 독해처럼 세세하게 지문을 파악하지 않아도 풀이가 가능하다. 그러므로 너무 긴장하지 말고 문제에 접근하도록 한다.

01 다음 글을 읽고 인조를 비판할 수 있는 내용으로 적절하지 않은 것은?

> 1636년(인조 14년) 4월 국세를 확장한 후금의 홍타이지(태종)는 스스로 황제라 칭하고, 국호를 청으로, 수도는 심양으로 정하였다. 심양으로의 천도는 명나라를 완전히 압박하여 중원 장악의 기틀을 마련하기 위함이었다. 후금은 명 정벌에 앞서 그 배후가 될 수 있는 조선을 확실히 장악하기 위해 조선에 군신 관계를 맺을 것도 요구해 왔다. 이러한 청 태종의 요구는 인조와 조선 조정을 격분시켰다. 결국, 강화 회담의 성립으로 전쟁은 종료되었지만, 정묘호란 이후에도 후금에 대한 강경책의 목소리가 높았다. 1627년 정묘호란을 겪으면서 맺은 형제 관계조차도 무효로 하고자 하는 상황에서, 청 태종을 황제로 섬길 것을 요구하는 무례에 분노했던 것이다. 이제껏 오랑캐라고 무시했던 후금을 명나라와 동등하게 대우해야 한다는 조처는 인조와 서인 정권의 생리에 절대 맞지 않았다. 특히 후금이 통상적인 조건의 10배가 넘는 무역을 요구해 오자 인조의 분노는 폭발하였다.
>
> 전쟁의 여운이 어느 정도 사라진 1634년 인조는 "이기고 짐은 병가의 상사이다. 금나라 사람이 강하긴 하지만 싸울 때마다 반드시 이기지는 못할 것이며, 아군이 약하지만 싸울 때마다 반드시 패하지도 않을 것이다. 옛말에 '의지가 있는 용사는 목이 떨어질 각오를 한다.'고 하였고, 또 '군사가 교만하면 패한다.'고 하였다. 오늘날 무사들이 만약 자신을 잊고 순국한다면 이 교만한 오랑캐를 무찌르기는 어려운 일이 아니다."는 하교를 내리면서 전쟁을 결코 피하지 않을 것임을 선언하였다. 조선은 또다시 전시체제에 돌입했다.
>
> 신흥 강국 후금에 대한 현실적인 힘을 무시하고 의리와 명분을 고집한 집권층의 닫힌 의식은 스스로 병란을 자초한 꼴이 되었다. 정묘호란 때 그렇게 당했으면서도 내부의 국방력에 대한 철저한 점검 없이 맞불 작전으로 후금에 맞서는 최악의 길을 택한 것이다.

① 후금은 전쟁을 피해야 할 북방의 최고 강자로 성장한 나라입니다.
② 그들의 요구를 물리친다면 승산 없는 전쟁으로 결과는 불 보듯 뻔합니다.
③ 명분만 내세워 준비 없이 수행하는 전쟁은 더 큰 피해를 입게 될 것입니다.
④ 감정 따로 현실 따로인 법, 힘과 국력이 문제입니다. 현실을 직시해야 합니다.
⑤ 오랑캐의 나라인 후금을 명나라와 동등하게 대우한다는 것은 있을 수 없습니다.

02 다음 글의 주장에 대한 반박으로 가장 적절한 것은?

> 우리는 우리가 생각한 것을 말로 나타낸다. 또 다른 사람의 말을 듣고, 그 사람이 무슨 생각을 가지고 있는가를 짐작한다. 그러므로 생각과 말은 서로 떨어질 수 없는 깊은 관계를 가지고 있다.
>
> 그러면 말과 생각이 얼마만큼 깊은 관계를 가지고 있을까? 이 문제를 놓고 사람들은 오랫동안 여러 가지 생각을 하였다. 그 가운데 가장 두드러진 것이 두 가지 있다. 하나는 말과 생각이 서로 꼭 달라붙은 쌍둥이인데 한 놈은 생각이 되어 속에 감추어져 있고 다른 한 놈은 말이 되어 사람 귀에 들리는 것이라는 생각이다. 다른 하나는 생각이 큰 그릇이고 말은 생각 속에 들어가는 작은 그릇이어서 생각에는 말 이외에도 다른 것이 더 있다는 생각이다.
>
> 이 두 가지 생각 가운데서 앞의 것은 조금만 깊이 생각해 보면 틀렸다는 것을 즉시 깨달을 수 있다. 우리가 생각한 것은 거의 대부분 말로 나타낼 수 있지만, 누구든지 가슴 속에 응어리진 어떤 생각이 분명히 있기는 한데 그것을 어떻게 말로 표현해야 할지 애태운 경험을 가지고 있을 것이다. 이것 한 가지만 보더라도 말과 생각이 서로 안팎을 이루는 쌍둥이가 아님은 쉽게 판명된다.
>
> 인간의 생각이라는 것은 매우 넓고 큰 것이며, 말이란 결국 생각의 일부분을 주워 담는 작은 그릇에 지나지 않는다. 그러나 아무리 인간의 생각이 말보다 범위가 넓고 큰 것이라고 하여도 그것을 가능한 한 말로 바꾸어놓지 않으면 그 생각의 위대함이나 오묘함이 다른 사람에게 전달되지 않기 때문에 생각이 형님이요, 말이 동생이라고 할지라도 생각은 동생의 신세를 지지 않을 수가 없게 되어 있다.

① 말은 생각이 바탕이 되어야 생산될 수 있다.
② 생각을 드러내는 가장 직접적인 수단은 말이다.
③ 사회적·문화적 배경이 우리의 생각에 영향을 끼친다.
④ 말이 통하지 않아도 생각은 얼마든지 전달될 수 있다.
⑤ 말과 생각은 서로 영향을 주고받는 긴밀한 관계를 유지한다.

03 다음 글의 주장에 대한 비판으로 가장 적절한 것은?

> 전통적인 경제학에 따른 통화 정책에서는 정책금리를 활용하여 물가를 안정시키고 경제 안정을 도모하는 것을 목표로 한다. 중앙은행은 경기가 과열되었을 때 정책금리 인상을 통해 경기를 진정시키고자 한다. 정책금리 인상으로 시장금리도 높아지면 가계 및 기업에 대한 대출 감소로 신용공급이 축소된다. 신용공급의 축소는 경제 내 수요를 줄여 물가를 안정시키고 경기를 진정시킨다. 반면 경기가 침체되었을 때는 반대의 과정을 통해 경기를 부양시키고자 한다.
> 금융을 통화 정책의 전달 경로로만 보는 전통적인 경제학에서는 금융감독 정책이 개별 금융 회사의 건전성 확보를 통해 금융 안정을 달성하고자 하는 미시 건전성 정책에 집중해야 한다고 보았다. 이러한 관점은 금융이 직접적인 생산 수단이 아니므로 단기적일 때와는 달리 장기적으로는 경제성장에 영향을 미치지 못한다는 인식과 자산시장에서는 가격이 본질적 가치를 초과하여 폭등하는 버블이 존재하지 않는다는 효율적 시장가설에 기인한다. 미시 건전성 정책은 개별 금융회사의 건전성에 대한 예방적 규제 성격을 가진 정책 수단을 활용하는데, 그 예로는 향후 손실에 대비하여 금융회사의 자기자본 하한을 설정하는 최저 자기자본 규제를 들 수 있다.

① 경기가 침체된 상황에서는 처방적 규제보다 예방적 규제에 힘써야 한다.
② 금융은 단기적일 때와 달리 장기적으로는 경제성장에 별다른 영향을 미치지 못한다.
③ 금융회사에 대한 최저 자기자본 규제를 통해 금융회사의 건전성을 확보할 수 있다.
④ 시장의 물가가 지나치게 상승할 경우 국가는 적극적으로 개입하여 물가를 안정시켜야 한다.
⑤ 중앙은행의 정책이 자산 가격 버블에 따른 금융 불안을 야기하여 경제 안정이 훼손될 수 있다.

04 다음 중 ⓛ의 관점에서 ⓐ의 관점을 비판한 것으로 가장 적절한 것은?

> 20세기 초에 이르기까지 유럽의 언어학자들은 언어를 진화하고 변화하는 대상으로 보고, 언어학이 역사적이어야 한다고 생각하였다. 이러한 관점은 "언어가 역사적으로 발달해온 방식을 어느 정도 고찰하지 않고서는 그 언어를 성공적으로 설명할 수 없다."라는 ⓐ 파울의 말로 대변된다.
>
> 이러한 경향에 반해 ⓛ 소쉬르는 언어가 역사적인 산물이더라도 변화 이전과 변화 이후를 구별해서 보아야 한다고 주장하였다. 언어는 구성요소의 순간 상태 이외에는 어떤 것에 의해서도 규정될 수 없는 가치체계이므로, 그 자체로서의 가치체계와 변화에 따른 가치를 구별하지 않고서는 언어를 정확하게 연구할 수 없다는 것이다. 화자는 하나의 상태 앞에 있을 뿐이며, 화자에게는 시간 속에 위치한 현상의 연속성이 존재하지 않기 때문이다. 그러므로 한 시기의 언어 상태를 기술하기 위해서는 그 상태에 이르기까지의 모든 과정을 무시해야 한다고 하였다.

① 언어는 끊임없이 변화하므로 변화의 내용보다는 변화의 원리를 밝히는 것이 더 중요하다.

② 현재의 언어와 과거의 언어는 각각 정적인 상태이지만 전자는 후자를 바탕으로 하고 있다.

③ 자연현상과는 달리 과거의 언어와 현재의 언어는 상호 간의 인과관계에 의해 설명될 수 있다.

④ 화자의 말은 발화 당시의 언어 상태를 반영하므로 언어연구는 그 당시의 언어를 대상으로 해야 한다.

⑤ 언어에는 역사의 유물과 같은 증거가 없기 때문에 언어학은 과거의 언어와 관련된 사실을 밝힐 수 없다.

CHAPTER 02
언어추리

합격 CHEAT KEY

언어추리는 총 15문제가 출제되며, 10분의 시간이 주어진다. 주어진 정보를 종합하고, 진술문 간의 관계 구조를 파악하여 새로운 내용을 추론해 내는 능력을 알아보기 위한 검사이다.

01 명제추리

삼단논법을 통해 적절한 결론을 찾는 문제가 출제되며, 최근 벤다이어그램 등을 이용해야 풀이할 수 있는 문제도 출제되고 있으므로 다양한 유형의 문제를 접해보는 것이 중요하다.

┤ 학습 포인트 ├
- 명제의 기본적인 개념(역·이·대우)에 대해 정확히 알고 기호화시킬 수 있어야 한다.
- 전제나 결론을 찾는 문제가 출제되기도 하므로 삼단논법에 대한 정확한 개념을 알아야 한다.

02 조건추리

언어추리에서 고득점을 얻기 위해 반드시 빠르고 정확하게 풀이하는 연습을 해야 한다.

┤ 학습 포인트 ├

- 제시된 조건을 간단하게 도식화시켜서 풀이할 수 있는 연습을 해야 한다.
- LG그룹의 언어추리는 참 / 거짓을 활용하여 풀이하는 문제를 높은 비중으로 출제하는 경향이 있으므로 해당 유형을 충분히 연습한다.

---

1. 연역 추론

이미 알고 있는 판단(전제)을 근거로 새로운 판단(결론)을 유도하는 추론이다. 연역 추론은 진리일 가능성을 따지는 귀납 추론과는 달리, 명제 간의 관계와 논리적 타당성을 따진다. 즉, 연역 추론은 전제들로부터 절대적인 필연성을 가진 결론을 끌어내는 추론이다.

(1) 직접 추론 : 한 개의 전제로부터 중간적 매개 없이 새로운 결론을 끌어내는 추론이며, 대우 명제가 그 대표적인 예이다.

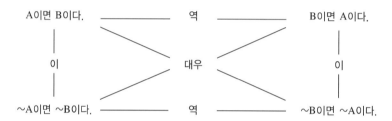

• 한국인은 모두 황인종이다.	(전제)
• 그러므로 황인종이 아닌 사람은 모두 한국인이 아니다.	(결론 1)
• 그러므로 황인종 중에는 한국인이 아닌 사람도 있다.	(결론 2)

(2) 간접 추론 : 둘 이상의 전제로부터 새로운 결론을 끌어내는 추론이다. 삼단논법이 가장 대표적인 예이다.

① **정언 삼단논법** : 세 개의 정언명제로 구성된 간접 추론 방식이다. 세 개의 명제 가운데 두 개의 명제는 전제이고, 나머지 한 개의 명제는 결론이다. 세 명제의 주어와 술어는 세 개의 서로 다른 개념을 표현한다(P는 대개념, S는 소개념, M은 매개념이다).

• 모든 곤충은 다리가 여섯이다.	M은 P이다(대전제).
• 모든 개미는 곤충이다.	S는 M이다(소전제).
• 그러므로 모든 개미는 다리가 여섯이다.	S는 P이다(결론).

② **가언 삼단논법** : 가언명제로 이루어진 삼단논법을 말한다. 가언명제란 두 개의 정언명제가 '만일 ~
이라면'이라는 접속사에 의해 결합된 복합명제이다. 여기서 '만일'에 의해 이끌리는 명제를 전건이라
하고, 그 뒤의 명제를 후건이라 한다. 가언 삼단논법의 종류로는 혼합가언 삼단논법과 순수가언 삼단
논법이 있다.

㉠ **혼합가언 삼단논법** : 대전제만 가언명제로 구성된 삼단논법이다. 긍정식과 부정식 두 가지가 있
으며, 긍정식은 'A면 B다. A다. 그러므로 B다.'이고, 부정식은 'A면 B다. B가 아니다. 그러므로
A가 아니다.'이다.

> - 만약 A라면 B다.
> - B가 아니다.
> - 그러므로 A가 아니다.

㉡ **순수가언 삼단논법** : 대전제와 소전제 및 결론까지 모두 가언명제들로 구성된 삼단논법이다.

> - 만약 A라면 B다.
> - 만약 B라면 C다.
> - 그러므로 만약 A라면 C다.

③ **선언 삼단논법** : '~이거나 ~이다.'의 형식으로 표현되며 전제 속에 선언명제를 포함하고 있는 삼단
논법이다.

> - 내일은 비가 오거나 눈이 온다. A 또는 B이다.   A 또는 B이다.
> - 내일은 비가 오지 않는다. A가 아니다.   A가 아니다.
> - 그러므로 내일은 눈이 온다.   그러므로 B다.

④ **딜레마 논법** : 대전제는 두 개의 가언명제로, 소전제는 하나의 선언명제로 이루어진 삼단논법으로,
양도 추론이라고도 한다.

> - 만일 네가 거짓말을 하면, 신이 미워할 것이다.   (대전제)
> - 만일 네가 거짓말을 하지 않으면, 사람들이 미워할 것이다.   (대전제)
> - 너는 거짓말을 하거나, 거짓말을 하지 않을 것이다.   (소전제)
> - 그러므로 너는 미움을 받게 될 것이다.   (결론)

2. 귀납 추론

특수한 또는 개별적인 사실로부터 일반적인 결론을 끌어내는 추론을 말한다. 귀납 추론은 구체적 사실들을 기반으로 하여 결론을 끌어내기 때문에 필연성을 따지기보다는 개연성과 유관성, 표본성 등을 중시하게 된다. 여기서 개연성이란 관찰된 어떤 사실이 같은 조건하에서 앞으로도 관찰될 수 있는가 하는 가능성을 말하고, 유관성은 추론에 사용된 자료가 관찰하려는 사실과 관련되어야 하는 것을 일컬으며, 표본성은 추론을 위한 자료의 표본추출이 공정하게 이루어져야 하는 것을 가리킨다. 이러한 귀납 추론은 일상생활 속에서 많이 사용하고, 우리가 알고 있는 과학적 사실도 이와 같은 방법으로 밝혀졌다.

> • 히틀러도 사람이고 죽었다.
> • 스탈린도 사람이고 죽었다.
> • 그러므로 모든 사람은 죽는다.

그러나 전제들이 참이어도 결론이 항상 참인 것은 아니다. 단 하나의 예외로 인하여 결론이 거짓이 될 수 있다.

> • 성냥불은 뜨겁다.
> • 연탄불도 뜨겁다.
> • 그러므로 모든 불은 뜨겁다.

위 예문에서 '성냥불이나 연탄불이 뜨거우므로 모든 불은 뜨겁다.'라는 결론이 나왔는데, 반딧불은 뜨겁지 않으므로 '모든 불이 뜨겁다.'라는 결론은 거짓이 된다.

(1) **완전 귀납 추론** : 관찰하고자 하는 집합의 전체를 다 검증함으로써 대상의 공통 특질을 밝혀내는 방법이다. 이는 예외 없는 진실을 발견할 수 있다는 장점은 있으나, 집합의 규모가 크고 속성의 변화가 다양할 경우에는 적용하기 어려운 단점이 있다.
　　예 1부터 10까지의 수를 다 더하여 그 합이 55임을 밝혀내는 방법

(2) **통계적 귀납 추론** : 통계적 귀납 추론은 관찰하고자 하는 집합의 일부에서 발견한 몇 가지 사실을 열거함으로써 그 공통점을 결론으로 끌어내려는 방식을 가리킨다. 관찰하려는 집합의 규모가 클 때 그 일부를 표본으로 추출하여 조사하는 방식이 이에 해당하며, 표본추출의 기준이 얼마나 적합하고 공정한가에 따라 그 결과에 대한 신뢰도가 달라진다는 단점이 있다.
　　예 여론조사에서 일부의 국민에 대한 설문 내용을 바탕으로, 이를 전체 국민의 여론으로 제시하는 것

(3) **인과적 귀납 추론** : 관찰하고자 하는 집합의 일부 원소들이 지닌 인과관계를 인식하여 그 원인이나 결과를 끌어내려는 방식을 말한다.
　　① **일치법** : 공통적인 현상을 지닌 몇 가지 사실 중에서 각기 지닌 요소 중 어느 한 가지만 일치한다면 이 요소가 공통 현상의 원인이라고 판단
　　　　예 마을 잔칫집에서 돼지고기를 먹은 사람들이 집단 식중독을 일으켰다.
　　　　　따라서 식중독의 원인은 상한 돼지고기가 아닌가 생각한다.

② **차이법** : 어떤 현상이 나타나는 경우와 나타나지 않은 경우를 놓고 보았을 때, 각 경우의 여러 조건 중 단 하나만이 차이를 보인다면 그 차이를 보이는 조건이 원인이 된다고 판단

  예 현수와 승재는 둘 다 지능이나 학습 시간, 학습환경 등이 비슷한데 공부하는 태도에는 약간의 차이가 있다.

  따라서 둘의 성적이 차이를 보이는 것은 학습 태도의 차이 때문으로 생각된다.

③ **일치 · 차이 병용법** : 몇 개의 공통 현상이 나타나는 경우와 몇 개의 그렇지 않은 경우를 놓고 일치법과 차이법을 병용하여 적용함으로써 그 원인을 판단

  예 학업능력 정도가 비슷한 두 아동 집단에 대해 처음에는 같은 분량의 과제를 부여하고 나중에는 각기 다른 분량의 과제를 부여한 결과, 많이 부여한 집단의 성적이 훨씬 높게 나타났다. 이로 보아, 과제를 많이 부여하는 것이 적게 부여하는 것보다 학생의 학업성적 향상에 도움이 된다고 판단할 수 있다.

④ **공변법** : 관찰하는 어떤 사실의 변화에 따라 현상의 변화가 일어날 때 그 변화의 원인이 무엇인지 판단

  예 담배를 피우는 양이 각기 다른 사람들의 집단을 조사한 결과, 담배를 많이 피울수록 폐암에 걸릴 확률이 높다는 사실이 발견되었다.

⑤ **잉여법** : 앞의 몇 가지 현상이 뒤의 몇 가지 현상의 원인이며, 선행 현상의 일부분이 후행 현상의 일부분이라면, 선행 현상의 나머지 부분이 후행 현상의 나머지 부분의 원인임을 판단

  예 어젯밤 일어난 사건의 혐의자는 정은이와 규민이 두 사람인데, 정은이는 알리바이가 성립되어 혐의사실이 없는 것으로 밝혀졌다.

  따라서 그 사건의 범인은 규민이일 가능성이 높다.

3. 유비 추론

두 개의 대상 사이에 일련의 속성이 동일하다는 사실에 근거하여 그것들의 나머지 속성도 동일하리라는 결론을 끌어내는 추론, 즉 이미 알고 있는 것에서 다른 유사한 점을 찾아내는 추론을 말한다. 그렇기 때문에 유비 추론은 잣대(기준)가 되는 사물이나 현상이 있어야 한다. 유비 추론은 가설을 세우는 데 유용하다. 이미 알고 있는 사례로부터 아직 알지 못하는 것을 생각해 봄으로써 쉽게 가설을 세울 수 있다. 이때 유의할 점은 이미 알고 있는 사례와 이제 알고자 하는 사례가 매우 유사하다는 확신과 증거가 있어야 한다. 그렇지 않은 상태에서 유비 추론에 의해 결론을 끌어내면, 그것은 개연성이 거의 없고 잘못된 결론이 될 수도 있다.

- 지구에는 공기, 물, 흙, 햇빛이 있다(A는 a, b, c, d의 속성을 가지고 있다).
- 화성에는 공기, 물, 흙, 햇빛이 있다(B는 a, b, c, d의 속성을 가지고 있다).
- 지구에 생물이 살고 있다(A는 e의 속성을 가지고 있다).
- 그러므로 화성에도 생물이 살고 있을 것이다(그러므로 B도 e의 속성을 가지고 있을 것이다).

| 유형분석 |

- 제시된 명제의 역·이·대우를 활용하여 푸는 유형이다.
- 조건명제와 대우명제를 이용하여 출제되는 경우가 많다. 따라서 명제의 기본이론을 익히며 명제를 도식화하는 습관을 갖는다.

다음 명제가 모두 참일 때, 반드시 참인 명제는?

- 테니스를 좋아하는 사람은 가족여행을 싫어한다.
- 가족여행을 좋아하는 사람은 독서를 좋아한다.
- 독서를 좋아하는 사람은 쇼핑을 싫어한다.
- 쇼핑을 좋아하는 사람은 그림 그리기를 좋아한다.
- 그림 그리기를 좋아하는 사람은 테니스를 좋아한다.

① 그림 그리기를 좋아하는 사람은 가족여행을 좋아한다.
② 쇼핑을 싫어하는 사람은 그림 그리기를 좋아한다.
③ 테니스를 좋아하는 사람은 독서를 좋아한다.
④ 쇼핑을 좋아하는 사람은 가족여행을 싫어한다.
⑤ 쇼핑을 싫어하는 사람은 테니스를 좋아한다.

정답 ④

제시된 명제를 정리하면 다음과 같다.
- 테니스 ○ → 가족 여행 ✕
- 가족 여행 ○ → 독서 ○
- 독서 ○ → 쇼핑 ✕
- 쇼핑 ○ → 그림 그리기 ○
- 그림 그리기 ○ → 테니스 ○

위 조건을 정리하면 '쇼핑 ○ → 그림 그리기 ○ → 테니스 ○ → 가족 여행 ✕'이므로 ④가 참이다.

30초 컷 풀이 Tip

- 참인 명제는 대우명제도 반드시 참이므로, 명제의 대우를 우선적으로 구한다.
  쉬운 난이도의 문제는 대우명제가 답인 경우도 있다. 따라서 대우명제를 통해 확실하게 참인 명제와 그렇지 않은 명제를 구별한다.
- 하나의 명제를 기준으로 잡고 주어진 명제 및 대우명제들을 연결한다.
  'A → B, B → C이면 A → C이다.'와 'A → B가 참이면 ~B → ~A가 참이다.'의 성질을 이용하여 전제와 결론 사이에 연결고리를 찾는다.

온라인 풀이 Tip

LG그룹의 온라인 인적성검사에 출제되는 언어추리는 난이도가 높지 않다. 때문에 가능하면 메모장을 사용하지 않고 문제를 풀이하는 연습을 한다. 그러나 만약 평소에 이 유형에서 자신의 오답률이 높다면 처음부터 메모장을 활용하며 연습하는 것도 좋은 방법이다. 또한 자신이 알아볼 수 있는 단어나 기호로 표시하면서 메모장만 봐도 문제 풀이가 가능하도록 풀이 과정을 쓰는 것도 도움이 될 수 있다.

01　초콜릿 과자 3개와 커피 과자 3개를 A ~ E가 서로 나누어 먹는다고 할 때, 바르게 추론한 것은?

> - A와 C는 1종류의 과자만 먹었다.
> - B는 초콜릿 과자 1개만 먹었다.
> - C는 B와 같은 종류의 과자를 먹었다.
> - D와 E 중 1명은 2종류의 과자를 먹었다.

① A는 초콜릿 과자 2개를 먹었다.

② C는 초콜릿 과자 2개를 먹었다.

③ A가 커피 과자 1개를 먹었다면, D가 2종류의 과자를 먹었을 것이다.

④ A가 커피 과자 1개를 먹었다면, D와 E 중 1명은 과자를 먹지 못했다.

⑤ A와 D가 같은 과자를 1개씩 먹었다면, E가 2종류의 과자를 먹었을 것이다.

Easy

02　다음 명제를 통해 얻을 수 있는 결론으로 가장 적절한 것은?

> - 컴퓨터를 잘하는 사람은 사탕을 좋아한다.
> - 커피를 좋아하는 사람은 책을 좋아한다.
> - 수학을 잘하는 사람은 컴퓨터를 잘한다.

① 사탕을 좋아하는 사람은 수학을 못한다.

② 수학을 잘하는 사람은 사탕을 좋아한다.

③ 컴퓨터를 잘하는 사람은 커피를 좋아한다.

④ 커피를 좋아하는 사람은 컴퓨터를 잘한다.

⑤ 책을 좋아하는 사람은 모두 커피를 좋아한다.

Easy

03 L사에 재직 중인 A ~ D는 각각 서로 다른 지역인 인천, 세종, 대전, 강릉에서 근무하고 있다. 네 명 모두 연수에 참여하기 위해 서울에 있는 본사를 방문한다고 할 때, 다음에 근거하여 바르게 추론한 것은?(단, A ~ D 모두 같은 종류의 교통수단을 이용하고, 이동시간은 거리에 비례하여 소요되며, 그 외 소요되는 시간은 서로 동일하다)

- 서울과의 거리가 먼 순서대로 나열하면 강릉 – 대전 – 세종 – 인천 순이다.
- D가 서울에 올 때, B보다 더 많은 시간이 소요된다.
- C는 A보다는 많이 B보다는 적게 시간이 소요된다.

① B는 세종에 근무한다.
② C는 대전에 근무한다.
③ D는 강릉에 근무한다.
④ C는 B보다 먼저 출발해야 한다.
⑤ 이동시간이 긴 순서대로 나열하면 'C – D – B – A'이다.

Hard

04 L사에서는 이번 주 월 ~ 금 건강검진을 실시한다. 서로 요일이 겹치지 않도록 하루를 선택하여 건강검진을 받아야 할 때, 다음 중 반드시 참인 것은?

- 이사원은 최사원보다 먼저 건강검진을 받는다.
- 김대리는 최사원보다 늦게 건강검진을 받는다.
- 박과장의 경우 금요일에는 회의로 인해 건강검진을 받을 수 없다.
- 이사원은 월요일 또는 화요일에 건강검진을 받는다.
- 홍대리는 수요일에 출장을 가므로 수요일 이전에 건강검진을 받아야 한다.
- 이사원은 홍대리보다는 늦게, 박과장보다는 빨리 건강검진을 받는다.

① 홍대리는 월요일에 건강검진을 받는다.
② 박과장은 수요일에 건강검진을 받는다.
③ 최사원은 목요일에 건강검진을 받는다.
④ 최사원은 박과장보다 빨리 건강검진을 받는다.
⑤ 박과장은 최사원보다 빨리 건강검진을 받는다.

02 배열하기 · 묶기 · 연결하기

| 유형분석 |

- 제시된 여러 조건 / 상황 / 규칙들을 정리하여 경우의 수를 구한 후 문제를 해결하는 유형이다.
- 고정 조건을 중심으로 표나 도식으로 정리하여 확실한 조건과 배제해야 할 조건들을 정리한다.

L사의 A ~ D 4명은 각각 다른 팀에 근무하는데, 각 팀은 2층, 3층, 4층, 5층에 위치하고 있다. 다음 〈조건〉에 따를 때, 항상 참인 것은?

조건

- A, B, C, D 중 2명은 부장, 1명은 과장, 1명은 대리이다.
- 대리의 사무실은 B보다 높은 층에 있다.
- B는 과장이다.
- A는 대리가 아니다.
- A의 사무실이 가장 높다.

① A는 부장이다.
② B는 2층에 근무한다.
③ C는 대리이다.
④ 대리는 4층에 근무한다.
⑤ 부장 중 1명은 반드시 2층에 근무한다.

정답 ①

B가 과장이므로 대리가 아닌 A는 부장의 직책을 가진다.

오답분석

조건에 따라 A, B, C, D의 사무실 위치를 정리하면 다음과 같다.

구분	2층	3층	4층	5층
경우 1	부장	B과장	대리	A부장
경우 2	B과장	대리	부장	A부장
경우 3	B과장	부장	대리	A부장

② B는 2층 또는 3층에 근무한다.
③ C의 직책은 알 수 없다.
④ 대리는 3층 또는 4층에 근무한다.
⑤ A부장 외의 또 다른 부장은 2층, 3층 또는 4층에 근무한다.

30초 컷 풀이 Tip

고정적인 조건을 가장 먼저 파악하는 것이 중요하다. 보통 고정적인 조건은 마지막 부분에 제시되는 경우가 많은데, 앞에 나온 조건들을 아무리 잘 정리해 놔도 고정 조건 하나에 경우의 수가 많이 줄어든다. 때문에 이를 중심으로 조건을 정리한다.

온라인 풀이 Tip

• 명제와 마찬가지로 간소화시키는 것이 가장 중요하다. 때문에 메모장에 확정적인 조건과 그에 따라 같이 확정적이게 되는 나머지 조건을 정리하고, 문제를 풀이한다. 만약 순서 맞추기나 점수를 구하는 문제의 경우 1층, 2층, 3층 등의 표현을 다 연습장에 쓸 필요는 없다. 자신만 알아보면 되므로 띄어쓰기나 '−' 등의 표현을 활용한다. 핵심은 시간 단축이다.

• 만약 문제를 풀이하다가 헷갈리거나 어렵다고 느껴지면 과감하게 해당 문제를 포기하고 넘어간다. 각 영역은 10분에 15문제를 풀어야 하고, 다른 문제를 다 풀었다면 돌아가서 다시 풀 수 있다. 한 문제에 집착해서 다른 문제까지 모두 망치는 일은 한 번뿐인 시험에 큰 손해이다.

Easy

01 현수, 주현, 지연, 재현, 형호 5명은 한 유명 가수의 첫 공연을 보기 위해 각자 표를 예매하기로 했다. 모두 서로 다른 열의 좌석을 예매했을 때, 다음을 읽고 바르게 추론한 것은?(단, 앞 열일수록 무대와 가깝다)

> • 현수의 좌석은 지연이와 주현이의 좌석보다 무대와 가깝다.
> • 재현이의 좌석은 지연이의 좌석보다 앞이고, 형호의 좌석보다는 뒤이다.
> • 무대와 형호의 좌석 간 거리는 무대와 현수의 좌석 간 거리보다 길다.
> • 주현이의 좌석이 무대와 가장 멀리 떨어져 있다.

① 현수는 5명 중 가장 뒤쪽 열의 좌석을 예매했다.
② 형호는 현수 바로 뒤의 좌석을 예매했다.
③ 형호는 현수와 재현 사이의 좌석을 예매했다.
④ 형호는 재현이와 지연 사이의 좌석을 예매했다.
⑤ 재현이는 지연 바로 앞의 좌석을 예매했다.

02 민하, 상식, 은희, 은주, 지훈은 점심 메뉴로 쫄면, 라면, 우동, 김밥, 어묵 중 각각 하나씩을 주문하였다. 다음 내용이 모두 참일 때, 바르게 짝지어진 것은?(단, 모두 서로 다른 메뉴를 주문하였다)

> • 민하와 은주는 라면을 먹지 않았다.
> • 상식과 민하는 김밥을 먹지 않았다.
> • 은희는 우동을 먹었고, 지훈은 김밥을 먹지 않았다.
> • 지훈은 라면과 어묵을 먹지 않았다.

① 지훈 – 라면, 상식 – 어묵
② 지훈 – 쫄면, 민하 – 라면
③ 은주 – 어묵, 상식 – 김밥
④ 은주 – 쫄면, 민하 – 김밥
⑤ 민하 – 어묵, 상식 – 라면

03 L기업에 근무하는 직원 4명은 함께 5인승 택시를 타고 A지점으로 가고자 한다. 다음 〈조건〉에 따라 택시에 탑승할 때, 항상 참인 것은?

> **조건**
> • 직원은 각각 부장, 과장, 대리, 사원의 직책을 갖고 있다.
> • 직원은 각각 흰색, 검은색, 노란색, 연두색 신발을 신었다.
> • 직원은 각각 기획팀, 연구팀, 디자인팀, 홍보팀 소속이다.
> • 대리와 사원은 옆으로 붙어 앉지 않는다.
> • 과장 옆에는 직원이 앉지 않는다.
> • 부장은 홍보팀이고 검은색 신발을 신었다.
> • 디자인팀 직원은 조수석에 앉았고 노란색 신발을 신었다.
> • 사원은 기획팀 소속이다.

① 부장은 조수석에 앉는다.
② 부장 옆에는 과장이 앉는다.
③ 사원은 흰색 신발을 신었다.
④ 과장은 노란색 신발을 신었다.
⑤ 택시 운전기사 바로 뒤에는 사원이 앉는다.

04 L사의 사내 체육대회에서 A ~ F 6명은 키가 큰 순서에 따라 2명씩 1팀, 2팀, 3팀으로 나뉘어 배치된다. 다음 내용이 모두 참일 때, 키가 가장 큰 사람은 누구인가?

> • A ~ F의 키는 서로 다르다.
> • 2팀의 B는 A보다 키가 작다.
> • D보다 키가 작은 사람은 4명이다.
> • A는 1팀에 배치되지 않는다.
> • E와 F는 한 팀에 배치된다.

① A
② B
③ C
④ D
⑤ E

| 유형분석 |

- 주어진 전제와 결론을 통해, 필요한 전제를 추가하거나 결론을 도출해 내는 유형이다.

다음 명제를 통해 얻을 수 있는 결론으로 옳은 것은?

- 비가 오면 큰아들의 나막신이 잘 팔릴 것이므로 좋다.
- 비가 오지 않으면 작은아들의 짚신이 잘 팔릴 것이므로 좋다.
- 비가 오거나 오지 않거나 둘 중의 하나일 것이다.
- 그러므로 _____

① 비가 왔으면 좋겠다.

② 비가 오지 않았으면 좋겠다.

③ 비가 오거나 오지 않거나 좋다.

④ 비가 오거나 오지 않거나 걱정이다.

⑤ 비가 오거나 오지 않거나 상관없다.

정답 ③

비가 오면 큰아들의 장사가 잘 돼서 좋고, 비가 오지 않으면 작은 아들의 장사가 잘 돼서 좋다.
따라서 비가 오거나 오지 않거나 반드시 둘 중의 하나이므로, '항상 좋다.'라는 내용이 결론에 들어가야 한다.

30초 컷 풀이 Tip

- 주어진 명제를 도식화하여 학습한다.
  - 도식화의 방법에는 집합 부호 사용, 벤다이어그램 활용 등 여러 가지 방법이 있으므로 문제를 풀 때 자신에게 맞는 방법을 선택하여 학습하며, 많은 연습을 통해 실전에서는 객관적인 문제해결이 가능하도록 한다.
- 전제를 추가하는 유형인지, 결론을 도출하는 유형인지 먼저 파악한 후, 유형에 따라 접근법을 다르게 한다.
  - 전제를 추가하는 유형일 경우 : 결론과 주어진 전제의 연결고리를 찾는다.
  - 결론을 도출하는 유형일 경우 : 두 가지 전제로 도출할 수 있는 결론들을 정리한다.

※ 다음 제시된 명제가 모두 참일 때, 빈칸에 들어갈 명제로 가장 적절한 것을 고르시오. [1~3]

Easy

01

> 전제1. 양식 자격증이 없다면 레스토랑에 취직할 수 없다.
> 전제2. 양식 자격증을 획득하려면 양식 실기시험에 합격해야 한다.
> 결론. _____

① 양식 자격증이 있으면 레스토랑에 취직할 수 있다.
② 양식 실기시험에 합격하면 레스토랑에 취직할 수 있다.
③ 레스토랑에 취직하려면 양식 실기시험에 합격해야 한다.
④ 양식 실기시험에 합격하면 양식 자격증을 획득할 수 있다.
⑤ 레스토랑에 취직할 수 없다면 양식 자격증이 없는 것이다.

Hard

02

> 전제1. 세미나에 참여한 사람은 모두 봉사활동에 지원하였다.
> 전제2. 신입사원은 세미나에 참여하지 않았다.
> 결론. _____

① 신입사원은 모두 봉사활동에 지원하였다.
② 신입사원은 모두 봉사활동에 지원하지 않았다.
③ 세미나에 참여하지 않으면 모두 신입사원이다.
④ 봉사활동에 지원한 사람은 모두 세미나에 참여한 사람이다.
⑤ 신입사원은 봉사활동에 지원하였을 수도, 지원하지 않았을 수도 있다.

03

> 전제1. 주장을 못하는 사람은 발표를 못한다.
> 전제2. _____
> 결론. 그러므로 발표를 잘하는 사람은 시험을 잘 본다.

① 시험을 못 보는 사람은 주장을 잘한다.
② 시험을 잘 보는 사람은 발표를 잘한다.
③ 주장을 잘하는 사람은 시험을 못 본다.
④ 주장을 잘하는 사람은 시험을 잘 본다.
⑤ 주장을 못하는 사람은 시험을 못 본다.

| 유형분석 |

- 일반적으로 4 ~ 5명의 진술이 제시되며, 각 진술의 진실 및 거짓 여부를 확인하여 범인을 찾는 유형이다.
- 추리 영역 중에서도 체감 난이도가 상대적으로 높은 유형으로 알려져 있다.
- 각 진술 사이의 모순을 찾아 성립하지 않는 경우의 수를 제거하거나, 경우의 수를 나누어 모든 조건이 성립하는지를 확인해야 한다.

준수, 민정, 영재, 세희, 성은 5명은 항상 진실만을 말하거나 거짓만 말한다. 다음 진술을 토대로 추론할 때, 거짓을 말하는 사람을 모두 고르면?

- 준수 : 성은이는 거짓만 말한다.
- 민정 : 영재는 거짓만 말한다.
- 영재 : 세희는 거짓만 말한다.
- 세희 : 준수는 거짓만 말한다.
- 성은 : 민정이와 영재 중 1명만 진실만 말한다.

① 민정, 세희
② 영재, 준수
③ 영재, 성은
④ 영재, 세희
⑤ 민정, 영재, 성은

정답 ②

만약 민정이가 진실을 말한다면 영재가 거짓, 세희가 진실, 준수가 거짓, 성은이의 '민징이와 영재 중 1명만 진실만을 말한다.'가 진실이 되면서 모든 조건이 성립한다. 반면, 만약 민정이가 거짓을 말한다면 영재가 진실, 세희가 거짓, 준수가 진실, 성은이의 '민정이와 영재 중 1명만 진실만을 말한다.'가 거짓이 되면서 모순이 생긴다.
따라서 거짓을 말한 사람은 영재와 준수이다.

30초 컷 풀이 Tip

진실게임 유형 중 90% 이상은 다음 두 가지 방법으로 풀 수 있다. 주어진 진술이 해당하는 경우를 확인한 후 문제를 푼다.
- 두 명 이상의 발언 중 한쪽이 진실이면 다른 한쪽이 거짓인 경우
  1) A가 진실이고 B가 거짓인 경우, B가 진실이고 A가 거짓인 경우 두 가지로 나눌 수 있다.
  2) 두 가지 경우에서 각 발언의 진위 여부를 판단하여 범인을 찾는다.
  3) 주어진 조건과 비교한다(범인의 숫자가 맞는지, 진실 또는 거짓을 말한 인원수가 조건과 맞는지 등).
- 두 명 이상의 발언 중 한쪽이 진실이면 다른 한쪽도 진실인 경우
  1) A와 B가 모두 진실인 경우, A와 B가 모두 거짓인 경우 두 가지로 나눌 수 있다.
  2) 두 가지 경우에서 각 발언의 진위 여부를 판단하여 범인을 찾는다.
  3) 주어진 조건과 비교한다(범인의 숫자가 맞는지, 진실 또는 거짓을 말한 인원수가 조건과 맞는지 등).

Easy

01 A ~ E 5명의 학생이 기말고사를 봤는데, 이 중 2명은 부정행위를 하였다. 부정행위를 한 2명은 거짓을 말하고 부정행위를 하지 않은 3명은 진실을 말할 때, 부정행위를 한 사람을 모두 고르면?

- A : D는 거짓말을 하고 있어.
- B : A는 부정행위를 하지 않았어.
- C : B가 부정행위를 했어.
- D : 나는 부정행위를 하지 않았어.
- E : C가 거짓말을 하고 있어.

① A, B　　　　　　　　　　　② B, C
③ C, D　　　　　　　　　　　④ C, E
⑤ D, E

02 A ~ D 4명의 피의자가 다음과 같이 진술하였다. 1명의 진술만이 참일 경우의 범인과, 1명의 진술만이 거짓일 경우의 범인을 차례로 나열한 것은?(단, 범인은 1명이며, 범인의 말은 반드시 거짓이다)

- A : C가 범인이다.
- B : 나는 범인이 아니다.
- C : D가 범인이다.
- D : C는 거짓말을 했다.

① A, B　　　　　　　　　　　② A, C
③ A, D　　　　　　　　　　　④ B, C
⑤ B, D

Hard

03 L그룹에서 근무하는 A ~ E 5명의 사원 중 1명은 이번 주 금요일에 열리는 세미나에 참석해야 한다. 다음 대화에서 2명이 거짓말을 하고 있을 때, 세미나에 참석하는 사람은?

- A사원 : 나는 금요일 세미나에 참석하지 않아.
- B사원 : 나는 금요일에 중요한 미팅이 있어. D사원이 세미나에 참석할 예정이야.
- C사원 : 나와 D는 금요일에 부서 회의에 참석해야 하므로 세미나는 참석할 수 없어.
- D사원 : C사원과 E사원 중 한 명이 참석할 예정이야.
- E사원 : 나는 목요일부터 금요일까지 휴가라 참석할 수 없어. 그리고 C사원의 말은 모두 사실이야.

① A사원　　　　　　　　　　② B사원
③ C사원　　　　　　　　　　④ D사원
⑤ E사원

CHAPTER 03
자료해석

합격 CHEAT KEY

자료해석은 총 15문제가 출제되며, 10분의 시간이 주어진다. 일반적인 표와 다양한 그래프를 활용하여 자료를 해석하는 능력, 주어진 표를 그래프로 바꾸는 능력을 평가한다. 자료해석은 기본적으로 난이도가 어려운 유형 중 하나이지만, LG그룹 인적성검사의 경우 온라인으로 전환되면서 계산이 단순해졌으므로 시간 내 빨리 풀이하는 연습을 해야 한다.

01 자료해석

도표, 그래프 등의 통계자료를 보고 세부적인 내용을 분석하거나, 제시된 공식을 활용 또는 비율, 증감률, 평균 등을 구하는 공식을 활용하여 일정한 값을 도출하는 문제가 출제된다. 객관적인 사실만을 풀어서 쓰는 경우도 있지만 자료를 보고 미래의 추세를 예측하는 형태로 출제되기도 한다.

> **⊣ 학습 포인트 ⊢**
>
> - 표, 꺾은선 그래프, 막대그래프, 원그래프 등 다양한 형태의 자료를 눈에 익힌다. 그래야 실제 시험에서 자료가 제시되었을 때 중점을 두고 파악해야 할 부분이 더욱 선명하게 보일 것이다.
> - 한 문제당 제시되는 정보의 양이 매우 많으므로 시간을 절약하기 위해서는 문제를 읽고 바로 풀이에 들어가는 것보다는, 선택지를 먼저 읽고 필요한 정보만 추출하여 답을 찾는 것이 좋다.

01 기초통계능력

(1) 통계

집단 현상에 대한 구체적인 양적 기술을 반영하는 숫자로 특히, 사회집단 또는 자연집단의 상황을 숫자로 나타낸 것이다.

예 서울 인구의 생계비, 한국 쌀 생산량의 추이, 추출 검사한 제품 중 불량품의 개수 등

(2) 통계치

① 빈도 : 어떤 사건이 일어나거나 증상이 나타나는 정도

② 빈도 분포 : 빈도를 표나 그래프로 종합적이면서도 일목요연하게 표시하는 것

③ 평균 : 모든 자료 값의 합을 자료의 개수로 나눈 값

④ 백분율 : 전체의 수량을 100으로 볼 때의 비율

(3) 통계의 계산

① 범위 : (최댓값) − (최솟값)

② 평균 : $\dfrac{(자료\ 값의\ 총합)}{(자료의\ 개수)}$

③ 분산 : $\dfrac{[\{(관찰값) - (평균)\}^2의\ 총합]}{(자료의\ 개수)}$

  ※ (편차) = (관찰값) − (평균)

④ 표준편차 : $\sqrt{분산}$ (평균으로부터 얼마나 떨어져 있는가를 나타냄)

(1) 꺾은선(절선)그래프

① 시간적 추이(시계열 변화)를 표시하는 데 적합하다.

예 연도별 매출액 추이 변화 등

② 경과·비교·분포를 비롯하여 상관관계 등을 나타낼 때 사용한다.

〈중학교 장학금, 학비감면 수혜현황〉

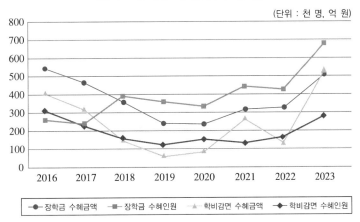

(2) 막대그래프

① 비교하고자 하는 수량을 막대 길이로 표시하고, 그 길이를 비교하여 각 수량 간의 대소 관계를 나타내는 데 적합하다.

예 영업소별 매출액, 성적별 인원분포 등

② 가장 간단한 형태로 내역·비교·경과·도수 등을 표시하는 용도로 사용한다.

〈연도별 암 발생 추이〉

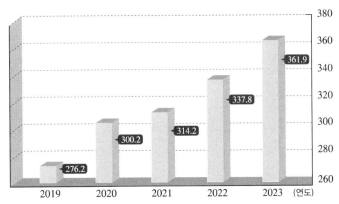

(3) 원그래프

① 내역이나 내용의 구성비를 분할하여 나타내는 데 적합하다.

예 제품별 매출액 구성비 등

② 원그래프를 정교하게 작성할 때는 수치를 각도로 환산해야 한다.

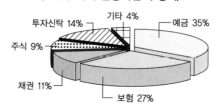

〈L국의 가계 금융자산 구성비〉

(4) 점그래프

① 지역분포를 비롯하여 도시, 지방, 기업, 상품 등의 평가나 위치, 성격을 표시하는 데 적합하다.

예 광고 비율과 이익률의 관계 등

② 종축과 횡축에 두 요소를 두고, 보고자 하는 것이 어떤 위치에 있는가를 알고자 할 때 사용한다.

〈OECD 국가의 대학졸업자 취업률 및 경제활동 인구 비중〉

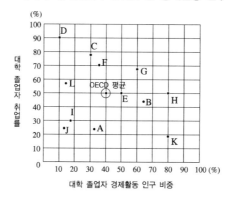

(5) 층별그래프

① 합계와 각 부분의 크기를 백분율로 나타내고 시간적 변화를 보는 데 적합하다.

② 합계와 각 부분의 크기를 실수로 나타내고 시간적 변화를 보는 데 적합하다.

　예 상품별 매출액 추이 등

③ 선의 움직임보다는 선과 선 사이의 크기로써 데이터 변화를 나타내는 그래프이다.

〈우리나라 세계유산 현황〉

(6) 레이더 차트(거미줄 그래프)

① 다양한 요소를 비교할 때, 경과를 나타내는 데 적합하다. 예 매출액의 계절변동 등

② 비교하는 수량을 직경, 또는 반경으로 나누어 원의 중심에서의 거리에 따라 각 수량의 관계를 나타내는 그래프이다.

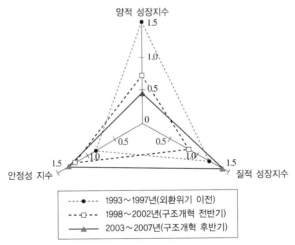

〈외환위기 전후 한국의 경제 상황〉

| 유형분석 |

- (백분율)$=\dfrac{(\text{비교하는 양})}{(\text{기준량})}\times 100$

- (증감률)$=\dfrac{(\text{비교대상의 값})-(\text{기준값})}{(\text{기준값})}$

- (증감량)$=($비교대상 값 A$)-($또 다른 비교대상의 값 B$)$

다음은 L시즌 K리그 주요 구단의 공격력을 분석한 자료이다. 이에 대한 설명으로 옳은 것은?

〈L시즌 K리그 주요 구단 공격력 통계〉

(단위 : 개)

구분	경기	슈팅	유효 슈팅	골	경기당 평균 슈팅	경기당 평균 유효슈팅
울산	6	90	60	18	15	10
전북	6	108	72	27	18	12
상주	6	78	30	12	13	5
포항	6	72	48	9	12	8
대구	6	84	42	12	14	7
서울	6	42	18	10	7	3
성남	6	60	36	12	10	6

① 슈팅과 유효 슈팅 개수가 높은 상위 3개 구단은 동일하다.

② 유효 슈팅 대비 골의 비율은 상주가 울산보다 높다.

③ 전북과 성남의 슈팅 대비 골의 비율의 차이는 10%p 이상이다.

④ 골의 개수가 적은 하위 두 팀의 골 개수의 합은 전체 골 개수의 15% 이하이다.

⑤ 경기당 평균 슈팅 개수가 가장 많은 구단과 가장 적은 구단의 차이는 경기당 평균 유효 슈팅 개수가 가장 많은 구단과 가장 적은 구단의 차이보다 작다.

정답 ②

유효 슈팅 대비 골의 비율은 울산이 $\frac{18}{60} \times 100 = 30\%$, 상주가 $\frac{12}{30} \times 100 = 40\%$로 상주가 울산보다 높다.

오답분석

① 슈팅 개수의 상위 3개 구단은 '전북, 울산, 대구'이나 유효 슈팅 개수의 상위 3개 구단은 '전북, 울산, 포항'이다.

③ 슈팅 대비 골의 비율은 전북이 $\frac{27}{108} \times 100 = 25\%$, 성남이 $\frac{12}{60} \times 100 = 20\%$이며, 그 차이는 $25 - 20 = 5\%$p로 10%p 이하이다.

④ 골의 개수가 적은 하위 두 팀은 9개인 포항과 10개인 서울로 골 개수의 합은 $9 + 10 = 19$개이다. 이는 전체 골 개수인 $18 + 27 + 12 + 9 + 12 + 10 + 12 = 100$개의 $\frac{19}{100} \times 100 = 19\%$이므로 15% 이상이다.

⑤ 경기당 평균 슈팅 개수가 가장 많은 구단은 18개로 전북이고, 가장 적은 구단은 7개로 서울이므로 그 차이는 $18 - 7 = 11$개이다. 또한 경기당 평균 유효 슈팅 개수가 가장 많은 구단은 12개로 전북이고, 가장 적은 구단은 3개로 서울이므로 그 차이는 $12 - 3 = 9$개이다.

30초 컷 풀이 Tip

- 계산이 필요 없는 선택지를 먼저 해결한다.
- 정확한 값을 비교하기보다 근사치를 활용한다.

온라인 풀이 Tip

- 자료해석의 경우 너무 정석적으로 풀이하면 오프라인 시험이라도 시간이 부족하다. 때문에 역으로 생각해 보며 빠르게 풀이할 수 있는 방법을 생각해야 한다.
- 만약 계산 값을 구해야 하는 문제가 출제되었을 때, 선택지의 일의 자리 숫자가 모두 다르면 일의 자리 숫자만 계산한다.
- 선택지를 풀다가 답이 나오는 경우 바로 체크하고 다음으로 넘어간다.

Easy

01 다음은 L시 마을의 상호 간 태양광 생산 잉여전력 판매량에 대한 자료이다. 이에 대한 설명으로 옳지 않은 것은?(단, L시 마을은 제시된 4개 마을이 전부이며, 모든 마을의 전력 판매가는 같다고 가정한다)

(단위 : kW)

판매량＼구매량	갑 마을	을 마을	병 마을	정 마을
갑 마을	-	180	230	160
을 마을	250	-	200	190
병 마을	150	130	-	230
정 마을	210	220	140	-

※ (거래수지)=(판매량)-(구매량)

① 총거래량이 같은 마을은 없다.

② 구매량이 거래량의 40% 이하인 마을은 없다.

③ 태양광 전력 거래수지가 흑자인 마을은 을 마을뿐이다.

④ 전력을 가장 많이 판매한 마을과 가장 많이 구매한 마을은 각각 을 마을과 갑 마을이다.

⑤ 갑 마을이 을 마을에 40kW를 더 판매했다면, 을 마을의 구매량은 병 마을보다 많게 된다.

02 다음은 L지역 전체 가구를 대상으로 원자력발전소 사고 전·후 식수 조달원 변경에 대해 사고 후 설문조사한 결과이다. 이에 대한 설명 중 옳은 것은?

〈원자력발전소 사고 전·후 L지역 식수 조달원별 가구 수〉

(단위 : 가구)

사고 전 조달원 \ 사고 후 조달원	수돗물	정수	약수	생수
수돗물	40	30	20	30
정수	10	50	10	30
약수	20	10	10	40
생수	10	10	10	40

※ L지역 가구의 식수 조달원은 수돗물, 정수, 약수, 생수로 구성되며, 각 가구는 한 종류의 식수 조달원만 이용함

① 사고 전에 식수 조달원으로 정수를 이용하는 가구 수가 가장 많다.

② 사고 전·후 식수 조달원을 변경한 가구 수는 전체 가구 수의 60% 이하이다.

③ 사고 전에 비해 사고 후에 이용 가구 수가 감소한 식수 조달원의 수는 3개이다.

④ 각 식수 조달원 중에서 사고 전·후에 이용 가구 수의 차이가 가장 큰 것은 생수이다.

⑤ 사고 전에 식수 조달원으로 정수를 이용하던 가구는 모두 사고 후에도 정수를 이용한다.

03 다음은 2019 ~ 2023년까지 20대 남녀의 흡연율과 음주율을 조사한 그래프이다. 이에 대한 설명으로 옳은 것을 〈보기〉에서 모두 고르면?

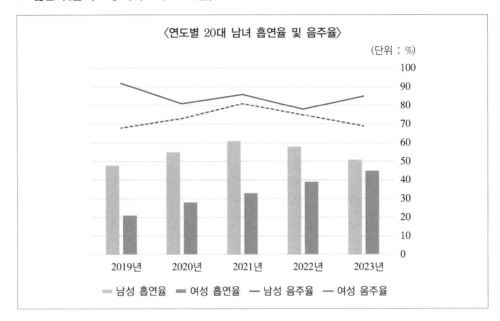

<보기>
ㄱ. 남성과 여성의 흡연율은 동일한 추이를 보인다.
ㄴ. 남성 흡연율이 가장 낮은 연도와 여성 흡연율이 가장 낮은 연도는 동일하다.
ㄷ. 남성은 음주율이 가장 낮은 해에 흡연율도 가장 낮다.
ㄹ. 2021년 남성과 여성의 음주율 차이는 10%p 이상이다.

① ㄱ
② ㄴ
③ ㄱ, ㄴ
④ ㄴ, ㄷ
⑤ ㄷ, ㄹ

04 다음은 국가별 성인이 하루에 섭취하는 주 영양소의 평균을 정리한 자료이다. 이에 대한 설명으로 옳은 것을 〈보기〉에서 모두 고르면?(단, 소수점 둘째 자리에서 반올림한다)

〈국가별 성인 영양소 평균 섭취량〉

(단위 : g)

구분	탄수화물	단백질			지방		
		합계	동물성	식물성	합계	동물성	식물성
한국	380	60	38	22	55	30	25
미국	295	67	34	33	59	41	18
브라질	410	56	28	28	60	32	28
인도	450	74	21	53	49	21	28
러시아	330	68	44	24	60	38	22
프랑스	320	71	27	44	60	31	29
멕시코	425	79	58	21	66	55	11
스페인	355	60	32	28	54	28	26
영국	284	64	42	22	55	32	23
중국	385	76	41	35	65	35	30

〈성인기준 하루 권장 섭취량〉

(단위 : g)

구분	탄수화물	단백질	지방
권장 섭취량	300 ~ 400	56 ~ 70	51

보기

㉠ 탄수화물 평균 섭취량이 '성인기준 하루 권장 섭취량'에서 최대량 초과한 국가와 미만인 국가 수는 동일하다.

㉡ 단백질 평균 섭취량이 '성인기준 하루 권장 섭취량'의 범위를 초과하는 국가는 동물성 단백질 섭취량이 식물성 단백질 섭취량보다 많다.

㉢ 지방의 평균 섭취량과 권장 섭취량의 차이가 가장 적은 국가의 지방 평균 섭취량 대비 동물성 지방 섭취량 비율은 40% 이하이다.

㉣ 탄수화물 평균 섭취량이 가장 적은 나라의 단백질과 지방 평균 섭취량의 합계에서 동물성이 차지하는 비율은 식물성이 차지하는 비율보다 높다.

① ㉠   ② ㉢

③ ㉣   ④ ㉠, ㉣

⑤ ㉡, ㉢

| 유형분석 |

- 제시된 표를 그래프로 올바르게 변환한 것을 묻는 유형이다.
- 복잡한 표가 제시되지 않으므로 수의 크기만을 판단하여 풀이할 수 있다.

L기업은 갑, 을, 병, 정, 무 5명의 직원을 대상으로 신년회를 위한 장소 A ~ E에 대한 만족도 조사를 하였다. 5점 만점을 기준으로 장소별 직원들의 점수를 시각화한 것으로 가장 적절한 것은?

〈A ~ E장소 만족도〉

(단위 : 점)

구분	갑	을	병	정	무	평균
A	2.5	5.0	4.5	2.5	3.5	3.6
B	3.0	4.0	5.0	3.5	4.0	3.9
C	4.0	4.0	3.5	3.0	5.0	3.9
D	3.5	3.5	3.5	4.0	3.0	3.5
E	5.0	3.0	1.0	1.5	4.5	3.0

①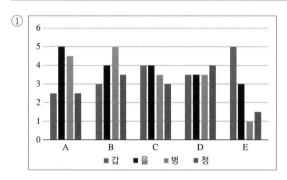

②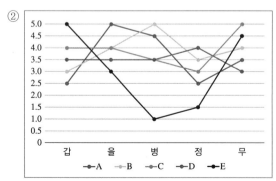

③

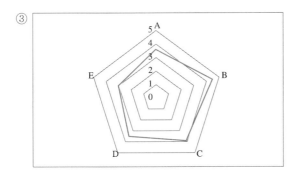

④

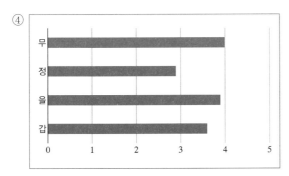

⑤

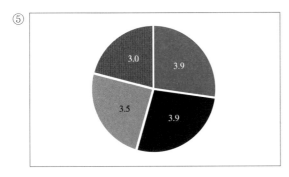

정답 ②

갑, 을, 병, 정, 무 5명의 직원들의 A ~ E장소에 대한 만족도 점수가 그래프에 알맞게 나와 있다.

오답분석

① 무 직원의 장소에 대한 만족도 점수가 없다.
③ B 장소의 평균 점수가 3.9점이지만 4점 이상으로 나타나 있다.
④ 병 직원의 A ~ E장소에 대한 만족도 평균이 없고, 직원 한 명당 만족하는 A ~ E장소 평균은 자료의 목적과는 거리가 멀다.
⑤ A ~ E장소에 대한 만족도 평균에서 표와의 수치를 비교해 보면 3.6점인 A장소가 없고, 수치가 어느 장소의 평균을 나타내는지 알 수 없다.

▌ 30초 컷 풀이 Tip

- 빠르게 확인 가능한 선택지부터 확인한다.
- 수치를 일일이 확인하는 것보다 증감 추이를 먼저 판단해서 선택지를 1차적으로 거르고 나머지 선택지 중 그래프의 모양이 크게 차이 나는 곳을 확인한다.
- 선택지의 제목과 자료에서 필요한 정보를 확인한다.
- 특징적인 부분이 있는 선택지를 먼저 판단한다.

Easy

01 다음은 중국의 의료 빅데이터 예상 시장 규모에 대한 자료이다. 이를 바탕으로 전년 대비 성장률에 대한 그래프로 옳은 것은?(단, 소수점 둘째 자리에서 반올림한다)

〈2015 ~ 2024년 중국 의료 빅데이터 예상 시장 규모〉

(단위 : 억 위안)

구분	2015년	2016년	2017년	2018년	2019년	2020년	2021년	2022년	2023년	2024년
규모	9.6	15.0	28.5	45.8	88.5	145.9	211.6	285.6	371.4	482.8

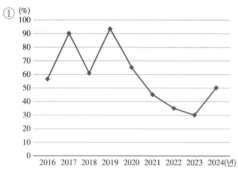

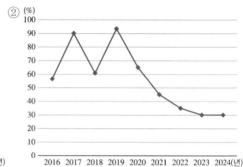

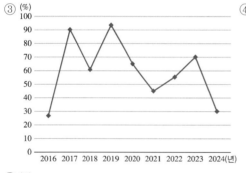

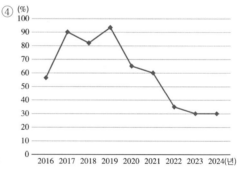

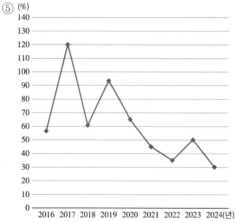

02 다음은 2019 ~ 2023년까지 시행된 L국가고시 현황에 대한 표이다. 이를 그래프로 나타낸 것으로 적절하지 않은 것은?

〈L국가고시 현황〉

(단위 : 명, %)

구분	2019년	2020년	2021년	2022년	2023년
접수자	3,540	3,380	3,120	2,810	2,990
응시자	2,810	2,660	2,580	2,110	2,220
응시율	79.40	78.70	82.70	75.10	74.20
합격자	1,310	1,190	1,210	1,010	1,180
합격률	46.60	44.70	46.90	47.90	53.20

※ 응시율(%) : $\dfrac{(응시자 \ 수)}{(접수자 \ 수)} \times 100$, 합격률(%) : $\dfrac{(합격자 \ 수)}{(응시자 \ 수)} \times 100$

① 연도별 미응시자 수 추이

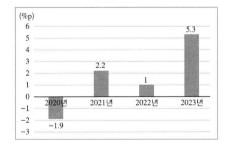

② 연도별 응시자 중 불합격자 수 추이

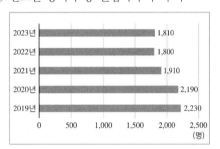

③ 2020 ~ 2023년 전년 대비 접수자 수 변화량

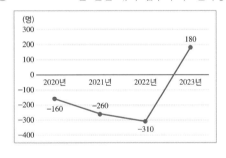

④ 2020 ~ 2023년 전년 대비 합격자 수 변화량

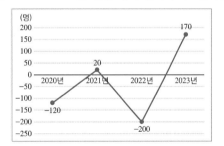

⑤ 2020 ~ 2023년 전년 대비 합격률 증감량

다음은 L국의 2013~2023년까지 주식시장의 현황을 나타낸 자료이다. 이를 바탕으로 종목당 평균 주식 수를 바르게 작성한 그래프는?

〈주식시장 현황〉

구분	2013년	2014년	2015년	2016년	2017년	2018년	2019년	2020년	2021년	2022년	2023년
종목 수 (종목)	958	925	916	902	884	861	856	844	858	885	906
주식 수 (억 주)	90	114	193	196	196	265	237	234	232	250	282

※ (종목당 평균 주식 수)= $\dfrac{(주식 수)}{(종목 수)}$

① (백만 주)

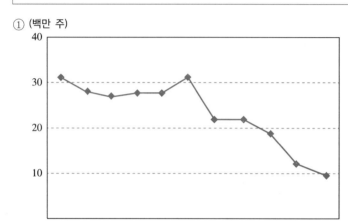

② (백만 주)

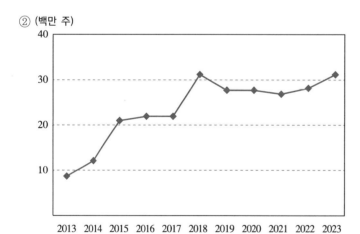

③ (백만 주)

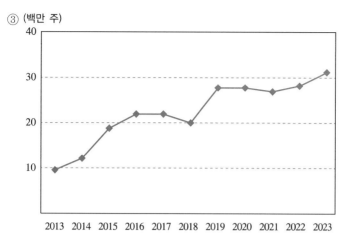

④ (백만 주)

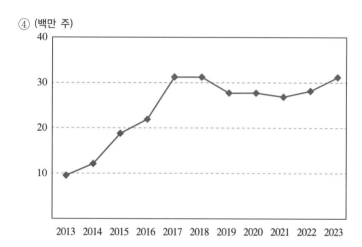

⑤ (백만 주)

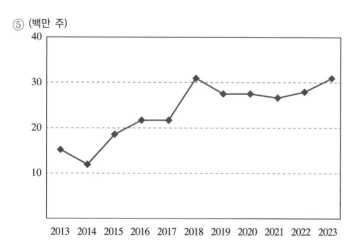

CHAPTER 04
창의수리

창의수리는 총 15문제가 출제되며, 10분의 시간이 주어진다. 일정한 규칙에 따라 배열된 숫자 열이나 숫자의 집합으로부터 규칙 및 관계의 특성을 추론하는 능력을 알아보기 위한 수열과 일상생활에서 발생하는 문제를 해결하기 위해서 수학의 기본 원리와 방정식, 함수 등을 활용하여 문제에 접근하는 능력을 측정하는 응용수리가 출제된다.

01 수열

일정한 규칙에 따라 나열된 수를 보고 규칙을 찾아 빈칸에 들어가는 수를 찾아내는 유형이다. 기본적인 등차, 등비, 계차수열과 관련하여 이를 응용한 문제와 건너뛰기 수열(홀수 항, 짝수 항에 규칙이 따로 적용되는 수열)이 많이 출제되는 편이며, 군수열이 출제되기도 한다. 또한 나열되는 수는 자연수뿐만 아니라 분수, 소수, 정수 등 다양하게 제시된다. 수가 변화하는 규칙을 빠르게 파악하는 것이 관건이므로, 많은 문제를 풀어보며 유형을 익히는 것이 중요하다.

┤ 학습 포인트 ├

• 눈으로만 규칙을 찾고자 할 경우 변화된 값을 모두 외우기 어려우므로 나열된 수의 변화된 값을 적어두면 규칙을 발견하기 용이하다.
• 규칙이 발견되지 않는 경우에는 홀수 항과 짝수 항을 분리해서 파악하거나 군수열을 생각해 본다.

02 응용수리

수의 관계에 대해 알고 미지수를 구하기 위해 필요한 계산식을 세울 수 있는지를 평가하는 유형이다. 기초적인 내용을 정확하게 알고, 이를 활용하는 연습을 해야 한다.

---| 학습 포인트 |---

- 정형화된 유형을 풀어보고 숙지하여 기본을 튼튼히 해야 한다.
- 경우의 수나 확률과 같은 유형은 고등학교 수준의 문제를 풀어보는 것이 도움이 될 수 있다.

01 수열

(1) 등차수열 : 앞의 항에 일정한 수를 더해 이루어지는 수열

예 1　3　5　7　9　11　13　15
　　+2　+2　+2　+2　+2　+2　+2

(2) 등비수열 : 앞의 항에 일정한 수를 곱해 이루어지는 수열

예 1　2　4　8　16　32　64　128
　　×2　×2　×2　×2　×2　×2　×2

(3) 계차수열 : 앞의 항과의 차가 일정하게 증가하는 수열

예 1　2　4　7　11　16　22　29
　　+1　+2　+3　+4　+5　+6　+7
　　　+1　+1　+1　+1　+1　+1

(4) 피보나치 수열 : 앞의 두 항의 합이 그 다음 항의 수가 되는 수열

$a_n = a_{n-1} + a_{n-2} \ (n \geq 3, \ a_n = 1, \ a_2 = 1)$

예 $1 \quad 1 \quad \underset{1+1}{2} \quad \underset{1+2}{3} \quad \underset{2+3}{5} \quad \underset{3+5}{8} \quad \underset{5+8}{13} \quad \underset{8+13}{21}$

(5) 건너뛰기 수열 : 두 개 이상의 수열이 일정한 간격을 두고 번갈아가며 나타나는 수열

예 1　1　3　7　5　13　7　19
　• 홀수항 : 1　3　5　7
　　　　　　　+2　+2　+2
　• 짝수항 : 1　7　13　19
　　　　　　　+6　+6　+6

(6) 군수열 : 일정한 규칙성으로 몇 항씩 묶어 나눈 수열

예 • 1　1　2　1　2　3　1　2　3　4
　⇒ 1 │ 1　2 │ 1　2　3 │ 1　2　3　4

• 1　3　4　6　5　11　2　6　8　9　3　12
　⇒ 1　3　4 │ 6　5　11 │ 2　6　8 │ 9　3　12
　　　1+3=4　　6+5=11　　2+6=8　　9+3=12

• 1　3　3　2　4　8　5　6　30　7　2　14
　⇒ 1　3　3 │ 2　4　8 │ 5　6　30 │ 7　2　14
　　　1×3=3　　2×4=8　　5×6=30　　7×2=14

1. 수의 관계

(1) 약수와 배수

a가 b로 나누어떨어질 때, a는 b의 배수, b는 a의 약수

(2) 소수

1과 자기 자신만을 약수로 갖는 수, 즉 약수의 개수가 2개인 수

(3) 합성수

1과 자신 이외의 수를 약수로 갖는 수, 즉 소수가 아닌 수 또는 약수의 개수가 3개 이상인 수

(4) 최대공약수

2개 이상의 자연수의 공통된 약수 중에서 가장 큰 수

(5) 최소공배수

2개 이상의 자연수의 공통된 배수 중에서 가장 작은 수

(6) 서로소

1 이외에 공약수를 갖지 않는 두 자연수, 즉 최대공약수가 1인 두 자연수

(7) 소인수분해

주어진 합성수를 소수의 거듭제곱의 형태로 나타내는 것

(8) 약수의 개수

자연수 $N = a^m \times b^n$에 대하여, N의 약수의 개수는 $(m+1) \times (n+1)$개

(9) 최대공약수와 최소공배수의 관계

두 자연수 A, B에 대하여, 최소공배수와 최대공약수를 각각 L, G라고 하면 A×B＝L×G가 성립한다.

2. 방정식의 활용

(1) 날짜 · 요일 · 시계

① 날짜 · 요일

㉠ 1일＝24시간＝1,440분＝86,400초

㉡ 날짜 · 요일 관련 문제는 대부분 나머지를 이용해 계산한다.

② 시계

㉠ 시침이 1시간 동안 이동하는 각도 : 30°

㉡ 시침이 1분 동안 이동하는 각도 : 0.5°

㉢ 분침이 1분 동안 이동하는 각도 : 6°

(2) 거리 · 속력 · 시간

① (거리)＝(속력)×(시간)

㉠ 기차가 터널을 통과하거나 다리를 지나가는 경우

• (기차가 움직인 거리)＝(기차의 길이)＋(터널 또는 다리의 길이)

㉡ 두 사람이 반대 방향 또는 같은 방향으로 움직이는 경우

• (두 사람 사이의 거리)＝(두 사람이 움직인 거리의 합 또는 차)

② $(속력)＝\dfrac{(거리)}{(시간)}$

㉠ 흐르는 물에서 배를 타는 경우

• (하류로 내려갈 때의 속력)＝(배 자체의 속력)＋(물의 속력)

• (상류로 올라갈 때의 속력)＝(배 자체의 속력)－(물의 속력)

③ $(시간)＝\dfrac{(거리)}{(속력)}$

(3) 나이 · 인원 · 개수

구하고자 하는 것을 미지수로 놓고 식을 세운다. 동물의 경우 다리의 개수에 유의해야 한다.

(4) 원가 · 정가

① (정가)＝(원가)＋(이익), (이익)＝(정가)－(원가)

② $(a\,원에서 \; b\% \; 할인한 \; 가격)＝a\times\left(1-\dfrac{b}{100}\right)$

(5) 일률ㆍ톱니바퀴

① 일률

전체 일의 양을 1로 놓고, 시간 동안 한 일의 양을 미지수로 놓고 식을 세운다.

- (일률)$=\dfrac{(작업량)}{(작업기간)}$

- (작업기간)$=\dfrac{(작업량)}{(일률)}$

- (작업량)$=$(일률)$\times$(작업기간)

② 톱니바퀴

(톱니 수)$\times$(회전수)$=$(총 맞물린 톱니 수)

즉, A, B 두 톱니에 대하여 (A의 톱니 수)$\times$(A의 회전수)$=$(B의 톱니 수)$\times$(B의 회전수)가 성립한다.

(6) 농도

① (농도)$=\dfrac{(용질의 양)}{(용액의 양)}\times100$

② (용질의 양)$=\dfrac{(농도)}{100}\times$(용액의 양)

(7) 수Ⅰ

① 연속하는 세 자연수 : $x-1,\ x,\ x+1$

② 연속하는 세 짝수(홀수) : $x-2,\ x,\ x+2$

(8) 수Ⅱ

① 십의 자릿수가 x, 일의 자릿수가 y인 두 자리 자연수 : $10x+y$

이 수에 대해, 십의 자리와 일의 자리를 바꾼 수 : $10y+x$

② 백의 자릿수가 x, 십의 자릿수가 y, 일의 자릿수가 z인 세 자리 자연수 : $100x+10y+z$

(9) 증가ㆍ감소

① x가 $a\%$ 증가 : $\left(1+\dfrac{a}{100}\right)x$

② y가 $b\%$ 감소 : $\left(1-\dfrac{b}{100}\right)y$

3. 경우의 수 · 확률

(1) 경우의 수

① 경우의 수 : 어떤 사건이 일어날 수 있는 모든 가짓수

② 합의 법칙

    ㉠ 두 사건 A, B가 동시에 일어나지 않을 때, A가 일어나는 경우의 수를 m, B가 일어나는 경우의 수를 n이라고 하면, 사건 A 또는 B가 일어나는 경우의 수는 $m+n$이다.

    ㉡ '또는', '~이거나'라는 말이 나오면 합의 법칙을 사용한다.

③ 곱의 법칙

    ㉠ A가 일어나는 경우의 수를 m, B가 일어나는 경우의 수를 n이라고 하면, 사건 A와 B가 동시에 일어나는 경우의 수는 $m \times n$이다.

    ㉡ '그리고', '동시에'라는 말이 나오면 곱의 법칙을 사용한다.

④ 여러 가지 경우의 수

    ㉠ 동전 n개를 던졌을 때, 경우의 수 : 2^n

    ㉡ 주사위 m개를 던졌을 때, 경우의 수 : 6^m

    ㉢ 동전 n개와 주사위 m개를 던졌을 때, 경우의 수 : $2^n \times 6^m$

    ㉣ n명을 한 줄로 세우는 경우의 수 : $n! = n \times (n-1) \times (n-2) \times \cdots \times 2 \times 1$

    ㉤ n명 중, m명을 뽑아 한 줄로 세우는 경우의 수 : $_n\mathrm{P}_m = n \times (n-1) \times \cdots \times (n-m+1)$

    ㉥ n명을 한 줄로 세울 때, m명을 이웃하여 세우는 경우의 수 : $(n-m+1)! \times m!$

    ㉦ 0이 아닌 서로 다른 한 자리 숫자가 적힌 n장의 카드에서, m장을 뽑아 만들 수 있는 m자리 정수의 개수 : $_n\mathrm{P}_m$

    ㉧ 0을 포함한 서로 다른 한 자리 숫자가 적힌 n장의 카드에서, m장을 뽑아 만들 수 있는 m자리 정수의 개수 : $(n-1) \times {}_{n-1}\mathrm{P}_{m-1}$

    ㉨ n명 중, 자격이 다른 m명을 뽑는 경우의 수 : $_n\mathrm{P}_m$

    ㉩ n명 중, 자격이 같은 m명을 뽑는 경우의 수 : $_n\mathrm{C}_m = \dfrac{_n\mathrm{P}_m}{m!}$

    ㉪ 원형 모양의 탁자에 n명을 앉히는 경우의 수 : $(n-1)!$

⑤ 최단거리 문제 : A에서 B 사이에 P가 주어져 있다면, A와 P의 최단거리, B와 P의 최단거리를 각각 구하여 곱한다.

(2) 확률

① (사건 A가 일어날 확률)$=\dfrac{\text{(사건 A가 일어나는 경우의 수)}}{\text{(모든 경우의 수)}}$

② 여사건의 확률

    ㉠ 사건 A가 일어날 확률이 p일 때, 사건 A가 일어나지 않을 확률은 $(1-p)$이다.

    ㉡ '적어도'라는 말이 나오면 주로 사용한다.

③ 확률의 계산

    ㉠ 확률의 덧셈

        두 사건 A, B가 동시에 일어나지 않을 때, A가 일어날 확률을 p, B가 일어날 확률을 q라고 하면, 사건 A 또는 B가 일어날 확률은 $p+q$이다.

    ㉡ 확률의 곱셈

        A가 일어날 확률을 p, B가 일어날 확률을 q라고 하면, 사건 A와 B가 동시에 일어날 확률은 $p\times q$이다.

④ 여러 가지 확률

    ㉠ 연속하여 뽑을 때, 꺼낸 것을 다시 넣고 뽑는 경우 : 처음과 나중의 모든 경우의 수는 같다.

    ㉡ 연속하여 뽑을 때, 꺼낸 것을 다시 넣지 않고 뽑는 경우 : 나중의 모든 경우의 수는 처음의 모든 경우의 수보다 1만큼 작다.

    ㉢ (도형에서의 확률)$=\dfrac{\text{(해당하는 부분의 넓이)}}{\text{(전체 넓이)}}$

| 유형분석 |

- 나열된 수를 분석하여 그 안의 규칙을 찾고 적용할 수 있는지를 평가하는 유형이다.
- 규칙에 분수나 소수가 나오면 어려운 문제인 것처럼 보이지만 오히려 규칙은 단순한 경우가 많다.

다음은 일정한 규칙으로 나열한 수이다. 빈칸에 들어갈 수는?

2	2
3	5
5	10
6	16
10	( )

① 22
② 23
③ 24
④ 25
⑤ 26

정답 ⑤

2열에 대해서 다음과 같은 규칙이 성립한다.

(바로 위의 수)+(왼쪽의 수)=(해당 칸의 수)

따라서 (   )=16+10=26이다.

30초 컷 풀이 Tip

- 처음에 규칙이 잘 보이지 않아서 어렵다는 평이 많은 유형이지만 항상 지난 기출문제와 비슷한 방법으로 풀이 가능하다는 후기가 많은 유형이기도 하다. 때문에 수록되어 있는 문제의 다양한 풀이 방법을 충분히 숙지하는 것이 중요하다.
- 한 번에 여러 개의 수열을 보는 것보다 하나의 수열을 찾아서 규칙을 찾은 후 다른 것에 적용시켜보는 것이 빠른 방법일 수 있다.

온라인 풀이 Tip

- 창의수리 영역에서 암산으로 풀기 가장 좋은 유형이므로 되도록 메모장의 도움 없이 계산기만 활용하여 빠르게 풀이할 수 있도록 한다.
- 만약 규칙이 한 번에 보이지 않는다면 과감하게 포기하고 다음 문제로 이동한다. 한 문제에 30초 이상은 사용하지 않도록 한다.

※ 다음과 같이 일정한 규칙으로 수를 나열할 때, 빈칸에 들어갈 알맞은 수를 고르시오. [1~5]

Easy

01

6	13	20
( )	4	10
15	11	7
38	16	−6

① −1   ② −2

③ −4   ④ −6

④ −8

02

25	20	27	−8
12	39	5	−10
−4	21	−25	35
13	( )	2	14

① 0   ② −1

③ −2   ④ −4

⑤ −6

03

$$\frac{3}{17} \quad \frac{9}{21} \quad \frac{27}{29} \quad \frac{81}{41} \quad \frac{243}{57} \quad (\ )$$

① $\frac{727}{79}$　　　　　　　② $\frac{729}{77}$

③ $\frac{741}{77}$　　　　　　　④ $\frac{762}{77}$

⑤ $\frac{741}{78}$

04

$$1 \quad 2 \quad 3 \quad 20 \quad 13 \quad 6 \quad 70 \quad (\ ) \quad 2$$

① 32　　　　　　　　② 34
③ 36　　　　　　　　④ 38
⑤ 40

05

$$2 \quad 4 \quad (\ ) \quad 7 \quad 1 \quad -3 \quad 8 \quad 6 \quad 4 \quad -11 \quad 17 \quad 10$$

① -5　　　　　　　　② -1
③ 1　　　　　　　　④ 6
⑤ 8

| 유형분석 |

- (거리)=(속력)×(시간) 공식을 활용한 문제이다.

  $(속력)=\dfrac{(거리)}{(시간)}$, $(시간)=\dfrac{(거리)}{(속력)}$

거리	
속력	시간

  으로 기억해두면 세 가지 공식을 한 번에 기억할 수 있다.
- 기차와 터널의 길이, 물과 같이 속력이 있는 장소 등 추가적인 거리나 속력 시간에 관한 조건과 결합하여 난이도 높은 문제로 출제된다.

지하철 환승구간에서 0.6m/s로 움직이는 무빙워크가 반대 방향으로 2대가 설치되어 있다. A씨는 0.8m/s로 무빙워크 위를 걸어가고, B씨는 반대 방향인 무빙워크를 타고 걸어가고 있다. A씨와 B씨가 같은 지점에서 서로 반대 방향으로 걸어갈 경우, B씨가 무빙워크를 타고 걸어갈 때와 타지 않고 걸어갈 때의 30초 후 A씨와 B씨의 멀어진 거리 차이는 몇 m인가?(단, 각자 무빙워크와 같은 방향으로 걸어가고 있다)

① 15m

② 16m

③ 17m

④ 18m

⑤ 19m

정답 ④

걷는 속력은 A씨가 오른쪽으로 0.8m/s, B씨는 왼쪽으로 xm/s라고 하자. 같은 지점에서 반대 방향으로 걸어가는 두 사람의 30초 후 거리는 각자 움직인 거리의 합이다. B씨가 무빙워크를 탈 때와 타지 않을 때의 거리를 각각 구하면 다음과 같다.

- B씨가 무빙워크를 탈 때

  $(0.6+0.8) \times 30 + (0.6+x) \times 30 = 42+18+30x = (60+30x)$m

- B씨가 무빙워크를 타지 않을 때

  $(0.6+0.8) \times 30 + x \times 30 = (42+30x)$m

따라서 B씨가 무빙워크를 탈 때와 타지 않을 때의 거리 차이는 $(60+30x)-(42+30x)=18$m이다.

30초 컷 풀이 Tip

A씨는 조건이 같고, B씨의 조건이 무빙워크를 탈 때와 타지 않을 때의 속력이 다르다. B씨의 걷는 속도는 일정하며, 무빙워크를 타면 무빙워크의 속력이 더해져 무빙워크의 속력만큼 더 멀리 움직일 수 있다.

따라서 두 경우 거리 차이는 30초간 무빙워크가 움직인 거리인 $0.6 \times 30 = 18$m가 된다.

온라인 풀이 Tip

LG그룹의 온라인 인적성검사는 온라인상에 제공되는 메모장을 활용해야 하는데, 응용수리 유형은 메모장을 활용하기에 불편한 유형이다. 메모장을 가장 효율적으로 활용하는 방법은 미지수를 정확하게 써 놓은 것과 최대한 간소화 시킨 식을 쓰는 것이다. 미지수가 1개인 경우에는 상관없지만, 2개 이상인 경우에는 풀이하면서 헷갈릴 수 있기 때문이다. 자신이 구해야 하는 것을 분명히 해두고 풀이를 시작한다.

Easy

01 하진이는 집에서 학교까지 2km 거리를 자전거를 타고 시속 4km 속력으로 등교한다. 하진이는 학교에 몇 분 만에 도착하는가?

① 10분
② 20분
③ 30분
④ 40분
⑤ 50분

02 신입사원 L은 집에서 거리가 10km 떨어진 회사에서 근무하고 있다. 출근할 때는 자전거를 타고 1시간이 걸려 회사에 도착하고, 퇴근할 때는 회사에서 4km 떨어진 헬스장을 들렀다가 7km 거리를 이동하여 집에 도착한다. 퇴근할 때 회사에서 헬스장까지 30분, 헬스장에서 집까지 1시간 30분이 걸린다면 신입사원 L이 출·퇴근하는 평균속력은 몇 km/h인가?

① 5km/h
② 6km/h
③ 7km/h
④ 8km/h
⑤ 9km.h

03 배송업체에서 택배기사로 일하고 있는 L씨는 5곳에 배달을 할 때, 첫 배송지에서 마지막 배송지까지 총 1시간 20분이 걸린다. 평균적으로 L씨가 위와 같은 속도로 12곳을 배달할 때 첫 배송지에서 출발해 마지막 배송지까지 배달을 마치는 데 걸리는 시간은?(단, 배송지에서 머무는 시간은 고려하지 않는다)

① 3시간 12분　　　　　　　　　　② 3시간 25분

③ 3시간 36분　　　　　　　　　　④ 3시간 40분

⑤ 3시간 52분

Hard

04 용산에서 출발하여 춘천에 도착하는 ITX-청춘열차가 있다. 이 열차가 용산에서 청량리로 가는 길에는 길이 240m 다리가, 가평에서 춘천으로 가는 길에는 길이 840m 터널이 있다. 열차가 다리와 터널을 완전히 통과하는 데 각각 16초, 40초가 걸렸다. 이때 열차의 길이는 몇 m인가?(단, 열차의 속력은 일정하다)

① 140m　　　　　　　　　　② 150m

③ 160m　　　　　　　　　　④ 170m

⑤ 180m

03 농도

| 유형분석 |

- (농도)$=\dfrac{(용질의 \ 양)}{(용액의 \ 양)}\times100$

- (용질의 양)$=\dfrac{(농도)}{100}\times(용액의 \ 양)$

다음과 같이 주어진 정보를 한눈에 알아볼 수 있도록 표를 그리면 식을 세우기 쉽다.

구분	용액 1	용액 2	···
용질의 양			
용액의 양			
농도			

- (소금물의 양)=(물의 양)+(소금의 양)이라는 것에 유의하고, 더해지거나 없어진 것을 미지수로 두고 풀이한다.
- 온라인으로 시행되고 나서 한 번도 빠짐없이 출제된 유형이다.

농도가 25%인 소금물 200g에 농도가 10%인 소금물을 섞었다. 섞은 후 소금물에 함유된 소금의 양이 55g일 때, 섞은 후의 소금물의 농도는 얼마인가?

① 20% ② 21%

③ 22% ④ 23%

⑤ 24%

정답 ③

주어진 정보를 표로 나타내고 미지수를 설정한다.

구분	소금물 1	소금물 2	섞은 후
농도	25%	10%	$\dfrac{55}{y} \times 100$
소금의 양	$\dfrac{25}{100} \times 200 = 50g$	$x \times 0.1g$	55g
소금물의 양	200g	xg	yg

섞기 전과 섞은 후의 소금의 양과 소금물의 양으로 다음과 같이 식을 세울 수 있다.

$50 + x \times 0.1 = 55 \rightarrow 200 + x = y$

$\therefore x = 50, \ y = 250$

따라서 섞은 후의 소금물의 농도는 $\dfrac{55}{y} \times 100 = \dfrac{55}{250} \times 100 = 22\%$이다.

30초 컷 풀이 Tip

- 농도의 경우 분수와 정수가 같이 제시되고, 최근에는 비율을 활용한 문제가 많이 출제되고 있으므로 통분이나 약분을 통해 수를 간소화시켜 계산 실수를 줄일 수 있도록 한다.
- 소금물이 증발하는 경우 소금의 양은 유지되지만, 물의 양이 감소한다. 따라서 농도는 증가한다.
- 농도가 다른 소금물 두 가지를 섞는 문제의 경우 보통 두 소금물을 합했을 때의 전체 소금물의 양을 제시해 주는 경우가 많다. 때문에 각각의 미지수를 x, y로 정하는 것보다 하나를 x로 두고 다른 하나를 (전체) $- x$로 식을 세우면 계산을 간소화할 수 있다.

Easy

01 농도 11%의 소금물 100g에 농도 5%의 소금물을 섞어 농도가 10%인 소금물을 만들려고 한다. 이때 농도 5%의 소금물은 몇 g인가?

① 10g
② 20g
③ 30g
④ 40g
⑤ 50g

02 농도가 30%인 설탕물을 창가에 두고 물 50g을 증발시켜 농도가 35%인 설탕물을 만들었다. 여기에 설탕을 더 넣어 농도 40%의 설탕물을 만든다면 몇 g의 설탕을 넣어야 하는가?

① 20g
② 25g
③ 30g
④ 35g
⑤ 40g

Hard

03 농도가 10%인 A소금물 200g과 농도가 20%인 B소금물은 300g이 있다. A소금물에는 ag의 물을 첨가하고, B소금물은 bg을 버렸다. 늘어난 A소금물과 줄어든 B소금물을 합친 결과, 농도가 10% 인 500g의 소금물이 되었을 때, A소금물에 첨가한 물의 양은 몇 g인가?

① 100g   ② 120g

③ 150g   ④ 180g

⑤ 200g

04 농도 13%의 소금물 400g과 7%의 소금물 200g을 섞은 후, 농도를 알 수 없는 소금물 100g을 섞었더니 농도 22%의 소금물이 되었다. 농도를 알 수 없는 소금물의 농도는 몇 %인가?

① 66%   ② 78%

③ 88%   ④ 92%

⑤ 96%

| 유형분석 |

- 원가, 정가, 할인가, 판매가 등의 개념을 명확히 한다.
  - (정가)=(원가)+(이익)
  - (이익)=(정가)−(원가)
  - a원에서 $b\%$ 할인한 가격$=a\times\left(1-\dfrac{b}{100}\right)$
- 난이도가 어려운 편은 아니지만 비율을 활용한 계산 문제이기 때문에 실수하기 쉽다.
- 최근에는 경우의 수와 결합하여 출제되기도 했다.

원가가 a원인 물품에 30%의 이익을 붙여 정가를 책정했지만 팔리지 않아 결국 정가의 20%를 할인하여 팔았다고 한다. 이때 이익은 얼마인가?

① $0.02a$
② $0.04a$
③ $0.06a$
④ $0.08a$
⑤ $0.10a$

정답 ②

(정가)−(원가)=(이익)이므로
$a\times(1+0.3)\times(1-0.2)=1.04a \rightarrow 1.04a-a=0.04a$
따라서 정가의 20%를 할인하여 팔았을 때의 이익은 0.04a이다.

30초 컷 풀이 Tip

- 제시된 문제의 원가(a)처럼 기준이 동일하고, 이를 기준으로 모든 값을 계산하는 경우에 처음부터 a를 생략하고 식을 세우는 연습을 한다.
- 정가가 반드시 판매가인 것은 아니다.
- 금액을 계산하는 문제는 보통 비율과 함께 제시되기 때문에 풀이 과정에서 실수하기 쉬우므로 선택지의 값을 대입해서 풀이하는 것이 실수 없이 빠르게 풀 수 있는 방법이다.

온라인 풀이 Tip

LG그룹 인적성검사는 계산기를 제공한다. 때문에 식에 소수점이 나오더라도 식을 다시 정수화 시킬 필요는 없다.

Easy

01 L공장은 어떤 상품을 원가에 23%의 이익을 남겨 판매하였으나, 잘 팔리지 않아 판매가에서 1,300 원 할인하여 판매하였다. 이때 얻은 이익이 원가의 10%일 때, 상품의 원가는 얼마인가?

① 10,000원　　　　　　　　　　　② 11,500원

③ 13,000원　　　　　　　　　　　④ 14,500원

⑤ 16,000원

02 어떤 X커피 300g은 A원두와 B원두의 양을 1 : 2 비율로 배합하여 만들고, Y커피 300g은 A원두와 B원두의 양을 2 : 1 비율로 배합하여 만든다. 두 커피 300g의 판매가격이 각각 3,000원, 2,850원 일 때, B원두의 100g당 원가는?(단, 판매가격은 원가의 합의 1.5배이다)

① 500원　　　　　　　　　　　② 600원

③ 700원　　　　　　　　　　　④ 800원

⑤ 1,000원

Hard

03 A, B 두 종류의 경기 각각에 대하여 상을 주는데 상을 받은 사람은 모두 30명이다. A종목은 50,000원의 상금을 받고 B종목은 30,000원을 받는다. A, B 두 종목 모두 상을 받은 사람은 총 10명이다. 또, A종목에서 상을 받은 사람은 B종목에서 상을 받은 사람보다 8명 많다. 이때 A종목 에서 상을 받은 사람들이 받은 상금은 얼마인가?

① 1,100,000원　　　　　　　　　② 1,200,000원

③ 1,300,000원　　　　　　　　　④ 1,400,000원

⑤ 1,500,000원

| 유형분석 |

- 전체 일의 양을 1로 두고 풀이하는 유형이다.
- 분이나 초 단위 계산이 가장 어려운 유형으로 출제되고 있다.

- $(일률)=\dfrac{(작업량)}{(작업기간)}$　　　$(작업기간)=\dfrac{(작업량)}{(일률)}$　　　$(작업량)=(일률)\times(작업기간)$

어느 제약회사 공장에서는 A, B 두 종류의 기계로 같은 종류의 플라스틱 통에 비타민제를 담는다. 1시간에 A기계 3대와 B기계 2대를 작동하면 1,600통에 비타민제를 담을 수 있고, A기계 2대와 B기계 3대를 작동하면 1,500통에 비타민제를 담을 수 있다고 한다. A기계 1대와 B기계 1대로 1시간 동안 담을 수 있는 비타민제 통의 전체 개수는?(단, 한 통에 들어가는 비타민제의 양은 같다)

① 580개 　　　　　　　　　　　　② 600개
③ 620개 　　　　　　　　　　　　④ 640개
⑤ 700개

정답　③

A기계 1대와 B기계 1대가 1시간에 담는 비타민제 통의 개수를 각각 a개, b개라 하자.
A기계 3대와 B기계 2대를 작동했을 때 담을 수 있는 비타민제는 1,600통이므로 $3a+2b=1,600$ … ㉠
A기계 2대와 B기계 3대를 작동했을 때 담을 수 있는 비타민제는 1,500통이므로 $2a+3b=1,500$ … ㉡
㉠×3−㉡×2를 하면 $5a=1,800 \rightarrow a=360$
구한 a값을 ㉠식에 대입하면 $3\times360+2b=1,600 \rightarrow b=260$
∴ $a+b=360+260=620$
따라서 A, B기계 1대로 1시간 동안 담을 수 있는 비타민제 통은 620개이다.

30초 컷 풀이 Tip

1. 전체의 값을 모르는 상태에서 비율을 묻는 문제의 경우 전체를 1이라고 하면 쉽게 풀이할 수 있다.

　예 L이 1개의 빵을 만드는 데 3시간이 걸린다. 1개의 빵을 만드는 일의 양을 1이라고 하면 L은 한 시간에 $\dfrac{1}{3}$ 만큼의 빵을 만든다.

2. 난이도가 있는 일의 양 문제를 접근할 때 전체 일의 양을 막대 그림으로 표현하면서 풀이하면 한눈에 파악할 수 있다.

예

$\dfrac{1}{2}$ 수행됨	A기계로 4시간 동안 작업	A, B 두 기계를 모두 동원해 작업

온라인 풀이 Tip

일률은 방정식이 분수로 세워지기 때문에 메모장에 표시하기 난감한 유형 중 하나이다. 그러나 응시자들의 평에 의하면 난이도가 쉽다고 알려져 있기 때문에 암산으로 계산해 보거나 분자는 거의 1이나 미지수일 것이므로, 분자를 생략하고 식을 세워 계산하는 연습을 한다.

Easy

01 L사에서 환경미화를 위해 올해에도 실내공기 정화 식물을 구입하기로 하였다. 작년에 구입한 식물은 올해 구입할 식물 수보다 2.5배 많으며, 16%가 시들었다. 작년에 시든 식물이 20그루라고 할 때, 올해 구입할 실내공기 정화 식물은 몇 그루인가?

① 45그루　　　　　　　　　　　　② 50그루

③ 55그루　　　　　　　　　　　　④ 60그루

⑤ 65그루

Hard

02 선웅이는 4일 일한 후 하루 쉬고 정호는 5일 일하고 3일 쉰다. 500일 동안 두 사람의 휴무일이 같은 날은 모두 며칠인가?(단, 공휴일은 고려하지 않는다)

① 34일　　　　　　　　　　　　　② 35일

③ 36일　　　　　　　　　　　　　④ 37일

⑤ 38일

03 빌딩 시설관리팀에서 건물 화단 보수를 위해 두 팀으로 나누었다. 한 팀은 작업 하나를 마치는 데 15분이 걸리지만 작업을 마치면 도구 교체를 위해 5분이 걸리고, 다른 한 팀은 작업 하나를 마치는 데 30분이 걸리지만 한 작업을 마치면 도구 교체 없이 바로 다른 작업을 시작한다. 오후 1시부터 두 팀이 쉬지 않고 작업한다고 할 때, 두 팀이 세 번째로 동시에 작업을 시작하는 시각은?

① 오후 3시 30분　　　　　　　　② 오후 4시

③ 오후 4시 30분　　　　　　　　④ 오후 5시

⑤ 오후 5시 30분

06 경우의 수

| 유형분석 |

- 순열(P)과 조합(C)을 활용한 문제이다.
$$_nP_m = n \times (n-1) \times \cdots \times (n-m+1)$$
$$_nC_m = \frac{_nP_m}{m!} = \frac{n \times (n-1) \times \cdots \times (n-m+1)}{m!}$$
- 벤다이어그램을 활용한 문제가 출제되기도 한다.

L커피숍에서는 이벤트를 하는데, 6장의 서로 다른 쿠폰을 처음 오는 손님에게 1장, 두 번째 오는 손님에게 2장, 세 번째 오는 손님에게 3장을 줄 때, 경우의 수는 몇 가지인가?

① 32가지
② 60가지
③ 84가지
④ 110가지
⑤ 120가지

정답 ②

- 첫 번째 손님이 6장의 쿠폰 중 1장을 받을 경우의 수 : $_6C_1 = 6$가지
- 두 번째 손님이 5장의 쿠폰 중 2장을 받을 경우의 수 : $_5C_2 = 10$가지
- 세 번째 손님이 3장의 쿠폰 중 3장을 받을 경우의 수 : $_3C_3 = 1$가지

∴ $6 \times 10 \times 1 = 60$

따라서 총 60가지이다.

30초 컷 풀이 Tip

경우의 수의 합의 법칙과 곱의 법칙 등에 관해 명확히 한다.
- 합의 법칙
  ㉠ 두 사건 A, B가 동시에 일어나지 않을 때, A가 일어나는 경우의 수를 m, B가 일어나는 경우의 수를 n이라고 하면, 사건 A 또는 B가 일어나는 경우의 수는 $m+n$이다.
  ㉡ '또는', '~이거나'라는 말이 나오면 합의 법칙을 사용한다.
- 곱의 법칙
  ㉠ A가 일어나는 경우의 수를 m, B가 일어나는 경우의 수를 n이라고 하면, 사건 A와 B가 동시에 일어나는 경우의 수는 $m \times n$이다.
  ㉡ '그리고', '동시에'라는 말이 나오면 곱의 법칙을 사용한다.

Easy

01 민수는 옷장 정리를 하면서 티셔츠와 바지의 개수를 확인하였다. 티셔츠의 개수에서 9벌을 버리고 바지의 개수에서 2벌을 더 사면 민수가 입고 나갈 수 있는 방법이 33가지가 된다. 이를 만족할 때, 바지의 처음 개수는 최대 몇 벌이었는가?

① 5벌   ② 6벌
③ 7벌   ④ 8벌
⑤ 9벌

Hard

02 10명으로 구성된 팀이 2대의 차에 나눠 타고 야유회를 가려고 한다. 차량은 각각 5인승과 7인승이고, 운전을 할 수 있는 사람은 2명이다. 10명의 팀원이 2대의 차에 나눠 타는 경우의 수는 총 몇 가지인가? (단, 차량 내 좌석은 구분하지 않는다)

① 77가지   ② 96가지
③ 128가지   ④ 154가지
⑤ 308가지

03 어느 중학교 학생 10명의 혈액형을 조사하였더니 A형, B형, O형인 학생이 각각 2명, 3명, 5명이었다. 이 10명의 학생 중에서 임의로 2명을 뽑을 때, 혈액형이 서로 다를 경우의 수는?

① 19가지   ② 23가지
③ 27가지   ④ 31가지
⑤ 35가지

| 유형분석 |

- 순열(P)과 조합(C)을 활용한 문제이다.
- 조건부 확률 문제가 출제되기도 한다.

주머니 A, B가 있는데 A주머니에는 흰 공 3개, 검은 공 2개가 들어있고, B주머니에는 흰 공 1개, 검은 공 4개가 들어있다. 주머니에서 1개의 공을 꺼낼 때, 검은 공을 뽑을 확률은?(단, 공을 뽑기 전에 A, B주머니를 선택하는 확률은 같다)

① $\dfrac{3}{10}$

② $\dfrac{2}{5}$

③ $\dfrac{1}{2}$

④ $\dfrac{3}{5}$

⑤ $\dfrac{6}{7}$

정답 ④

ⅰ) A주머니에서 검은 공을 뽑을 확률 : $\dfrac{1}{2} \times \dfrac{2}{5} = \dfrac{1}{5}$

ⅱ) B주머니에서 검은 공을 뽑을 확률 : $\dfrac{1}{2} \times \dfrac{4}{5} = \dfrac{2}{5}$

∴ $\dfrac{1}{5} + \dfrac{2}{5} = \dfrac{3}{5}$

따라서 주머니에서 1개의 공을 꺼낼 때, 검을 공을 뽑을 확률은 $\dfrac{3}{5}$ 이다.

30초 컷 풀이 Tip

- 여사건의 확률
  ㉠ 사건 A가 일어날 확률이 p일 때, 사건 A가 일어나지 않을 확률은 $(1-p)$이다.
  ㉡ '적어도'라는 말이 나오면 주로 사용한다.
- 확률의 덧셈
  두 사건 A, B가 동시에 일어나지 않을 때, A가 일어날 확률을 p, B가 일어날 확률을 q라고 하면, 사건 A 또는 B가 일어날 확률은 $p+q$이다.
- 확률의 곱셈
  A가 일어날 확률을 p, B가 일어날 확률을 q라고 하면, 사건 A와 B가 동시에 일어날 확률은 $p \times q$이다.

01 L씨가 5지선다형 문제 두 개를 풀고자 한다. 첫 번째 문제의 정답은 선택지 중 한 개이지만, 두 번째 문제의 정답은 선택지 중 두 개이며, 모두 맞혀야 정답으로 인정된다. 두 문제 중 하나만 맞힐 확률은?

① 18%　　　　　　　　　　　　　② 20%

③ 26%　　　　　　　　　　　　　④ 30%

⑤ 44%

Easy

02 상자에 빨간색 수건이 3장, 노란색 수건이 4장, 파란색 수건이 3장 들어있는데 두 번에 걸쳐 1장씩 뽑는 시행을 하려고 한다. 이때 처음에 빨간색 수건을, 다음에 파란색 수건을 뽑을 확률은?(단, 한 번 꺼낸 수건은 다시 넣지 않는다)

① $\dfrac{9}{100}$　　　　　　　　　　　② $\dfrac{1}{10}$

③ $\dfrac{11}{100}$　　　　　　　　　　④ $\dfrac{2}{15}$

⑤ $\dfrac{3}{10}$

Hard

03 예방접종을 한 사람의 X바이러스 감염률은 0.5%이고 예방접종을 하지 않은 사람의 X바이러스 미감염률은 95%라고 한다. 예방접종률이 80%일 때 X바이러스의 전체 감염률은?

① 4.1%　　　　　　　　　　　　② 3.6%

③ 2.5%　　　　　　　　　　　　④ 1.4%

⑤ 0.7%

합격의 공식
SDEDU
시대에듀

배우기만 하고 생각하지 않으면 얻는 것이 없고, 생각만 하고 배우지 않으면 위태롭다.

- 공자 -

PART 2

최종점검 모의고사

LG그룹 온라인 인적성검사	
도서 동형 온라인 실전연습 서비스	ASRC-00000-63482

LG그룹 온라인 인적성검사		
영역	문항 수	제한시간
언어이해	15문항	10분
언어추리	15문항	10분
자료해석	15문항	10분
창의수리	15문항	10분

※ 영역별 제한시간인 10분의 시간을 재는 타이머가 제공되고, 10분의 시간이 지나면 다음 영역으로 넘어간다.

01　언어이해

01　다음 기사문의 제목으로 가장 적절한 것은?

> 정부는 '미세먼지 저감 및 관리에 관한 특별법(이하 미세먼지 특별법)' 제정 · 공포안이 의결돼 내년 2월부터 시행된다고 밝혔다. 미세먼지 특별법은 그동안 수도권 공공 · 행정기관을 대상으로 시범 · 시행한 '고농도 미세먼지 비상저감조치'의 법적 근거를 마련했다. 이로 인해 미세먼지 관련 정보와 통계의 신뢰도를 높이기 위해 국가 미세먼지 정보센터를 설치하게 되고, 이에 따라 시 · 도지사는 미세먼지 농도가 비상저감조치 요건에 해당하면 자동차 운행을 제한하거나 대기오염물질 배출시설의 가동시간을 변경할 수 있다. 또한 비상저감조치를 시행할 때 관련 기관이나 사업자에 휴업, 탄력적 근무제도 등을 권고할 수 있게 되었다. 이와 함께 환경부 장관은 관계 중앙행정기관이나 지방자치단체의 장, 시설운영자에게 대기오염물질 배출시설의 가동률 조정을 요청할 수도 있다.
> 미세먼지 특별법으로 시 · 도지사, 시장, 군수, 구청장은 어린이나 노인 등이 이용하는 시설이 많은 지역을 '미세먼지 집중관리 구역'으로 지정해 미세먼지 저감 사업을 확대할 수 있게 되었다. 그리고 집중관리 구역 내에서는 대기오염 상시 측정망 설치, 어린이 통학 차량의 친환경 차 전환, 학교 공기정화시설 설치, 수목 식재, 공원 조성 등을 위한 지원이 우선적으로 이뤄지게 된다.
> 국무총리 소속의 '미세먼지 특별대책위원회'와 이를 지원하기 위한 '미세먼지 개선기획단'도 설치된다. 국무총리와 대통령이 지명한 민간위원장은 위원회의 공동위원장을 맡는다. 위원회와 기획단의 존속기간은 5년으로 설정했으며 연장하려면 만료되기 1년 전에 그 실적을 평가해 국회에 보고하게 된다.
> 아울러 정부는 5년마다 미세먼지 저감 및 관리를 위한 종합계획을 수립하고 시 · 도지사는 이에 따른 시행계획을 수립하고 추진 실적을 매년 보고하도록 했다. 또한 미세먼지 특별법은 입자의 지름이 $10\mu m$ 이하인 먼지는 '미세먼지', $2.5\mu m$ 이하인 먼지는 '초미세먼지'로 구분하기로 확정했다.

① 미세먼지와 초미세먼지 구분 방법

② 미세먼지 특별대책위원회의 역할

③ 미세먼지 집중관리 구역 지정 방안

④ 미세먼지 특별법의 제정과 시행

⑤ 미세먼지 저감을 위한 대기오염 상시 측정망의 효과

다음은 삼계탕을 소개하는 기사이다. (가) ~ (마)문단의 핵심 주제로 적절하지 않은 것은?

> (가) 사육한 닭에 대한 기록은 청동기 시대부터이지만, 삼계탕에 대한 기록은 조선시대 문헌에서조차 찾기 힘들다. 조선시대의 닭 요리는 닭백숙이 일반적이었으며 일제강점기에 들어서면서 부잣집에서 닭백숙, 닭국에 가루 형태의 인삼을 넣는 삼계탕이 만들어졌다. 지금의 삼계탕 형태는 1960년대 이후부터 시작되었으며 대중화된 것은 1970년대 이후부터이다. 삼계탕은 주재료가 닭이고 부재료가 인삼이었기에 본래 '계삼탕'으로 불렸다. 그러다가 닭보다 인삼이 귀하다는 인식이 생기면서부터 지금의 이름인 '삼계탕'으로 불리기 시작했다.
>
> (나) 삼계탕은 보통 삼복에 즐겨 먹는데 삼복은 일 년 중 가장 더운 기간으로, 땀을 많이 흘리고 체력 소모가 큰 여름에 몸 밖이 덥고 안이 차가우면 위장 기능이 약해져 기력을 잃고 병을 얻기 쉽다. 이러한 여름철에 닭과 인삼은 열을 내는 음식으로 따뜻한 기운을 내장 안으로 불어넣고 더위에 지친 몸을 회복하는 효과가 있다.
>
> (다) 삼계탕과 닭백숙은 조리법에 큰 차이는 없지만 사용되는 닭이 다르다. 백숙은 육계(고기용 닭)나 10주령 이상의 2kg 정도인 토종닭을 사용한다. 반면, 삼계탕용 닭은 28 ~ 30일 키운 800g 정도의 영계(어린 닭)를 사용한다.
>
> (라) 삼계탕에 대한 속설 중 잘못 알려진 속설에는 '대추는 삼계탕 재료의 독을 빨아들이기 때문에 먹으면 안 된다.'는 것이 있는데, 대추는 삼계탕 재료의 독이 아닌 국물을 빨아들이는 것에 불과하므로 대추를 피할 필요는 없다.
>
> (마) 이처럼 삼계탕에 들어가는 닭과 인삼은 따뜻한 성질을 가진 식품이지만 체질적으로 몸에 열이 많은 사람은 인삼보다 황기를 넣거나 차가운 성질인 녹두를 더해 몸속의 열을 다스리는 것도 좋다. 또한 여성의 경우 수족냉증, 생리불순, 빈혈, 변비에 효과가 있는 당귀를 삼계탕에 넣는 것도 좋은 방법이다.

① (가) : 삼계탕의 유래
② (나) : 삼계탕과 삼복의 의미
③ (다) : 삼계탕과 닭백숙의 차이
④ (라) : 삼계탕의 잘못된 속설
⑤ (마) : 삼계탕과 어울리는 재료

03

(가) 교정 중에는 치아뿐 아니라 교정장치를 부착하고 있기 때문에 교정장치까지 닦아주어야 하는데요. 교정용 칫솔은 가운데 홈이 있어 장치와 치아를 닦을 수 있는 칫솔을 선택하게 되고, 가운데 파여진 곳을 교정장치에 위치시킨 후 옆으로 왔다 갔다 전체적으로 닦아줍니다. 그다음 칫솔을 비스듬히 하여 장치의 위아래를 꼼꼼하게 닦아줍니다.

(나) 치아를 가지런하게 하기 위해 교정하시는 분들 중에 간혹 교정 중에 칫솔질이 잘 되지 않아 충치가 생기고 잇몸이 내려가 버리는 경우를 종종 보곤 합니다. 그러므로 교정 중에는 더 신경 써서 칫솔질을 해야 하죠.

(다) 마지막으로 칫솔질을 할 때 잊지 말아야 할 것은 우리 입안에 치아만 있는 것이 아니므로 혀와 잇몸에 있는 플라그들도 제거해 주셔야 입 냄새도 예방할 수 있다는 것입니다. 올바른 칫솔질 방법으로 건강한 치아를 잘 유지하시길 바랍니다.

(라) 또 장치 때문에 닦이지 않는 부위는 치간 칫솔을 이용해 위아래 오른쪽 왼쪽 넣어 잘 닦아줍니다. 치실은 치아에 C자 모양으로 감아준 후 치아 방향으로 쓸어내려 줍니다. 그리고 교정 중에는 워터픽이라는 물 분사 장치를 이용해 양치해 주시는 것도 많은 도움이 됩니다. 잘하실 수 있으시겠죠?

① (가) – (나) – (라) – (다) ② (가) – (다) – (나) – (라)
③ (가) – (라) – (나) – (다) ④ (나) – (가) – (라) – (다)
⑤ (나) – (라) – (다) – (가)

04

(가) 밥상에 오르는 곡물이나 채소가 국내산이라고 하면 보통 그 종자도 우리나라의 것이라고 생각하기 쉽다.

(나) 심지어 청양고추 종자는 우리나라에서 개발했음에도 현재는 외국 기업이 그 소유권을 가지고 있으며 국내 채소 종자 시장의 경우 종자 매출액의 50% 가량을 외국 기업이 차지하고 있다는 조사 결과도 있다.

(다) 하지만 실상은 많은 작물의 종자를 수입하고 있으며 양파, 토마토, 배 등의 종자 자급률은 약 16%, 포도는 약 1%에 불과할 정도로 자급률이 매우 낮다.

(라) 이런 상황이 지속될 경우, 우리의 종자를 심고 키우기 어려워질 것이고, 종자를 수입하거나 로열티를 지급하는 데 지금보다 훨씬 많은 비용이 들어가는 상황이 발생할 수도 있다.

① (가) – (나) – (다) – (라) ② (가) – (다) – (나) – (라)
③ (가) – (라) – (나) – (다) ④ (나) – (다) – (라) – (가)
⑤ (나) – (라) – (다) – (가)

05 다음 제시된 문단을 읽고, 이어질 문단을 논리적 순서대로 바르게 나열한 것은?

> 오늘날과 달리 과거에는 마을에서 일어난 일들을 '원님'이 조사하고 그에 따라서 자의적으로 판단하여 형벌을 내렸다. 현대에서 법에 의하지 않고 재판 행위자의 입장에서 이루어진다고 생각되는 재판을 비판하는 '원님재판'이라는 용어의 원류이다.

(가) 죄형법정주의는 앞서 말한 '원님재판'을 법적으로 일컫는 죄형전단주의와 대립되는데, 범죄와 형벌을 미리 규정하여야 한다는 것으로서, 서구에서 권력자의 가혹하고 자의적인 법 해석에 따른 반발로 등장한 것이다.

(나) 앞서 살펴본 죄형법정주의가 정립되면서 파생 원칙 또한 등장하였는데, 관습형법금지의 원칙, 명확성의 원칙, 유추해석금지의 원칙, 소급효금지의 원칙, 적정성의 원칙 등이 있다. 이러한 파생원칙들은 모두 죄와 형벌은 미리 설정된 법에 근거하여 정확하게 내려져야 한다는 죄형법정주의의 원칙과 연관하여 쉽게 이해될 수 있다.

(다) 그러나 현대에서 '원님재판'은 이루어질 수 없다. 형사법의 영역에 논의를 한정하여 보자면, 형사법을 전반적으로 지배하고 있는 대원칙은 형법 제1조에 규정되어있는 소위 '죄형법정주의'이다.

(라) 그 반발은 프랑스 혁명의 결과물인 '인간 및 시민의 권리선언' 제8조에서 '누구든지 범죄 이전에 제정·공포되고 또한 적법하게 적용된 법률에 의하지 아니하고는 처벌되지 아니한다.'라고 하여 실질화되었다.

① (가) – (다) – (나) – (라)   ② (가) – (다) – (라) – (나)
③ (다) – (가) – (나) – (라)   ④ (다) – (가) – (라) – (나)
⑤ (다) – (라) – (가) – (나)

※ 다음 글의 내용으로 적절하지 않은 것을 고르시오. [6~7]

Hard

06

꿀벌은 인간에게 단순히 달콤한 꿀을 제공하는 것을 넘어 크나큰 유익을 선사해 왔다. 꿀벌은 꽃을 찾아다니며 자신에게 필요한 단백질과 탄수화물을 꽃가루와 꿀에서 얻는데, 이를 꽃가루받이(Pollination)라 한다. 이 과정에서 벌의 몸에 묻은 꽃가루가 암술머리로 옮겨가고, 그곳에서 씨방으로 내려간 꽃가루는 식물의 밑씨와 결합한다. 씨가 생기고 뒤이어 열매가 열린다. 인간이 재배하는 작물 중 30%는 꽃가루받이에 의존하며, 세계 식량의 90%를 차지하는 100대 농작물 중 71%는 꿀벌 덕분에 얻을 수 있는 것들이다.

그러나 오랜 시간 동안 지구의 생태계를 지켜온 꿀벌은 지구에서 급격히 사라져가고 있다. 군집붕괴현상(Colony Collapse Disorder)이라고 불리는 이 현상은 2006년 플로리다에서 시작되어, 아메리카와 유럽, 아시아, 오세아니아에 이르기까지 지구촌 전역으로 확산되고 있다. 벌집을 나간 벌이 다시 돌아오지 않아 여왕벌과 유충이 잇달아 집단 폐사하면서 미국은 2006년에 비해 꿀벌의 개체 수가 40%가량 감소했고, 2007년 여름 이미 북반구 꿀벌의 약 25%가 사라졌다는 보고가 있었다. 지구상에 존재하는 식물의 상당수는 벌을 매개로 종족을 번식한다. 꽃가루받이를 할 벌이 사라진다는 것은 꿀벌을 매개로 해 번식하는 식물군 전체가 열매를 맺지 못할 위기에 놓인다는 것을 의미한다.

벌을 위협하는 요인은 비단 몇 가지로 단정 지어 설명하기는 어렵다. 살충제와 항생제, 대기오염은 꿀벌을 병들게 만들었고, 꿀벌에게 필요한 수많은 식물들이 '잡초'라는 오명을 쓰고 사라져갔다. 최근에는 휴대폰 등 전자기기의 전자파가 꿀벌의 신경계를 마비시킨다는 연구 결과도 있다. 꿀벌이 사라짐에 따라 매년 과수원에는 꽃가루받이 수작업을 위해 수천 명의 자원봉사자가 투입되고 있다지만, 이는 미봉책에 불과하다. 인류의 삶에서, 나아가 전 생태계에서 양봉업과 농업이 차지하는 위상을 재확인한다. 그리하여 꿀벌과 상생할 수 있는 농업 방식과 도시환경을 강구해야 할 것이다.

① 논밭의 잡초를 무분별하게 제거하는 것도 꿀벌에게는 해가 될 수 있다.

② 꿀벌의 개체 수가 감소하는 원인은 현대문명사회의 도래와 관련이 깊다.

③ 대다수 식물들은 벌을 매개로 한 방법 이외에 번식할 수 있는 방법이 없다.

④ 밖으로 나간 꿀벌이 다시 돌아오지 않아 꿀벌의 개체 수가 줄어드는 현상을 군집붕괴현상이라고 한다.

⑤ 꿀벌이 식물의 번식에 도움을 주는 것은 자신의 먹이를 얻는 과정에서 비의도적으로 이루어지는 현상이다.

Easy

07

> 브이로그(Vlog)란 비디오(Video)와 블로그(Blog)의 합성어로, 블로그처럼 자신의 일상을 영상으로
> 기록하는 것을 말한다. 이전까지 글과 사진을 중심으로 남기던 일기를 이제는 한 편의 영상으로 남
> 기는 것이다.
> 1인 미디어 시대는 포털사이트의 블로그 서비스, 싸이월드가 제공했던 '미니홈피' 서비스 등을 통해
> 시작되었다. 사람들은 자신만의 공간에서 일상을 기록하거나 특정 주제에 대한 의견을 드러냈다.
> 그러다 동영상 공유 사이트인 유튜브(Youtube)가 등장하였고, 스마트폰 사용이 보편화됨에 따라
> 일상생활을 담은 브이로그가 인기를 얻기 시작했다.
> '브이로거'는 이러한 브이로그를 하는 사람으로, 이들은 다른 사람들과 같이 공유하고 싶거나 기억
> 하고 싶은 일상의 순간들을 영상으로 남겨 자신의 SNS에 공유한다. 이를 통해 영상을 시청하는 사
> 람들은 '저들도 나와 다르지 않다.'는 공감을 하고, 자신이 경험하지 못한 일을 간접적으로 경험하면
> 서 대리만족을 느낀다.

① 블로그 서비스 등을 통해 1인 미디어 시대가 시작되었다.

② 브이로거는 공감과 대리만족을 느끼기 위해 브이로그를 한다.

③ 유튜브의 등장과 스마트폰의 보편화가 브이로그의 인기를 높였다.

④ 브이로그란 이전에 문자로 기록한 일상을 영상으로 기록하는 것이다.

⑤ 자신의 일상을 기록한 영상을 다른 사람들과 공유하는 사람을 브이로거라고 한다.

08 **다음 글의 주장에 대한 반박으로 가장 적절한 것은?**

> 현금 없는 사회로의 이행은 바람직하다. 현금 없는 사회에서는 카드나 휴대전화 등을 이용한 비현금
> 결제 방식을 통해 모든 거래가 이루어질 것이다. 현금 없는 사회에서 사람들은 불편하게 현금을 들
> 고 다니지 않아도 되고 잔돈을 주고받기 위해 기다릴 필요가 없다. 그리고 언제 어디서든 편리하게
> 거래를 할 수 있다. 또한 매년 새로운 화폐를 제조하기 위해 1,000억 원 이상의 많은 비용이 소요되
> 는데, 현금 없는 사회에서는 이 비용을 절약할 수 있어 경제적이다. 마지막으로 현금 없는 사회에서
> 는 자금의 흐름을 보다 정확하게 파악할 수 있다. 이를 통해 경제 흐름을 예측하고 실질적인 정책들
> 을 수립할 수 있어 공공의 이익에도 기여할 수 있다.

① 비현금 결제는 빈익빈 부익부 현상을 강화하여 사회위화감을 조성할 것이다.

② 다양한 비현금 결제 방식을 상황에 맞게 선택한다면 거래에 제약은 없을 것이다.

③ 개인의 선택의 자유가 확대될 수 있으므로 비현금 결제는 공공이익에 부정적 영향을 미칠 수
있다.

④ 비현금 결제 방식에 필요한 시스템을 구축하는 데 많은 비용이 소요될 수 있으므로 경제적이라고
할 수 없다.

⑤ 비현금 결제 방식에 필요한 시스템을 구축하는 데 필요한 비용은 우리나라에 이미 구축되어 있는
정보통신 기반 시설을 활용한다면 상당 부분 절감할 수 있다.

09 다음 글의 서술 방식으로 가장 적절한 것은?

변혁적 리더십은 리더가 조직 구성원의 사기를 고양하기 위해 미래의 비전과 공동체적 사명감을 강조하고, 이를 통해 조직의 장기적 목표를 달성하는 것을 핵심으로 한다. 거래적 리더십이 협상과 교환을 통해 구성원의 동기를 부여한다면, 변혁적 리더십은 구성원의 변화를 통해 동기를 부여하고자 한다. 또한 거래적 리더십은 합리적 사고와 이성에 호소하는 반면, 변혁적 리더십은 감정과 정서에 호소하는 측면이 크다.

이러한 변혁적 리더십은 조직의 합병을 주도하고 신규 부서를 만들어 내며 조직문화를 창출해 내는 등 조직 변혁을 주도하고 관리한다. 따라서 오늘날 급변하는 환경과 조직의 실성에 석합한 리더십 유형으로 주목받고 있다.

변혁적 리더는 주어진 목적의 중요성과 의미에 대한 구성원의 인식 수준을 제고시키고, 개인적 이익을 넘어서 구성원 자신과 조직 전체의 이익을 위해 일하도록 만든다. 그리고 구성원의 욕구 수준을 상위수준으로 끌어올림으로써 구성원을 근본적으로 변혁시킨다. 즉, 거래적 리더십을 발휘하는 리더는 구성원에게서 기대되었던 성과만을 얻어내지만, 변혁적 리더는 기대 이상의 성과를 얻어낼 수 있다.

---

① 대상에 대한 여러 가지 견해를 소개한다.

② 구체적 현상을 분석하여 일반적 원리를 도출한다.

③ 시간적 순서에 따라 개념이 형성되어 가는 과정을 밝힌다.

④ 다른 대상과의 비교를 통해 대상이 지닌 특징을 설명한다.

⑤ 개념의 이해를 돕기 위해 친근한 대상을 예로 들어 설명한다.

10 다음 글에서 〈보기〉의 문장이 들어갈 가장 적절한 곳은?

> 그럼 이제부터 제형에 따른 특징과 복용 시 주의점을 알아보겠습니다. 먼저 산제나 액제는 복용해야 하는 용량에 맞게 미세하게 조절이 가능합니다. 그리고 정제나 캡슐제에 비해 노인이나 소아가 약을 삼키기 쉽고 약효도 빠르게 나타납니다. (가) 캡슐제는 캡슐로 약물을 감싸서 자극이 강한 약물을 복용할 때 생기는 불편을 줄일 수 있고, 정제로 만들면 약효가 떨어질 수 있는 경우에 사용되어 약효를 유지할 수 있습니다.
> (나) 하지만 캡슐제는 캡슐이 목구멍이나 식도에 달라붙을 수 있기 때문에 충분한 양의 물과 함께 복용해야 합니다. (다)
> 그리고 정제는 일정한 형태로 압축되어 있어 산제나 액제에 비해 보관이 간편하고 정량을 복용하기 쉽습니다. 이러한 정제는 약물의 성분이 빠르게 방출되는 속방정과 서서히 지속적으로 방출되는 서방정으로 구분할 수 있습니다. (라) 서방정은 오랜 시간 일정하게 약의 효과를 유지할 수 있어 복용 횟수를 줄일 수 있습니다. 그런데 서방정은 함부로 쪼개거나 씹어서 먹으면 안 됩니다. 왜냐하면 약물의 방출 속도가 달라져 부작용의 위험이 커질 수 있기 때문입니다.
> 오늘 강연 내용은 유익하셨나요? 이번 강연이 약에 대한 이해를 높일 수 있는 계기가 되었으면 합니다. 또한 약과 관련해 더 궁금한 내용이 있다면 '의약품안전나라'를 통해 찾아보실 수 있습니다. (마) 마지막으로 상세한 복약 정보는 꼭 의사나 약사에게 확인하시기 바랍니다. 경청해 주셔서 감사합니다.

보기

> 하지만 이 둘은 정제에 비해 변질되기 쉬우므로 특히 보관에 주의해야 하고 복용 전 변질 여부를 잘 확인해야 합니다.

① (가)　　　　② (나)
③ (다)　　　　④ (라)
⑤ (마)

11 다음 중 밑줄 친 빈칸에 들어갈 내용으로 가장 적절한 것은?

> 오존구멍을 비롯해 성층권의 오존이 파괴되면 어떤 문제가 생길까. 지표면에서 오존은 강력한 산화물질로 호흡기를 자극하는 대기오염물질로 분류되지만, 성층권에서는 자외선을 막아주기 때문에 두 얼굴을 가진 물질로 불리기도 한다. 오존층은 강렬한 태양 자외선을 막아주는 역할을 하는데, 오존층이 얇아지면 자외선이 지구 표면까지 도달하게 된다.
>
> 사람의 경우 자외선에 노출되면 백내장과 피부암 등에 걸릴 위험이 커진다. 강한 자외선이 각막을 훼손하고 세포 DNA에 이상을 일으키기 때문이다. DNA 염기 중 티민(Thymine, T) 두 개가 나란히 있는 경우 자외선에 의해 티민 누 개가 한데 붙어버리는 이상이 발생하고, 세포분열 때 DNA가 복제되면서 다른 염기가 들어가고, 이것이 암으로 이어질 수 있다.
>
> 한때 '사이언스'는 극지방 성층권의 오존구멍은 줄었지만, 많은 인구가 거주하는 중위도 지방에서는 오히려 오존층이 얇아졌다고 지적했다. 중위도 성층권에서도 상층부는 오존층이 회복되고 있지만, 저층부는 얇아졌다는 것이다. 오존층이 얇아지면 더 많은 자외선이 지구 표면에 도달하여 사람들 사이에서 피부암이나 백내장 발생 위험이 커지게 된다. 즉, _____

① 극지방 성층권의 오존구멍을 줄이는 데 정부는 더 많은 노력을 기울여야 한다.

② 인구가 많이 거주하는 지역일수록 오존층의 파괴가 더욱 심하게 나타난다는 것이다.

③ 대기오염물질로 분류되는 오존이라도 지표면에 적절하게 존재해야 사람들의 피해를 막을 수 있다.

④ 극지방의 파괴된 오존층으로 인해 사람들이 더 많은 자외선에 노출되고, 세포 DNA에 이상이 발생한다.

⑤ 극지방의 오존구멍보다 중위도 저층부에서 얇아진 오존층이 더 큰 피해를 가져올 수도 있는 셈이다.

12 다음은 플라시보 소비에 대한 글이다. 이에 대한 사례로 적절하지 않은 것은?

> 플라시보 소비란 속임약을 뜻하는 '플라시보'와 '소비'가 결합된 말로, 가격 대비 마음의 만족이란 의미의 '가심비(價心費)'를 추구하는 소비를 뜻한다. 플라시보 소비에서의 '플라시보(Placebo)'란 실제로는 생리작용이 없는 물질로 만든 약을 말한다. 젖당·녹말·우유 따위로 만들며 어떤 약물의 효과를 시험하거나 환자를 일시적으로 안심시키기 위한 목적으로 투여한다. 환자가 이 속임약을 진짜로 믿게 되면 실제로 좋은 반응이 생기기도 하는데 이를 '플라시보 효과'라고 한다.
>
> 즉, 가심비를 추구하는 소비에서는 소비자가 해당 제품을 통해서 심리적으로 안심이 되고 제품에 대한 믿음을 갖게 되면, 플라시보 효과처럼 객관적인 제품의 성능과는 상관없이 긍정적인 효과를 얻게 된다. 이러한 효과는 소비자가 해당 제품을 사랑하는 대상에 지출할 때, 제품을 통해 안전에 대한 심리적 불안감과 스트레스를 해소할 때일수록 강해진다. 따라서 상품의 가격과 성능이라는 객관적인 수치에 초점을 두었던 기존의 가성비(價性費)에 따른 소비에서 소비자들이 '싸고 품질 좋은 제품'만을 구매했다면, 가심비에 따른 소비에서는 다소 비싸더라도 '나에게 만족감을 주는 제품'을 구매하게 된다.

① 김씨는 딸을 위해 비싸지만 천연 소재의 원단으로 제작된 유치원복을 구매했다.

② 손씨는 계절이 바뀔 때면 브랜드 세일 기간을 공략해 꼭 필요한 옷을 구입하고 있다.

③ 이씨는 평소 좋아하는 캐릭터의 피규어를 비싸게 구매하였다.

④ 최씨는 옷 만드는 것을 좋아해 자수틀과 실, 바늘 등의 도구를 사고 있다.

⑤ 한씨는 최근 향기가 나는 샤워 필터를 구매하여 기분 좋게 샤워하고 있다.

13 다음 글을 읽고 추론한 내용으로 가장 적절한 것은?

> '쓰는 문화'가 책의 문화에서 가장 우선이다. 쓰는 이가 없이는 책이 나올 수가 없다. 그러나 지혜를 많이 갖고 있다는 것과 그것을 글로 옮길 줄 아는 것은 별개의 문제이다. 엄격하게 이야기해서 지혜는 어떤 한 가지 일에 지속적으로 매달린 사람이면 누구나 머릿속에 쌓아두고 있는 것이다. 하지만 그것을 글로 옮기기 위해서는 특별하고도 고통스러운 훈련이 필요하다. 생각을 명료하게 정리하고 글 맥을 이어갈 줄 알아야 하며, 줄기찬 노력을 바칠 준비가 되어있어야 한다. 모든 국민이 책 한 권을 남길 수 있을 만큼 쓰는 문화가 발달한 사회가 도래하면, 그때에는 지혜의 르네상스가 가능할 것이다.
>
> '읽는 문화'의 실종, 그것이 바로 현대의 특징이다. 신문의 판매 부수가 날로 떨어져 가는 반면에 텔레비전의 시청률은 날로 증가하고 있다. 깨알 같은 글로 구성된 200쪽 이상의 책보다 그림과 여백이 압도적으로 많이 들어간 만화책 같은 것이 늘어나고 있다. 보는 문화가 읽는 문화를 대체해 가고 있다. 읽는 일에는 피로가 동반되지만 보는 놀이에는 휴식이 따라온다. 일을 저버리고 놀이만 좇는 문화가 범람하고 있지 않은가. 보는 놀이가 머리를 비게 하는 것은 너무나 당연하다. 읽는 일이 장려되지 않는 한 생각 없는 사회로 치달을 수밖에 없다. 책의 문화는 바로 읽는 일과 직결되며, 생각하는 사회를 만드는 지름길이다.

① 지혜로운 사람이 그렇지 않은 사람보다 더 논리적으로 글을 쓸 수 있다.

② 고통스러운 훈련을 견뎌야 지혜로운 사람이 될 수 있다.

③ 텔레비전을 많이 보는 사람은 그렇지 않은 사람보다 신문을 적게 읽는다.

④ 만화책은 내용과 관계없이 그림의 수준이 높을수록 더 많이 판매된다.

⑤ 사람들이 텔레비전을 많이 볼수록 생각하는 시간이 적어진다.

14 다음 글을 읽고 추론한 내용으로 적절하지 않은 것은?

우리는 도시화, 산업화, 고도성장 과정에서 우리 경제의 뒷방살이 신세로 전락한 한국농업의 새로운 가치에 주목해야 한다. 농업은 경제적 효율성이 뒤처져서 사라져야 할 사양 산업이 아니다. 전 지구적인 기후 변화와 식량 및 에너지 등 자원 위기에 대응하여 나라와 생명을 살릴 미래산업으로서 농업의 전략적 가치가 크게 부각되고 있다. 농본주의의 기치를 앞세우고 농업 르네상스 시대의 재연을 통해 우리 경제가 당면한 불확실성의 터널을 벗어나야 한다.

우리는 왜 이런 주장을 하는가? 농업은 자원 순환적이고 환경친화적인 산업이기 때문이다. 땅의 생산력에 기초해서 한계적 노동력을 고용하는 지연(地緣) 산업인 동시에 식량과 에너지를 생산하는 원천적인 생명산업이기 때문이다. 물질적인 부의 극대화를 위해서 한 지역의 자원을 개발하여 이용한 뒤에 효용가치가 떨어지면 다른 곳으로 이동하는 유목민적 태도가 오늘날 위기를 낳고 키워왔는지 모른다. 급변하는 시대의 흐름에 부응하지 못하는 구시대의 경제 패러다임으로는 오늘날의 역사에 동승하기 어렵다. 이런 맥락에서, 지키고 가꾸어 후손에게 넘겨주는 문화적 지속성을 존중하는 농업의 가치가 새롭게 조명받는 이유에 주목할 만하다. 과학기술의 눈부신 발전 성과를 수용하여 새로운 상품과 시장을 창출할 수 있는 녹색성장 산업으로서 농업의 잠재적 가치가 중시되고 있는 것이다.

① 산업화를 위한 국가의 정책추진 과정에서 농업은 소외되어 왔다.
② 농업의 성장을 위해서는 먼저 과학기술의 문제점을 성찰해야 한다.
③ 지나친 경제적 효율성 추구로 세계는 현재 자원 위기에 처해 있다.
④ 자원 순환적·환경 친화적 산업의 가치가 부각되고 있다.
⑤ 기존의 경제 패러다임으로는 미래 사회에 적응할 수 없다.

15 다음 중 '사회적 경제'의 개념으로 적절하지 않은 것은?

자연과 공존을 중시하며 환경오염, 기후변화, 자원부족 등을 극복하기 위한 노력이 증대되고 있다. 또한 자본주의 시장경제의 전개 과정에서 발생한 다양한 사회문제에 대응하여 대안적 삶을 모색하고 공생사회를 지향하는 가치관이 확산되고 있다. 이러한 흐름 속에서 부상한 사회적 경제는 이윤의 극대화를 최고 가치로 삼는 시장경제와 달리, 사람의 가치에 우위를 두는 사람 중심의 경제활동이자, 여러 경제주체를 존중하는 다양성의 경제이다. 사회적 경제는 국가, 시장, 공동체의 중간 영역으로 정의되기도 한다. 이러한 정의는 사회적 경제가 공식 경제와 비공식 경제, 영리와 비영리, 공과 사의 경계에 존재함을 의미하고, 궁극적으로 국가공동체가 새로운 거버넌스의 원리에 따라 재구성되어야 한다는 것을 의미한다.

최근 들어 우리 사회뿐만 아니라 세계적 흐름으로 발전하고 있는 사회적 경제는 시장경제에 위기가 도래하면 부상하고, 그 위기가 진정되면 가라앉는 특징을 보인다. 복지국가 담론에 대한 회의 혹은 자본주의 시장 실패에 대한 대안이나 보완책으로 자주 거론되고 있다. 또한, 양극화 해소나 일자리 창출 등의 공동이익과 사회적 가치의 실현을 위한 상호협력과 사회연대라는 요구와 관련된다.

① 기존의 복지국가 담론
② 자본주의 시장 실패의 대안 모델
③ 공식 경제와 비공식 경제의 경계
④ 사람의 가치를 존중하는 사람 중심의 경제
⑤ 상호협력과 사회연대를 바탕으로 한 경제적 활동

※ 다음 명제가 모두 참일 때, 빈칸에 들어갈 명제로 가장 적절한 것을 고르시오. **[1~5]**

Easy

01

> • 자차가 없으면 대중교통을 이용한다.
> • _____
> • 자차가 없으면 출퇴근 비용을 줄일 수 있다.

① 자차가 있으면 출퇴근 비용이 줄어든다.
② 대중교통을 이용하려면 자차가 있어야 한다.
③ 대중교통을 이용하면 출퇴근 비용이 줄어든다.
④ 출퇴근 비용을 줄이려면 자차가 있어야 한다.
⑤ 자차가 없으면 출퇴근 비용을 줄일 수 없다.

02

> • 복습을 하지 않으면 배운 내용을 잊게 된다.
> • _____
> • 시험 점수가 높게 나오면 복습을 한 것이다.

① 복습을 하면 배운 내용을 잊지 않는다.
② 배운 내용을 잊지 않으면 시험 점수가 높게 나온다.
③ 배운 내용을 잊으면 복습을 하지 않은 것이다.
④ 복습을 하지 않으면 시험 점수가 높게 나온다.
⑤ 시험 점수가 높게 나오려면 배운 내용을 잊지 않아야 한다.

03

> • 등산을 자주 하면 폐활량이 좋아진다.
> • 폐활량이 좋아지면 오래 달릴 수 있다.
> • _____

① 등산을 자주 하면 오래 달릴 수 있다.
② 오래 달릴 수 있으면 등산을 자주 할 수 있다.
③ 폐활량이 좋아지면 등산을 자주 할 수 있다.
④ 등산을 자주 하면 오래 달릴 수 없다.
⑤ 오래 달릴 수 있으면 폐활량이 좋아진다.

04

- 공부를 하지 않으면 시험을 못 본다.
- _____
- 공부를 하지 않으면 성적이 나쁘게 나온다.

① 공부를 한다면 시험을 잘 본다.
② 시험을 잘 본다면 공부를 한 것이다.
③ 성적이 좋다면 공부를 한 것이다.
④ 시험을 잘 본다면 성적이 좋은 것이다.
⑤ 성적이 좋다면 시험을 잘 본 것이다.

05

- 회계팀의 팀원은 모두 회계 관련 자격증을 가지고 있다.
- _____
- 돈 계산이 빠르지 않은 사람은 회계팀이 아니다.

① 회계팀이 아닌 사람은 돈 계산이 빠르다.
② 돈 계산이 빠른 사람은 회계 관련 자격증을 가지고 있다.
③ 회계팀이 아닌 사람은 회계 관련 자격증을 가지고 있지 않다.
④ 돈 계산이 빠르지 않은 사람은 회계 관련 자격증을 가지고 있다.
⑤ 돈 계산이 빠르지 않은 사람은 회계 관련 자격증을 가지고 있지 않다.

06 다음 명제가 모두 참일 때, 참이 아닌 명제는?

- 딸기를 좋아하는 사람은 가지를 싫어한다.
- 바나나를 좋아하는 사람은 가지를 좋아한다.
- 가지를 싫어하는 사람은 감자를 좋아한다.

① 감자를 좋아하는 사람은 바나나를 싫어한다.
② 가지를 좋아하는 사람은 딸기를 싫어한다.
③ 감자를 싫어하는 사람은 딸기를 싫어한다.
④ 바나나를 좋아하는 사람은 딸기를 싫어한다.
⑤ 딸기를 좋아하는 사람은 감자를 좋아한다.

07 다음 명제가 모두 참일 때, 반드시 참인 명제는?

> - 서로 다른 밝기 등급(1 ～ 5등급)을 가진 A ～ E별의 밝기를 측정하였다.
> - 1등급이 가장 밝은 밝기 등급이다.
> - A별은 가장 밝지도 않고, 두 번째로 밝지도 않다.
> - B별은 C별보다 밝고, E별보다 어둡다.
> - C별은 D별보다 밝고, A별보다 어둡다.
> - E별은 A별보다 밝다.

① A별의 밝기 등급은 4등급이다.
② A ～ E 별 중 B별이 가장 밝다.
③ 어느 별이 가장 밝은지 확인할 수 없다.
④ 어느 별이 가장 어두운지 확인할 수 없다.
⑤ 별의 밝기 등급에 따라 순서대로 나열하면 'E – B – A – C – D'이다.

08 다음 중 수영, 슬기, 경애, 정서, 민경의 머리 길이가 서로 다르다고 할 때, 바르게 추론한 것은?

> - 수영이는 단발머리로 슬기와 경애의 머리보다 짧다.
> - 정서의 머리는 수영보다 길지만, 슬기보다는 짧다.
> - 경애의 머리는 정서보다 길지만, 슬기보다는 짧다.
> - 민경의 머리는 경애보다 길지만, 다섯 명 중에 가장 길지는 않다.

① 경애는 단발머리이다.
② 슬기의 머리가 가장 길다.
③ 민경의 머리는 슬기보다 길다.
④ 수영의 머리가 다섯 명 중 가장 짧지는 않다.
⑤ 머리가 긴 순서대로 나열하면 '슬기 – 정서 – 민경 – 경애 – 수영'이다.

09 L사에 근무 중인 A ~ D사원 4명 중 1명이 주임으로 승진하였다. 다음 대화에서 1명만 진실을 말하고 있을 때, 주임으로 승진한 사람은?

> • A사원 : B사원이 주임으로 승진했대.
> • B사원 : A사원이 주임으로 승진했어.
> • C사원 : D사원의 말은 참이야.
> • D사원 : C사원과 B사원 중 한 명 이상이 주임으로 승진했어.

① A사원　　　　　　　　　　　② B사원
③ C사원　　　　　　　　　　　④ D사원
⑤ 없음

Hard

10 L기업의 홍보팀에서 근무하고 있는 김대리, 이사원, 박사원, 유사원, 강대리 중 1명은 이번 회사 워크숍에 참석하지 않았다. 다음 대화에서 2명이 거짓말을 한다고 할 때, 워크숍에 참석하지 않은 사람은?

> • 강대리 : 나와 김대리는 워크숍에 참석했어. 나는 누가 워크숍에 참석하지 않았는지 알지 못해.
> • 박사원 : 유사원은 이번 워크숍에 참석했습니다. 강대리님의 말은 모두 사실입니다.
> • 유사원 : 워크숍 불참자의 불참 사유를 3명이 들었습니다. 이사원은 워크숍에 참석했습니다.
> • 김대리 : 나와 강대리만 워크숍 불참자의 불참 사유를 들었어. 이사원의 말은 모두 사실이야.
> • 이사원 : 워크숍에 참석하지 않은 사람은 유사원입니다. 유사원이 개인 사정으로 인해 워크숍에 참석하지 못한다고 강대리님에게 전했습니다.

① 강대리　　　　　　　　　　　② 박사원
③ 유사원　　　　　　　　　　　④ 김대리
⑤ 이사원

11 기말고사를 치르고 난 후 A ~ E 5명이 다음과 같이 성적에 대해 이야기를 나누었는데, 이 중 1명의 진술은 거짓이다. 다음 중 옳은 것은?(단, 동점은 없으며, 모든 사람은 진실 또는 거짓만 말한다)

- A : E는 1등이고, D는 C보다 성적이 높아.
- B : B는 E보다 성적이 낮고, C는 A보다 성적이 높아.
- C : A는 B보다 성적이 낮아.
- D : B는 C보다 성적이 높아.
- E : D는 B보다, A는 C보다 성적이 높아.

① B가 1등이다.　　　　　　　　② A가 2등이다.
③ E가 2등이다.　　　　　　　　④ B는 3등이다.
⑤ D가 3등이다.

12 A ~ E 5명이 강남, 여의도, 상암, 잠실, 광화문 5개 지역에 각각 출장을 간다. 다음 대화에서 1명은 거짓말을 하고 나머지 4명은 진실을 말하고 있을 때, 항상 거짓인 것은?

- A : B는 상암으로 출장을 가지 않아.
- B : D는 강남으로 출장을 가.
- C : B는 진실을 말하고 있어.
- D : C는 거짓말을 하고 있어.
- E : C는 여의도, A는 잠실로 출장을 가.

① A는 광화문으로 출장을 가지 않는다.
② B는 여의도로 출장을 가지 않는다.
③ C는 강남으로 출장을 가지 않는다.
④ D는 잠실로 출장을 가지 않는다.
⑤ E는 상암으로 출장을 가지 않는다.

13 방역당국은 국가 전염병 확진 판정을 받은 확진자의 동선을 파악하기 위해 역학조사를 실시하였고, 지인 A ~ F 6명에 대하여 다음과 같은 정보를 확인하였다. 항상 참인 것은?

> - C나 D를 만났으면 A와 B를 만났다.
> - B나 E를 만났으면 F를 만났다.
> - C와 E 중 한 명만 만났다.

① 확진자는 A를 만났다.　　　　　　② 확진자는 B를 만났다.

③ 확진자는 C를 만났다.　　　　　　④ 확진자는 E를 만났다.

⑤ 확진자는 F를 만났다.

14 경제학과, 물리학과, 통계학과, 지리학과 학생인 A ~ D는 검은색, 빨간색, 흰색의 3가지 색 중 최소 1가지 이상의 색을 좋아한다. 다음 〈조건〉에 따라 항상 참이 되는 것은?

> **조건**
> - 경제학과 학생은 검은색과 빨간색만 좋아한다.
> - 경제학과 학생과 물리학과 학생은 좋아하는 색이 서로 다르다.
> - 통계학과 학생은 빨간색만 좋아한다.
> - 지리학과 학생은 물리학과 학생과 통계학과 학생이 좋아하는 색만 좋아한다.
> - C는 검은색을 좋아하고, B는 빨간색을 좋아하지 않는다.

① A는 통계학과이다.　　　　　　　② B는 물리학과이다.

③ C는 지리학과이다.　　　　　　　④ D는 경제학과이다.

⑤ B와 C는 빨간색을 좋아한다.

15 주방에 요리사 철수와 설거지 담당 병태가 있다. 요리에 사용되는 접시는 하나의 탑처럼 순서대로 쌓여 있다. 철수는 이 접시 탑의 맨 위에 있는 접시부터 하나씩 사용하고, 병태는 설거지한 접사를 탑의 맨 위에 하나씩 쌓는다. 철수와 병태는 (가), (나), (다), (라) 작업을 차례대로 수행하였다. 철수가 (라) 작업을 완료한 이후 접시 탑의 맨 위에 있는 접시는?

> - (가) 작업 : 병태가 시간 순서대로 접시 A, B, C, D를 접시 탑에 쌓는다.
> - (나) 작업 : 철수가 접시 한 개를 사용한다.
> - (다) 작업 : 병태가 시간 순서대로 접시 E, F를 접시 탑에 쌓는다.
> - (라) 작업 : 철수가 접시 세 개를 순차적으로 사용한다.

① A접시　　　　　　　　　　　　② B접시

③ C접시　　　　　　　　　　　　④ D접시

⑤ E접시

Easy

01 다음은 2023년 연령대별 골다공증 진료 현황에 대한 자료이다. 이에 대한 설명으로 옳지 않은 것은?

〈연령대별 골다공증 진료 현황〉

(단위 : 천 명)

구분	전체	20대 이하	30대	40대	50대	60대	70대	80대 이상
남성	388	2	2	8	90	100	122	64
여성	492	1	5	26	103	164	133	60
합계	880	3	7	34	193	264	255	124

① 골다공증 발병이 진료로 이어진다면 여성의 발병률이 남성보다 높다.

② 전체 골다공증 진료 인원 중 40대 이하가 차지하는 비율은 5%이다.

③ 골다공증 진료율이 가장 높은 연령대는 남성과 여성이 같다.

④ 20대 이하와 80대 이상을 제외한 모든 연령대에서 남성보다 여성 진료자가 많았다.

⑤ 전체 골다공증 진료 인원 중 골다공증 진료 인원이 가장 많은 연령대는 60대로, 그 비율은 30%이다.

02 다음은 2023년에 L병원을 찾은 당뇨병 환자 수를 나타낸 자료이다. 이에 대한 설명으로 옳지 않은 것은?

〈당뇨병 환자 수〉

(단위 : 명)

당뇨병 나이	경증		중증	
	여성	남성	여성	남성
50세 미만	8	14	9	9
50세 이상	10	18	9	23

① 남성 환자가 여성 환자보다 28명 더 많다.

② 여성 환자 중 중증 환자의 비율은 50%이다.

③ 전체 당뇨병 환자 중 중증 여성 환자의 비율은 18%이다.

④ 50세 이상 환자 수는 50세 미만 환자 수의 1.5배이다.

⑤ 경증 환자 중 남성 환자의 비율은 중증 환자 중 남성 환자의 비율보다 높다.

03 L사에서는 업무 효율을 높이기 위해 근무 여건 개선 방안에 대하여 논의하고자 한다. A씨는 논의 자료를 위해 전 직원의 야간 근무 현황을 조사하였다. 이에 대한 설명으로 옳지 않은 것은?

〈야간근무 현황(주 단위)〉

(단위 : 일, 시간)

구분	임원	부장	과장	대리	사원
평균 야간근무 빈도	1.2	2.2	2.4	1.8	1.4
평균 야간근무 시간	1.8	3.3	4.8	6.3	4.2

※ 60분의 3분의 2 이상을 채울 시 1시간으로 야간근무 수당을 계산함

① 과장은 한 주에 평균적으로 2.4일 정도 야간 근무를 한다.
② 전 직원의 주 평균 야간 근무 빈도는 1.8일이다.
③ 사원은 한 주 동안 평균 4시간 12분 정도 야간 근무를 하고 있다.
④ 1회 야간 근무 시 평균적으로 가장 긴 시간 동안 일하는 직원은 대리이다.
⑤ 야간 근무 수당이 시간당 10,000원이라면 과장은 주 평균 50,000원을 받는다.

Easy

04 다음은 어느 국가의 A ~ C지역 가구 구성비를 나타낸 자료이다. 이에 대한 설명으로 옳은 것은?

〈A ~ C지역 가구 구성비〉

(단위 : %)

구분	부부 가구	2세대 가구		3세대 이상 가구	기타 가구	합계
		부모+미혼자녀	부모+기혼자녀			
A지역	5	65	16	2	12	100
B지역	16	55	10	6	13	100
C지역	12	40	25	20	3	100

※ 기타 가구 : 1인 가구, 형제 가구, 비친족 가구
※ 핵가족 : 부부 또는 부모와 그들의 미혼 자녀로 이루어진 가족
※ 확대가족 : 부모와 그들의 기혼 자녀로 이루어진 2세대 이상의 가족

① 핵가족 가구의 비중이 가장 높은 지역은 A이다.
② 1인 가구의 비중이 가장 높은 지역은 B이다.
③ 확대가족 가구 수가 가장 많은 지역은 C이다.
④ 부부 가구의 구성비는 C지역이 가장 높다.
⑤ A, B, C지역 모두 핵가족 가구 수가 확대가족 가구 수보다 많다.

05 다음은 L그룹의 주요 경영지표이다. 이에 대한 설명으로 옳은 것은?

〈L그룹 주요 경영지표〉

(단위 : 억 원)

구분	공정자산총액	부채총액	자본총액	자본금	매출액	당기순이익
2018년	2,610	1,658	952	464	1,139	170
2019년	2,794	1,737	1,067	481	2,178	227
2020년	5,383	4,000	1,383	660	2,666	108
2021년	5,200	4,073	1,127	700	4,456	−266
2022년	5,242	3,378	1,864	592	3,764	117
2023년	5,542	3,634	1,908	417	4,427	65

① 자본총액은 꾸준히 증가하고 있다.

② 직전 해의 당기순이익과 비교했을 때, 당기순이익이 가장 많이 증가한 해는 2019년이다.

③ 공정자산총액과 부채총액의 차가 가장 큰 해는 2023년이다.

④ 각 지표 중 총액 규모가 가장 큰 것은 매출액이다.

⑤ 2018 ~ 2021년 사이에 자본총액 중 자본금이 차지하는 비중은 계속 증가하고 있다.

Easy

06 다음은 2019년부터 2023년까지 우리나라의 출생 및 사망에 대한 자료이다. 이에 대한 설명으로 옳지 않은 것은?

〈우리나라 출생 및 사망 현황〉

(단위 : 명)

구분	2019년	2020년	2021년	2022년	2023년
출생아 수	436,455	435,435	438,420	206,243	357,771
사망자 수	266,257	267,692	275,895	280,827	285,534

① 출생아 수가 가장 많았던 해는 2021년이다.

② 사망자 수는 2020년부터 2023년까지 매년 전년 대비 증가하고 있다.

③ 2020년 출생아 수는 2023년 출생아 수보다 15% 이상 많다.

④ 2021년 출생아 수는 같은 해 사망자 수의 1.7배 이상이다.

⑤ 2019년부터 2023년까지 사망자 수가 가장 많은 해와 가장 적은 해의 사망자 수 차이는 15,000명 이상이다.

07 다음은 암 발생률 추이에 대한 자료이다. 이에 대한 설명으로 옳은 것은?

<암 발생률 추이>

(단위 : %)

구분	2017년	2018년	2019년	2020년	2021년	2022년	2023년
위암	31.5	30.6	28.8	25.5	23.9	24.0	24.3
간암	24.1	23.9	23.0	21.4	20.0	20.7	21.3
폐암	14.4	17.0	18.8	19.4	20.6	22.1	24.4
대장암	4.5	4.6	5.6	6.3	7.0	7.9	8.9
유방암	1.7	1.9	1.9	2.2	2.1	2.4	4.9
자궁암	7.8	7.5	7.0	6.1	5.6	5.6	5.6

① 위암의 발생률은 점차 감소하는 추세를 보이고 있다.

② 자궁암의 경우 발생 비율이 지속적으로 감소하는 추세를 보이고 있다.

③ 2017년 대비 2023년에 발생률이 증가한 암은 폐암, 대장암, 유방암이다.

④ 2023년에 위암으로 죽은 사망자 수가 가장 많으며, 이러한 추세는 지속될 것으로 보인다.

⑤ 폐암의 경우 발생률이 계속적으로 증가하고 있으며, 전년 대비 2023년 암 발생률의 증가폭이 다른 암에 비해서 가장 크다.

Easy

08 다음은 L기업의 재화 생산량에 따른 총 생산비용의 변화를 나타낸 자료이다. 기업의 생산활동에 대한 설명으로 옳은 것을 <보기>에서 모두 고르면?(단, 재화 1개당 가격은 7만 원이다)

생산량(개)	0	1	2	3	4	5
총 생산비용(만 원)	5	9	12	17	24	33

보기

ㄱ. 2개와 5개를 생산할 때의 이윤은 동일하다.

ㄴ. 이윤을 극대화할 수 있는 최대 생산량은 4개이다.

ㄷ. 4개에서 5개로 생산량을 증가시킬 때 이윤은 증가한다.

ㄹ. 1개를 생산하는 것보다 생산하지 않는 것이 손해가 적다.

① ㄱ, ㄴ   ② ㄱ, ㄷ

③ ㄴ, ㄷ   ④ ㄴ, ㄹ

⑤ ㄷ, ㄹ

09 다음은 전력 사용에 대한 절약 현황 설문조사 자료이다. 이에 대한 설명으로 옳은 것은?(단, 인원과 비율은 소수점 둘째 자리에서 반올림한다)

〈전력 사용에 대한 절약현황〉

(단위 : %)

구분	2022년				2023년			
	노력 안함	조금 노력함	노력함	매우 노력함	노력 안함	조금 노력함	노력함	매우 노력함
남성	2.5	38.0	43.7	15.8	3.5	32.4	42.1	22.0
여성	3.4	34.7	45.1	16.8	3.9	35.0	41.2	19.9
10대	12.4	48.1	22.5	17.0	13.1	43.2	25.8	17.9
20대	10.4	39.5	27.6	22.5	10.2	38.2	28.4	23.2
30대	11.5	26.4	38.3	23.8	10.7	21.9	42.7	24.7
40대	10.5	25.7	42.1	21.7	9.4	23.9	44.0	22.7
50대	9.3	28.4	40.5	21.8	9.5	30.5	39.2	20.8
60대 이상	10.0	31.3	32.4	26.3	10.4	30.7	33.2	25.7

① 남성과 여성 모두 2023년에 전년 대비 노력함을 선택한 인원은 증가했다.

② 2022 ~ 2023년 모든 연령대에서 노력 안함의 비율은 50대가 가장 낮다.

③ 여성 조사인구가 매년 500명일 때, 매우 노력함을 택한 인원은 2023년도에 전년 대비 15명 이상 늘어났다.

④ 2023년 60대 이상의 조금 노력함을 선택한 비율은 전년 대비 2%p 이상 증가했다.

⑤ 연령대별 매우 노력함을 선택한 비율은 2022년 대비 2023년에 모두 증가하였다.

10 다음은 영희, 철수, 동민, 민수, 희경, 수민 6명의 SNS 대화방에 대한 자료이다. 이에 대한 설명으로 옳은 것은?

<table>
<tr><td colspan="7" align="center">〈1대1 SNS 대화방 참여자〉</td></tr>
<tr><th>구분</th><th>영희</th><th>철수</th><th>동민</th><th>민수</th><th>희경</th><th>수민</th></tr>
<tr><td>영희</td><td>0</td><td>1</td><td>0</td><td>1</td><td>0</td><td>0</td></tr>
<tr><td>철수</td><td>1</td><td>0</td><td>1</td><td>0</td><td>1</td><td>1</td></tr>
<tr><td>동민</td><td>0</td><td>1</td><td>0</td><td>0</td><td>1</td><td>0</td></tr>
<tr><td>민수</td><td>1</td><td>0</td><td>0</td><td>0</td><td>0</td><td>1</td></tr>
<tr><td>희경</td><td>0</td><td>1</td><td>1</td><td>0</td><td>0</td><td>0</td></tr>
<tr><td>수민</td><td>0</td><td>1</td><td>0</td><td>1</td><td>0</td><td>0</td></tr>
</table>

※ SNS에 참여하는 인원이 n명일 때 전체 1대1 대화방 수 $= \dfrac{n(n-1)}{2}$

※ 1대1 대화방 밀도 $= \dfrac{(n명일 \ 때 \ 1대1 \ 대화방 \ 수)}{(n명일 \ 때 \ 전체 \ 1대1 \ 대화방 \ 수)}$

① 모두 SNS에 참여할 때 전체 1대1 대화방 수는 14개이다.

② 영희와 수민이가 동민이와 각각 1대1 대화를 추가할 때 밀도는 $\dfrac{2}{5}$ 이다.

③ 5명이 SNS에 참여한 1대1 대화방 수는 10개이다.

④ 6명의 SNS 1대1 대화방 밀도는 $\dfrac{1}{2}$ 이상이다.

⑤ 병준이가 추가되어 동민, 희경이와 1대1 대화를 할 때 밀도는 낮아진다.

11 다음은 2021 ~ 2023년 국가별 이산화탄소 배출량에 대한 자료이다. 이에 대한 설명으로 옳지 않은 것을 〈보기〉에서 모두 고르면?(단, 소수점 둘째 자리에서 반올림한다)

〈국가별 이산화탄소 배출 현황〉

구분		2021년		2022년		2023년	
		총량 (백만 톤)	1인당 (톤)	총량 (백만 톤)	1인당 (톤)	총량 (백만 톤)	1인당 (톤)
아시아	한국	582	11.4	589.2	11.5	600	11.7
	중국	9,145.3	6.6	9,109.2	6.6	9,302	6.7
	일본	1,155.7	9.1	1,146.9	9	1,132.4	8.9
북아메리카	캐나다	557.7	15.6	548.1	15.2	547.8	15
	미국	4,928.6	15.3	4,838.5	14.9	4,761.3	14.6
남아메리카	브라질	453.6	2.2	418.5	2	427.6	2
	페루	49.7	1.6	52.2	1.6	49.7	1.5
	베네수엘라	140.5	4.5	127.4	4	113.7	3.6
유럽	체코	99.4	9.4	101.2	9.6	101.2	9.6
	프랑스	299.6	4.5	301.7	4.5	306.1	4.6
	독일	729.7	8.9	734.5	8.9	718.8	8.7
	포르투갈	46.9	4.5	46.4	4.6	50.8	4.9
	스페인	247.1	5.3	237.4	5.4	253.4	5.4
	스위스	37.3	4.5	37.9	4.5	37.1	4.4
	영국	394.1	6.1	372.6	5.7	358.7	5.4

보기

ㄱ. 2021년 이산화탄소 배출총량이 1,000백만 톤 이상인 국가 중 2023년 전년 대비 이산화탄소 배출총량이 감소한 국가는 두 곳이다.

ㄴ. 2023년 포르투갈의 이산화탄소 배출총량의 전년 대비 증감률은 한국의 전년 대비 증감률의 6배 이상이다.

ㄷ. 2021년 아시아 국가의 1인당 이산화탄소 배출량의 평균은 2022년 북아메리카 국가의 1인당 이산화탄소 배출량의 평균보다 많다.

ㄹ. 전년 대비 2023년 1인당 이산화탄소 배출량이 가장 많이 감소한 국가는 베네수엘라이다.

① ㄱ, ㄴ 　　　　　　　② ㄱ, ㄷ

③ ㄱ, ㄹ 　　　　　　　④ ㄴ, ㄷ

⑤ ㄷ, ㄹ

12 다음은 시도별 화재발생건수 및 피해자 수에 대한 자료이다. 이에 대한 설명으로 옳지 않은 것은?

〈시도별 화재발생건수 및 피해자 수 현황〉

(단위 : 건, 명)

구분	2022년			2023년		
	화재건수	사망자	부상자	화재건수	사망자	부상자
전국	43,413	306	1,718	44,178	345	1,852
서울특별시	6,443	40	236	5,978	37	246
부산광역시	2,199	17	128	2,609	19	102
대구광역시	1,739	11	83	1,612	8	61
인천광역시	1,790	10	94	1,608	7	90
광주광역시	956	7	23	923	9	27
대전광역시	974	7	40	1,059	9	46
울산광역시	928	16	53	959	2	39
세종특별자치시	300	2	12	316	2	8
경기도	10,147	70	510	9,799	78	573
강원도	2,315	20	99	2,364	24	123
충청북도	1,379	12	38	1,554	41	107
충청남도	2,825	12	46	2,775	19	30
전라북도	1,983	17	39	1,974	15	69
전라남도	2,454	21	89	2,963	19	99
경상북도	2,651	14	113	2,817	27	127
경상남도	3,756	29	101	4,117	24	86
제주특별자치도	574	1	14	751	5	19

① 2022년 화재건수 대비 사망자 수는 경기도가 강원도보다 크다.

② 2023년 화재로 인한 부상자 수는 충청남도가 충청북도의 30% 미만이다.

③ 대구광역시의 2023년 화재건수는 경상북도의 50% 이상이다.

④ 화재건수가 가장 많은 시·도는 2022년과 2023년에 동일하다.

⑤ 부산광역시의 경우, 화재로 인한 부상자 수가 2023년에 전년 대비 10% 이상 감소하였다.

13 다음은 2012 ~ 2023년 연어 회귀율에 대한 자료이다. 이에 대한 설명으로 옳지 않은 것은?

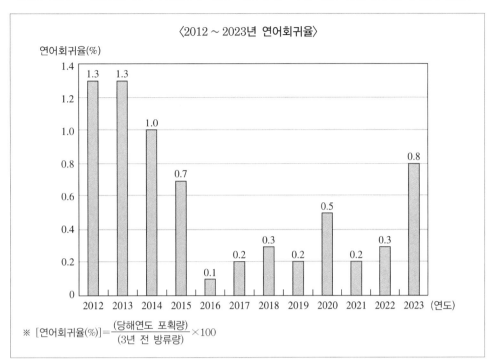

〈2012 ~ 2023년 연어회귀율〉

$$[연어회귀율(\%)] = \frac{(당해연도\ 포획량)}{(3년\ 전\ 방류량)} \times 100$$

① 2016년부터 2023년까지의 평균 회귀율은 0.32% 이상이다.

② 2012년부터 2015년까지의 평균 회귀율은 1.075%이다.

③ 2016년까지의 방류량이 매년 600만 마리였다면, 2016년의 포획량은 6천 마리이다.

④ 2012년보다 2022년대의 방류량이 두 배로 늘었는데도 회귀율이 줄어든 이유는 무분별한 개발 때문이다.

⑤ 2016년까지의 방류량은 매년 600만 마리였고 2017년부터는 매년 1,000만 마리였다면 2019년 보다 2021년의 포획량이 더 많다.

14 다음은 코로나19 백신 접종자를 대상으로 연령별 백신 부작용에 대해 조사한 자료이다. 이에 대한 설명으로 옳지 않은 것을 〈보기〉에서 모두 고르면?

〈코로나19 백신 부작용〉

구분	위장장애	두통	근육통	발진	발열
20 ~ 24세	4%	6%	18%	2%	59%
25 ~ 29세	3%	7%	21%	1%	55%
30 ~ 34세	3%	7%	24%	1%	43%
35 ~ 39세	5%	6%	29%	4%	36%
40 ~ 44세	4%	8%	31%	3%	36%
45 ~ 49세	7%	9%	26%	2%	40%
50 ~ 54세	3%	5%	27%	2%	51%
55 ~ 59세	6%	8%	24%	4%	47%
60 ~ 64세	5%	8%	29%	4%	45%
65 ~ 69세	6%	11%	26%	5%	44%

※ 위 응답은 주 증상에 대한 것으로, 중복하여 응답한 사람은 없음
※ 응답하지 않은 비율은 부작용이 없는 백신접종자의 비율에 해당함
※ 연령구간별 조사대상자는 500명임

보기

ㄱ. 40대의 근육통 부작용자 수는 발열 부작용자 수보다 95명 더 적다.
ㄴ. 모든 연령대에서 발생률이 가장 높은 부작용은 발열이고, 가장 낮은 부작용은 위장장애이다.
ㄷ. 30대 무증상자 비율은 20대 무증상자 비율보다 9%p 더 높다.
ㄹ. 60대 무증상자 수는 100명 이상이다.

① ㄱ, ㄴ
② ㄱ, ㄹ
③ ㄴ, ㄷ
④ ㄴ, ㄹ
⑤ ㄷ, ㄹ

15 다음은 L지역의 연도별 아파트 분쟁 신고 현황에 대한 자료이다. 이를 그래프로 변환했을 때, 옳은 것을 〈보기〉에서 모두 고르면?

〈L지역 연도별 아파트 분쟁 신고현황〉

(단위 : 건)

구분	2020년	2021년	2022년	2023년
관리비 회계 분쟁	220	280	340	350
입주자대표회의 운영 분쟁	40	60	100	120
정보공개 관련 분쟁	10	20	10	30
하자처리 분쟁	20	10	10	20
여름철 누수 분쟁	80	110	180	200
층간소음 분쟁	430	520	860	1,280

보기

ㄱ. 연도별 층간소음 분쟁 현황

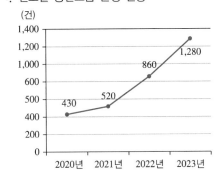

ㄴ. 2021년 아파트 분쟁신고 현황

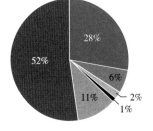

ㄷ. 전년 대비 아파트 분쟁 신고 증가율

ㄹ. 3개년 연도별 아파트 분쟁 신고 현황

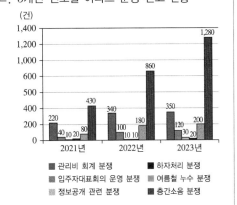

① ㄱ, ㄴ
② ㄱ, ㄷ
③ ㄴ, ㄷ
④ ㄴ, ㄹ
⑤ ㄷ, ㄹ

※ 다음과 같이 일정한 규칙으로 수를 나열할 때, 빈칸에 들어갈 알맞은 수를 고르시오. [1~5]

01

4　7　2　14　　3　12　6　6　　8　7　4　（　）

① 11　　　　　　　　　　　② 14
③ −15　　　　　　　　　　④ 18
⑤ −20

02

174　172　169　168　166　163　162　160　（　）　156

① 157　　　　　　　　　　② 158
③ 159　　　　　　　　　　④ 160
⑤ 161

03

5 12 26 54 ( ) 222 446

① 104
② 106
③ 108
④ 110
⑤ 112

04

78 87 111 129 144 ( ) 177 213 210 255

① 170
② 171
③ 172
④ 173
⑤ 174

05

7 2 4 13 19 36 68 ( )

① 123
② 125
③ 127
④ 129
⑤ 131

※ 다음 전개도는 일정한 규칙에 따라 나열되는 수열이다. 물음표에 들어갈 값으로 옳은 것을 고르시오.
[6~7]

Easy
06

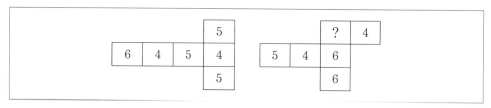

① 2
② 4
③ 5
④ 6
⑤ 7

07

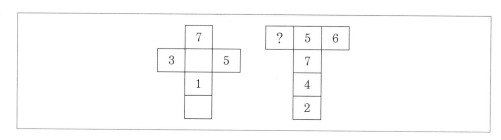

① 3
② 4
③ 5
④ 6
⑤ 7

08 농도가 다른 두 소금물 A와 B를 각각 100g씩 섞으면 농도 10%의 소금물이 되고, 소금물 A를 100g, 소금물 B를 300g 섞으면 농도 9%의 소금물이 된다. 소금물 A의 농도는?

① 10%
② 12%
③ 14%
④ 16%
⑤ 18%

Easy

09 형수가 친척집으로 심부름을 가는데 자전거를 타고 시속 12km로 가면 시속 4km로 걸어가는 것보다 1시간 빠르게 도착한다고 할 때, 시속 8km/h로 달린다면 몇 분 후 도착하는가?

① 40분　　　　　　　　　　　② 42분
③ 45분　　　　　　　　　　　④ 50분
⑤ 60분

Hard

10 A~C사원이 P지점을 동시에 출발하여 Q지점을 지나 R지점까지 가려고 한다. A사원은 P~R지점까지 시속 4km의 속도로 걷고, B사원은 P~Q지점까지는 시속 5km, Q~R지점까지는 시속 3km의 속도로 걸으면 A사원보다 12분 늦게 R지점에 도착한다. C사원이 P~Q지점까지는 시속 2km, Q~R지점까지는 시속 5km의 속도로 걸을 때의 도착 시간을 A와 바르게 비교한 것은?

① A사원보다 3분 늦게 도착한다.
② A사원보다 3분 빠르게 도착한다.
③ A사원보다 5분 빠르게 도착한다.
④ A사원보다 6분 늦게 도착한다.
⑤ A사원보다 6분 빠르게 도착한다.

11 등산 동아리 회원들은 경주로 놀러가기 위해 숙소를 예약하였다. 방 1개에 회원을 6명씩 배정하면 12명이 남고, 7명씩 배정하면 1개의 방에는 6명이 배정되고 2개의 방이 남는다고 할 때, 등산 동아리에서 예약한 방의 개수는?

① 25개　　　　　　　　　　　② 26개
③ 27개　　　　　　　　　　　④ 28개
⑤ 29개

12 L여행사는 올해에도 크리스마스 행사로 경품추첨을 진행하려 한다. 작년에는 제주도 숙박권 10명, 여행용 파우치 20명을 추첨해 경품을 주었으며, 올해는 작년보다 제주도 숙박권은 20%, 여행용 파우치는 10% 더 많이 준비했다. 올해 경품을 받는 인원은 작년보다 몇 명 더 많은가?

① 1명 ② 2명
③ 3명 ④ 4명
⑤ 5명

13 L사 서비스센터의 직원들은 의류 건조기의 모터를 교체하는 업무를 진행하고 있다. 1대의 모터를 교체하는 데 A직원 혼자 업무를 진행하면 2시간이 걸리고, A와 B직원이 함께 진행하면 80분이 걸리며, B와 C직원이 함께 진행하면 1시간이 걸린다. A ~ C직원 모두 함께 건조기 1대의 모터를 교체하는 데 걸리는 시간은?

① 40분 ② 1시간
③ 1시간 12분 ④ 1시간 20분
⑤ 1시간 35분

14 가로, 세로의 길이가 각각 20cm, 15cm인 직사각형이 있다. 가로의 길이만 줄여서 직사각형의 넓이를 반 이하로 줄이려 한다. 가로의 길이는 최소 몇 cm 이상 줄여야 하는가?

① 8cm ② 10cm
③ 12cm ④ 14cm
⑤ 16cm

15 원가의 20%를 추가한 금액을 정가로 하는 제품을 15% 할인해서 50개를 판매한 금액이 127,500원일 때, 이 제품의 원가는?

① 1,500원 ② 2,000원
③ 2,500원 ④ 3,000원
⑤ 3,500원

⏱ 응시시간 : 40분　　📋 문항 수 : 60문항　　　　　　　　　　　　정답 및 해설 p.036

| 01 | 언어이해 |

Easy

01　다음 글의 제목으로 가장 적절한 것은?

> 일반적으로 소비자들은 합리적인 경제행위를 추구하기 때문에 최소 비용으로 최대 효과를 얻으려 한다는 것이 소비의 기본원칙이다. 그들은 '보이지 않는 손'이라고 일컬어지는 시장원리 아래에서 생산자와 만난다. 그러나 이러한 일차적 의미의 합리적소비가 언제나 유효한 것은 아니다. 생산보다는 소비가 화두가 된 소비자본주의 시대에 소비는 단순히 필요한 재화, 그리고 경제학적으로 유리한 재화를 구매하는 행위에 머물지 않는다. 최대 효과 자체에 정서적이고 사회심리학적인 요인이 개입하면서, 이제 소비는 개인이 세계와 만나는 다분히 심리적인 방법이 되어버린 것이다. 곧 인간의 기본적인 생존 욕구를 충족시켜 주는 합리적소비 수준에 머물지 않고, 자신을 표현하는 상징적 행위가 된 것이다. 이처럼 오늘날의 소비문화는 물질적 소비 차원이 아닌 심리적 소비 형태를 띠게 된다. 소비자본주의의 화두는 과소비가 아니라 '과시 소비'로 넘어간 것이다. 과시 소비의 중심에는 신분의 논리가 있다. 신분의 논리는 유용성의 논리, 나아가 시장의 논리로 설명되지 않는 것들을 설명해 준다. 혈통으로 이어지던 폐쇄적 계층사회는 소비 행위에 대해 계급에 근거한 제한을 부여했다. 먼 옛날 부족사회에서 수장들만이 걸칠 수 있었던 장신구에서부터, 제아무리 권문세가의 정승이라도 아흔아홉 칸을 넘을 수 없던 집이 좋은 예이다. 권력을 가진 자는 힘을 통해 자기의 취향을 주위 사람들과 분리시킴으로써 경외감을 강요하고, 그렇게 자기 취향을 과시함으로써 잠재적 경쟁자들을 통제한 것이다.
> 가시적 신분제도가 사라진 현대사회에서도 이러한 신분의 논리는 여전히 유효하다. 이제 개인은 소비를 통해 자신의 물질적 부를 표현함으로써 신분을 과시하려 한다.

① '보이지 않는 손'에 의한 합리적소비의 필요성
② 소득을 고려하지 않은 무분별한 과소비의 폐해
③ 계층별 소비규제의 필요성
④ 신분사회에서 의복 소비와 계층의 관계
⑤ 소비가 곧 신분이 되는 과시 소비의 원리

02 다음 글의 주장에 대해 반박하는 내용으로 적절하지 않은 것은?

프랑크푸르트학파는 대중문화의 정치적 기능을 중요하게 본다. 20세기 들어 서구 자본주의사회에서 혁명이 불가능하게 된 이유 가운데 하나는 바로 대중문화가 대중들을 사회의 권위에 순응하게 함으로써 사회를 유지하는 기능을 하고 있기 때문이라는 것이다. 이 순응의 기능은 두 방향으로 진행된다. 한편으로 대중문화는 대중들에게 자극적인 오락거리를 제공함으로써 정신적인 도피를 유도하여 정치에 무관심하도록 만든다는 것이다. 유명한 3S(Sex, Screen, Sports)는 바로 현실도피와 마취를 일으키는 대표적인 도구들이다. 다른 한편으로 대중문화는 자본주의적 가치관과 이데올로기를 은연 중에 대중들이 받아들이게 하는 적극적인 세뇌 작용을 한다. 영화나 드라마, 광고나 대중음악의 내용이 규격화되어 현재의 지배적인 가치관을 지속해서 주입함으로써, 대중은 현재의 문제를 인식하고 더 나은 상태로 생각할 수 있는 부정의 능력을 상실한 일차원적 인간으로 살아가게 된다는 것이다. 프랑크푸르트학파의 대표자 가운데 한 사람인 아도르노(Adorno)는 특별히 「대중음악에 대하여」라는 글에서 대중음악이 어떻게 이러한 기능을 수행하는지 분석했다. 그의 분석에 따르면, 대중음악은 우선 규격화되어 누구나 쉽고 익숙하게 들을 수 있는 특징을 가진다. 그리고 이런 익숙함은 어려움 없는 수동적인 청취를 조장하여, 자본주의 안에서의 지루한 노동의 피난처 구실을 한다. 그리고 나아가 대중음악의 소비자들이 기존 질서에 심리적으로 적응하게 함으로써 사회적 접착제의 역할을 한다.

① 대중문화의 영역은 지배계급이 헤게모니를 얻고자 하는 시도와 이에 대한 반대 움직임이 서로 얽혀 있는 곳으로 보아야 한다.

② 대중문화를 소비하는 대중이 문화 산물을 생산한 사람이 의도하는 그대로 문화 산물을 소비하는 존재에 불과하다는 생각은 현실과 맞지 않는다.

③ 대중의 평균적 취향에 맞추어 높은 질을 유지하는 것이 어렵다 하더라도 19세기까지의 대중이 즐겼던 문화에 비하면 현대의 대중문화는 훨씬 수준 높고 진보된 것으로 평가할 수 있다.

④ 발표되는 음악의 80%가 인기를 얻는 데 실패하고, 80% 이상의 영화가 엄청난 광고에도 불구하고 흥행에 실패한다는 사실은 대중이 단순히 수동적인 존재가 아니라는 것을 단적으로 드러내 보여주는 예이다.

⑤ 대중문화는 지배 이데올로기를 강요하는 지배문화로만 구성되는 것도 아니고, 이에 저항하여 자발적으로 발생한 저항문화로만 구성되는 것도 아니다.

03 다음 제시된 문단을 읽고, 이어질 문단을 논리적 순서대로 바르게 나열한 것은?

> 우리가 익숙하게 먹는 음식인 피자는 이탈리아에서 시작된 음식으로, 고대 로마에서도 이와 비슷한 음식을 먹었다는 기록은 있지만 현대적 의미에서의 피자의 시작은 19세기 말에 이탈리아에서 등장 했다고 볼 수 있다.

> (가) 그러나 나폴리식 피자는 재료의 풍족하지 못함을 철저한 인증제도의 도입으로 메꿈으로써 그 영향력을 발휘하고 있는데, 나폴리식 피자의 인증을 받기 위해서는 밀가루부터 피자를 굽는 과정까지 철저한 검증을 받아야 한다.
>
> (나) 피자의 본토인 이탈리아나 피자가 유명한 미국 등에서 피자가 간편하고 저렴한 음식으로 인식 되고 있는 것에 비해, 한국에서 피자는 저렴한 음식이라고는 볼 수 없는데, 이는 피자의 도입과 확산의 과정과 무관하다고 하기는 어려울 것이다.
>
> (다) 이탈리아의 피자는 남부의 나폴리식 피자와 중북부의 로마식 피자로 나뉘는데, 이탈리아의 남 부는 예전부터 중북부에 비해 가난한 지역이었기 때문에 로마식 피자에 비해 나폴리식 피자의 토핑은 풍족하지 못한 편이다.
>
> (라) 한국의 경우 피자가 본격적으로 자리 잡기 시작한 것은 1960년대부터로, 한국에서 이탈리아 음식을 최초로 전문적으로 팔기 시작한 '라 칸티나'의 등장과 함께였다. 이후 피자는 호텔을 중심으로 퍼져나가게 되었다.

① (가) - (다) - (라) - (나)

② (다) - (가) - (라) - (나)

③ (다) - (라) - (가) - (나)

④ (라) - (나) - (가) - (다)

⑤ (라) - (나) - (다) - (가)

※ 다음 문장을 논리적 순서대로 바르게 나열한 것을 고르시오. [4~5]

04

> (가) 글의 구조를 고려한 독서의 방법에는 요약하기와 조직자 활용하기 방법이 있다. 내용 요약하기는 문단의 중심 화제를 한두 문장으로 표현해 보는 일이다. 조직자란 내용을 조직하는 단위들이다. 이를 잘 찾아내면 글의 요점을 파악하기 쉽다.
> (나) 한 편의 완성된 글은 구조를 갖고 있으며 그 속에는 글쓴이의 중심 생각은 물론 글쓰기 전략도 들어 있다. 이때 글을 쓰는 목적이 무엇이냐에 따라 글쓰기 전략이 달라진다.
> (다) 정보를 전달하는 글은 정보를 쉽고 명료하게 조직하는 전략을 사용하고, 설득하는 글은 서론 – 본론 – 결론의 짜임을 취하며 주장을 설득력 있게 펼친다.
> (라) 독자 입장에서는 글이 구조를 갖고 있다는 점을 염두에 두고 글쓴이가 글을 쓴 목적이나 의도를 추리하며 글을 읽어야 한다.

① (가) – (나) – (라) – (다)   ② (가) – (다) – (나) – (라)
③ (가) – (라) – (나) – (다)   ④ (나) – (다) – (라) – (가)
⑤ (나) – (라) – (가) – (다)

Easy

05

> (가) 1980년대 말 미국 제약협회는 특허권을 통해 25년 동안 의약품의 독점 가격을 법으로 보장하도록 칠레 정부를 강하게 압박했다. 1990년 칠레 정부는 특허법 개정안을 제시했지만, 미국 제약협회는 수용을 거부했다.
> (나) 그러나 칠레의 사례는 이보다 훨씬 더 큰 사건을 예고하는 것이었다. 바로 세계무역기구에서 관리하는 1994년의 무역 관련 지적재산권 협정이다. 이 협정의 채택은 개별국가의 정책에 영향을 미치는 강제력이 있는 전지구적 지적재산권 체제의 시대가 왔음을 의미한다. 12명의 미국인으로 구성된 지적재산권위원회가 그 모든 결정권자였다.
> (다) 결국 칠레는 특허법 개정안을 원점에서 재검토하여 의약품에 대한 15년 동안의 특허 보호를 인정하는 개정안을 마련하였다. 이를 특허법에 반영하였고, 미국 제약협회는 이에 만족한다고 발표하였다.
> (라) 1990년 미국의 제약협회가 외국의 주권 국가가 제정한 법률을 거부하고 고치도록 영향력을 행사하는 사건이 일어났다. 1990년 전까지 칠레는 의약품에 대한 특허권을 인정하지 않았다. 특허권과 같은 재산권보다 공중 건강을 더 중시해 필요한 의약품의 가격을 적정수준으로 유지하려는 노력의 일환이었다.

① (가) – (라) – (다) – (나)   ② (나) – (가) – (라) – (다)
③ (다) – (가) – (라) – (나)   ④ (라) – (가) – (다) – (나)
⑤ (라) – (나) – (가) – (다)

06 다음 글의 내용으로 적절하지 않은 것은?

> 일그러진 달항아리와 휘어진 대들보. 물론 달항아리와 대들보가 언제나 그랬던 것은 아니다. 사실인즉 일그러지지 않은 달항아리와 휘어지지 않은 대들보가 더 많았을 것이다. 하지만 주목해야 할 것은 한국인들은 달항아리가 일그러졌다고 해서 깨뜨려 버리거나, 대들보가 구부러졌다고 해서 고쳐서 쓰거나 하지는 않았다는 것이다. 나아가 그들은 살짝 일그러진 달항아리나 그럴싸하게 휘어진 대들보, 입술이 약간 휘어져 삐뚜름 능청거리는 사발이 오히려 멋있다는 생각을 했던 것 같다. 일그러진 달항아리와 휘어진 대들보에서 '형(形)의 어눌함'과 함께 '상(象)의 세련됨'을 볼 수 있다. 즉, '상의 세련됨'을 머금은 '형의 어눌함'을 발견하게 된다. 대체로 평균치를 넘어서는 우아함을 갖춘 상은 어느 정도 형의 어눌함을 수반한다. 이런 형상을 가리켜 아졸하거나 고졸하다고 하는데 한국 문화는 이렇게 상의 세련됨과 형의 어눌함이 어우러진 아졸함이나 고졸함의 형상으로 넘쳐난다. 분청이나 철화, 달항아리 같은 도자기 역시 예상과는 달리 균제적이거나 대칭적이지 않은 경우가 많다. 이 같은 비균제성이나 비대칭성은 무의식(無意識)의 산물이 아니라 '형의 어눌함을 수반하는 상의 세련됨'을 추구하는 미의식(美意識)의 산물이다. 이러한 미의식은 하늘과 땅과 인간을 하나의 커다란 유기체로 파악하는 우리 민족이 자신의 삶을 통해 천지인의 조화를 이룩하기 위해 의식적으로 노력한 결과이다.

① 달항아리는 일그러진 모습, 대들보는 휘어진 모습을 한 것들이 많다.
② 한국인들은 곧은 대들보와 완벽한 모양의 달항아리를 좋아하지 않았다.
③ 상(象)의 세련됨은 형(形)의 어눌함에서도 발견할 수 있다.
④ 분청, 철화, 달항아리 같은 도자기에서는 비대칭적인 요소가 종종 발견된다.
⑤ 비대칭적 미의식은 천지인을 유기체로 파악하는 우리 민족의 의식적인 노력의 결과이다.

07 다음 중 '빌렌도르프의 비너스'에 대한 설명으로 가장 적절한 것은?

> 1909년 오스트리아 다뉴브 강가의 빌렌도르프 근교에서 철도 공사를 하던 중 구석기 유물이 출토되었다. 이 중 눈여겨볼 만한 것이 '빌렌도르프의 비너스'라 불리는 여성 모습의 석상이다. 대략 기원전 2만 년의 작품으로 추정되나 구체적인 제작연대나 용도 등에 대해 알려진 바가 거의 없다. 높이 11.1cm의 이 작은 석상은 굵은 허리와 둥근 엉덩이에 커다란 유방을 늘어뜨리는 등 여성 신체가 과장되어 묘사되어 있다. 가슴 위에 올려놓은 팔은 눈에 띄지 않을 만큼 작으며 땋은 머리에 가려 얼굴이 보이지 않는다. 출산, 다산의 상징으로 주술적 숭배의 대상이 되었던 것이라는 의견이 지배적이다. 태고의 이상적인 여성을 나타내는 것이라고 보는 의견이나, 선사시대 유럽의 풍요와 안녕의 상징이었다고 보는 의견도 있다.

① 팔은 떨어져 나가고 없다.
② 빌렌도르프라는 사람에 의해 발견되었다.
③ 부족장의 부인을 모델로 만들어졌다.
④ 구석기 시대의 유물이다.
⑤ 평화의 상징이라는 의견이 지배적이다.

08 다음 글의 내용으로 가장 적절한 것은?

> 뉴턴은 빛이 눈에 보이지 않는 작은 입자라고 주장하였고, 이것은 그의 권위에 의지하여 오랫동안 정설로 여겨졌다. 그러나 19세기 초에 토머스 영의 겹실틈 실험은 빛의 파동성을 증명하였다. 이 실험의 방법은 먼저 한 개의 실틈을 거쳐 생긴 빛이 다음에 설치된 두 개의 겹실틈을 지나가게 하여 스크린에 나타나는 무늬를 관찰하는 것이다.
> 이때 빛이 파동이냐 입자이냐에 따라 결과 값이 달라진다. 즉, 빛이 입자라면 일자 형태의 띠가 두 개 나타나야 하는데, 실험 결과 스크린에는 예상과 다른 무늬가 나타났다. 마치 두 개의 파도가 만나면 골과 마루가 상쇄와 간섭을 일으키듯이, 보강 간섭이 일어난 곳은 밝아지고 상쇄 간섭이 일어난 곳은 어두워지는 간섭무늬가 연속적으로 나타난 것이다. 그러나 19세기 말부터 빛의 파동성으로는 설명할 수 없는 몇 가지 실험적 사실이 나타났다. 1905년에 아인슈타인은 빛은 광량자라고 하는 작은 입자로 이루어졌다는 광량자설을 주장하였다. 빛의 파동성은 명백한 사실이었으므로 이것은 빛이 파동이면서 동시에 입자인 이중적인 본질을 가지고 있다는 것을 의미한다.

① 뉴턴의 가설은 그의 권위에 의해 현재까지도 정설로 여겨진다.
② 아인슈타인의 광량자설은 뉴턴과 토머스 영의 가설을 모두 포함한다.
③ 겹실틈 실험 결과, 일자 형태의 띠가 두 개 나타났으므로, 빛은 입자이다.
④ 토머스 영의 겹실틈 실험은 빛의 파동성을 증명하였지만, 이는 아인슈타인에 의해서 거짓으로 판명났다.
⑤ 겹실틈 실험은 한 개의 실틈을 거쳐 생긴 빛이 다음 설치된 두 개의 겹실틈을 지나가게 해서 그 틈을 관찰하는 것이다.

09 다음 중 밑줄 친 ㉠에 대해 제기할 수 있는 반론으로 가장 적절한 것은?

기업은 상품의 사회적 마모를 촉진시키는 주체이다. 생산과 소비가 지속되어야 이윤을 남길 수 있기 때문에, 하나의 상품을 생산해서 그 상품의 물리적 마모가 끝날 때까지를 기다렸다가는 그 기업은 망하기 십상이다. 이러한 상황에서 늘 수요에 비해서 과잉생산을 하는 기업이 살아남을 수 있는 길은 상품의 사회적 마모를 짧게 해서 사람들로 하여금 계속 소비하게 만드는 것이다.

그래서 ㉠ 기업들은 더 많은 이익을 내기 위해서는 상품의 성능을 향상시키기보다는 디자인을 변화시키는 것이 더 바람직하다고 생각한다. 산업이 발달하여 상품의 성능이나 기능, 내구성이 이전보다 더욱 향상되었는데도 불구하고 상품의 생명이 이전보다 더 짧아지는 것은 어떻게 생각하면 자본주의 상품이 지닌 모순이라고 할 수 있다.

섬유의 질은 점점 좋아지지만 그 옷을 입는 기간은 이에 비해서 점점 짧아지게 되는 것이 바로 자본주의 상품이 지니고 있는 모순이다. 산업이 계속 발달하여 상품의 성능이 향상되는데도 상품의 사회적인 마모 기간이 누군가에 의해서 엄청나게 짧아지고 있다. 상품의 질은 향상되고 내가 버는 돈은 늘어가는 것 같은데 늘 무엇인가 부족한 느낌이 드는 것도 이것과 관련이 있다.

① 상품의 성능은 그대로 두어도 향상될 수 있는가?
② 소비성향에 맞춰 디자인을 다양화할 수 있는가?
③ 디자인에 관한 소비자들의 취향이 바뀌는 것을 막을 방안은 있는가?
④ 상품의 성능향상을 등한시하며 디자인만 바꾼다고 소비가 증가할 것인가?
⑤ 사회적 마모 기간이 점차 짧아지면 디자인을 개발하는 것이 기업에 도움이 되겠는가?

10 다음 글의 밑줄 친 빈칸에 들어갈 말로 가장 적절한 것은?

전통문화는 근대화의 과정에서 해체되는 것인가, 아니면 급격한 사회변동의 과정에서도 유지될 수 있는 것인가? 전통문화의 연속성과 재창조는 왜 필요하며, 어떻게 이루어지는가? 외래문화의 토착화(土着化), 한국화(韓國化)는 사회 변동과 문화변화의 과정에서 무엇을 의미하는가? 이상과 같은 의문들은 오늘날 한국 사회에서 논란의 대상이 되고 있으며, 입장에 따라 상당한 견해차이도 드러내고 있다.

전통의 유지와 변화에 대한 견해 차이는 오늘날 한국 사회에서 단순하게 보수주의와 진보주의의 차이로 이해될 성질의 것이 아니다. 한국 사회의 근대화는 이미 한 세기의 역사를 가지고 있으며, 앞으로도 계속되어야 할 광범하고 심대(深大)한 사회구조적 변동이다. 그렇기 때문에, 보수주의적 성향을 가진 사람들도 전통문화의 변질을 어느 정도 수긍하지 않을 수 없는가 하면, 사회변동의 강력한 추진 세력 또한 문화적 전통의 확립을 주장하지 않을 수 없다.

또, 한국 사회에서 전통문화의 변화에 관한 논의는 단순히 외래문화이냐 전통문화이냐의 양자택일적인 문제가 될 수 없다는 것도 명백하다. 근대화는 전통문화의 연속성과 변화를 다 같이 필요로 하며, 외래문화의 수용과 그 토착화 등을 다 같이 요구하는 것이기 때문이다. 그러므로 전통을 계승하고 외래문화를 수용할 때에 무엇을 취하고 무엇을 버릴 것이냐 하는 문제도 단순히 문화의 보편성(普遍性)과 특수성(特殊性)이라고 하는 기준에서만 다룰 수 없다. 근대화라고 하는 사회 구조적 변동이 문화변화를 결정지을 것이기 때문에, 전통문화의 변화 문제를 ＿＿＿＿＿＿＿＿에서 다루어 보는 분석이 매우 중요하리라고 생각한다.

① 보수주의의 시각
② 진보주의의 시각
③ 사회변동의 시각
④ 외래와 전통의 시각
⑤ 보편성과 특수성의 시각

11 다음 글의 전개방식으로 가장 적절한 것은?

> 비만은 더 이상 개인의 문제가 아니다. '세계보건기구(WHO)'는 비만을 질병으로 분류하고, 총 8종의 암(대장암, 자궁내막암, 난소암, 전립선암, 신장암, 유방암, 간암, 담낭암)을 유발하는 주요 요인으로 제시하고 있다. 오늘날 기대수명이 늘어가는 상황에서 실질적인 삶의 질 향상을 위해서도 국가적으로 적극적인 비만관리가 필요해진 것이다.
>
> 이러한 비만을 예방하기 위한 국가적인 대책을 살펴보자. 우선 비만을 유발하는 과자, 빵, 탄산음료 등 고열량·저열량·고카페인 함유 식품의 판매 제한 모니터링이 강화되어야 하며, 또한 과음과 폭식 등 비만을 조장·유발하는 문화와 환경도 개선되어야 한다. 특히 과음은 식사량과 고열량 안주 섭취를 늘려 지방간, 간경화 등 건강 문제와 함께 복부 비만의 위험을 높이는 주요 요인이다. 따라서 회식과 접대 문화, 음주 행태 개선을 위한 가이드라인을 마련하고 음주 폐해 예방 캠페인을 추진하는 것도 하나의 방법이다.
>
> 다음으로 건강관리를 위해 운동을 권장하는 것도 중요하다. 수영, 스케이트, 볼링, 클라이밍 등 다양한 스포츠를 즐기는 문화를 조성하고, 특히 비만 환자의 경우 체계적인 체력 관리와 건강증진을 위한 운동프로그램이 요구된다.

① 다양한 관점들을 제시한 뒤, 예를 들어 설명하고 있다.
② 시간에 따른 현상의 변화 과정에 대해 설명하고 있다.
③ 서로 다른 관점을 비교·분석하고 있다.
④ 주장을 제시하고 여러 가지 근거를 들어 설득하고 있다.
⑤ 문제점을 제시하고 그에 대한 해결 방안을 제시하고 있다.

12 다음 글에서 〈보기〉의 문장이 들어갈 가장 적절한 곳은?

> 루트비히 판 베토벤(Ludwig Van Beethoven)의 「교향곡 9번 d 단조 Op. 125」는 그의 청력이 완전히 상실된 상태에서 작곡한 교향곡으로 유명하다. ㉠ 1824년에 완성된 이 작품은 4악장에 합창 및 독창이 포함된 것이 특징이다. 당시 시대적 배경을 볼 때, 이는 처음으로 성악을 기악곡에 도입한 획기적인 작품이었다. ㉡ 이 작품은 베토벤의 다른 작품들을 포함해 서양음악 전체에서 가장 뛰어난 작품 가운데 하나로 손꼽히며, ㉢ 현재 유네스코의 세계기록유산으로 지정되어 있다. ㉣ 또한 4악장의 전주 부분은 유럽연합의 공식 상징가로 사용되며, 자필 원본 악보는 2003년 런던 소더비 경매에서 210만 파운드에 낙찰되기도 했다. ㉤

보기

이 작품에 '합창교향곡'이라는 명칭이 붙은 것도 바로 4악장에 나오는 합창 때문이다.

① ㉠   ② ㉡
③ ㉢   ④ ㉣
⑤ ㉤

13 다음 글을 통해 추론할 수 있는 것은?

바닷속에 서식했던 척추동물의 조상형 동물들은 체와 같은 구조를 이용하여 물속의 미생물을 걸러 먹었다. 이들은 몸집이 아주 작아서 물속에 녹아 있는 산소가 몸 깊숙한 곳까지 자유로이 넘나들 수 있었기 때문에 별도의 호흡계가 필요하지 않았다. 그런데 몸집이 커지면서 먹이를 거르던 체와 같은 구조가 호흡 기능까지 갖게 되어 마침내 아가미 형태로 변형되었다. 즉, 소화계의 일부가 호흡 기능을 담당하게 된 것이다. 그 후 호흡계의 일부가 변형되어 허파로 발달하고, 그 허파는 위장으로 이어지는 식도 아래쪽으로 뻗어나갔다. 한편, 공기가 드나드는 통로는 콧구멍에서 입천장을 뚫고 들어가 입과 아가미 사이에 자리 잡게 되었다. 이러한 진화 과정을 보여주는 것이 폐어(肺魚) 단계의 호흡계구조이다.

이후 진화 과정이 거듭되면서 호흡계와 소화계가 접하는 지점이 콧구멍 바로 아래로부터 목 깊숙한 곳으로 이동하였다. 그 결과 머리와 목구멍의 구조가 변형되지 않는 범위 내에서 호흡계와 소화계가 점차 분리되었다. 즉, 처음에는 길게 이어져 있던 호흡계와 소화계의 겹친 부위가 점차 짧아졌고 마침내 하나의 교차점으로만 남게 된 것이다. 이것이 인간을 포함한 고등 척추동물에서 볼 수 있는 호흡계의 기본 구조이다. 따라서 음식물로 인한 인간의 질식 현상은 척추동물 조상형 단계를 지나 자리 잡게 된 허파의 위치 – 당시에는 최선의 선택이었을 – 때문에 생겨난 진화의 결과라 할 수 있다.

① 진화는 순간순간에 필요한 대응일 뿐 최상의 결과를 내는 과정이 아니다.

② 조상형 동물은 몸집이 커지면서 호흡 기능의 중요성이 줄어드는 대신 소화 기능이 중요해졌다.

③ 폐어 단계의 호흡계구조에서 갖고 있던 아가미는 척추동물의 허파로 진화하였다.

④ 지금의 척추동물과는 달리 조상형 동물들은 산소를 필요로 하지 않았다.

⑤ 척추동물로 진화해 오면서 호흡계와 소화계는 완전히 분리되었다.

14 다음 글을 통해 유추할 내용으로 적절하지 않은 것은?

최근 온라인에서 '동서양 만화의 차이'라는 제목의 글이 화제가 되었다. 공개된 글에 따르면 동양만화의 대표 격인 일본 만화는 대사보다는 등장인물의 표정, 대인관계 등에 초점을 맞춰 이미지나 분위기 맥락에 의존한다. 또 다채로운 성격의 캐릭터들이 등장하고 사건 사이의 무수한 복선을 통해 스토리가 진행된다.

반면 서양 만화를 대표하는 미국 만화는 정교한 그림체와 선악의 확실한 구분, 수많은 말풍선을 사용한 스토리 전개 등이 특징이다. 서양 사람들은 동양 특유의 느긋한 스토리와 말 없는 칸을 어색하게 느낀다. 이처럼 동서양 만화의 차이가 발생하는 이유는 동서양이 고맥락 문화와 저맥락 문화로 구분되기 때문이다. 고맥락 문화는 민족적 동질을 이루며 역사, 습관, 언어 등에서 공유하고 있는 맥락의 비율이 높다. 또한 집단주의와 획일성이 발달했다. 일본, 한국, 중국과 같은 한자문화권에 속한 동아시아 국가가 이러한 고맥락 문화에 속한다.

반면 저맥락 문화는 다인종·다민족으로 구성된 미국, 캐나다 등이 대표적이다. 저맥락 문화의 국가는 멤버 간에 공유하고 있는 맥락의 비율이 낮아 개인주의와 다양성이 발달한 문화를 가진다. 이렇듯 고맥락 문화와 저맥락 문화의 만화는 말풍선 안에 대사의 양으로 큰 차이점을 느낄 수 있다.

① 고맥락 문화의 만화는 등장인물의 표정, 대인관계 등 이미지나 분위기 맥락에 의존하는 경향이 있다.

② 저맥락 문화는 멤버간의 공유하고 있는 맥락의 비율이 낮아서 다양성이 발달했다.

③ 동서양 만화를 접했을 때 표면적으로 느낄 수 있는 차이점은 대사의 양이다.

④ 일본 만화는 무수한 복선을 통한 스토리 진행이 특징이다.

⑤ 미국은 고맥락 문화의 대표국으로 다양성이 발달하는 문화를 갖기 때문에 다채로운 성격의 캐릭터가 등장한다.

15 다음 중 밑줄 친 ㉠과 ㉡에 대한 설명으로 적절하지 않은 것은?

동영상 플랫폼 유튜브(Youtube)에 'Me at the zoo'라는 제목으로, 한 남성이 캘리포니아 동물원의 코끼리 우리 앞에 서서 18초 남짓한 시간 동안 코끼리 코를 칭찬하는 다소 평범한 내용의 영상이 게재돼 있다. 이 영상은 유튜브 최초의 동영상으로 누구나, 언제, 어디서나, 손쉽게 소통이 가능하다는 비디오 콘텐츠의 장점을 여실히 보여주고 있다. 국내 온라인 커머스에서도 이러한 비디오 콘텐츠에 주목한다.

스마트폰 보급률이 높아짐에 따라 모바일을 이용해 상품을 구매하는 소비자층이 늘어났다. 날이 갈수록 모바일 체류시간이 늘고 있는 소비자들을 잡기 위해서는 최적화된 마케팅이 필요하다. 모바일을 활용한 마케팅은 기존 PC보다 작은 화면 안의 면밀하고 계획적인 공간 활용과 구성이 필요하다. 제품을 소개하는 글을 줄여 스크롤 압박을 최소화해야 하고, 재미와 즐거움을 줌으로써 고객들을 사로잡아야 한다. 이런 부분에서 비디오 콘텐츠는 가장 효과적인 마케팅으로 볼 수 있다. 모든 것을 한 화면 안에서 보여줄 뿐만 아니라 시각과 청각을 자극해 시선을 끌기 쉽고 정보를 효과적으로 전달하는 장점이 있기 때문이다.

비디오 콘텐츠를 활용한 ㉠ 비디오 커머스(V-commerce)는 기존 ㉡ 홈쇼핑과 유사한 맥락을 가지지만, 전달 형식에서 큰 차이가 있다. 홈쇼핑이 제품의 상세 설명이라면 비디오 커머스는 제품의 사용 후기에 보다 집중된 모습을 보여준다. 또한 홈쇼핑을 정형화되고 깔끔하게 정리된 A급 콘텐츠라고 본다면, 비디오 커머스의 콘텐츠는 일상생활에서 흔하게 접할 수 있는 에피소드를 바탕으로 영상을 풀어나가는 B급 콘텐츠가 주를 이룬다. 주요 이용자가 40 ~ 50대인 홈쇼핑과 달리 모바일의 주요 이용자는 20 ~ 30대로, 이들의 눈높이에 맞추다 보니 쉽고 가벼운 콘텐츠가 많이 등장하고 있는 것이다. 향후 비디오 커머스 시장이 확대되면 재미는 물론 더욱 다양한 상품 정보와 소비 욕구를 충족시키는 콘텐츠가 많이 등장할 것이다.

일반 중소 상인들에게 홈쇼핑채널을 통한 입점과 판매는 진입장벽이 높지만, 비디오 커머스는 진입장벽이 낮고 SNS와 동영상 플랫폼을 잘 이용하면 전 세계 어디에나 진출할 수 있다는 장점이 있다. 동영상 콘텐츠 하나로 채널과 국가, 나아가 모든 영역을 넘나드는 새로운 비즈니스 모델의 창출이 가능한 셈이다.

① 소비자에게 ㉠은 제품 사용 후기를, ㉡은 제품에 대한 상세 설명을 전달한다.

② ㉠과 ㉡은 주로 이용하는 대상이 각각 다르기 때문에 콘텐츠 내용에서 차이가 나타난다.

③ ㉠은 ㉡과 달리 일반 중소상인들에게 진입장벽이 낮다.

④ 모바일을 이용하는 소비자가 늘어남에 따라 ㉡이 효과적인 마케팅으로 주목받고 있다.

⑤ ㉠의 콘텐츠는 누구나, 언제, 어디서나, 손쉽게 소통이 가능하다.

※ 다음 제시된 명제가 모두 참일 때, 빈칸에 들어갈 명제로 가장 적절한 것을 고르시오. [1~3]

01

> • 스누피가 아니면 제리이다.
> • _____
> • 그러므로 제리가 아니면 니모이다.

① 제리는 니모이다.
② 제리이면 스누피가 아니다.
③ 니모이면 스누피이다.
④ 니모가 아니면 스누피가 아니다.
⑤ 스누피는 니모이다.

Easy

02

> • 땅이 산성이면 빨간 꽃이 핀다.
> • 땅이 산성이 아니면 하얀 꽃이 핀다.
> • 그러므로 _____

① 하얀 꽃이 피지 않으면 땅이 산성이 아니다.
② 땅이 산성이면 하얀 꽃이 핀다.
③ 하얀 꽃이 피지 않으면 빨간 꽃이 핀다.
④ 빨간 꽃이 피면 땅이 산성이 아니다.
⑤ 하얀 꽃이 피면 땅이 산성이다.

03

> • 축구를 좋아하는 사람은 모두 기자이다.
> • 고등학생 중에는 축구를 좋아하는 사람도 있다.
> • 그러므로 _____

① 고등학생 중에는 기자도 있다.
② 축구를 좋아하는 모든 사람은 기자이다.
③ 야구를 좋아하는 사람 중에는 고등학생도 있다.
④ 기자 중에는 고등학생은 없다.
⑤ 축구를 좋아하지 않는 사람은 기자가 아니다.

※ 다음 제시된 명제가 모두 참일 때, 마지막에 들어갈 명제로 가장 적절한 것을 고르시오. [4~6]

04

• 하루에 두 끼를 먹는 어떤 사람도 뚱뚱하지 않다.
• 아침을 먹는 모든 사람은 하루에 두 끼를 먹는다.
• _____

① 하루에 세 끼를 먹는 사람이 있다.
② 아침을 먹는 모든 사람은 뚱뚱하지 않다.
③ 뚱뚱하지 않은 사람은 하루에 두 끼를 먹는다.
④ 하루에 한 끼를 먹는 사람은 뚱뚱하지 않다.
⑤ 아침을 먹는 어떤 사람은 뚱뚱하다.

05

• 펜싱을 잘하는 사람은 검도를 잘한다.
• 야구를 잘하는 사람은 골프를 잘한다.
• 족구를 잘하는 사람은 펜싱을 잘한다.
• _____

① 골프를 잘하는 사람은 야구를 잘하지 못한다.
② 검도를 잘하는 사람은 족구를 잘한다.
③ 야구를 잘하지 못하는 사람은 검도를 잘한다.
④ 펜싱을 잘하는 사람은 골프를 잘한다.
⑤ 족구를 잘하는 사람은 검도를 잘한다.

Easy

06

• 음악을 좋아하는 사람은 미술을 잘한다.
• 미술을 잘하는 사람은 노래를 잘한다.
• 나는 음악을 좋아한다.
• _____

① 나는 음악을 잘한다.
② 나는 미술을 좋아한다.
③ 나는 노래를 좋아한다.
④ 나는 노래를 잘한다.
⑤ 나는 음악을 좋아하지만 잘하지는 못한다.

07

> - 정수, 영수, 영호, 재호, 경호 5명은 시력 검사를 하였다.
> - 정수의 시력은 1.2이다.
> - 정수의 시력은 영수의 시력보다 0.5 높다.
> - 영호의 시력은 정수보다 낮고 영수보다 높다.
> - 영호의 시력보다 낮은 재호의 시력은 0.6 ~ 0.8이다.
> - 경호의 시력은 0.6 미만으로 안경을 새로 맞춰야 한다.

① 영호의 시력은 1.0 이상이다.
② 경호의 시력이 가장 낮은 것은 아니다.
③ 정수의 시력이 가장 높다.
④ 재호의 시력은 영수의 시력보다 높다.
⑤ 시력이 높은 순으로 나열하면 '정수 – 영호 – 영수 – 재호 – 경호'이다.

Easy

08

> - 영희, 상욱, 수현 3명은 영어, 수학, 국어 시험을 보았다.
> - 영희는 영어 2등, 수학 2등, 국어 2등을 하였다.
> - 상욱이는 영어 1등, 수학 3등, 국어 1등을 하였다.
> - 수현이는 수학만 1등을 하였다.
> - 전체 평균 점수 1등을 한 사람은 영희이다.

① 총점이 가장 높은 것은 영희이다.
② 수현이의 수학 점수는 상욱이의 영어 점수보다 높다.
③ 상욱이의 영어 점수는 영희의 수학 점수보다 높다.
④ 영어와 수학 점수만 봤을 때, 상욱이가 1등일 것이다.
⑤ 상욱이의 국어 점수는 수현이의 수학 점수보다 낮다.

09

> • 냉면을 좋아하는 사람은 여름을 좋아한다.
> • 호빵을 좋아하는 사람은 여름을 좋아하지 않는다.

① 호빵을 좋아하는 사람은 냉면을 좋아한다.
② 여름을 좋아하는 사람은 냉면을 좋아한다.
③ 냉면을 좋아하는 사람은 호빵을 좋아한다.
④ 호빵을 좋아하는 사람은 냉면을 좋아하지 않는다.
⑤ 호빵을 좋아하지 않는 사람은 냉면을 좋아하지 않는다.

10 남학생 A ~ D와 여학생 W ~ Z 8명이 있다. 어떤 시험을 본 뒤, 8명의 득점을 알아보았더니, 남녀 모두 1명씩 짝을 이루어 동점을 받았다. 다음 〈조건〉을 모두 만족할 때, 도출할 수 있는 결론으로 적절한 것은?

> **조건**
> • 여학생 X는 남학생 B 또는 C와 동점이다.
> • 여학생 Y는 남학생 A 또는 B와 동점이다.
> • 여학생 Z는 남학생 A 또는 C와 동점이다.
> • 남학생 B는 여학생 W 또는 Y와 동점이다.

① 여학생 W는 남학생 B와 동점이다.
② 여학생 X와 남학생 B가 동점이다.
③ 여학생 Z와 남학생 C는 동점이다.
④ 여학생 Y는 남학생 A와 동점이다.
⑤ 여학생 W와 남학생 D는 동점이다.

11 A ~ D는 각각 피아노, 바이올린, 트럼펫, 플루트를 연주한다. 또한 피아노를 연주 하는 사람은 재즈를, 트럼펫과 바이올린을 연주하는 사람은 클래식을, 플루트를 연주하는 사람은 재즈와 클래식 모두를 연주한다. 네 사람 중 한 사람만 진실을 이야기 했을 때, 옳은 것을 〈보기〉에서 모두 고르면?(단, 악기는 중복 없이 한 사람당 한 악기만 연주할 수 있고 거짓은 모든 진술을 부정한다)

> • A : 나는 피아노를 연주하지 않고, D는 트럼펫을 연주해.
> • B : A는 플루트를 연주하지 않고, 나는 바이올린을 연주해.
> • C : B는 피아노를 연주하고, D는 바이올린을 연주해.
> • D : A는 플루트를 연주하고, C는 트럼펫을 연주하지 않아.

보기

> ㉠ A는 재즈를, C는 클래식을 연주한다.
> ㉡ B는 클래식을 연주한다.
> ㉢ C는 재즈와 클래식을 모두 연주한다.

① ㉠
② ㉡
③ ㉢
④ ㉠, ㉡
⑤ ㉡, ㉢

12 L그룹 신입사원인 A ~ E 5명은 각각 영업팀, 기획팀, 홍보팀 중 한 곳에 속해있다. 각 팀 모두 같은 날, 같은 시간에 회의가 있고, L그룹은 3층과 5층에 회의실이 2개씩 있다. 따라서 3팀이 모두 한 층에서 회의를 할 수는 없다. 5명의 진술 중 2명은 참을 말하고 3명은 거짓을 말할 때, 항상 참인 것을 〈보기〉에서 모두 고르면?

> • A사원 : 기획팀은 3층에서 회의를 한다.
> • B사원 : 영업팀은 5층에서 회의를 한다.
> • C사원 : 홍보팀은 5층에서 회의를 한다.
> • D사원 : 나는 3층에서 회의를 한다.
> • E사원 : 나는 3층에서 회의를 하지 않는다.

보기

> ㉠ 영업팀과 홍보팀이 같은 층에서 회의를 한다면 E는 기획팀이다.
> ㉡ 기획팀이 3층에서 회의를 한다면, D사원과 E사원은 같은 팀일 수 있다.
> ㉢ 두 팀이 5층에서 회의를 하는 경우가 3층에서 회의를 하는 경우보다 많다.

① ㉠
② ㉡
③ ㉠, ㉢
④ ㉡, ㉢
⑤ ㉠, ㉡, ㉢

13 다음 제시된 명제가 모두 참일 때 추론할 수 있는 것은?

> • 아메리카노는 카페라테보다 많이 팔린다.
> • 유자차는 레모네이드보다 덜 팔린다.
> • 카페라테는 레모네이드보다 많이 팔리지만, 녹차보다는 덜 팔린다.
> • 녹차는 스무디보다 덜 팔리지만, 아메리카노보다 많이 팔린다.

① 가장 많이 팔리는 음료는 스무디이다.
② 유자차가 가장 안 팔리지는 않는다.
③ 카페라테보다 덜 팔리는 음료는 3개이다.
④ 녹차가 가장 많이 팔린다.
⑤ 레모네이드가 가장 적게 팔린다.

14 L사에 근무하는 A∼C 세 명은 협력업체를 방문하기 위해 택시를 타고 가고 있다. 다음 〈조건〉을 참고할 때, 항상 옳은 것은?

> 조건
> • 세 명의 직급은 각각 과장, 대리, 사원이다.
> • 세 명은 각각 검은색, 회색, 갈색 코트를 입었다.
> • 세 명은 기획팀, 연구팀, 디자인팀이다.
> • 택시 조수석에는 회색 코트를 입은 과장이 앉아있다.
> • 갈색 코트를 입은 연구팀 직원은 택시 뒷좌석에 앉아있다.
> • 셋 중 가장 낮은 직급의 C는 기획팀이다.

① A : 대리, 갈색 코트, 연구팀
② A : 과장, 회색 코트, 디자인팀
③ B : 대리, 갈색 코트, 연구팀
④ B : 과장, 회색 코트, 디자인팀
⑤ C : 사원, 검은색 코트, 기획팀

15 L씨는 최근 '빅데이터'에 관심이 생겨 관련 도서를 빌리기 위해 도서관에 갔다. 다음 중 L씨가 빌리고자 하는 도서가 있는 곳은?

- 1층은 어린이 문헌정보실과 가족 문헌정보실이다.
- 제1 문헌정보실은 하나의 층을 모두 사용한다.
- 제2 문헌정보실은 엘리베이터로 이동할 수 없다.
- 5층은 보존서고실로 직원들만 이용이 가능하다.
- 제1 문헌정보실에는 인문, 철학, 역사 등의 도서가 비치되어 있다.
- 제2 문헌정보실에는 정보통신, 웹, 네트워크 등의 도서가 비치되어 있다.
- 3층은 2층과 연결된 계단을 통해서만 이동할 수 있으며, 나머지 층은 엘리베이터로 이동할 수 있다.
- 일반열람실은 보존서고실 바로 아래층에 있다.

① 1층

② 2층

③ 3층

④ 4층

⑤ 5층

PART 2

01 다음은 학년별 온라인수업 수강 방법에 대한 자료이다. 이에 대한 설명으로 옳은 것을 〈보기〉에서 모두 고르면?

〈학년별 온라인수업 수강 방법〉

(단위 : %)

구분		스마트폰	태블릿PC	노트북	PC
학년	초등학생	7.2	15.9	34.4	42.5
	중학생	5.5	19.9	36.8	37.8
	고등학생	3.1	28.5	38.2	30.2
성별	남학생	10.8	28.1	30.9	30.2
	여학생	3.8	11.7	39.1	45.4

보기

㉠ 초등학생에서 중학생, 고등학생으로 올라갈수록 스마트폰과 PC의 이용률은 감소하고, 태블릿 PC와 노트북의 이용률은 증가한다.
㉡ 초・중・고등학생의 노트북과 PC의 이용률의 차이는 고등학생이 가장 작다.
㉢ 태블릿PC의 남학생・여학생 이용률의 차이는 노트북의 남학생・여학생 이용률의 2배이다.

① ㉠,
② ㉠, ㉡
③ ㉠, ㉢
④ ㉡, ㉢
⑤ ㉠, ㉡, ㉢

02 다음은 L기업의 2024년 상반기 신입사원 채용 현황이다. 이에 대한 설명으로 옳지 않은 것은?

〈신입사원 채용 현황〉

(단위 : 명)

구분	입사지원자 수	합격자 수
남성	680	120
여성	320	80

① 남성 합격자 수는 여성 합격자 수의 1.5배이다.
② 총 입사지원자 중 합격률은 20%이다.
③ 여성 입사지원자의 합격률은 25%이다.
④ 합격자 중 남성의 비율은 70% 이상이다.
⑤ 총 입사지원자 중 여성 입사지원자의 비율은 30% 이상이다.

03 L편의점은 3 ~ 8월까지 6개월간 캔 음료 판매 현황을 자료로 정리하였다. 다음 중 이해한 내용으로 적절하지 않은 것은?

〈L편의점 캔 음료 판매현황〉

(단위 : 캔)

구분	맥주	커피	탄산음료	이온음료	과일음료
3월	601	264	448	547	315
4월	536	206	452	523	362
5월	612	184	418	519	387
6월	636	273	456	605	406
7월	703	287	476	634	410
8월	812	312	513	612	419

※ 3 ~ 5월은 봄, 6 ~ 8월은 여름으로 구분함

① 맥주는 매월 커피의 2배 이상 판매되었다.
② 모든 캔 음료는 봄보다 여름에 더 잘 팔렸다.
③ 이온음료는 탄산음료보다 봄에 더 잘 팔렸다.
④ 맥주는 매월 가장 높은 판매 비중을 보이고 있다.
⑤ 모든 캔 음료는 여름에 매월 꾸준히 판매량이 증가하였다.

04 다음은 2023년 9월 L공항의 원인별 지연 및 결항 통계자료이다. 이에 대한 설명으로 옳은 것은?

〈2023년 9월 L공항 원인별 지연 및 결항 통계〉

(단위 : 편)

구분	기상	A/C 접속	A/C 정비	여객처리 및 승무원 관련	복합원인	기타	합계
지연	98	1,510	150	30	2	1,090	2,880
결항	14	4	12	0	0	40	70

① 기상으로 지연된 항공편 수는 기상으로 결항된 항공편 수의 6배이다.
② 기타를 제외하고 항공편 지연과 결항에서 가장 높은 비중을 차지하고 있는 원인이 같다.
③ 9월에 L공항을 이용하는 비행기가 지연되었을 확률은 98%이다.
④ A/C 정비로 인해 결항된 항공편 수는 A/C 정비로 인해 지연된 항공편 수의 10%이다.
⑤ 항공기 지연 중 A/C 정비가 차지하는 비율은 결항 중 기상이 차지하는 비율의 $\frac{1}{4}$ 이다.

05 다음은 시도별 인구변동 현황에 대한 자료이다. 이에 대한 설명으로 옳은 것을 〈보기〉에서 모두 고르면?

〈시도별 인구변동 현황〉

(단위 : 천 명)

구분	2017년	2018년	2019년	2020년	2021년	2022년	2023년
전체	49,582	49,782	49,990	50,269	50,540	50,773	51,515
서울	10,173	10,167	10,181	10,193	10,201	10,208	10,312
부산	3,666	3,638	3,612	3,587	3,565	3,543	3,568
대구	2,525	2,511	2,496	2,493	2,491	2,489	2,512
인천	2,579	2,600	2,624	2,665	2,693	2,710	2,758
광주	1,401	1,402	1,408	1,413	1,423	1,433	1,455
대전	1,443	1,455	1,466	1,476	1,481	1,484	1,504
울산	1,081	1,088	1,092	1,100	1,112	1,114	1,126
경기	10,463	10,697	10,906	11,106	11,292	11,460	11,787

보기

㉠ 서울 인구와 경기 인구의 차이는 2017년에 비해 2023년에 더 커졌다.
㉡ 2017년과 비교했을 때, 2023년 인구가 감소한 지역은 부산뿐이다.
㉢ 2018 ~ 2023년 동안 전년 대비 증가한 인구수를 비교했을 때, 광주는 2023년에 가장 많이 증가했다.
㉣ 대구는 전년 대비 2020년부터 인구가 꾸준히 감소했다.

① ㉠, ㉡
② ㉠, ㉢
③ ㉡, ㉢
④ ㉡, ㉣
⑤ ㉠, ㉡, ㉢

06 다음은 지역별 마약류 단속에 대한 자료이다. 이에 대한 설명으로 옳은 것은?

〈지역별 마약류 단속 건수〉

(단위 : 건, %)

구분	대마	코카인	향정신성의약품	합계	비중
서울	49	18	323	390	22.1
인천·경기	55	24	552	631	35.8
부산	6	6	166	178	10.1
울산·경남	13	4	129	146	8.3
대구·경북	8	1	138	147	8.3
대전·충남	20	4	101	125	7.1
강원	13	0	35	48	2.7
전북	1	4	25	30	1.7
광주·전남	2	4	38	44	2.5
충북	0	0	21	21	1.2
제주	0	0	4	4	0.2
전체	167	65	1,532	1,764	100.0

※ 수도권은 서울과 인천·경기를 합한 지역임
※ 마약류는 대마, 코카인, 향정신성의약품으로만 구성됨

① 대마 단속 전체 건수는 코카인 단속 전체 건수의 3배 이상이다.
② 수도권의 마약류 단속 건수는 마약류 단속 전체 건수의 50% 이상이다.
③ 코카인 단속 건수가 없는 지역은 5곳이다.
④ 향정신성의약품 단속 건수는 대구·경북 지역이 광주·전남 지역의 4배 이상이다.
⑤ 강원 지역은 향정신성의약품 단속 건수가 대마 단속 건수의 3배 이상이다.

07 다음은 어느 지역의 주화공급 현황에 대한 자료이다. 이에 대한 〈보기〉의 설명 중 옳은 것을 모두 고르면?

〈주화 공급 현황〉

구분	액면가				
	10원	50원	100원	500원	합계
공급량(십만 개)	340	215	265	180	1,000
공급기관 수(개)	170	90	150	120	530

※ (평균 주화공급량)=$\dfrac{(주화종류별\ 공급량의\ 합)}{(주화종류\ 수)}$

※ (주화공급액)=(주화공급량)×(액면가)

보기

ㄱ. 주화공급량이 주화종류별로 각각 20십만 개씩 증가한다면, 이 지역의 평균 주화공급량은 270십만 개이다.

ㄴ. 주화종류별 공급기관당 공급량은 10원 주화가 500원 주화보다 적다.

ㄷ. 10원과 500원 주화는 각각 10%씩, 50원과 100원 주화는 각각 20%씩 공급량이 증가한다면, 이 지역의 평균 주화공급량의 증가율은 15% 이하이다.

ㄹ. 총 주화공급액 규모가 12% 증가해도 주화종류별 주화공급량의 비율은 변하지 않는다.

---

① ㄱ, ㄴ
② ㄱ, ㄷ
③ ㄷ, ㄹ
④ ㄱ, ㄷ, ㄹ
⑤ ㄴ, ㄷ, ㄹ

08 다음은 우리나라 인구성장률과 합계출산율에 대한 표이다. 이에 대한 설명으로 옳지 않은 것은?

〈인구성장률〉

(단위 : %)

구분	2018년	2019년	2020년	2021년	2022년	2023년
인구성장률	0.53	0.46	0.63	0.53	0.45	0.39

〈합계출산율〉

(단위 : 명)

구분	2018년	2019년	2020년	2021년	2022년	2023년
합계출산율	1,297	1,187	1,205	1,239	1,172	1,052

※ 합계출산율 : 가임여성 1명이 평생 낳을 것으로 예상되는 평균 출생아 수

① 2023년 인구성장률은 2020년 대비 40% 이상 감소하였다.

② 우리나라 인구성장률은 2020년 이후로 계속해서 감소하고 있다.

③ 2018년부터 2023년까지 인구성장률이 가장 낮았던 해는 합계출산율도 가장 낮았다.

④ 2018년부터 2020년까지 합계출산율과 인구성장률의 전년 대비 증감 추이는 동일하다.

⑤ 2018년부터 2023년까지 인구성장률과 합계출산율이 두 번째로 높은 해는 2018년이다.

PART 2

09 다음은 L사 직원들이 받는 평균 보수에 대한 자료이다. 이에 대한 설명으로 옳지 않은 것은?

〈직원 평균 보수〉

(단위 : 천 원)

구분	2019년	2020년	2021년	2022년	2023년
기본급	31,652	31,763	32,014	34,352	34,971
고정수당	13,868	13,434	12,864	12,068	12,285
실적수당	2,271	2,220	2,250	2,129	2,168
복리후생비	946	1,056	985	1,008	1,027
성과급	733	1,264	1,117	862	
기타 상여금	5,935	5,985	6,979	5,795	5,898
1인당 평균 보수액	55,405	55,722	56,209	56,214	56,349

① 2020년부터 2022년까지 기본급은 전년도 대비 계속 증가했다.

② 기타 상여금이 가장 높은 연도의 1인당 평균 보수액은 복리후생비의 50배 이상이다.

③ 2019 ~ 2022년 동안 고정수당의 증감 추이와 같은 항목은 없다.

④ 1인당 평균 보수액에서 성과급이 차지하는 비중은 2020년이 2022년보다 낮다.

⑤ 2023년 성과급의 전년 대비 증가율이 실적수당의 증가율과 같다면, 그 금액은 900천 원 미만이다.

10 다음은 국가별 4차 산업혁명 기반 산업 R&D 투자 현황에 대한 표이다. 이에 대한 설명으로 옳지 않은 것을 〈보기〉에서 모두 고르면?

〈국가별 4차 산업혁명 기반 산업 R&D 투자 현황〉

(단위 : 억 달러)

| 국가 | 서비스 | | | | 제조 | | | | | |
| | IT 서비스 | | 통신서비스 | | 전자 | | 기계 장비 | | 바이오 · 의료 | |
	투자액	상대수준	투자액	상대수준	투자액	상대수준	투자액	상대수준	투자액	상대수준
한국	3.4	1.7	4.9	13.1	301.6	43.1	32.4	25.9	16.4	2.3
미국	200.5	100.0	37.6	100.0	669.8	100.0	121.3	96.6	708.4	100.0
일본	30.0	14.9	37.1	98.8	237.1	33.9	125.2	100.0	166.9	23.6
독일	36.8	18.4	5.0	13.2	82.2	11.7	73.7	58.9	70.7	10.0
프랑스	22.3	11.1	10.4	27.6	43.2	6.2	12.8	10.2	14.2	2.0

※ 투자액 : 기반산업별 R&D 투자액의 합계
※ 상대수준은 최대 투자국의 R&D 투자액을 100으로 두었을 때의 상대적 비율임

보기

ㄱ. 한국의 IT 서비스 부문 투자액은 미국 대비 1.7%이다.
ㄴ. 미국은 모든 산업의 상대수준이다.
ㄷ. 한국의 전자 부문 투자액은 전자 외 부문 투자액을 모두 합한 금액의 6배 이상이다.
ㄹ. 일본과 프랑스의 부문별 투자액 크기 순서는 동일하지 않다.

① ㄱ, ㄴ   ② ㄱ, ㄷ
③ ㄴ, ㄷ   ④ ㄴ, ㄹ
⑤ ㄷ, ㄹ

PART 2

11 다음은 중학생의 주당 운동시간 현황을 조사한 자료이다. 이에 대한 설명으로 옳은 것을 〈보기〉에서 모두 고르면?

〈중학생의 주당 운동시간 현황〉

(단위 : %, 명)

구분		남학생			여학생		
		1학년	2학년	3학년	1학년	2학년	3학년
1시간 미만	비율	10.0	5.7	7.6	18.8	19.2	25.1
	인원수	118	66	87	221	217	281
1시간 이상 2시간 미만	비율	22.2	20.4	19.7	26.6	31.3	29.3
	인원수	261	235	224	312	353	328
2시간 이상 3시간 미만	비율	21.8	20.9	24.1	20.7	18.0	21.6
	인원수	256	241	274	243	203	242
3시간 이상 4시간 미만	비율	34.8	34.0	23.4	30.0	27.3	14.0
	인원수	409	392	266	353	308	157
4시간 이상	비율	11.2	19.0	25.2	3.9	4.2	10.0
	인원수	132	219	287	46	47	112
합계	비율	100.0	100.0	100.0	100.0	100.0	100.0
	인원수	1,176	1,153	1,138	1,175	1,128	1,120

보기

㉠ 1시간 미만 운동하는 3학년 남학생 수는 4시간 이상 운동하는 1학년 여학생 수보다 많다.

㉡ 동일 학년의 남학생과 여학생을 비교하면, 1시간 미만 운동하는 남학생의 비율이 여학생 중 1시간 미만 운동하는 여학생의 비율보다 각 학년에서 모두 낮다.

㉢ 남학생과 여학생 각각, 학년이 높아질수록 3시간 이상 운동하는 학생의 비율이 낮아진다.

㉣ 모든 학년별 남학생과 여학생 각각에서, 3시간 이상 4시간 미만 운동하는 학생의 비율이 4시간 이상 운동하는 학생의 비율보다 높다.

① ㉠, ㉡
② ㉠, ㉣
③ ㉡, ㉢
④ ㉢, ㉣
⑤ ㉠, ㉡, ㉢

12 다음은 2023년 소양강댐의 수질 정보에 대한 자료이다. 이에 대한 내용으로 옳지 않은 것은?

〈2023년 소양강댐의 수질 정보〉

(단위 : ℃, mg/L)

구분	수온	DO	BOD	COD
1월	5	12.0	1.4	4.1
2월	5	11.5	1.1	4.5
3월	8	11.3	1.3	5.0
4월	13	12.1	1.5	4.6
5월	21	9.4	1.5	6.1
6월	23	7.9	1.3	4.1
7월	27	7.3	2.2	8.9
8월	29	7.1	1.9	6.3
9월	23	6.4	1.7	6.6
10월	20	9.4	1.7	6.9
11월	14	11.0	1.5	5.2
12월	9	11.6	1.4	6.9

※ DO : 용존산소량
※ BOD : 생화학적 산소요구량
※ COD : 화학적 산소요구량

① 조사 기간 중 8월의 수온이 가장 높았다.
② DO가 가장 많았을 때와 가장 적었을 때의 차는 5.7mg/L이다.
③ 소양강댐의 COD는 항상 DO보다 적었다.
④ 7월 대비 12월 소양강댐의 BOD 감소율은 30% 이상이다.
⑤ DO는 대체로 여름철보다 겨울철에 더 높았다.

13 최근 시리얼 제품에 대한 소비자들의 관심이 높아지자 한 소비자단체가 시리얼 제품의 열량과 함량을 비교하여 다음과 같은 결과를 발표하였다. 이에 대한 설명으로 옳은 것은?

〈시중 시리얼 제품의 열량과 함량 비교(1회 제공량)〉

식품 유형	제품명	열량(Kcal)	탄수화물(g)	당류(g)	단백질(g)
일반 제품	콘프라이트	117	27.2	9.7	1.3
	콘프로스트	115	26.6	9.3	1.6
	콘프레이크	152	35.0	2.3	3.1
당 함량을 낮춘 제품	1/3 라이트	118	27.1	5.9	1.4
	라이트슈거	115	26.5	6.8	1.6
견과류 첨가 제품	후레이크	131	24.2	7.2	1.8
	크런치너트 프레이크	170	31.3	10.9	2.7
	아몬드 프레이크	164	33.2	8.7	2.5
초코맛 제품	오곡 코코볼	122	25.0	8.8	2.0
	첵스 초코	115	25.5	9.1	1.5
	초코볼 시리얼	151	34.3	12.9	2.9
체중 조절용 제품	라이트업	155	31.4	6.9	6.7
	스페셜K	153	31.4	7.0	6.5
	바디랩	154	31.2	7.0	6.4
	슬림플러스	153	31.4	7.8	6.4

① 탄수화물 함량이 가장 낮은 시리얼은 당류 함량도 가장 낮은 수치를 보이고 있다.

② 일반 제품 시리얼의 열량은 체중 조절용 제품의 시리얼 열량보다 더 높은 수치를 보이고 있다.

③ 견과류 첨가 제품은 당 함량을 낮춘 제품보다 단백질 함량이 높은 편이다.

④ 당류가 가장 많은 시리얼은 견과류 첨가 제품이다.

⑤ 단백질의 경우 체중 조절용 제품 시리얼은 일반 제품 시리얼보다 3배 이상 많다.

14 다음은 로봇 생산에 대한 자료이다. 이에 대한 설명으로 옳지 않은 것은?

〈국내 로봇업체 수출 현황〉

(단위 : 억 원)

구분	2019년	2020년	2021년	2022년	2023년
제조용	5,965	6,313	6,768	6,806	8,860
전문 서비스	18	54	320	734	191
개인서비스	1,186	831	708	788	861
로봇 부품	207	265	362	1,007	1,072
합계	7,376	7,464	8,159	9,336	10,984

〈국내 부문별 연구개발 설비투자 현황〉

(단위 : 억 원)

구분	2019년	2020년	2021년	2022년	2023년
연구개발	159	391	545	270	1,334
생산	278	430	768	740	1,275
기타	48	196	281	154	451
합계	485	1,017	1,594	1,164	3,060

① 2019년부터 2022년까지 전체 투자 금액 중 생산 설비 투자 비중이 가장 높다.

② 2023년 연구개발 설비투자 금액이 생산설비 투자 금액보다 59억 원 더 높다.

③ 2023년에 처음으로 로봇산업 수출액이 1조를 돌파하였다.

④ 제조용 로봇의 수출 비중이 가장 높은 해는 2020년도이다.

⑤ 매년 총수출액 중 로봇 부품이 차지하는 비율은 지속 증가 중이다.

15 다음은 L대학교의 전공별 졸업 후 취업률에 대한 자료이다. 이를 참고하여 그래프로 바르게 나타낸 것은?

〈전공별 졸업자 취업률 현황〉

(단위 : %)

구분	2018년	2019년	2020년	2021년	2022년	2023년
사진·만화	35.7	38.2	34.1	39.2	43.2	41.0
예체능교육	40.1	48.5	45.7	43.1	42.0	45.2
응용미술	28.7	35.1	36.8	39.6	42.0	40.2
공예	44.8	45.1	42.3	40.2	41.4	44.1
무용	38.5	40.6	41.0	35.2	37.8	29.7
조형	22.5	29.4	31.5	35.7	34.5	30.3
연극영화	30.4	33.7	31.6	35.9	34.8	35.6
순수미술	28.6	28.4	30.6	31.4	32.1	32.2
성악	35.5	36.7	35.8	32.2	31.6	26.8
작곡	37.0	35.2	36.4	32.9	31.1	25.1
국악	23.4	27.8	26.7	28.9	30.7	35.1
기악	21.4	23.5	28.4	25.9	26.3	19.0
음악학	26.5	24.1	27.3	28.0	28.9	21.8
기타 음악	30.1	34.2	32.7	30.4	29.0	26.5

① 사진·만화, 예체능교육, 무용, 조형, 연극영화 전공의 연도별 취업률

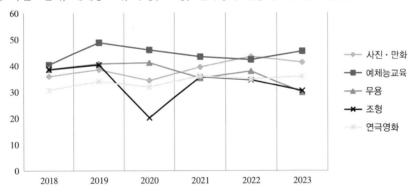

② 순수미술, 성악, 작곡, 국악, 기악, 음악학, 기타음악 전공의 2018 ~ 2021년 취업률

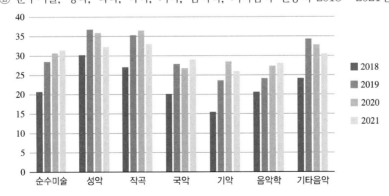

③ 2022 ~ 2023년 전공별 취업률

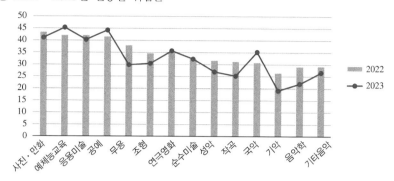

④ 응용미술, 연극영화, 순수미술, 성악, 작곡, 국악, 기악 전공의 2018 ~ 2020년 취업률

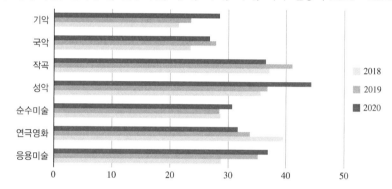

⑤ 공예, 무용, 조형, 성악, 작곡, 국악, 기악 전공의 2020 ~ 2023년 누적취업률

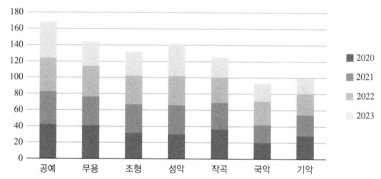

Easy

01 다음 전개도는 일정한 규칙에 따라 나열된 수열이다. A+B 값으로 옳은 것은?

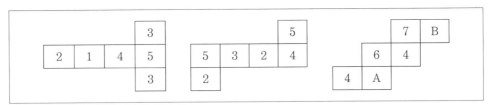

① 2
② 3
③ 4
④ 5
⑤ 6

02 다음 전개도는 일정한 규칙에 따라 나열된 수열이다. 물음표에 들어갈 값으로 옳은 것은?

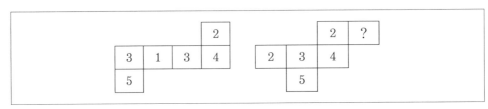

① 3
② 5
③ 7
④ 9
⑤ 10

Hard

03

−4	9	7	7
17	−9	22	8
9	( )	−8	9
4	9	16	−3

① 16

② 17

③ 18

④ 19

⑤ 19

04

8	27	132
32	( )	156
56	75	180

① 39

② 43

③ 47

④ 49

⑤ 51

05

| 2   −6   18   (   )   162   −486 |

① − 25   ② − 32
③ − 36   ④ − 48
⑤ − 54

06

| 156   (   )   210   240   272   306   342 |

① 168   ② 172
③ 178   ④ 182
⑤ 194

07

| 17   23   37   10   57   −3   77   (   )   97   −29   117 |

① − 8   ② − 10
③ − 14   ④ − 16
⑤ − 20

08 현수는 비커에 소금물 200g을 가지고 있었다. 물 50g을 증발시킨 후 소금 5g을 더 녹였더니 처음 농도의 3배인 소금물이 되었다. 현수가 처음 가진 소금물의 농도는?(단, 소수점 둘째 자리에서 반올림한다)

① 1.0%   ② 1.3%

③ 1.6%   ④ 1.9%

⑤ 2.0%

09 민솔이가 박물관을 자전거로 시속 12km로 가면 2시 50분에 도착하고, 시속 6km로 걸어가면 3시 20분에 도착한다. 정각 3시에 도착하려면 시속 몇 km로 가야 하는가?

① 7.8km/h   ② 8.5km/h

③ 9km/h   ④ 9.5km/h

⑤ 10km/h

10 L회사는 사옥 옥상 정원에 있는 가로 644cm, 세로 476cm인 직사각형 모양의 뜰 가장자리에 조명을 설치하려고 한다. 네 모퉁이에는 반드시 조명을 설치하고, 일정한 간격으로 조명을 추가 배열하려고 할 때, 필요한 조명의 최소 개수는?(단, 조명의 크기는 고려하지 않는다)

① 68개   ② 72개

③ 76개   ④ 80개

⑤ 84개

11 L사는 올해 하반기 공채를 통해 신입사원을 뽑았다. 올해 상반기 퇴직자로 인해 남자 직원은 전년 대비 5% 감소했고, 여자 직원은 전년 대비 10% 증가했다. L사의 전체 직원 수는 전년 대비 4명 증가하여 284명의 직원이 근무하고 있을 때, 올해의 남자 직원은 몇 명인가?

① 120명   ② 132명

③ 152명   ④ 156명

⑤ 165명

12 P연구원과 K연구원은 공동으로 연구를 끝내고 보고서를 제출하려 한다. 이 연구를 혼자 할 경우 P연구원은 8일이 걸리고, K연구원은 14일이 걸린다. 처음 이틀은 같이 연구하고, 이후엔 K연구원 혼자 연구를 하다가 보고서 제출 이틀 전부터 같이 연구하였다. 보고서를 제출할 때까지 총 며칠이 걸렸는가?

① 6일   ② 7일

③ 8일   ④ 9일

⑤ 10일

13 L사원은 비품 구입을 위해 한 자루에 500원 하는 볼펜과 한 자루에 700원 하는 색연필을 합하여 12자루를 샀다. 구입한 비품을 1,000원짜리 상자에 넣고 총금액으로 8,600원을 지불했을 때, L사원이 구입한 볼펜은 몇 자루인가?

① 8자루   ② 7자루

③ 6자루   ④ 5자루

⑤ 4자루

Easy

14 L사의 마케팅부, 영업부, 영업지원부에서 2명씩 대표로 회의에 참석하기로 하였다. 자리배치는 원탁 테이블에 같은 부서 사람이 옆자리로 앉는다고 할 때, 6명이 앉을 수 있는 경우는?

① 15가지
② 16가지
③ 17가지
④ 18가지
⑤ 20가지

15 어느 공장에서 생산되는 제품은 50개 중에 1개의 꼴로 불량품이 발생한다고 한다. 이 공장에서 생산되는 제품을 임의로 2개 고를 때, 2개 모두 불량품일 확률은?

① $\dfrac{1}{25}$
② $\dfrac{1}{50}$
③ $\dfrac{1}{250}$
④ $\dfrac{1}{1,250}$
⑤ $\dfrac{1}{2,500}$

🕐 응시시간 : 40분　　📋 문항 수 : 60문항　　　　　　　　　　　　　　　정답 및 해설 p.050

01　언어이해

Easy

01 다음 글의 제목으로 가장 적절한 것은?

> 우리는 비극을 즐긴다. 비극적인 희곡과 소설을 즐기고, 비극적인 그림과 영화 그리고 비극적인 음악과 유행가도 즐긴다. 슬픔, 애절, 우수의 심연에 빠질 것을 알면서도 소포클레스의 「안티고네」, 셰익스피어의 「햄릿」을 찾고, 베토벤의 '운명', 차이코프스키의 '비창', 피카소의 '우는 연인'을 즐긴다. 아니면 텔레비전의 멜로드라마를 보고 값싼 눈물이라도 흘린다. 이를 동정과 측은과 충격에 의한 '카타르시스', 즉 마음의 세척으로 설명한 아리스토텔레스의 주장은 유명하다. 그것은 마치 눈물로 스스로의 불안, 고민, 고통을 씻어내는 역할을 한다는 것이다.
> 니체는 좀 더 심각한 견해를 갖는다. 그는 "비극은 언제나 삶에 아주 긴요한 기능을 가지고 있다. 비극은 사람들에게 그들을 싸고도는 생명 파멸의 비운을 똑바로 인식해야 할 부담을 덜어주고, 동시에 비극 자체의 암울하고 음침한 원류에서 벗어나게 해서 그들의 삶의 흥취를 다시 돋우어 준다."라고 하였다. 그런 비운을 직접 전면적으로 목격하는 일, 또 더구나 스스로 직접 그것을 겪는 일이라는 것은 너무나 끔찍한 일이기에, 그것을 간접경험으로 희석한 비극을 봄으로써 '비운'이란 그런 것이라는 이해와 측은지심을 갖게 되고, 동시에 실제 비극이 아닌 그 가상적인 환영(幻影) 속에서 비극에 대한 어떤 안도감도 맛보게 된다.

① 비극의 현대적 의의　　　　　　　② 비극에 반영된 삶
③ 비극의 기원과 역사　　　　　　　④ 비극을 즐기는 이유
⑤ 비극을 통해 얻는 것

Hard

02 다음 글의 내용으로 가장 적절한 것은?

> 1896년 『독립신문』 창간을 계기로 여러 가지의 애국가 가사가 신문에 게재되기 시작했는데, 어떤 곡조에 따라 이 가사들을 노래로 불렀는지는 명확하지 않다. 다만 대한제국이 서구식 군악대를 조직해 1902년 '대한제국 애국가'라는 이름의 국가(國歌)를 만들어 나라의 주요 행사에 사용했다는 기록은 남아 있다. 오늘날 우리가 부르는 애국가의 노랫말은 외세의 침략으로 나라가 위기에 처해있던 1907년을 전후하여 조국애와 충성심을 북돋우기 위하여 만들어졌다.
>
> 1935년 해외에서 활동 중이던 안익태는 오늘날 우리가 부르고 있는 국가를 작곡하였다. 대한민국 임시정부는 이 곡을 애국가로 채택해 사용했으나 이는 해외에서만 퍼져나갔을 뿐, 국내에서는 광복 이후 정부수립 무렵까지 애국가 노랫말을 스코틀랜드 민요에 맞춰 부르고 있었다. 그러다가 1948년 대한민국 정부가 수립된 이후 현재의 노랫말과 함께 안익태가 작곡한 곡조의 애국가가 정부의 공식 행사에 사용되고 각급 학교 교과서에도 실리면서 전국적으로 애창되기 시작하였다.
>
> 애국가가 국가로 공식화되면서 1950년대에는 대한뉴스 등을 통해 적극적으로 홍보가 이루어졌다. 그리고 「국기게양 및 애국가 제창 시의 예의에 관한 지시(1966)」 등에 의해 점차 국가의례의 하나로 간주되었다.
>
> 1970년대 초에는 공연장에서 본공연 전에 애국가가 상영되기 시작하였다. 이후 1980년대 중반까지 주요 방송국에서 국기강하식에 맞춰 애국가를 방송하였다. 주요 방송국의 국기강하식 방송, 극장에서의 애국가 상영 등은 1980년대 후반 중지되었으며 음악회와 같은 공연 시 애국가 연주도 이때 자율화되었다.
>
> 오늘날 주요 행사 등에서 애국가를 제창하는 경우에는 부득이한 경우를 제외하고 4절까지 제창하여야 한다. 애국가는 모두 함께 부르는 경우에는 전주곡을 연주한다. 다만, 약식 절차로 국민의례를 행할 때 애국가를 부르지 않고 연주만 하는 의전행사(외국에서 하는 경우 포함)나 시상식·공연 등에서는 전주곡을 연주해서는 안 된다.

① 1940년에 해외에서는 안익태가 만든 애국가 곡조를 들을 수 없었다.

② 1990년대 초반에는 국기강하식 방송과 극장에서의 애국가 상영이 의무화되었다.

③ 오늘날 우리가 부르는 애국가의 노랫말은 1896년 『독립신문』에 게재되지 않았다.

④ 시상식에서 애국가를 부르지 않고 연주만 하는 경우에는 전주곡을 연주할 수 있다.

⑤ 안익태가 애국가 곡조를 작곡한 해로부터 대한민국 정부 공식 행사에 사용될 때까지 채 10년이 걸리지 않았다.

03 다음 문장을 논리적 순서대로 나열한 것은?

(가) 어떤 모델이든지 상품의 특성에 적합한 이미지를 갖는 인물이어야 광고효과가 제대로 나타날 수 있다. 예를 들어, 자동차, 카메라, 치약과 같은 상품의 경우에는 자체의 성능이나 효능이 중요하므로 대체로 전문성과 신뢰성을 갖춘 모델이 적합하다. 이와 달리 상품이 주는 감성적인 느낌이 중요한 보석, 초콜릿, 여행 등과 같은 상품은 매력과 친근성을 갖춘 모델이 잘 어울린다. 그런데 유명인이 그들의 이미지에 상관없이 여러 유형의 상품광고에 출연하면 모델의 이미지와 상품의 특성이 어울리지 않는 경우가 많아 광고효과가 나타나지 않을 수 있다.

(나) 광고에서 소비자의 눈길을 확실하게 사로잡을 수 있는 요소는 유명인 모델이다. 일부 유명인들은 여러 상품광고에 중복하여 출연하고 있는데, 이는 광고계에서 관행이 되어 있고, 소비자들도 이를 당연하게 여기고 있다. 그러나 유명인의 중복출연은 과연 높은 광고효과를 보장할 수 있을까? 유명인이 중복출연하는 광고의 효과를 점검해 볼 필요가 있다.

(다) 유명인 모델의 광고효과를 높이기 위해서는 유명인이 자신과 잘 어울리는 한 상품의 광고에만 지속적으로 나오는 것이 좋다. 이렇게 할 경우 상품의 인지도가 높아지고, 상품을 기억하기 쉬워지며, 광고 메시지에 대한 신뢰도가 제고된다. 유명인의 유명세가 상품에 전이되고 소비자는 유명인이 진실하다고 믿게 되기 때문이다.

(라) 유명인의 중복출연이 소비자가 모델을 상품과 연결시켜 기억하기 어렵게 한다는 점도 광고 효과에 부정적인 영향을 미친다. 유명인의 이미지가 여러 상품으로 분산되면 광고모델과 상품 간의 결합력이 약해질 것이다. 이는 유명인 광고모델의 긍정적인 이미지를 광고 상품에 전이하여 얻을 수 있는 광고효과를 기대하기 어렵게 만든다.

① (가) – (나) – (라) – (다)
② (가) – (라) – (나) – (다)
③ (나) – (가) – (라) – (다)
④ (나) – (다) – (가) – (라)
⑤ (나) – (라) – (가) – (다)

04

연금제도의 금융 논리와 관련하여 결정적으로 중요한 원리는 중세에서 비롯된 신탁 원리다. 12세기 영국에서는 미성년 유족(遺族)에게 토지에 대한 권리를 합법적으로 이전할 수 없었다. 그럼에도 불구하고 영국인들은 유언을 통해 자식에게 토지재산을 물려주고 싶어 했다.

(가) 이런 상황에서 귀족들이 자신의 재산을 미성년 유족이 아닌, 친구나 지인 등 제3자에게 맡기기 시작하면서 신탁 제도가 형성되기 시작했다. 여기서 재산을 맡긴 성인 귀족, 재산을 물려받은 미성년 유족, 그리고 미성년 유족을 대신해 그 재산을 관리·운용하는 제3자로 구성되는 관계, 즉 위탁자, 수익자, 그리고 수탁자로 구성되는 관계가 등장했다.

(나) 연금제도가 이 신탁 원리에 기초해 있는 이상, 연금 가입자는 연기금 재산의 운용에 대해 영향력을 행사하기 어렵게 된다. 왜냐하면 신탁의 본질상 공·사 연금을 막론하고 신탁 원리에 기반을 둔 연금제도에서는 수익자인 연금 가입자의 적극적인 권리 행사가 허용되지 않기 때문이다.

(다) 이 관계에서 주목해야 할 것은 미성년 유족은 성인이 될 때까지 재산권을 온전히 인정받지는 못했다는 점이다. 즉 신탁원리 하에서 수익자는 재산에 대한 운용 권리를 모두 수탁자인 제3자에게 맡기도록 되어 있었기 때문에 수익자의 지위는 불안정했다.

(라) 결국 신탁 원리는 수익자의 연금 운용 권리를 현저히 약화시키는 것을 기본으로 한다. 그 대신 연금 운용을 수탁자에게 맡기면서 '수탁자 책임'이라는, 논란이 분분하고 불분명한 책임이 부과된다. 수탁자 책임 이행의 적절성을 어떻게 판단할 수 있는가에 대해 많은 논의가 있었지만, 수탁자 책임의 내용에 대해서 실질적인 합의가 이루어지지는 못했다.

① (가) – (나) – (라) – (다)
② (가) – (다) – (나) – (라)
③ (나) – (가) – (다) – (라)
④ (나) – (라) – (가) – (다)
⑤ (다) – (가) – (나) – (라)

PART 2

05

청바지는 모든 사람이 쉽게 애용할 수 있는 옷이다. 말 그대로 캐주얼의 대명사인 청바지는 내구력과 범용성 면에서 다른 옷에 비해 뛰어나고, 패션적으로도 무난하다는 점에서 옷의 혁명이라 일컬을 만하다. 그러나 청바지의 시초는 그렇지 않았다.

(가) 청바지의 시초는 광부들의 옷으로 알려졌다. 정확히 말하자면 텐트용으로 주문받은 천을 실수로 푸른색으로 염색한 바람에 텐트 납품 계약이 무산되자, 재고가 되어 버린 질긴 천을 광부용 옷으로 변용해 보자는 아이디어에 의한 것이다.

(나) 청바지의 패션 아이템화는 한국에서도 크게 다르지 않다. 나팔바지, 부츠컷, 배기 팬츠 등 다양한 변용이 있으나, 세대차라는 말이 무색할 만큼 과거의 사진이나 현재의 사진이나 많은 사람이 청바지를 캐주얼한 패션아이템으로 활용하는 것을 볼 수 있다.

(다) 비록 시작은 그리하였지만, 청바지는 이후 패션아이템으로 선풍적인 인기를 끌었다. 과거 유명한 서구 남성 배우들의 아이템에는 꼭 청바지가 있었다고 해도 과언이 아닌데, 그 예로는 제임스 딘이 있다.

(라) 다만, 청바지는 주재료인 데님의 성질로 활동성을 보장하기 어려웠던 부분을 단점으로 들 수 있겠으나, 2000년대 들어 스판덱스가 첨가된 청바지가 사용되기 시작하면서 그러한 문제도 해결되어 전천후 의류로 기능하고 있다.

① (가) – (다) – (나) – (라)
② (가) – (다) – (라) – (나)
③ (다) – (가) – (나) – (라)
④ (다) – (가) – (라) – (나)
⑤ (라) – (다) – (가) – (나)

스마트팩토리는 인공지능(AI), 사물인터넷(IoT) 등 다양한 기술이 융합된 자율화 공장으로, 제품 설계와 제조, 유통, 물류 등의 산업현장에서 생산성 향상에 초점을 맞췄다. 이곳에서는 기계, 로봇, 부품 등의 상호 간 정보교환을 통해 제조 활동을 하고, 모든 공정 이력이 기록되며, 빅데이터 분석으로 사고나 불량을 예측할 수 있다.

스마트팩토리에서는 컨베이어 생산활동으로 대표되는 산업현장의 모듈형 생산이 컨베이어를 대체하고 IoT가 신경망 역할을 한다. 센서와 기기 간 다양한 데이터를 수집하고, 이를 서버에 전송하면 서버는 데이터를 분석해 결과를 도출한다. 서버는 AI 기계학습 기술이 적용돼 빅데이터를 분석하고 생산성 향상을 위한 최적의 방법을 제시한다.

스마트팩토리의 대표 사례로는 고도화된 시뮬레이션 '디지털 트윈'을 들 수 있다. 이는 데이터를 기반으로 가상공간에서 미리 시뮬레이션하는 기술이다. 시뮬레이션을 위해 빅데이터를 수집하고 분석과 예측을 위한 통신·분석 기술에 가상현실(VR), 증강현실(AR)과 같은 기술을 얹는다. 이를 통해 산업현장에서 작업 프로세스를 미리 시뮬레이션하고, VR·AR로 검증함으로써 실제 시행에 따른 손실을 줄이고, 작업 효율성을 높일 수 있다.

한편 '에지 컴퓨팅'도 스마트팩토리의 주요 기술 중 하나이다. 에지 컴퓨팅은 산업현장에서 발생하는 방대한 데이터를 클라우드로 한 번에 전송하지 않고, 에지에서 사전 처리한 후 데이터를 선별해서 전송한다. 서버와 에지가 연동해 데이터 분석 및 실시간 제어를 수행하여 산업현장에서 생산되는 데이터가 기하급수로 늘어도 서버에 부하를 주지 않는다. 현재 클라우드 컴퓨팅이 중앙데이터센터와 직접 소통하는 방식이라면 에지 컴퓨팅은 기기 가까이에 위치한 일명 '에지 데이터 센터'와 소통하며, 저장을 중앙 클라우드에 맡기는 형식이다. 이를 통해 데이터처리 지연시간을 줄이고 즉각적인 현장 대처를 가능하게 한다.

① 스마트팩토리에서는 제품생산 과정에서 발생할 수 있는 사고를 미리 예측할 수 있다.

② 스마트팩토리에서는 AI 기계학습 기술을 통해 생산성을 향상시킬 수 있다.

③ 스마트팩토리에서는 작업을 시행하기 전에 앞서 가상의 작업을 시행해 볼 수 있다.

④ 스마트팩토리에서는 발생 데이터를 중앙 데이터 센터로 직접 전송함으로써 데이터처리 지연시간을 줄일 수 있다.

⑤ 스마트팩토리에서는 IoT를 통해 연결된 기계, 로봇 등이 상호 간 정보를 교환할 수 있다.

PART 2

07 L씨는 성장기인 아들의 수면 습관을 바로 잡기 위해 수면 습관에 대한 글을 찾아보았다. 다음 중 L씨가 이해한 것으로 적절하지 않은 것은?

> 수면은 비렘(Non-REM)수면과 렘수면으로 이뤄진 사이클이 반복되면서 이뤄지는 복잡한 신경계의 상호작용이며 좋은 수면이란 이 사이클이 끊어지지 않고 충분한 시간 동안 유지되도록 하는 것이다. 수면 패턴은 일정한 것이 좋으며 깨는 시간을 지키는 것이 중요하다. 그리고 수면 패턴은 휴일과 평일 모두 일정하게 지키는 것이 성장하는 아이들의 수면 리듬을 유지하는 데 좋다. 수면 상태에서 깨어날 때 영향을 주는 자극들은 '빛, 식사 시간, 운동, 사회활동' 등이 있으며 이 중 가장 강한 자극은 '빛'이다. 침실을 밝게 하는 것은 적절한 수면 자극을 방해하는 것이다. 반대로 깨어날 때는 강한 빛 자극을 주면 빠르게 수면 상태에서 벗어날 수 있다. 이는 뇌의 신경 전달물질인 멜라토닌의 농도와 연관되어 나타나는 현상으로, 수면 중 최대치로 올라간 멜라토닌은 시신경이 강한 빛에 노출되면 빠르게 줄어들게 되는데 이때 수면 상태에서 벗어나게 된다. 아침 일찍 일어나 커튼을 젖히고 밝은 빛이 침실 안으로 들어오게 하는 것은 매우 효과적인 각성 방법인 것이다.

① 잠에서 깨는 데 가장 강력한 자극을 주는 것은 빛이었구나.
② 멜라토닌의 농도에 따라 수면과 각성이 영향을 받는군.
③ 평일에 잠이 모자란 우리 아들은 잠을 보충해 줘야 하니까 휴일에 늦게까지 자도록 둬야겠다.
④ 좋은 수면은 비렘수면과 렘수면의 사이클이 충분한 시간동안 유지되도록 하는 것이구나.
⑤ 우리 아들 침실이 좀 밝은 편이니 충분한 수면을 위해 암막 커튼을 달아줘야겠어.

08 다음 글을 읽고 이해한 내용으로 적절하지 않은 것은?

> 세슘은 알칼리금속에 속하는 화학원소로 무르고 밝은 금색이며 실온에서 액체 상태로 존재하는 세 가지 금속 중 하나이다. 세슘은 공기 중에서도 쉽게 산화하며 가루 세슘 또한 자연발화를 하는 데다 물과 폭발적으로 반응하기 때문에 소방법에서는 위험물로 지정하고 있다. 나트륨이나 칼륨은 물에 넣으면 불꽃을 내며 타는데, 세슘의 경우에는 물에 넣었을 때 발생하는 반응열과 수소 기체가 만나 더욱 큰 폭발을 일으킨다. 세슘에는 약 30종의 동위원소가 있는데, 이 중 세슘-133만이 안정된 형태이며 나머지는 모두 자연적으로 붕괴한다. 이중 세슘-137은 감마선을 만드는데, 1987년에 이 물질에 손을 댄 4명이 죽고 200명 이상이 피폭당한 고이아니아 방사능 유출 사고가 있었다.

① 세슘은 실온에서 액체로 존재하는 세 가지 금속 중 하나이다.
② 액체 상태의 세슘은 위험물에서 제외하고 있다.
③ 세슘은 물에 넣었을 때 큰 폭발을 일으킨다.
④ 세슘-137을 부주의하게 다룰 경우 생명이 위독할 수 있다.
⑤ 세슘의 동위원소 대부분은 안정적이지 못하다.

09 다음 글의 주장에 대한 반박으로 가장 적절한 것은?

> 현재 우리나라는 드론의 개인정보 수집과 활용에 대해 '사전 규제' 방식을 적용하고 있다. 이는 개인정보 수집과 활용을 원칙적으로 금지하면서 예외적인 경우에만 허용하는 방식으로 정보 주체의 동의 없이 개인정보를 수집·활용하기 어려운 것이다. 이와 관련하여 개인정보를 대부분의 경우 개인 동의 없이 활용하는 것을 허용하고, 예외적인 경우에 제한적으로 금지하는 '사후 규제' 방식을 도입해야 한다는 의견이 대두하고 있다. 그러나 나는 사전 규제 방식의 유지에 찬성한다.
>
> 드론은 고성능 카메라나 통신장비 등이 장착되어 있는 경우가 많아 사전동의 없이 개인의 초상, 성명, 주민등록번호 등의 정보뿐만 아니라 개인의 위치정보까지 저장할 수 있다. 또한 드론에서 수집한 정보를 검색하거나 전송하는 중에 사생활이 노출될 가능성이 높다. 더욱이 드론의 소형화, 경량화 기술이 발달하고 있어 사생활 침해의 우려가 커지고 있다. 드론은 인명구조, 시설물 점검 등의 공공분야뿐만 아니라 제조업, 물류 서비스 등의 민간 분야까지 활용 범위가 확대되고 있는데, 동시에 개인정보를 수집하는 일이 많아지면서 사생활 침해 사례도 증가하고 있다.
>
> 헌법에서는 주거의 자유, 사생활의 비밀과 자유 등을 명시하여 개인의 사생활이 보호받도록 하고 있고, 개인정보를 자신이 통제할 수 있는 정보의 자기 결정권을 부여하고 있다. 이와 같은 기본권이 안정적으로 보호될 때 드론 기술과 산업의 발전으로 얻게 되는 사회적 이익은 더욱 커질 것이다.

① 드론을 이용하여 개인정보를 자유롭게 수집하게 되면 사생활 침해는 더욱 심해지고, 개인정보의 복제, 유포, 훼손, 가공 등 의도적으로 악용하는 사례까지 증가할 것이다.

② 사전 규제를 통해 개인정보의 수집과 활용에 제약이 생기면 개인의 기본권이 보장되어 오히려 드론을 다양한 분야에 활용할 수 있고, 드론 기술과 산업은 더욱더 빠르게 발전할 수 있다.

③ 산업적 이익을 우선시하면 개인정보보호에 관한 개인의 기본권을 등한시하는 결과를 초래할 수 있다.

④ 개인정보의 복제, 유포, 위조 등으로 정보 주체에게 중대한 손실을 입힐 경우 손해액을 배상하도록 하여 엄격하게 책임을 묻는다면 사전 규제 없이도 개인정보를 효과적으로 보호할 수 있다.

⑤ 사전 규제 방식을 유지하면서도 개인정보 수집과 활용에 동의를 얻는 절차를 간소화하고 편의성을 높이면 정보의 활용이 용이해져 드론 기술과 산업의 발전을 도모할 수 있다.

10 다음 중 밑줄 친 빈칸에 들어갈 내용으로 가장 적절한 것은?

> 미세먼지와 황사는 여러모로 비슷하면서도 뚜렷한 차이점을 지니고 있다. 『삼국사기』에도 기록되어 있는 황사는 중국내륙 내몽골 사막에 강풍이 불면서 날아오는 모래와 흙먼지를 일컫는데, 장단점이 존재했던 과거와 달리 중국 공업지대를 지난 황사에 미세먼지와 중금속 물질이 더해지며 심각한 환경문제로 대두되었다. 이와 달리 미세먼지는 일반적으로는 대기오염물질이 공기 중에 반응하여 형성된 황산염이나 질산염 등 이온 성분, 석탄·석유 등에서 발생한 탄소화합물과 검댕, 흙먼지 등 금속화합물의 유해성분으로 구성된다.
>
> 미세먼지의 경우 통념적으로는 먼지를 미세먼지와 초미세먼지로 구분하고 있지만, 대기환경과 환경보전을 목적으로 하는 환경정책기본법에서는 미세먼지를 PM(Particulate Matter)이라는 단위로 구분한다. 즉, 미세먼지(PM10)의 경우 입자의 크기가 $10\mu m$ 이하인 먼지이고, 미세먼지(PM25)는 입자의 크기가 $2.5\mu m$ 이하인 먼지로 정의하고 있다. 이에 비해 황사는 통념적으로는 입자 크기로 구분하지 않으나 주로 지름 $20\mu m$ 이하의 모래로 구분하고 있다. 때문에 _____

① 황사 문제를 해결하기 위해서는 근본적으로 황사의 발생 자체를 억제할 필요가 있다.
② 황사와 미세먼지의 차이를 입자의 크기만으로 구분 짓긴 어렵다.
③ 미세먼지의 역할 또한 분명히 존재함을 기억해야 할 것이다.
④ 황사와 미세먼지의 근본적인 구별법은 그 역할에서 찾아야 할 것이다.
⑤ 초미세먼지를 차단할 수 있는 마스크라 해도 황사와 초미세먼지를 동시에 차단하긴 어렵다.

11 다음 글에 대한 반론으로 가장 적절한 것은?

> 어떤 경제주체의 행위가 자신과 거래하지 않는 제3자에게 의도하지 않게 이익이나 손해를 주는 것을 '외부성'이라 한다. 과수원의 과일 생산이 인접한 양봉업자에게 벌꿀 생산과 관련한 이익을 준다든지, 공장의 제품생산이 강물을 오염시켜 주민들에게 피해를 주는 것 등이 대표적인 사례이다. 외부성은 사회 전체로 보면 이익이 극대화되지 않는 비효율성을 초래할 수 있다. 개별 경제주체가 제3자의 이익이나 손해까지 고려하여 행동하시는 않을 것이기 때문이다. 예를 들어, 과수원의 이윤을 극대화하는 생산량을 Qa라고 할 때, 생산량을 Qa보다 늘리면 과수원의 이윤은 줄어든다. 하지만 이로 인한 과수원의 이윤 감소보다 양봉업자의 이윤 증가가 더 크다면, 생산량을 Qa보다 늘리는 것이 사회적으로 바람직하다. 하지만 과수원이 자발적으로 양봉업자의 이익까지 고려하여 생산량을 Qa보다 늘릴 이유는 없다.
>
> 전통적인 경제학은 이러한 비효율성의 해결책이 보조금이나 벌금과 같은 정부의 개입이라고 생각한다. 보조금을 받거나 벌금을 내게 되면 제3자에게 주는 이익이나 손해가 더 이상 자신의 이익과 무관하지 않게 되므로, 자신의 이익에 충실한 선택이 사회적으로 바람직한 결과로 이어진다는 것이다.

① 일반적으로 과수원은 양봉업자의 입장을 고려하지 않는다.
② 과수원 생산자는 자신의 의도와 달리 다른 사람들에게 손해를 끼칠 수 있다.
③ 과수원자에게 보조금을 지급한다면 생산량을 Qa보다 늘리려 할 것이다.
④ 정부의 개입을 통해 외부성으로 인한 비효율성을 줄일 수 있다.
⑤ 정부의 개입 과정에서 시간과 노력이 많이 들게 되면 비효율성이 늘어날 수 있다.

12 다음 글의 전개상 특징으로 가장 적절한 것은?

영화는 특정한 인물이나 집단, 나라 등을 주제로 하는 대중문화로, 작품 내적으로 시대상이나 당시의 유행을 반영한다는 사실은 굳이 평론가의 말을 빌리지 않더라도 모두가 공감하는 사실일 것이다. 하지만 영화가 유행에 따라 작품의 외적인 부분, 그중에서도 제목의 글자 수가 변화한다는 사실을 언급하면 고개를 갸웃하는 이들이 대부분일 것이다.

2000년대에는, 한국 최초의 블록버스터 영화로 꼽히는 '쉬리'와 '친구'를 비롯해 두 글자의 간결한 영화제목이 주류를 이뤘지만 그로부터 5년이 지난 2005년에는 두 글자의 짧은 제목의 영화들이 7% 대로 급격히 감소하고 평균 제목의 글자 수가 5개에 달하게 되었다. 이는 영화를 한두 줄의 짧은 스토리로 요약할 수 있는 코미디 작품들이 늘어났기 때문이었는데 '나의 결혼 원정기', '미스터 주부 퀴즈왕', '내 생애 가장 아름다운 일주일' 등이 대표적이다.

이후 2010년대 영화계에서는 오랜 기간 세 글자 영화제목이 대세였다고 해도 과언이 아니다. '추격자'를 비롯해 '우리 생애 최고의 순간'을 줄인 '우생순'과 '좋은 놈, 나쁜 놈, 이상한 놈'을 '놈놈놈'으로 줄여 부르기도 했으며 '아저씨', '전우치'나 '해운대', '신세계'를 비롯해 '베테랑', '부산행', '강철비', '곤지암'은 물론 최근 '기생충'에 이르기까지 세 글자 영화들의 대박 행진은 계속되고 있다. 이에 반해 2018년에는 제작비 100억을 넘은 두 글자 제목의 한국 영화 네 편이 모두 손익분기점을 넘기지 못하는 초라한 성적표를 받기도 했다.

그렇다면 역대 박스오피스에 등재된 한국영화들의 평균 글자 수는 어떻게 될까? 부제와 시리즈 숫자, 줄임 단어로 주로 불린 영화의 원 음절 등을 제외한 2019년까지의 역대 박스오피스 100위까지의 한국 영화 제목 글자 수는 평균 4.12글자였다. 다만 두 글자 영화는 21편, 세 글자 영화는 29편, 네 글자 영화는 21편으로 세 글자 제목의 영화가 역대 박스오피스 TOP 100에 가장 많이 등재된 것으로 나타났다.

① 특정한 이론을 제시한 뒤 그에 반박하는 의견을 제시하여 대비를 이루고 있다.
② 현상을 언급한 뒤 그에 대한 사례를 순서대로 나열하고 있다.
③ 특정한 현상을 분석하여 추려낸 뒤, 해결 방안을 이끌어 내고 있다.
④ 대상을 하위항목으로 구분하여 논의의 범주를 명시하고 있다.
⑤ 현상의 변천 과정을 고찰한 뒤 앞으로의 발전 방향을 제시하고 있다.

13 다음 글에서 〈보기〉의 문장이 들어갈 위치로 가장 적절한 곳은?

(가) 1783년 영국 자연철학자 존 미첼은 빛은 입자라는 생각과 뉴턴의 중력이론을 결합한 이론을 제시하였다. 그는 우선 별들이 어떻게 보일 것인지 사고실험을 통해 예측하였다.

별의 표면에서 얼마간의 초기속도로 입자를 쏘아 올려 아무런 방해 없이 위로 올라간다고 가정해 보자. (나) 만약에 초기속도가 충분히 빠르지 않으면 별의 중력은 입자의 속도를 점점 느리게 할 것이며, 결국 그 입자를 별의 표면으로 되돌아가게 할 것이다. 만약 초기속도가 충분히 빠르면 입자는 중력을 극복하고 별을 탈출할 수 있을 것이다. 이렇게 입자가 별을 탈출할 수 있는 최소한의 초기속도는 '탈출속도'라고 불린다.

(다) 이를 바탕으로 미첼은 '임계 둘레'라는 것도 추론해냈다. 임계 둘레란 탈출속도와 빛의속도를 같게 만드는 별의 둘레를 말한다. 빛 입자는 다른 입자들처럼 중력의 영향을 받는다. 그로 인해 빛은 임계 둘레보다 작은 둘레를 가진 별에서는 탈출할 수 없다. 그런 별에서 약 30만 km/s의 초기속도로 빛 입자를 쏘아 올렸을 때 입자는 우선 위로 날아갈 것이다. (라) 그런 다음 멈출 때까지 느려지다가, 결국 별의 표면으로 되돌아갈 것이다. 미첼은 임계 둘레를 쉽게 계산할 수 있었다. 태양과 동일한 질량을 가진 별의 임계 둘레는 약 19km로 계산되었다. (마) 이러한 사고실험을 통해 미첼은 임계 둘레보다 작은 둘레를 가진 암흑의 별들이 무척 많을테고, 그 별들에선 빛 입자가 빠져나올 수 없기에 지구에서는 볼 수 없을 것으로 추측했다.

보기

미첼은 뉴턴의 중력이론을 이용해서 탈출속도를 계산할 수 있었으며, 그 속도가 별 질량을 별의 둘레로 나눈 값의 제곱근에 비례한다는 것을 유도하였다.

① (가) ② (나)
③ (다) ④ (라)
⑤ (마)

14 다음 글에서 추론할 수 있는 내용으로 가장 적절한 것은?

조선이 임진왜란 중에도 필사적으로 보존하고자 한 서적이 바로 조선왕조실록이다. 실록은 원래 서울의 춘추관과 성주·충주·전주 4곳의 사고(史庫)에 보관되었으나, 임진왜란 이후 전주 사고의 실록만 온전한 상태였다. 전란이 끝난 후 단 1벌 남은 실록을 다시 여러 벌 등서하자는 주장이 제기되었다. 우여곡절 끝에 실록 인쇄가 끝난 시기는 1606년이었다. 재인쇄 작업의 결과 원본을 포함해 모두 5벌의 실록을 갖추게 되었다. 원본은 강화도 마니산에 봉안하고 나머지 4벌은 서울의 춘추관과 평안도 묘향산, 강원도의 태백산과 오대산에 봉안했다.

이 5벌 중에서 서울 춘추관의 것은 1624년 이괄의 난 때 불에 타 없어졌고, 묘향산의 것은 1633년 후금과의 관계가 악화되자 전라도 무주의 적상산에 사고를 새로 지어 옮겼다. 강화도 마니산의 것은 1636년 병자호란 때 청군에 의해 일부 훼손되었던 것을 현종 때 보수하여 숙종 때 강화도 정족산에 다시 봉안했다. 결국 내란과 외적 침입으로 인해 5곳 가운데 1곳의 실록은 소실되었고, 1곳의 실록은 장소를 옮겼으며, 1곳의 실록은 손상을 입었던 것이다.

정족산, 태백산, 적상산, 오대산 4곳의 실록은 그 후 안전하게 지켜졌다. 그러나 일본이 다시 여기에 손을 대었다. 1910년 조선 강점 이후 일제는 정족산과 태백산에 있던 실록을 조선총독부로 이관하고, 적상산의 실록은 구황궁 장서각으로 옮겼으며, 오대산의 실록은 일본 동경제국대학으로 반출했다. 일본으로 반출한 것은 1923년 관동 대지진 때 거의 소실되었다. 정족산과 태백산의 실록은 1930년에 경성제국대학으로 옮겨져 지금까지 서울대학교에 보존되어 있다. 한편 장서각의 실록은 6·25 전쟁 때 북한으로 옮겨져 현재 김일성종합대학에 소장되어 있다.

① 재인쇄하였던 실록은 모두 5벌이다.
② 태백산에 보관하였던 실록은 현재 일본에 있다.
③ 현재 한반도에 남아 있는 실록은 모두 4벌이다.
④ 적상산에 보관하였던 실록은 일부가 훼손되었다.
⑤ 현존하는 실록 중에서 가장 오래된 것은 서울대학교에 있다.

15 다음 글의 밑줄 친 ⊙과 ⓒ에 대한 설명으로 가장 적절한 것은?

> 동물실험을 옹호하는 여러 입장은 인간이 동물은 가지고 있지 않은 언어능력, 도구사용능력, 이성
> 능력 등을 가졌다는 점을 근거로 삼는 경우가 많지만, 동물들도 지능과 문화를 가진다는 점을 들어
> 인간과 동물의 근본적 차이를 부정하는 이들도 있다. 현대의 ⊙ 공리주의 생명윤리 학자들은 이성이
> 나 언어능력에서 인간과 동물이 차이가 있더라도 동물실험이 정당화되는 것은 아니라고 주장한다.
> 이들에게 도덕적 차원에서 중요한 기준은 고통을 느낄 수 있는지 여부이다. 인종이나 성별과 무관하
> 게 고통은 최소화되어야 하듯, 동물이 겪고 있는 고통도 마찬가지이다. 이들이 문제 삼는 것은 동물
> 실험 자체라기보다는 그것이 초래하는 복지의 감소에 있다. 따라서 동물에 대한 충분한 배려 속에서
> 전체적인 복지를 증대시킬 수 있다면 일부 동물실험은 허용될 수 있다.
> 이와 달리, 현대 철학자 ⓒ 리건은 몇몇 포유류의 경우 각 동물 개체가 삶의 주체로서 갖는 가치가
> 있다고 주장하면서, 이 동물에게는 실험에 이용되지 않을 권리가 있다고 본다. 이러한 고유한 가치
> 를 지닌 존재는 존중되어야하며 결코 수단으로 취급되어서는 안 된다. 따라서 개체로서의 가치와
> 동물권을 지니는 대상은 그 어떤 실험에도 사용되지 않아야 한다.

① ⊙은 언어와 이성능력에서 인간과 동물이 차이가 있음을 부정한다.

② ⓒ은 동물이 고통을 느낄 수 있는 존재이기 때문에 각 동물 개체가 삶의 주체로서 가치를 지닌다
고 본다.

③ ⊙은 동물의 고통을 유발하지 않는다는 조건하에 동물실험을 할 수 있다고 주장한다.

④ ⓒ은 인간과 동물의 근본적 차이가 있기 때문에 동물을 인간과 다르게 대우해야 한다고 생각한다.

⑤ ⊙은 인간과 동물의 생물학적 차이에, ⓒ은 인간과 동물의 이성이나 언어능력의 차이에 집중
한다.

※ 다음 명제가 모두 참일 때, 옳은 것을 고르시오. [1~3]

01

> • 고기를 좋아하는 사람은 소시지를 좋아한다.
> • 우유를 좋아하는 사람은 치즈를 좋아한다.
> • 과일을 좋아하는 사람은 소시지를 좋아하지 않는다.
> • 소를 좋아하는 사람은 치즈와 소시지를 좋아하지 않는다.

① 고기를 좋아하는 사람은 과일을 좋아한다.
② 고기를 좋아하는 사람은 우유를 좋아한다.
③ 소를 좋아하는 사람은 고기와 우유를 좋아하지 않는다.
④ 소를 좋아하는 사람은 과일과 소시지를 좋아한다.
⑤ 고기를 좋아는 사람과 과일을 좋아하는 사람은 아무 관계가 없다.

Easy

02

> • 연차를 쓸 수 있으면 제주도 여행을 한다.
> • 배낚시를 하면 회를 좋아한다.
> • 다른 계획이 있으면 배낚시를 하지 않는다.
> • 다른 계획이 없으면 연차를 쓸 수 있다.

① 제주도 여행을 하면 다른 계획이 없다.
② 연차를 쓸 수 있으면 배낚시를 한다.
④ 다른 계획이 있으면 연차를 쓸 수 없다.
③ 배낚시를 하지 않으면 제주도 여행을 하지 않는다.
⑤ 제주도 여행을 하지 않으면 배낚시를 하지 않는다.

- 서로 다른 음식을 판매하는 총 여섯 대의 푸드트럭이 이 사업에 신청하였고, 이들 중 세 대의 푸드트럭이 최종 선정될 예정이다.
- 치킨을 판매하는 푸드트럭이 선정되면, 핫도그를 판매하는 푸드트럭은 선정되지 않는다.
- 커피를 판매하는 푸드트럭이 선정되지 않으면, 피자를 판매하는 푸드트럭이 선정된다.
- 솜사탕을 판매하는 푸드트럭이 선정되면, 치킨을 판매하는 푸드트럭도 선정된다.
- 핫도그를 판매하는 푸드트럭이 최종 선정되었다.
- 피자를 판매하는 푸드트럭과 떡볶이를 판매하는 푸드트럭 중 하나만 선정된다.
- 솜사탕을 판매하는 푸드트럭이 선정되지 않으면, 떡볶이를 판매하는 푸드트럭이 선정된다.

① 치킨, 커피, 핫도그를 판매하는 푸드트럭이 선정될 것이다.

② 피자, 솜사탕, 핫도그를 판매하는 푸드트럭이 선정될 것이다.

③ 피자, 커피, 핫도그를 판매하는 푸드트럭이 선정될 것이다.

④ 커피, 핫도그, 떡볶이를 판매하는 푸드트럭이 선정될 것이다.

⑤ 피자, 핫도그, 떡볶이를 판매하는 푸드트럭이 선정될 것이다.

※ 제시된 명제가 참일 때, 빈칸에 들어갈 명제로 가장 적절한 것을 고르시오. [4~6]

04

- 과학자들 가운데 미신을 따르는 사람은 아무도 없다.
- 돼지꿈을 꾼 다음 날 복권을 사는 사람들은 모두가 미신을 따르는 사람들이다.
- _____

① 미신을 따르는 사람들은 모두 돼지꿈을 꾼 다음 날 복권을 산다.
② 미신을 따르지 않는 사람 중 돼지꿈을 꾼 다음 날 복권을 사는 사람이 있다.
③ 과학자가 아닌 사람들은 모두 미신을 따른다.
④ 돼지꿈을 꾼 다음 날 복권을 사는 사람이라면 과학자가 아니다.
⑤ 돼지꿈을 꾼 다음날 복권을 사지 않는다면 미신을 따르는 사람이 아니다.

PART 2

Easy
05

- 철학은 학문이다.
- 모든 학문은 인간의 삶을 의미 있게 해준다.
- _____

① 철학과 학문은 같다.
② 학문을 하려면 철학을 해야 한다.
③ 철학은 인간의 삶을 의미 있게 해준다.
④ 철학을 하지 않으면 삶은 의미가 없다.
⑤ 철학을 제외한 학문은 인간의 삶을 의미 없게 만든다.

06

- 어떤 고양이는 참치를 좋아한다.
- 참치를 좋아하는 생물은 모두 낚시를 좋아한다.
- _____

① 낚시를 좋아하는 모든 생물은 참치를 좋아한다.
② 어떤 고양이는 낚시를 좋아한다.
③ 참치를 좋아하는 생물은 모두 고양이이다.
④ 모든 고양이는 낚시를 좋아한다.
⑤ 낚시를 좋아하는 모든 생물은 고양이이다.

※ 다음 명제를 읽고 추론할 수 있는 것을 고르시오. [7~8]

07

- 현명한 사람은 거짓말을 하지 않는다.
- 건방진 사람은 남의 말을 듣지 않는다.
- 거짓말을 하지 않으면 다른 사람의 신뢰를 얻는다.
- 남의 말을 듣지 않으면 친구가 없다.

① 현명한 사람은 다른 사람의 신뢰를 얻는다.
② 건방진 사람은 친구가 있다.
③ 거짓말을 하지 않으면 현명한 사람이다.
④ 다른 사람의 신뢰를 얻으면 거짓말을 하지 않는다.
⑤ 건방지지 않은 사람은 남의 말을 듣는다.

`Easy`

08

- 경환은 덕진의 손자이다.
- 수환은 휘영의 아들이다.
- 진철은 경환의 아버지이다.
- 휘영은 덕진의 형이다.

① 휘영은 진철의 조카이다.
② 휘영은 경환의 삼촌이다.
③ 덕진은 수환의 삼촌이다.
④ 진철은 수환이보다 나이가 적다.
⑤ 수환은 덕진의 아들이다.

09 회사원 L씨는 건강을 위해 평일에 다양한 영양제를 먹고 있다. 요일별로 비타민 B, 비타민 C, 비타민 D, 칼슘, 마그네슘을 하나씩 먹는다고 할 때, 다음에 근거하여 바르게 추론한 것은?

- 비타민 C는 월요일에 먹지 않으며, 수요일에도 먹지 않는다.
- 비타민 D는 월요일에 먹지 않으며, 화요일에도 먹지 않는다.
- 비타민 B는 수요일에 먹지 않으며, 목요일에도 먹지 않는다.
- 칼슘은 비타민 C와 비타민 D보다 먼저 먹는다.
- 마그네슘은 비타민 D보다 늦게 먹고, 비타민 B보다는 먼저 먹는다.

① 비타민 C는 금요일에 먹는다.
② 마그네슘은 수요일에 먹는다.
③ 칼슘은 비타민 C보다 먼저 먹지만, 마그네슘보다는 늦게 먹는다.
④ 마그네슘은 비타민 C보다 먼저 먹는다.
⑤ 월요일에는 칼슘, 금요일에는 비타민 B를 먹는다.

PART 2

Hard

10 L사는 다음 달 창립기념 행사를 위해 담당 역할을 배정하려고 한다. 행사를 위한 역할에는 '홍보', '구매', '기획', '섭외', '예산' 총 다섯 가지가 있다. 다음 중 한 명만 거짓을 말할 때, 바르게 추론한 것은?(단, 거짓인 진술은 모두 거짓이다)

A : 저는 '홍보'를 담당하고 있고, C는 참을 말하고 있어요.
B : 저는 숫자를 다뤄야 하는 '예산'과는 거리가 멀어서, 이 역할은 피해서 배정받았어요.
C : 저는 친화력이 좋아서 '섭외'를 배정해 주셨어요.
D : 저는 '구매'를 담당하고, C는 '기획'을 담당하고 있어요.
E : 저는 '예산'을 담당하고 있어요.

① A는 거짓을 말하고 있다.
② B는 예산을 담당한다.
③ C는 섭외를 담당하지 않는다.
④ D는 섭외를 담당한다.
⑤ A는 홍보를 담당하고 있다.

11 A~E 다섯 명은 점심 식사 후 제비뽑기를 통해 '꽝'이 적힌 종이를 뽑은 한 명이 나머지 네 명의 아이스크림을 모두 사주기로 하였다. 다음의 대화에서 한 명이 거짓말을 한다고 할 때, 아이스크림을 사야 할 사람은?

> A : D는 거짓말을 하고 있지 않아.
> B : '꽝'을 뽑은 사람은 C이다.
> C : B의 말이 사실이라면 D의 말은 거짓이야.
> D : E의 말이 사실이라면 '꽝'을 뽑은 사람은 A이다.
> E : C는 빈 종이를 뽑았어.

① A   ② B
③ C   ④ D
⑤ E

12 함께 놀이공원에 간 A~E 5명 중 가장 겁이 많은 1명만 롤러코스터를 타지 않고 회전목마를 탔다. 이들은 집으로 돌아오는 길에 다음과 같은 대화를 나누었다. 5명 중 2명은 거짓을 말하고, 나머지 3명은 모두 진실을 말한다고 할 때, 롤러코스터를 타지 않은 사람은?

> A : 오늘 탄 롤러코스터는 정말 재밌었어. 나는 같이 탄 E와 함께 소리를 질렀어.
> B : D는 회전목마를 탔다던데? E가 회전목마를 타는 D를 봤대. E의 말은 사실이야.
> C : D는 회전목마를 타지 않고 롤러코스터를 탔어.
> D : 나는 혼자서 회전목마를 타고 있는 B를 봤어.
> E : 나는 롤러코스터를 탔어. 손뼉을 칠 만큼 너무 완벽한 놀이기구야.

① A   ② B
③ C   ④ D
⑤ E

Easy

13 A ~ G는 다음 주 당직 근무 순서를 정하기 위해 모였다. 당직 근무 순서는 〈조건〉에 따를 때, D가 근무하는 전날과 다음날 당직 근무자는?(단, 한 주의 시작은 월요일이다)

> **조건**
> • A가 가장 먼저 근무한다.
> • F는 E보다 먼저 근무한다.
> • G는 A와 연이어 근무한다.
> • F가 근무하고 3일 뒤에 C가 근무한다.
> • C가 B보다 먼저 근무한다.
> • E는 목요일에 근무한다.

① A, G   ② C, F

③ E, C   ④ F, B

⑤ G, C

14 L사에서는 김대리, 이대리, 박대리, 최대리, 한대리, 임대리 중 몇 명을 과장으로 승진시키려고 한다. 다음 〈조건〉에 따라 최대리가 승진했을 때, 승진하는 대리는 총 몇 명인가?

> **조건**
> • 김대리가 승진하면 박대리도 승진한다.
> • 최대리가 승진하면 박대리와 이대리는 승진하지 못한다.
> • 임대리가 승진하지 못하면 최대리도 승진하지 못한다.
> • 한대리가 승진하지 못하면 김대리는 승진한다.

① 1명   ② 2명

③ 3명   ④ 4명

⑤ 5명

15 A, B, C 3개 분야에서 연구 중인 8명의 연구원은 2개의 팀으로 나누어 팀 프로젝트를 진행하려고
한다. 다음 〈조건〉에 따라 팀을 구성한다고 할 때, 항상 옳은 것은?

조건

- 분야별 인원 구성
  - A분야 : a(남자), b(남자), c(여자)
  - B분야 : 가(남자), 나(여자)
  - C분야 : 갑(남자), 을(여자), 병(여자)
- 4명씩 나누어 총 2팀(1팀, 2팀)으로 구성한다.
- 같은 분야의 같은 성별인 사람은 같은 팀으로 구성될 수 없다.
- 각 팀에는 분야별로 적어도 한 명 이상이 포함되어야 한다.
- 한 분야의 모든 사람이 한 팀으로 구성될 수 없다.

---

① 갑과 을이 한 팀이 된다면, 가와 나도 한 팀이 될 수 있다.

② 4명으로 나뉜 두 팀에는 남녀가 각각 2명씩 구성된다.

③ a가 1팀에 포함된다면, c는 2팀에 포함된다.

④ 가와 나는 한 팀이 될 수 없다.

⑤ c와 갑은 한 팀이 될 수 있다.

01 다음은 지방자치단체 여성 공무원 현황에 대한 자료이다. 이에 대한 설명으로 옳지 않은 것은?

〈지방자치단체 여성 공무원 현황〉

(단위 : 백 명, %)

구분	2018년	2019년	2020년	2021년	2022년	2023년
전체 공무원	2,660	2,725	2,750	2,755	2,780	2,795
여성 공무원	705	750	780	805	820	830
여성 공무원 비율	26.5	27.5	28.4	29.2	29.5	29.7

① 2018년 이후 여성 공무원 수는 매년 증가하고 있다.

② 2021년 전체 공무원 수는 전년 대비 증가하였다.

③ 2022년 남성 공무원 수는 1,960백 명이다.

④ 2023년도에 남성 공무원이 차지하는 비율은 70% 이하이다.

⑤ 2023년 여성 공무원 비율은 2018년과 비교했을 때, 3.2%p 증가했다.

Easy

02 다음은 동북아시아 3개국 수도의 30년간의 인구 변화를 나타낸 자료이다. 이에 대한 설명으로 옳지 않은 것은?

〈동북아시아 3개국 수도 인구수〉

(단위 : 십만 명)

구분	1993년	2003년	2013년	2023년
서울	80	120	145	180
베이징	50	80	158	205
도쿄	300	330	356	360

① 2013년을 기점으로 인구수가 2번째로 많은 도시가 바뀐다.

② 세 도시 중 해당 기간 동안 인구가 감소한 도시가 있다.

③ 1993년 대비 2003년의 서울의 인구 증가율은 50%이다.

④ 2003년 대비 2013년의 인구 증가폭은 베이징이 가장 높다.

⑤ 2023년 인구가 최대인 도시의 인구수는 인구가 최소인 도시 인구수의 2배이다.

03 다음 표를 바탕으로 할 때, 옳은 것을 〈보기〉에서 모두 고르면?(단, 〈보기〉의 내용은 A ~ D기업의 예로 한정한다)

(단위 : 천 원)

구분	A기업	B기업	C기업	D기업
자기자본	100,000	500,000	250,000	80,000
액면가	5	5	0.5	1
순이익	10,000	200,000	125,000	60,000
주식가격	10	15	8	12

※ (자기자본 순이익률)=$\dfrac{(순이익)}{(자기자본)}$, (주당 순이익)=$\dfrac{(순이익)}{(발행 주식 수)}$

※ (자기자본)=(발행 주식 수)×(액면가)

보기

ㄱ. 주당 순이익은 A기업이 가장 낮다.
ㄴ. 주당 순이익이 높을수록 주식가격이 높다.
ㄷ. D기업의 발행 주식 수는 A기업의 발행 주식 수의 4배이다.
ㄹ. 자기자본 순이익률은 C기업이 가장 높고, A기업이 가장 낮다.

① ㄱ
② ㄴ
③ ㄱ, ㄹ
④ ㄴ, ㄷ
⑤ ㄱ, ㄷ, ㄹ

04 다음은 A ~ D 네 국가의 정부신뢰에 대한 자료이다. 〈조건〉에 근거하여 A ~ D에 해당하는 국가를 바르게 나열한 것은?

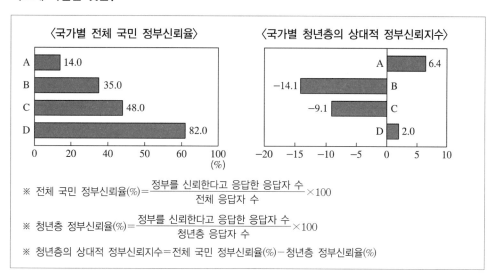

※ 전체 국민 정부신뢰율(%)＝$\dfrac{\text{정부를 신뢰한다고 응답한 응답자 수}}{\text{전체 응답자 수}}$×100

※ 청년층 정부신뢰율(%)＝$\dfrac{\text{정부를 신뢰한다고 응답한 응답자 수}}{\text{청년층 응답자 수}}$×100

※ 청년층의 상대적 정부신뢰지수＝전체 국민 정부신뢰율(%)－청년층 정부신뢰율(%)

조건

• 청년층 정부신뢰율은 스위스가 그리스의 10배 이상이다.
• 영국과 미국에서는 청년층 정부신뢰율이 전체 국민 정부신뢰율보다 높다.
• 청년층 정부신뢰율은 미국이 스위스보다 30%p 이상 낮다.

	A	B	C	D
①	그리스	영국	미국	스위스
②	스위스	영국	미국	그리스
③	스위스	미국	영국	그리스
④	그리스	미국	영국	스위스
⑤	그리스	스위스	영국	미국

05 다음은 연도별 전국 풍수해 규모에 대한 자료이다. 이에 대한 설명으로 옳은 것은?

〈연도별 전국 풍수해 규모〉

(단위 : 억 원)

구분	2014년	2015년	2016년	2017년	2018년	2019년	2020년	2021년	2022년	2023년
태풍	18	1,609	8	−	1,725	2,183	10,037	17	53	134
호우	19,063	435	581	2,549	1,808	5,276	384	1,581	1,422	12
대설	52	74	36	128	663	480	204	113	324	130
강풍	140	69	11	70	2	−	267	9	1	39
풍랑	57	331	−	241	70	3	−	−	−	3
전체	19,330	2,518	636	2,988	4,268	7,942	10,892	1,720	1,800	318

① 풍수해로 인한 피해가 3번째로 컸던 해는 2018년이다.
② 풍랑으로 인한 풍수해 규모는 매년 가장 낮았다.
③ 2023년 호우로 인한 풍수해 규모의 전년 대비 감소율은 97% 미만이다.
④ 전체 풍수해 규모에서 대설로 인한 풍수해 규모가 차지하는 비중은 2021년이 2019년보다 크다.
⑤ 2015 ~ 2023년 동안 발생한 전체 풍수해 규모의 전년 대비 증감추이는 태풍으로 인한 풍수해 규모의 증감추이와 비례한다.

06 다음은 주말과 주중 교통상황에 대한 자료이다. 이에 대한 설명으로 옳은 것을 〈보기〉에서 모두 고르면?

〈주말·주중 예상 교통량〉

(단위 : 만 대)

구분	전국	수도권 → 지방	지방 → 수도권
주말 교통량	490	50	51
주중 교통량	380	42	35

〈대도시 간 예상 최대 소요시간〉

구분	서울 → 대전	서울 → 부산	서울 → 광주	서울 → 강릉	남양주 → 양양
주말	2시간 40분	5시간 40분	4시간 20분	3시간 20분	2시간 20분
주중	1시간 40분	4시간 30분	3시간 20분	2시간 40분	1시간 50분

보기

ㄱ. 대도시 간 예상 최대 소요시간은 모든 구간에서 주중이 주말보다 적게 걸린다.
ㄴ. 주중 전국 교통량 중 수도권에서 지방으로 가는 교통량의 비율은 10% 이상이다.
ㄷ. 지방에서 수도권으로 가는 주말 예상 교통량은 주중 예상 교통량보다 30% 미만으로 많다.
ㄹ. 서울 – 광주 구간의 주중 소요시간은 서울 – 강릉 구간의 주말 소요시간과 같다.

① ㄱ, ㄴ
② ㄴ, ㄷ
③ ㄷ, ㄹ
④ ㄱ, ㄴ, ㄷ
⑤ ㄱ, ㄴ, ㄹ

PART 2

07 다음은 연간 국내 인구이동에 대한 그래프이다. 이에 대한 설명으로 옳지 않은 것은?(단, 소수점 둘째 자리에서 반올림한다)

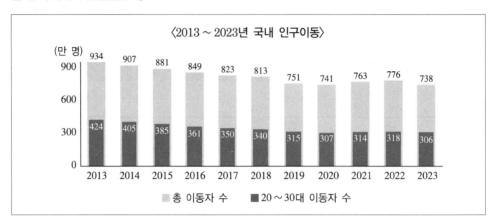

① 2020년까지 20 ~ 30대 이동자 수는 지속 감소하였다.

② 총 이동자 수와 20 ~ 30대 이동자 수의 변화 양상은 동일하다.

③ 총 이동자 수 대비 20 ~ 30대 이동자 수의 비율은 2020년이 가장 높다.

④ 20 ~ 30대를 제외한 이동자 수가 가장 많은 해는 2013년이다.

⑤ 총이동자 수가 가장 적은 해에 20 ~ 30대 이동자가 차지하는 비율은 41.5%이다.

08 다음은 선박 종류별 기름 유출 사고 발생 현황을 나타낸 자료이다. 이에 대한 설명으로 옳은 것은?

〈선박 종류별 기름 유출 사고 발생 현황〉

(단위 : 건, kL)

구분		유조선	화물선	어선	기타	합계
2019년	사고 건수	37	53	151	96	337
	유출량	956	584	53	127	1,720
2020년	사고 건수	28	68	247	120	463
	유출량	21	49	166	151	387
2021년	사고 건수	27	61	272	123	483
	유출량	3	187	181	212	583
2022년	사고 건수	32	33	218	102	385
	유출량	38	23	105	244	410
2023년	사고 건수	39	39	149	116	343
	유출량	1,223	66	30	143	1,462

① 2019년부터 2023년 사이의 전체 기름 유출 사고 건수와 전체 유출량은 증감 추이는 같다.

② 연도별 전체 사고 건수에 대한 유조선 사고 건수 비율은 매년 감소하고 있다.

③ 전체 유출량이 가장 적은 연도에서 기타를 제외하고 사고 건수 대비 유출량이 가장 낮은 선박 종류는 어선이다.

④ 화물선 사고의 1건당 평균 유출량이 가장 많다.

⑤ 각 연도에서 사고 건수에 대한 유출량 비율이 가장 낮은 선박 종류는 어선이다.

09 다음은 2019~2023년, 5년간 서울시 냉장고 화재 발생 현황을 나타낸 자료이다. 이를 그래프로 바르게 나타낸 것은?

〈냉장고 화재 발생 현황〉

(단위 : 건)

구분	2019년	2020년	2021년	2022년	2023년
김치냉장고	21	35	44	60	64
일반냉장고	23	24	53	41	49

※ 김치냉장고 비율＝김치냉장고 건수÷(김치냉장고 건수＋일반냉장고 건수)×100
※ 일반냉장고 비율＝일반냉장고 건수÷(김치냉장고 건수＋일반냉장고 건수)×100

① 김치냉장고 비율

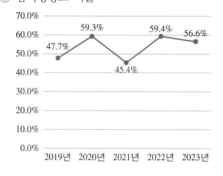

② 김치냉장고 비율

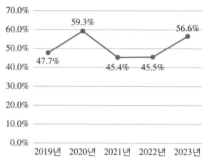

③ 김치냉장고 비율

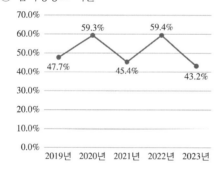

④ 일반냉장고 비율

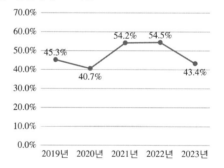

⑤ 일반냉장고 비율

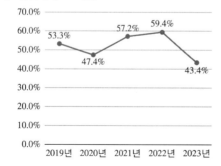

10 다음은 연도별 5대 수출입 품목에 대한 자료이다. 이에 대한 설명으로 옳은 것을 〈보기〉에서 모두 고르면?

〈연도별 5대 수출 품목〉

구분	2021년		2022년		2023년	
	품목	금액(천 억)	품목	금액(천 억)	품목	금액(천 억)
1위	반도체	994	반도체	1,252	반도체	938
2위	선박 부품	428	석유	485	자동차	462
3위	자동차	326	자동차	421	석유	409
4위	석유	304	평판디스플레이	245	자동차 부품	285
5위	평판디스플레이	288	자동차 부품	127	평판디스플레이	262
합계	–	2,340	–	2,530		2,356

〈연도별 5대 수입 품목〉

구분	2021년		2022년		2023년	
	품목	금액(천 억)	품목	금액(천 억)	품목	금액(천 억)
1위	원유	591	원유	837	원유	705
2위	반도체	471	반도체	447	반도체	473
3위	반도체 장비	197	천연가스	279	천연가스	235
4위	천연가스	192	석유	239	석유	198
5위	석탄	187	반도체 장비	222	석탄	156
합계	–	1,638	–	2024	–	1,767

보기

ㄱ. 수출품목에서 평판디스플레이의 수출 순위와 수출액은 반비례한다.
ㄴ. 2021 ~ 2023년의 1위부터 3위 안에 드는 수출 품목은 동일하다.
ㄷ. 수출 품목과 수입 품목 각각의 1위와 2위의 금액 차이가 가장 큰 연도와 가장 작은 연도는 동일하다.
ㄹ. 2021 ~ 2023년의 수입액 1위는 3위의 3배이다.

① ㄱ, ㄴ ② ㄱ, ㄷ
③ ㄱ, ㄹ ④ ㄴ, ㄷ
⑤ ㄷ, ㄹ

11 다음은 어느 연구원에서 자녀가 있는 부모를 대상으로 본인과 자녀의 범죄 피해에 대한 두려움에 대하여 조사한 자료이다. 이에 대한 설명으로 옳지 않은 것은?

〈본인과 자녀의 범죄 피해에 대한 두려움〉

(단위 : %)

응답내용 / 응답자	피해대상	본인	아들	딸
걱정하지 않는다	아버지	41.2	9.7	5.7
	어머니	16.3	8.0	5.1
그저 그렇다	아버지	31.7	13.2	4.7
	어머니	25.3	8.6	3.8
걱정한다	아버지	27.1	77.1	89.6
	어머니	58.4	83.4	91.1

① 아버지에 비해 어머니는 본인, 아들, 딸에 대해 걱정하는 비율이 높다.

② 아버지, 어머니 모두 아들보다 딸을 걱정하는 비율이 더 높다.

③ 본인에 대해 아버지가 걱정하는 비율은 50% 이상이다.

④ 어머니가 아들과 딸에 대해 걱정하는 비율의 차이는 아버지가 아들과 딸에 대해 걱정하는 비율의 차이보다 작다.

⑤ 본인의 범죄피해에 대해 걱정하는 아버지보다 걱정하지 않는 아버지의 비율이 더 높다.

12 문화기획을 하는 L씨는 올해 새로운 공연을 기획하고자 한다. 문화예술에 대한 국민의 관심과 참여 수준을 파악하여 그것을 기획에 반영하고자 할 때, 아래 자료를 해석한 것으로 옳지 않은 것은?

〈문화예술 관람률〉

(단위 : %)

구분		2020년	2021년	2022년	2023년
성별·연령별 관람률	전체	52.4	54.5	60.8	64.5
	남자	50.5	51.5	58.5	62.0
	여자	54.2	57.4	62.9	66.9
	20세 미만	81.2	79.9	83.6	84.5
	20 ~ 29세	79.6	78.2	83.4	83.8
	30 ~ 39세	68.2	70.6	77.2	79.2
	40 ~ 49세	53.4	58.7	67.4	73.2
	50 ~ 59세	35.0	41.2	48.1	56.2
	60세 이상	13.4	16.6	21.7	28.9
종류별 관람률	음악·연주회	13.9	13.6	11.6	10.7
	연극	13.9	13.5	13.2	11.8
	무용	1.1	1.5	1.4	1.2
	영화	44.8	45.8	50.3	52.8
	박물관	13.8	14.5	13.3	13.7
	미술관	12.5	11.1	10.2	9.8

① 제시된 기간 동안 문화예술 관람률은 계속해서 증가하고 있다.

② 2022년도의 전체 인구수를 100명으로 가정했을 때 그해 미술관을 관람한 사람은 10명이다.

③ 문화예술 관람률이 접근성을 반영한다면, 접근성이 가장 떨어지는 문화예술은 무용이다.

④ 문화예술 관람률은 남자보다는 여자, 고연령층보다는 저연령층의 관람률이 높다.

⑤ 60세 이상의 문화예술 관람률은 2020년 대비 2023년에 100% 이상 증가했다.

13 다음은 우리나라 국민들의 환경오염 방지 기여도에 대한 자료이다. 이에 대한 설명으로 옳은 것은?

〈환경오염 방지 기여도〉

(단위 : %)

구분		매우 노력함	약간 노력함	별로 노력하지 않음	전혀 노력하지 않음
성별	남성	13.6	43.6	37.8	5.0
	여성	23.9	50.1	23.6	2.4
연령	10 ~ 19세	13.2	41.2	39.4	6.2
	20 ~ 29세	10.8	39.9	42.9	6.4
	30 ~ 39세	13.1	46.7	36.0	4.2
	40 ~ 49세	15.5	52.4	29.4	2.7
	50 ~ 59세	21.8	50.4	25.3	2.5
	60 ~ 69세	29.7	46.0	21.6	2.7
	70세 이상	31.3	44.8	20.9	3.0
경제활동	취업	16.5	47.0	32.7	3.8
	실업 및 비경제활동	22.0	46.6	27.7	3.7

① 10세 이상 국민들 중 환경오염 방지를 위해 별로 노력하지 않는 사람 비율의 합이 가장 높다.

② 10세 이상 국민들 중 환경오염 방지를 위해 매우 노력하는 사람의 비율이 가장 높은 연령층은 60 ~ 69세이다.

③ 우리나라 국민들 중 환경오염 방지를 위해 전혀 노력하지 않는 사람의 비율이 가장 높은 집단은 10 ~ 19세이다.

④ 10 ~ 69세까지 각 연령층에서 약간 노력하는 사람의 비중이 제일 높다.

⑤ 매우 노력함과 약간 노력하는 사람 비율 합은 남성보다 여성이, 취업자보다 실업 및 비경제 활동 자가 더 높다.

14 다음은 2023년도 주 평균 근로 시간을 나타낸 자료이다. 이에 대한 설명으로 옳지 않은 것은?

〈업종별 근로 시간 현황〉

(단위 : %)

구분	40시간 미만	40시간 이상 52시간 미만	52시간 이상
광업	0.1	99.8	0.2
제조업	0.8	95.8	3.3
전기 가스 공급업	0	88.3	11.7
수도 하수 처리업	2.2	96.6	1.3
건설업	0.4	98	1.7
도매 및 소매업	2.8	92.3	4.9
운수 및 창고업	1	91.7	7.3
숙박 및 음식점업	1.2	83.3	15.5
정보통신업	0.2	99.5	0.4
금융 및 보험업	0	99.1	0.9
부동산업	0	96.3	3.7
전문 서비스업	0.3	98	1.7
임대 서비스업	2.7	95.7	1.6
사회복지 서비스업	2	94.5	3.5
여가관련 서비스업	1	94.2	4.8
기타 개인 서비스업	1.5	92.7	5.8

※ 각 비율은 소수점 둘째 자리에서 반올림하여 업종별 총비율 오차는 ±0.1%임

〈학력별 근로 시간 현황〉

(단위 : %)

구분	40시간 미만	40시간 이상 52시간 미만	52시간 이상
중졸이하	4.7	75.4	19.9
고졸	3.1	86.9	10
전문(초대)졸	0.5	96	3.5
대졸	1.1	96.9	2
대학원 이상	0	100	0

① 건설업에서 일하는 사람의 최소 2.1%는 학력이 대졸 이하이다.
② 전문 서비스업의 총 종사자가 1,000명, 임대 서비스업은 2,000명이라고 할 때, 40시간 미만 동안 일하는 근로자는 임대 서비스업 인원이 전문 서비스업 인원의 18배이다.
③ 40시간 미만으로 일하는 사람의 비율이 2% 이상인 업종은 52시간 이상 일하는 사람의 비율이 5% 미만이다.
④ 대졸은 전문대졸보다 40시간 이상 일하는 사람의 비율이 더 적다.
⑤ 52시간 이상 일하는 사람이 5% 이상인 업종은 40시간 미만으로 일하는 사람이 1% 이하이다.

15 다음은 2022년과 2023년의 어느 학원의 A ~ E강사의 시급과 수강생 만족도에 대한 자료이다. 이에 대한 설명으로 옳은 것은?

〈강사의 시급 및 수강생 만족도〉

(단위 : 원, 점)

구분	2022년		2023년	
	시급	수강생 만족도	시급	수강생 만족도
A강사	50,000	4.6	55,000	4.1
B강사	45,000	3.5	45,000	4.2
C강사	52,000	( )	54,600	4.8
D강사	54,000	4.9	59,400	4.4
E강사	48,000	3.2	( )	3.5

〈수강생 만족도 점수별 시급 인상률〉

수강생 만족도	인상률
4.5점 이상	10% 인상
4.0점 이상 ~ 4.5점 미만	5% 인상
3.0점 이상 ~ 4.0점 미만	동결
3.0점 미만	5% 인하

※ 다음 연도 시급의 인상률은 당해 연도 시급 대비 당해 연도 수강생 만족도에 따라 결정됨
※ 강사가 받을 수 있는 시급은 최대 60,000원임

① E강사의 2023년 시급은 45,600원이다.
② 2024년 시급은 D강사가 C강사보다 높다.
③ 2023년과 2024년 시급 차이는 C강사가 가장 크다.
④ C강사의 2023년 수강생 만족도 점수는 4.5점 이상이다.
⑤ 2024년 A강사와 B강사의 시급 차이는 10,000원이다.

※ 다음과 같이 일정한 규칙으로 수를 나열할 때, 빈칸에 들어갈 알맞은 수를 고르시오. [1~3]

Easy

01

| 3   15   4   2   20   (   )   4   16   5 |

① 1   ② 2

③ 3   ④ 4

⑤ 7

PART 2

02

| 225   256   289   324   (   )   400 |

① 148   ② 242

③ 263   ④ 361

⑤ 402

03

| | | 1 | 9 | ( ) | 98 | 980 | 988 | 9,880 | |

① 3   ② 7

③ 17   ④ 90

⑤ 120

04 다음 전개도는 일정한 규칙에 따라 나열된 수열이다. A+B의 **최솟값은**?(단, A, B는 숫자 1 ~ 8 중 하나이다)

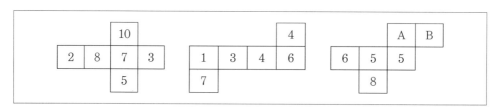

① 7   ② 8

③ 9   ④ 11

⑤ 13

※ 다음과 같이 일정한 규칙에 따라 수를 나열할 때, 물음표에 들어갈 값으로 옳은 것을 고르시오. [5~7]

Easy

05

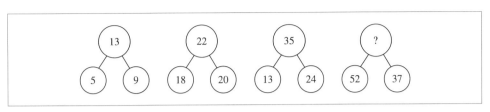

① 16

② 22

③ 28

④ 34

⑤ 38

06

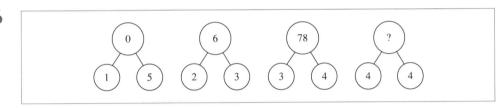

① 214

② 236

③ 252

④ 264

⑤ 273

Hard

07

9	37		12	46		13	55
35	8		38	7		?	8

① 47

② 49

③ 51

④ 53

⑤ 55

08 A, B 두 그릇에는 각각 농도 6%, 8%의 소금물이 300g씩 들어 있다. A그릇에서 소금물 100g을 퍼서 B그릇에 옮겨 담고, 다시 B그릇에서 소금물 80g을 퍼서 A그릇에 옮겨 담았다. 이때, A그릇에 들어있는 소금물의 농도는?(단, 소수점 둘째 자리에서 반올림 한다)

① 5%
② 5.6%
③ 6%
④ 6.4%
⑤ 7%

Hard

09 해양경찰선인 A배와 B배가 동시에 같은 방향으로 진행하고 있다. A배는 시속 80km, B배은 시속 160km로 달리는데 B배가 탐사을 위해 A배를 떠나서 3시간 후에 다시 A배에 돌아오려고 한다. B배가 A배를 떠난 뒤 얼마 후에 A배를 향하여 되돌아와야 하는가?

① 1시간 28분 후
② 1시간 47분 후
③ 2시간 후
④ 2시간 15분 후
⑤ 2시간 27분 후

Easy

10 10,000원으로 사과와 배를 사려고 한다. 사과 1개의 가격은 300원, 배 1개의 가격은 500원이다. 배를 3개 사려고 할 때, 사과는 최대 몇 개까지 살 수 있는가?

① 27개
② 28개
③ 29개
④ 30개
⑤ 31개

11 L중학교의 작년 학생 수는 500명이다. 올해는 남학생이 10% 증가하고, 여학생은 20% 감소하여, 작년보다 총 10명 감소하였다. 올해의 남학생 수는?

① 300명
② 315명
③ 330명
④ 350명
⑤ 365명

12 A가 혼자하면 4일, B가 혼자하면 6일 걸리는 일이 있다. A가 먼저 2일 동안 일을 하고 남은 양을 B가 끝마치려 한다. B는 며칠 동안 일을 해야 하는가?

① 2일   ② 3일
③ 4일   ④ 5일
⑤ 6일

13 L고등학교는 도서관에 컴퓨터를 설치하려고 한다. 컴퓨터 구입 가격을 알아보니, 1대당 100만 원이고 4대 이상 구매 시 3대까지는 1대당 100만 원, 4대 이상부터는 1대당 80만 원에 판매가 되고 있었다. 컴퓨터 구입에 배정된 예산이 2,750만 원일 때, 최대 몇 대의 컴퓨터를 구입할 수 있는가?

① 33대   ② 34대
③ 35대   ④ 36대
⑤ 37대

14 서로 다른 소설책 7권과 시집 5권이 있다. 이 중에서 소설책 3권과 시집 2권을 선택하는 경우의 수는?

① 350가지   ② 360가지
③ 370가지   ④ 380가지
⑤ 390가지

15 남학생 4명과 여학생 3명을 원형 모양의 탁자에 앉힐 때, 여학생 3명이 이웃해서 앉을 확률은?

① $\dfrac{1}{21}$ ② $\dfrac{1}{20}$
③ $\dfrac{1}{15}$ ④ $\dfrac{1}{7}$
⑤ $\dfrac{1}{5}$

합 격 의
공 식
시대에듀
S D E D U

우리는 삶의 모든 측면에서 항상 '내가 가치있는 사람일까?',
'내가 무슨 가치가 있을까?'라는 질문을 끊임없이 던지곤 합니다.
하지만 저는 우리가 날 때부터 가치있다 생각합니다.

- 오프라 윈프리 -

PART 3

인성검사

개인이 업무를 수행하며 능률적인 성과물을 만들기 위해서는 개인의 능력과 경험 그리고 회사의 교육 및 훈련 등이 필요하지만, 개인의 성격이나 성향 역시 중요하다. 여러 직무분석 연구 결과에 따르면, 직무에서의 성공과 관련된 특성들 중 최고 70% 이상이 능력보다는 성격과 관련이 있다고 한다. 따라서 최근 기업들은 인성검사의 비중을 높이고 있는 추세다.

현재 기업들은 인성검사를 KIRBS(한국행동과학연구소)나 SHR(에스에이치알) 등의 전문기관에 의뢰해서 시행하고 있다. 전문기관에 따라서 인성검사 방법에 차이가 있고, 보안을 위해서 인성검사를 의뢰한 기업을 공개하지 않을 수 있기 때문에 특정 기업의 인성검사를 정확하게 판단할 수 없지만, 지원자들이 후기에 올린 문제를 통해 인성검사 유형을 예상할 수 있다.

이에 본서는 후기를 바탕으로 LG그룹의 자체 인성검사인 LG Way Fit Test와 인성검사의 수검요령 및 검사 시 유의사항에 대해 간략하게 정리하였다. 또한 LG Way Fit Test 모의연습을 통해 실제 시험유형을 확인할 수 있도록 하였다.

01 LG Way Fit Test란?

1. LG그룹 인성검사

LG그룹의 모든 계열사는 LG Way Fit Test라는 인성검사를 실시한다. LG Way Fit Test는 LG그룹의 인재상과 적합한 인재인지를 알아보는 한편, 조직 적응력이 어느 정도인지를 평가하는 전형이다. 지원자의 개인 성향이나 인성에 관한 질문으로 구성되어 있으며, 서류합격자에 한하여 계열사별 인성검사만 치르는 곳도 있고, 적성검사와 함께 치르는 곳도 있다.

LG Way Fit Test는 총 183문항으로 20분간 진행된다. 유형은 한 문제당 3개의 문장이 나오며, 자신의 성향과 가까운 정도에 따라 1~7점을 부여한다(① 매우 그렇지 않다, ② 거의 그렇지 않다, ③ 조금 그렇지 않다, ④ 보통이다, ⑤ 조금 그렇다, ⑥ 거의 그렇다, ⑦ 매우 그렇다). 그리고 3개의 문장에서 자신과 가장 가까운 것과 가장 먼 것에 체크를 한다.

LG Way Fit Test의 특징은 3문항 모두 좋은 내용이 나오거나 나쁜 내용이 나오기 때문에 가치관의 비교를 빠른 시간 안에 계속해야 한다는 것이다. 그렇기 때문에 막연히 좋은 문항은 높은 점수를, 나쁜 문항은 낮은 점수를 매기다 보면 가치관이 불분명해지거나 일관성이 없어 보이며, 채용 담당자에게 안 좋은 영향을 끼치게 된다.

좋은 문항의 예

문항군	응답 1							응답 2	
	전혀 아님	《	보통	》	매우 그러함			멀다	가깝다
A. 나는 일을 할 때 계획을 세워서 시작한다.	①	②	③	④	⑤	⑥	⑦	멀	가
B. 나는 사물의 의미를 다시 한 번 생각해 보려고 한다.	①	②	③	④	⑤	⑥	⑦	멀	가
C. 사람들과 어울려서 일을 하면 성과물이 더 좋을 것이라 생각한다.	①	②	③	④	⑤	⑥	⑦	멀	가

나쁜 문항의 예

문항군	응답 1							응답 2	
	전혀 아님	《	보통	》	매우 그러함			멀다	가깝다
A. 나는 가끔 내가 가진 것을 다 잃어버릴 것 같은 기분이 든다.	①	②	③	④	⑤	⑥	⑦	멀	가
B. 나는 가끔 화가 나면 다른 사람들에게 괜히 화를 낸다.	①	②	③	④	⑤	⑥	⑦	멀	가
C. 나는 가끔 공허함을 느낀다.	①	②	③	④	⑤	⑥	⑦	멀	가

2. 인성검사 시 유의사항

LG Way Fit Test의 결과는 1, 2차 면접 시 참고 자료로 활용되기 때문에 임하기 전에 미리 자신의 성향을 정확히 파악하고 결정해 두면 실제 검사에서는 일관성 있게 대답할 수 있다.

예를 들어, 대인관계와 근면·성실 7점, 리더십·창의력·신뢰 6점, 추진력·결정력 5점, 소극적·성급함·우유부단 3점, 무책임·비관적·산만함 2점, 폭력성·자학성 1점 등과 같이 자신의 가치관을 그룹별로 나눠 점수를 매기고 우열을 가려둔다면 어느 정도 일관성 있게 답변할 수 있을 것이다.

※ 인성검사는 정답이 따로 없는 유형의 검사이므로 결과지를 제공하지 않습니다.

다음 문항을 읽고, 자신의 성향과 가까운 정도에 따라 1 ~ 7점을 부여한다(① 매우 그렇지 않다, ② 거의 그렇지 않다, ③ 조금 그렇지 않다, ④ 보통이다, ⑤ 조금 그렇다, ⑥ 거의 그렇다, ⑦ 매우 그렇다). 그리고 3개의 문장에서 자신과 가장 가까운 것과 가장 먼 것에 체크하시오.

문항군	응답 1							응답 2	
	전혀 아님	《	보통	》	매우 그러함			멀다	가깝다
A. 나는 팀원들과 함께 일하는 것을 좋아한다.	①	❷	③	④	⑤	⑥	⑦	●	㉮
B. 나는 새로운 방법을 시도하는 것을 선호한다.	①	②	③	④	❺	⑥	⑦	㉠	㉮
C. 나는 수리적인 자료들을 제시하여 결론을 도출한다.	①	②	③	④	⑤	⑥	❼	㉠	●

※ 다음 문항을 읽고, 자신의 성향과 가까운 정도에 따라 1 ~ 7점을 부여한다(① 매우 그렇지 않다, ② 거의 그렇지 않다, ③ 조금 그렇지 않다, ④ 보통이다, ⑤ 조금 그렇다, ⑥ 거의 그렇다, ⑦ 매우 그렇다). 그리고 3개의 문장에서 자신과 가장 가까운 것과 가장 먼 것에 체크하시오. **[1~85]**

01

문항군	응답 1							응답 2	
	전혀 아님	《	보통	》	매우 그러함			멀다	가깝다
A. 사물을 신중하게 생각하는 편이라고 생각한다.	①	②	③	④	⑤	⑥	⑦	㉠	㉮
B. 포기하지 않고 노력하는 것이 중요하다.	①	②	③	④	⑤	⑥	⑦	㉠	㉮
C. 자신의 권리를 주장하는 편이다.	①	②	③	④	⑤	⑥	⑦	㉠	㉮

02

문항군	응답 1							응답 2	
	전혀 아님	《	보통	》	매우 그러함			멀다	가깝다
A. 노력의 여하보다 결과가 중요하다.	①	②	③	④	⑤	⑥	⑦	㉠	㉮
B. 자기주장이 강하다.	①	②	③	④	⑤	⑥	⑦	㉠	㉮
C. 어떠한 일이 있어도 출세하고 싶다.	①	②	③	④	⑤	⑥	⑦	㉠	㉮

03

문항군	응답 1							응답 2	
	전혀 아님	《	보통	》	매우 그러함			멀다	가깝다
A. 다른 사람의 일에 관심이 없다.	①	②	③	④	⑤	⑥	⑦	㉠	㉮
B. 때로는 후회할 때도 있다.	①	②	③	④	⑤	⑥	⑦	㉠	㉮
C. 진정으로 마음을 허락할 수 있는 사람은 없다.	①	②	③	④	⑤	⑥	⑦	㉠	㉮

04

문항군	응답 1							응답 2	
	전혀 아님	《	보통	》	매우 그러함			멀다	가깝다
A. 한번 시작한 일은 반드시 끝을 맺는다.	①	②	③	④	⑤	⑥	⑦	멀	갸
B. 다른 사람들이 하지 못하는 일을 하고 싶다.	①	②	③	④	⑤	⑥	⑦	멀	갸
C. 좋은 생각이 떠올라도 실행하기 전에 여러모로 검토한다.	①	②	③	④	⑤	⑥	⑦	멀	갸

05

문항군	응답 1							응답 2	
	전혀 아님	《	보통	》	매우 그러함			멀다	가깝다
A. 다른 사람에게 항상 움직이고 있다는 말을 듣는다.	①	②	③	④	⑤	⑥	⑦	멀	갸
B. 옆에 사람이 있으면 싫다.	①	②	③	④	⑤	⑥	⑦	멀	갸
C. 친구들과 남의 이야기를 하는 것을 좋아한다.	①	②	③	④	⑤	⑥	⑦	멀	갸

06

문항군	응답 1							응답 2	
	전혀 아님	《	보통	》	매우 그러함			멀다	가깝다
A. 모두가 싫증을 내는 일에도 혼자서 열심히 한다.	①	②	③	④	⑤	⑥	⑦	멀	갸
B. 완성된 것보다 미완성인 것에 흥미가 있다.	①	②	③	④	⑤	⑥	⑦	멀	갸
C. 능력을 살릴 수 있는 일을 하고 싶다.	①	②	③	④	⑤	⑥	⑦	멀	갸

07

문항군	응답 1							응답 2	
	전혀 아님	《	보통	》	매우 그러함			멀다	가깝다
A. 번화한 곳에 외출하는 것을 좋아한다.	①	②	③	④	⑤	⑥	⑦	멀	갸
B. 다른 사람에게 자신이 소개되는 것을 좋아한다.	①	②	③	④	⑤	⑥	⑦	멀	갸
C. 다른 사람보다 쉽게 우쭐해진다.	①	②	③	④	⑤	⑥	⑦	멀	갸

08

문항군	응답 1							응답 2	
	전혀 아님	《	보통	》	매우 그러함			멀다	가깝다
A. 다른 사람의 감정에 민감하다.	①	②	③	④	⑤	⑥	⑦	멀	갸
B. 다른 사람들이 나에게 남을 배려하는 마음씨가 있다는 말을 한다.	①	②	③	④	⑤	⑥	⑦	멀	갸
C. 사소한 일로 우는 일이 많다.	①	②	③	④	⑤	⑥	⑦	멀	갸

09

문항군	응답 1							응답 2	
	전혀 아님	《	보통	》	매우 그러함			멀다	가깝다
A. 통찰력이 있다고 생각한다.	①	②	③	④	⑤	⑥	⑦	멀	가
B. 몸으로 부딪혀 도전하는 편이다.	①	②	③	④	⑤	⑥	⑦	멀	가
C. 감정적으로 될 때가 많다.	①	②	③	④	⑤	⑥	⑦	멀	가

10

문항군	응답 1							응답 2	
	전혀 아님	《	보통	》	매우 그러함			멀다	가깝다
A. 타인에게 간섭받는 것을 싫어한다.	①	②	③	④	⑤	⑥	⑦	멀	가
B. 신경이 예민한 편이라고 생각한다.	①	②	③	④	⑤	⑥	⑦	멀	가
C. 난관에 봉착해도 포기하지 않고 열심히 한다.	①	②	③	④	⑤	⑥	⑦	멀	가

11

문항군	응답 1							응답 2	
	전혀 아님	《	보통	》	매우 그러함			멀다	가깝다
A. 해야 할 일은 신속하게 처리한다.	①	②	③	④	⑤	⑥	⑦	멀	가
B. 매사에 느긋하고 차분하다.	①	②	③	④	⑤	⑥	⑦	멀	가
C. 끙끙거리며 생각할 때가 있다.	①	②	③	④	⑤	⑥	⑦	멀	가

12

문항군	응답 1							응답 2	
	전혀 아님	《	보통	》	매우 그러함			멀다	가깝다
A. 하나의 취미를 오래 지속하는 편이다.	①	②	③	④	⑤	⑥	⑦	멀	가
B. 낙천가라고 생각한다.	①	②	③	④	⑤	⑥	⑦	멀	가
C. 일주일의 예정을 만드는 것을 좋아한다.	①	②	③	④	⑤	⑥	⑦	멀	가

13

문항군	응답 1							응답 2	
	전혀 아님	《	보통	》	매우 그러함			멀다	가깝다
A. 자신의 의견을 상대에게 잘 주장하지 못한다.	①	②	③	④	⑤	⑥	⑦	멀	가
B. 좀처럼 결단하지 못하는 경우가 있다.	①	②	③	④	⑤	⑥	⑦	멀	가
C. 행동으로 옮기기까지 시간이 걸린다.	①	②	③	④	⑤	⑥	⑦	멀	가

14

문항군	응답 1							응답 2	
	전혀 아님	≪	보통	≫		매우 그러함		멀다	가깝다
A. 돌다리도 두드리며 건너는 타입이라고 생각한다.	①	②	③	④	⑤	⑥	⑦	멀	갑
B. 굳이 말하자면 시원시원하다.	①	②	③	④	⑤	⑥	⑦	멀	갑
C. 토론에서 이길 자신이 있다.	①	②	③	④	⑤	⑥	⑦	멀	갑

15

문항군	응답 1							응답 2	
	전혀 아님	≪	보통	≫		매우 그러함		멀다	가깝다
A. 쉽게 침울해진다.	①	②	③	④	⑤	⑥	⑦	멀	갑
B. 쉽게 싫증을 내는 편이다.	①	②	③	④	⑤	⑥	⑦	멀	갑
C. 도덕/윤리를 중시한다.	①	②	③	④	⑤	⑥	⑦	멀	갑

16

문항군	응답 1							응답 2	
	전혀 아님	≪	보통	≫		매우 그러함		멀다	가깝다
A. 매사에 신중한 편이라고 생각한다.	①	②	③	④	⑤	⑥	⑦	멀	갑
B. 실행하기 전에 재확인할 때가 많다.	①	②	③	④	⑤	⑥	⑦	멀	갑
C. 반대에 부딪혀도 자신의 의견을 바꾸는 일은 없다.	①	②	③	④	⑤	⑥	⑦	멀	갑

17

문항군	응답 1							응답 2	
	전혀 아님	≪	보통	≫		매우 그러함		멀다	가깝다
A. 전망을 세우고 행동할 때가 많다.	①	②	③	④	⑤	⑥	⑦	멀	갑
B. 일에는 결과가 중요하다고 생각한다.	①	②	③	④	⑤	⑥	⑦	멀	갑
C. 다른 사람으로부터 지적받는 것은 싫다.	①	②	③	④	⑤	⑥	⑦	멀	갑

18

문항군	응답 1							응답 2	
	전혀 아님	≪	보통	≫		매우 그러함		멀다	가깝다
A. 다른 사람에게 위해를 가할 것 같은 기분이 들 때가 있다.	①	②	③	④	⑤	⑥	⑦	멀	갑
B. 인간관계가 폐쇄적이라는 말을 듣는다.	①	②	③	④	⑤	⑥	⑦	멀	갑
C. 친구들로부터 줏대 없는 사람이라는 말을 듣는다.	①	②	③	④	⑤	⑥	⑦	멀	갑

19

문항군	응답 1							응답 2	
	전혀 아님	《	보통	》	매우 그러함			멀다	가깝다
A. 누구와도 편하게 이야기할 수 있다.	①	②	③	④	⑤	⑥	⑦	멀	갑
B. 다른 사람을 싫어한 적은 한 번도 없다.	①	②	③	④	⑤	⑥	⑦	멀	갑
C. 리더로서 인정을 받고 싶다.	①	②	③	④	⑤	⑥	⑦	멀	갑

20

문항군	응답 1							응답 2	
	전혀 아님	《	보통	》	매우 그러함			멀다	가깝다
A. 기다리는 것에 짜증 내는 편이다.	①	②	③	④	⑤	⑥	⑦	멀	갑
B. 지루하면 마구 떠들고 싶어진다.	①	②	③	④	⑤	⑥	⑦	멀	갑
C. 남과 친해지려면 용기가 필요하다.	①	②	③	④	⑤	⑥	⑦	멀	갑

21

문항군	응답 1							응답 2	
	전혀 아님	《	보통	》	매우 그러함			멀다	가깝다
A. 사물을 과장해서 말한 적은 없다.	①	②	③	④	⑤	⑥	⑦	멀	갑
B. 항상 천재지변을 당하지 않을까 걱정하고 있다.	①	②	③	④	⑤	⑥	⑦	멀	갑
C. 어떤 일이 있어도 의욕을 가지고 열심히 하는 편이다.	①	②	③	④	⑤	⑥	⑦	멀	갑

22

문항군	응답 1							응답 2	
	전혀 아님	《	보통	》	매우 그러함			멀다	가깝다
A. 그룹 내에서는 누군가의 주도하에 따라가는 경우가 많다.	①	②	③	④	⑤	⑥	⑦	멀	갑
B. 내성적이라고 생각한다.	①	②	③	④	⑤	⑥	⑦	멀	갑
C. 모르는 사람과 이야기하는 것은 용기가 필요하다.	①	②	③	④	⑤	⑥	⑦	멀	갑

23

문항군	응답 1							응답 2	
	전혀 아님	《	보통	》	매우 그러함			멀다	가깝다
A. 집에서 가만히 있으면 기분이 우울해진다.	①	②	③	④	⑤	⑥	⑦	멀	갑
B. 당황하면 갑자기 땀이 나서 신경 쓰일 때가 있다.	①	②	③	④	⑤	⑥	⑦	멀	갑
C. 차분하다는 말을 듣는다.	①	②	③	④	⑤	⑥	⑦	멀	갑

24 문항군	응답 1							응답 2	
	전혀 아님	<<	보통	>>		매우 그러함		멀다	가깝다
A. 어색해지면 입을 다무는 경우가 많다.	①	②	③	④	⑤	⑥	⑦	멜	카
B. 융통성이 없는 편이다.	①	②	③	④	⑤	⑥	⑦	멜	카
C. 이유도 없이 화가 치밀 때가 있다.	①	②	③	④	⑤	⑥	⑦	멜	카

25 문항군	응답 1							응답 2	
	전혀 아님	<<	보통	>>		매우 그러함		멀다	가깝다
A. 자질구레한 걱정이 많다.	①	②	③	④	⑤	⑥	⑦	멜	카
B. 다른 사람을 의심한 적이 한 번도 없다.	①	②	③	④	⑤	⑥	⑦	멜	카
C. 지금까지 후회를 한 적이 없다.	①	②	③	④	⑤	⑥	⑦	멜	카

26 문항군	응답 1							응답 2	
	전혀 아님	<<	보통	>>		매우 그러함		멀다	가깝다
A. 무슨 일이든 자신을 가지고 행동한다.	①	②	③	④	⑤	⑥	⑦	멜	카
B. 자주 깊은 생각에 잠긴다.	①	②	③	④	⑤	⑥	⑦	멜	카
C. 가만히 있지 못할 정도로 불안해질 때가 많다.	①	②	③	④	⑤	⑥	⑦	멜	카

27 문항군	응답 1							응답 2	
	전혀 아님	<<	보통	>>		매우 그러함		멀다	가깝다
A. 스포츠 선수가 되고 싶다고 생각한 적이 있다.	①	②	③	④	⑤	⑥	⑦	멜	카
B. 유명인과 서로 아는 사람이 되고 싶다.	①	②	③	④	⑤	⑥	⑦	멜	카
C. 연예인에 대해 동경한 적이 없다.	①	②	③	④	⑤	⑥	⑦	멜	카

28 문항군	응답 1							응답 2	
	전혀 아님	<<	보통	>>		매우 그러함		멀다	가깝다
A. 휴일은 세부적인 예정을 세우고 보낸다.	①	②	③	④	⑤	⑥	⑦	멜	카
B. 잘하지 못하는 것이라도 자진해서 한다.	①	②	③	④	⑤	⑥	⑦	멜	카
C. 이유도 없이 다른 사람과 부딪힐 때가 있다.	①	②	③	④	⑤	⑥	⑦	멜	카

29

문항군	응답 1							응답 2	
	전혀 아님	≪	보통	≫		매우 그러함		멀다	가깝다
A. 타인의 일에는 별로 관여하고 싶지 않다고 생각한다.	①	②	③	④	⑤	⑥	⑦	멸	㉮
B. 의견이 다른 사람과는 어울리지 않는다.	①	②	③	④	⑤	⑥	⑦	멸	㉮
C. 주위의 영향을 받기 쉽다.	①	②	③	④	⑤	⑥	⑦	멸	㉮

30

문항군	응답 1							응답 2	
	전혀 아님	≪	보통	≫		매우 그러함		멀다	가깝다
A. 지인을 발견해도 만나고 싶지 않을 때가 많다.	①	②	③	④	⑤	⑥	⑦	멸	㉮
B. 굳이 말하자면 자의식 과잉이다.	①	②	③	④	⑤	⑥	⑦	멸	㉮
C. 몸을 움직이는 것을 좋아한다.	①	②	③	④	⑤	⑥	⑦	멸	㉮

31

문항군	응답 1							응답 2	
	전혀 아님	≪	보통	≫		매우 그러함		멀다	가깝다
A. 무슨 일이든 생각해 보지 않으면 만족하지 못한다.	①	②	③	④	⑤	⑥	⑦	멸	㉮
B. 다수의 반대가 있더라도 자신의 생각대로 행동한다.	①	②	③	④	⑤	⑥	⑦	멸	㉮
C. 지금까지 다른 사람의 마음에 상처준 일이 없다.	①	②	③	④	⑤	⑥	⑦	멸	㉮

32

문항군	응답 1							응답 2	
	전혀 아님	≪	보통	≫		매우 그러함		멀다	가깝다
A. 실행하기 전에 재고하는 경우가 많다.	①	②	③	④	⑤	⑥	⑦	멸	㉮
B. 완고한 편이라고 생각한다.	①	②	③	④	⑤	⑥	⑦	멸	㉮
C. 작은 소리도 신경 쓰인다.	①	②	③	④	⑤	⑥	⑦	멸	㉮

33

문항군	응답 1							응답 2	
	전혀 아님	≪	보통	≫		매우 그러함		멀다	가깝다
A. 다소 무리를 하더라도 피로해지지 않는다.	①	②	③	④	⑤	⑥	⑦	멸	㉮
B. 다른 사람보다 고집이 세다.	①	②	③	④	⑤	⑥	⑦	멸	㉮
C. 성격이 밝다는 말을 듣는다.	①	②	③	④	⑤	⑥	⑦	멸	㉮

34

문항군	응답 1							응답 2	
	전혀 아님	《	보통	》	매우 그러함			멀다	가깝다
A. 다른 사람이 부럽다고 생각한 적이 한 번도 없다.	①	②	③	④	⑤	⑥	⑦	멀	갸
B. 자신의 페이스를 잃지 않는다.	①	②	③	④	⑤	⑥	⑦	멀	갸
C. 굳이 말하면 이상주의자다.	①	②	③	④	⑤	⑥	⑦	멀	갸

35

문항군	응답 1							응답 2	
	전혀 아님	《	보통	》	매우 그러함			멀다	가깝다
A. 가능성에 눈을 돌린다.	①	②	③	④	⑤	⑥	⑦	멀	갸
B. 튀는 것을 싫어한다.	①	②	③	④	⑤	⑥	⑦	멀	갸
C. 방법이 정해진 일은 안심할 수 있다.	①	②	③	④	⑤	⑥	⑦	멀	갸

36

문항군	응답 1							응답 2	
	전혀 아님	《	보통	》	매우 그러함			멀다	가깝다
A. 매사에 감정적으로 생각한다.	①	②	③	④	⑤	⑥	⑦	멀	갸
B. 스케줄을 짜고 행동하는 편이다.	①	②	③	④	⑤	⑥	⑦	멀	갸
C. 지나치게 합리적으로 결론짓는 것은 좋지 않다.	①	②	③	④	⑤	⑥	⑦	멀	갸

37

문항군	응답 1							응답 2	
	전혀 아님	《	보통	》	매우 그러함			멀다	가깝다
A. 다른 사람의 의견에 귀를 기울인다.	①	②	③	④	⑤	⑥	⑦	멀	갸
B. 사람들 앞에 잘 나서지 못한다.	①	②	③	④	⑤	⑥	⑦	멀	갸
C. 임기응변에 능하다.	①	②	③	④	⑤	⑥	⑦	멀	갸

38

문항군	응답 1							응답 2	
	전혀 아님	《	보통	》	매우 그러함			멀다	가깝다
A. 꿈을 가진 사람에게 끌린다.	①	②	③	④	⑤	⑥	⑦	멀	갸
B. 직감적으로 판단한다.	①	②	③	④	⑤	⑥	⑦	멀	갸
C. 틀에 박힌 일은 싫다.	①	②	③	④	⑤	⑥	⑦	멀	갸

39

문항군	응답 1							응답 2	
	전혀 아님	《	보통	》	매우 그러함			멀다	가깝다
A. 친구가 돈을 빌려달라고 하면 거절하지 못한다.	①	②	③	④	⑤	⑥	⑦	멀	깐
B. 어려움에 처한 사람을 보면 원인을 생각한다.	①	②	③	④	⑤	⑥	⑦	멀	깐
C. 매사에 이론적으로 생각한다.	①	②	③	④	⑤	⑥	⑦	멀	깐

40

문항군	응답 1							응답 2	
	전혀 아님	《	보통	》	매우 그러함			멀다	가깝다
A. 혼자 꾸준히 하는 것을 좋아한다.	①	②	③	④	⑤	⑥	⑦	멀	깐
B. 튀는 것을 좋아한다.	①	②	③	④	⑤	⑥	⑦	멀	깐
C. 굳이 말하자면 보수적이라 생각한다.	①	②	③	④	⑤	⑥	⑦	멀	깐

41

문항군	응답 1							응답 2	
	전혀 아님	《	보통	》	매우 그러함			멀다	가깝다
A. 다른 사람과 만났을 때 화제에 부족함이 없다.	①	②	③	④	⑤	⑥	⑦	멀	깐
B. 그때그때의 기분으로 행동하는 경우가 많다.	①	②	③	④	⑤	⑥	⑦	멀	깐
C. 현실적인 사람에게 끌린다.	①	②	③	④	⑤	⑥	⑦	멀	깐

42

문항군	응답 1							응답 2	
	전혀 아님	《	보통	》	매우 그러함			멀다	가깝다
A. 병이 아닌지 걱정이 들 때가 있다.	①	②	③	④	⑤	⑥	⑦	멀	깐
B. 자의식 과잉이라는 생각이 들 때가 있다.	①	②	③	④	⑤	⑥	⑦	멀	깐
C. 막무가내라는 말을 들을 때가 많다.	①	②	③	④	⑤	⑥	⑦	멀	깐

43

문항군	응답 1							응답 2	
	전혀 아님	《	보통	》	매우 그러함			멀다	가깝다
A. 푸념을 한 적이 없다.	①	②	③	④	⑤	⑥	⑦	멀	깐
B. 수다를 좋아한다.	①	②	③	④	⑤	⑥	⑦	멀	깐
C. 부모에게 불평을 한 적이 한 번도 없다.	①	②	③	④	⑤	⑥	⑦	멀	깐

44

문항군	응답 1							응답 2	
	전혀 아님	《	보통	》	매우 그러함			멀다	가깝다
A. 친구들이 나를 진지한 사람으로 생각하고 있다.	①	②	③	④	⑤	⑥	⑦	⑭	㉮
B. 엉뚱한 생각을 잘한다.	①	②	③	④	⑤	⑥	⑦	⑭	㉮
C. 이성적인 사람이라는 말을 듣고 싶다.	①	②	③	④	⑤	⑥	⑦	⑭	㉮

45

문항군	응답 1							응답 2	
	전혀 아님	《	보통	》	매우 그러함			멀다	가깝다
A. 예정에 얽매이는 것을 싫어한다.	①	②	③	④	⑤	⑥	⑦	⑭	㉮
B. 굳이 말하자면 장거리주자에 어울린다고 생각한다.	①	②	③	④	⑤	⑥	⑦	⑭	㉮
C. 여행을 가기 전에는 세세한 계획을 세운다.	①	②	③	④	⑤	⑥	⑦	⑭	㉮

46

문항군	응답 1							응답 2	
	전혀 아님	《	보통	》	매우 그러함			멀다	가깝다
A. 굳이 말하자면 기가 센 편이다.	①	②	③	④	⑤	⑥	⑦	⑭	㉮
B. 신중하게 생각하는 편이다.	①	②	③	④	⑤	⑥	⑦	⑭	㉮
C. 계획을 생각하기보다는 빨리 실행하고 싶어 한다.	①	②	③	④	⑤	⑥	⑦	⑭	㉮

47

문항군	응답 1							응답 2	
	전혀 아님	《	보통	》	매우 그러함			멀다	가깝다
A. 자신을 쓸모없는 인간이라고 생각할 때가 있다.	①	②	③	④	⑤	⑥	⑦	⑭	㉮
B. 아는 사람을 발견해도 피해버릴 때가 있다.	①	②	③	④	⑤	⑥	⑦	⑭	㉮
C. 앞으로의 일을 생각하지 않으면 진정이 되지 않는다.	①	②	③	④	⑤	⑥	⑦	⑭	㉮

48

문항군	응답 1							응답 2	
	전혀 아님	《	보통	》	매우 그러함			멀다	가깝다
A. 격렬한 운동도 그다지 힘들어하지 않는다.	①	②	③	④	⑤	⑥	⑦	⑭	㉮
B. 무슨 일이든 먼저 해야 이긴다고 생각한다.	①	②	③	④	⑤	⑥	⑦	⑭	㉮
C. 예정이 없는 상태를 싫어한다.	①	②	③	④	⑤	⑥	⑦	⑭	㉮

49

문항군	응답 1							응답 2	
	전혀 아님	《	보통	》	매우 그러함			멀다	가깝다
A. 잘하지 못하는 게임은 하지 않으려고 한다.	①	②	③	④	⑤	⑥	⑦	멀	갠
B. 다른 사람에게 의존적이 될 때가 많다.	①	②	③	④	⑤	⑥	⑦	멀	갠
C. 대인관계가 귀찮다고 느낄 때가 있다.	①	②	③	④	⑤	⑥	⑦	멀	갠

50

문항군	응답 1							응답 2	
	전혀 아님	《	보통	》	매우 그러함			멀다	가깝다
A. 장래의 일을 생각하면 불안해질 때가 있다.	①	②	③	④	⑤	⑥	⑦	멀	갠
B. 가만히 있지 못할 정도로 침착하지 못할 때가 있다.	①	②	③	④	⑤	⑥	⑦	멀	갠
C. 침울해지면 아무것도 손에 잡히지 않는다.	①	②	③	④	⑤	⑥	⑦	멀	갠

51

문항군	응답 1							응답 2	
	전혀 아님	《	보통	》	매우 그러함			멀다	가깝다
A. 새로운 일에 처음 한 발을 좀처럼 떼지 못한다.	①	②	③	④	⑤	⑥	⑦	멀	갠
B. 다른 사람이 나를 어떻게 생각하는지 궁금할 때가 많다.	①	②	③	④	⑤	⑥	⑦	멀	갠
C. 미리 행동을 정해두는 경우가 많다.	①	②	③	④	⑤	⑥	⑦	멀	갠

52

문항군	응답 1							응답 2	
	선혀 아님	《	보통	》	매우 그러함			멀다	가깝다
A. 혼자 생각하는 것을 좋아한다.	①	②	③	④	⑤	⑥	⑦	멀	갠
B. 다른 사람과 대화하는 것을 좋아한다.	①	②	③	④	⑤	⑥	⑦	멀	갠
C. 하루의 행동을 반성하는 경우가 많다.	①	②	③	④	⑤	⑥	⑦	멀	갠

53

문항군	응답 1							응답 2	
	전혀 아님	《	보통	》	매우 그러함			멀다	가깝다
A. 어린 시절로 돌아가고 싶을 때가 있다.	①	②	③	④	⑤	⑥	⑦	멀	갠
B. 인생에서 중요한 것은 높은 목표를 갖는 것이다.	①	②	③	④	⑤	⑥	⑦	멀	갠
C. 커다란 일을 해보고 싶다.	①	②	③	④	⑤	⑥	⑦	멀	갠

54

문항군	응답 1							응답 2	
	전혀 아님	《	보통	》		매우 그러함		멀다	가깝다
A. 작은 일에 신경 쓰지 않는다.	①	②	③	④	⑤	⑥	⑦	뗄	㉮
B. 동작이 기민한 편이다.	①	②	③	④	⑤	⑥	⑦	뗄	㉮
C. 소외감을 느낄 때가 있다.	①	②	③	④	⑤	⑥	⑦	뗄	㉮

55

문항군	응답 1							응답 2	
	전혀 아님	《	보통	》		매우 그러함		멀다	가깝다
A. 혼자 여행을 떠나고 싶을 때가 자주 있다.	①	②	③	④	⑤	⑥	⑦	뗄	㉮
B. 눈을 뜨면 바로 일어난다.	①	②	③	④	⑤	⑥	⑦	뗄	㉮
C. 항상 활력이 있다.	①	②	③	④	⑤	⑥	⑦	뗄	㉮

56

문항군	응답 1							응답 2	
	전혀 아님	《	보통	》		매우 그러함		멀다	가깝다
A. 싸움을 한 적이 없다.	①	②	③	④	⑤	⑥	⑦	뗄	㉮
B. 끈기가 강하다.	①	②	③	④	⑤	⑥	⑦	뗄	㉮
C. 변화를 즐긴다.	①	②	③	④	⑤	⑥	⑦	뗄	㉮

57

문항군	응답 1							응답 2	
	전혀 아님	《	보통	》		매우 그러함		멀다	가깝다
A. 굳이 말하자면 혁신적이라고 생각한다.	①	②	③	④	⑤	⑥	⑦	뗄	㉮
B. 사람들 앞에 나서는 데 어려움이 없다.	①	②	③	④	⑤	⑥	⑦	뗄	㉮
C. 스케줄을 짜지 않고 행동하는 편이다.	①	②	③	④	⑤	⑥	⑦	뗄	㉮

58

문항군	응답 1							응답 2	
	전혀 아님	《	보통	》		매우 그러함		멀다	가깝다
A. 학구적이라는 인상을 주고 싶다.	①	②	③	④	⑤	⑥	⑦	뗄	㉮
B. 조직 안에서는 우등생 타입이라고 생각한다.	①	②	③	④	⑤	⑥	⑦	뗄	㉮
C. 이성적인 사람 밑에서 일하고 싶다.	①	②	③	④	⑤	⑥	⑦	뗄	㉮

59

문항군	응답 1							응답 2	
	전혀 아님	《	보통	》	매우 그러함			멀다	가깝다
A. 정해진 절차에 따르는 것을 싫어한다.	①	②	③	④	⑤	⑥	⑦	멀	깐
B. 경험으로 판단한다.	①	②	③	④	⑤	⑥	⑦	멀	깐
C. 틀에 박힌 일을 싫어한다.	①	②	③	④	⑤	⑥	⑦	멀	깐

60

문항군	응답 1							응답 2	
	전혀 아님	《	보통	》	매우 그러함			멀다	가깝다
A. 무언가에 흥미를 느끼는 데 오래 걸린다.	①	②	③	④	⑤	⑥	⑦	멀	깐
B. 시간을 정확히 지키는 편이다.	①	②	③	④	⑤	⑥	⑦	멀	깐
C. 융통성이 있다.	①	②	③	④	⑤	⑥	⑦	멀	깐

61

문항군	응답 1							응답 2	
	전혀 아님	《	보통	》	매우 그러함			멀다	가깝다
A. 이야기하는 것을 좋아한다.	①	②	③	④	⑤	⑥	⑦	멀	깐
B. 회합에서는 소개를 받는 편이다.	①	②	③	④	⑤	⑥	⑦	멀	깐
C. 자신의 의견을 밀어붙인다.	①	②	③	④	⑤	⑥	⑦	멀	깐

62

문항군	응답 1							응답 2	
	전혀 아님	《	보통	》	매우 그러함			멀다	가깝다
A. 현실적이라는 이야기를 듣는다.	①	②	③	④	⑤	⑥	⑦	멀	깐
B. 계획적인 행동을 중요하게 여긴다.	①	②	③	④	⑤	⑥	⑦	멀	깐
C. 창의적인 일을 좋아한다.	①	②	③	④	⑤	⑥	⑦	멀	깐

63

문항군	응답 1							응답 2	
	전혀 아님	《	보통	》	매우 그러함			멀다	가깝다
A. 회합에서는 소개를 하는 편이다.	①	②	③	④	⑤	⑥	⑦	멀	깐
B. 조직 안에서는 독자적으로 움직이는 편이다.	①	②	③	④	⑤	⑥	⑦	멀	깐
C. 정해진 절차가 바뀌는 것을 싫어한다.	①	②	③	④	⑤	⑥	⑦	멀	깐

64

문항군	응답 1							응답 2	
	전혀 아님	《	보통	》	매우 그러함			멀다	가깝다
A. 일을 선택할 때에는 인간관계를 중시한다.	①	②	③	④	⑤	⑥	⑦	멀	갸
B. 굳이 말하자면 현실주의자이다.	①	②	③	④	⑤	⑥	⑦	멀	갸
C. 지나치게 온정을 표시하는 것은 좋지 않다고 생각한다.	①	②	③	④	⑤	⑥	⑦	멀	갸

65

문항군	응답 1							응답 2	
	전혀 아님	《	보통	》	매우 그러함			멀다	가깝다
A. 상상력이 있다는 말을 듣는다.	①	②	③	④	⑤	⑥	⑦	멀	갸
B. 틀에 박힌 일은 너무 딱딱해서 싫다.	①	②	③	④	⑤	⑥	⑦	멀	갸
C. 다른 사람이 나를 어떻게 생각하는지 신경 쓰인다.	①	②	③	④	⑤	⑥	⑦	멀	갸

66

문항군	응답 1							응답 2	
	전혀 아님	《	보통	》	매우 그러함			멀다	가깝다
A. 사람들 앞에서 잘 이야기하지 못한다.	①	②	③	④	⑤	⑥	⑦	멀	갸
B. 친절한 사람이라는 말을 듣고 싶다.	①	②	③	④	⑤	⑥	⑦	멀	갸
C. 일을 선택할 때에는 일의 보람을 중시한다.	①	②	③	④	⑤	⑥	⑦	멀	갸

67

문항군	응답 1							응답 2	
	전혀 아님	《	보통	》	매우 그러함			멀다	가깝다
A. 뉴스보다 신문을 많이 본다.	①	②	③	④	⑤	⑥	⑦	멀	갸
B. 시간을 분 단위로 나눠 쓴다.	①	②	③	④	⑤	⑥	⑦	멀	갸
C. 아이디어 회의 중 모든 의견은 존중되어야 한다.	①	②	③	④	⑤	⑥	⑦	멀	갸

68

문항군	응답 1							응답 2	
	전혀 아님	《	보통	》	매우 그러함			멀다	가깝다
A. 주위 사람에게 인사하는 것이 귀찮다.	①	②	③	④	⑤	⑥	⑦	멀	갸
B. 남의 의견을 절대 참고하지 않는다.	①	②	③	④	⑤	⑥	⑦	멀	갸
C. 남의 말을 호의적으로 받아들인다.	①	②	③	④	⑤	⑥	⑦	멀	갸

69

문항군	응답 1							응답 2	
	전혀 아님	≪	보통	≫	매우 그러함			멀다	가깝다
A. 광고를 보면 그 물건을 사고 싶다.	①	②	③	④	⑤	⑥	⑦	⑨	㉮
B. 컨디션에 따라 기분이 잘 변한다.	①	②	③	④	⑤	⑥	⑦	⑨	㉮
C. 많은 사람 앞에서 말하는 것이 서툴다.	①	②	③	④	⑤	⑥	⑦	⑨	㉮

70

문항군	응답 1							응답 2	
	전혀 아님	≪	보통	≫	매우 그러함			멀다	가깝다
A. 열등감으로 자주 고민한다.	①	②	③	④	⑤	⑥	⑦	⑨	㉮
B. 부모님에게 불만을 느낀다.	①	②	③	④	⑤	⑥	⑦	⑨	㉮
C. 칭찬도 나쁘게 받아들이는 편이다.	①	②	③	④	⑤	⑥	⑦	⑨	㉮

71

문항군	응답 1							응답 2	
	전혀 아님	≪	보통	≫	매우 그러함			멀다	가깝다
A. 친구 말을 듣는 편이다.	①	②	③	④	⑤	⑥	⑦	⑨	㉮
B. 자신의 입장을 잊어버릴 때가 있다.	①	②	③	④	⑤	⑥	⑦	⑨	㉮
C. 실패해도 또다시 도전한다.	①	②	③	④	⑤	⑥	⑦	⑨	㉮

72

문항군	응답 1							응답 2	
	선혀 아님	≪	보통	≫	매우 그러함			멀다	가깝다
A. 휴식 시간에도 일하고 싶다.	①	②	③	④	⑤	⑥	⑦	⑨	㉮
B. 여간해서 흥분하지 않는 편이다.	①	②	③	④	⑤	⑥	⑦	⑨	㉮
C. 혼자 지내는 시간이 즐겁다.	①	②	③	④	⑤	⑥	⑦	⑨	㉮

73

문항군	응답 1							응답 2	
	전혀 아님	≪	보통	≫	매우 그러함			멀다	가깝다
A. 손재주는 비교적 있는 편이다.	①	②	③	④	⑤	⑥	⑦	⑨	㉮
B. 계산에 밝은 사람은 꺼려진다.	①	②	③	④	⑤	⑥	⑦	⑨	㉮
C. 공상이나 상상을 많이 하는 편이다.	①	②	③	④	⑤	⑥	⑦	⑨	㉮

74

문항군	응답 1							응답 2	
	전혀 아님	《	보통	》	매우 그러함			멀다	가깝다
A. 창조적인 일을 하고 싶다.	①	②	③	④	⑤	⑥	⑦	멀	가
B. 규칙적인 것이 싫다.	①	②	③	④	⑤	⑥	⑦	멀	가
C. 남을 지배하는 사람이 되고 싶다.	①	②	③	④	⑤	⑥	⑦	멀	가

75

문항군	응답 1							응답 2	
	전혀 아님	《	보통	》	매우 그러함			멀다	가깝다
A. 새로운 변화를 싫어한다.	①	②	③	④	⑤	⑥	⑦	멀	가
B. 급진적인 변화를 좋아한다.	①	②	③	④	⑤	⑥	⑦	멀	가
C. 규칙을 잘 지킨다.	①	②	③	④	⑤	⑥	⑦	멀	가

76

문항군	응답 1							응답 2	
	전혀 아님	《	보통	》	매우 그러함			멀다	가깝다
A. 스트레스 관리를 잘한다.	①	②	③	④	⑤	⑥	⑦	멀	가
B. 스트레스를 받아도 화를 잘 참는다.	①	②	③	④	⑤	⑥	⑦	멀	가
C. 틀리다고 생각하면 필사적으로 부정한다.	①	②	③	④	⑤	⑥	⑦	멀	가

77

문항군	응답 1							응답 2	
	전혀 아님	《	보통	》	매우 그러함			멀다	가깝다
A. 스트레스를 받을 때 타인에게 화를 내지 않는다.	①	②	③	④	⑤	⑥	⑦	멀	가
B. 자신을 비난하는 사람은 피하는 편이다.	①	②	③	④	⑤	⑥	⑦	멀	가
C. 잘못된 부분을 보면 그냥 지나치지 못한다.	①	②	③	④	⑤	⑥	⑦	멀	가

78

문항군	응답 1							응답 2	
	전혀 아님	《	보통	》	매우 그러함			멀다	가깝다
A. 귀찮은 일은 남에게 부탁하는 편이다.	①	②	③	④	⑤	⑥	⑦	멀	가
B. 어머니의 친구분을 대접하는 것이 귀찮다.	①	②	③	④	⑤	⑥	⑦	멀	가
C. 마음에 걸리는 일은 머릿속에서 떠나지 않는다.	①	②	③	④	⑤	⑥	⑦	멀	가

79

문항군	응답 1							응답 2	
	전혀 아님	≪	보통	≫	매우 그러함			멀다	가깝다
A. 휴일에는 아무것도 하고 싶지 않다.	①	②	③	④	⑤	⑥	⑦	멀	갑
B. 과거로 돌아가고 싶다는 생각이 강하다.	①	②	③	④	⑤	⑥	⑦	멀	갑
C. 남들과 타협하기를 싫어하는 편이었다.	①	②	③	④	⑤	⑥	⑦	멀	갑

80

문항군	응답 1							응답 2	
	전혀 아님	≪	보통	≫	매우 그러함			멀다	가깝다
A. 친구와 싸우면 서먹서먹해진다.	①	②	③	④	⑤	⑥	⑦	멀	갑
B. 아무것도 하지 않고 가만히 있을 수 있다.	①	②	③	④	⑤	⑥	⑦	멀	갑
C. 내가 말한 것이 틀리면 정정할 수 있다.	①	②	③	④	⑤	⑥	⑦	멀	갑

81

문항군	응답 1							응답 2	
	전혀 아님	≪	보통	≫	매우 그러함			멀다	가깝다
A. 남들이 나를 추켜올려 주면 기분이 좋다.	①	②	③	④	⑤	⑥	⑦	멀	갑
B. 다른 사람들의 주목을 받는 게 좋다.	①	②	③	④	⑤	⑥	⑦	멀	갑
C. 기분이 잘 바뀌는 편에 속한다.	①	②	③	④	⑤	⑥	⑦	멀	갑

82

문항군	응답 1							응답 2	
	전혀 아님	≪	보통	≫	매우 그러함			멀다	가깝다
A. 공상 속의 친구가 있기도 하다.	①	②	③	④	⑤	⑥	⑦	멀	갑
B. 주변 사람들이 칭찬해 주면 어색해 한다.	①	②	③	④	⑤	⑥	⑦	멀	갑
C. 타인의 비난을 받으면 눈물을 잘 보인다.	①	②	③	④	⑤	⑥	⑦	멀	갑

83

문항군	응답 1							응답 2	
	전혀 아님	≪	보통	≫	매우 그러함			멀다	가깝다
A. 한 번 시작한 일은 마무리를 꼭 한다.	①	②	③	④	⑤	⑥	⑦	멀	갑
B. 아무도 찬성해 주지 않아도 내 의견을 말한다.	①	②	③	④	⑤	⑥	⑦	멀	갑
C. 자신의 방법으로 혼자서 일을 하는 것을 좋아한다.	①	②	③	④	⑤	⑥	⑦	멀	갑

84

문항군	응답 1							응답 2	
	전혀 아님	《《	보통	》》	매우 그러함			멀다	가깝다
A. 중요한 순간에 실패할까 봐 불안하다.	①	②	③	④	⑤	⑥	⑦	㉖	㉗
B. 가능하다면 내 자신을 많이 뜯어고치고 싶다.	①	②	③	④	⑤	⑥	⑦	㉖	㉗
C. 운동을 하고 있을 때는 생기가 넘친다.	①	②	③	④	⑤	⑥	⑦	㉖	㉗

85

문항군	응답 1							응답 2	
	전혀 아님	《《	보통	》》	매우 그러함			멀다	가깝다
A. 오랫동안 가만히 앉아 있는 것은 싫다.	①	②	③	④	⑤	⑥	⑦	㉖	㉗
B. 신문을 읽을 때 슬픈 기사에만 눈길이 간다.	①	②	③	④	⑤	⑥	⑦	㉖	㉗
C. 내 생각과 다른 사람이 있으면 불안하다.	①	②	③	④	⑤	⑥	⑦	㉖	㉗

합 격 의
공 식
시대에듀

S D E D U

남에게 이기는 방법의 하나는 예의범절로 이기는 것이다.

- 조쉬 빌링스 -

PART 4

면접

01 면접 주요사항

면접의 사전적 정의는 면접관이 지원자를 직접 만나보고 인품(人品)이나 언행(言行) 따위를 시험하는 일로, 흔히 필기시험 후에 최종적으로 심사하는 방법이다. 최근 주요 기업의 인사담당자들을 대상으로 채용 시 면접이 차지하는 비중을 설문 조사했을 때, 50 ~ 80% 이상이라고 답한 사람이 전체 응답자의 80%를 넘었다. 이와 대조적으로 지원자들을 대상으로 취업 시험에서 면접을 준비하는 기간을 물었을 때, 대부분의 응답자가 2 ~ 3일 정도라고 대답했다.

지원자가 일정 수준의 스펙을 갖추기 위해 자격증 시험과 토익을 치르고 이력서와 자기소개서까지 쓰다 보면 면접까지 챙길 여유가 없는 것이 사실이다. 그리고 서류전형과 인적성검사를 통과해야만 면접을 볼 수 있기 때문에 자연스럽게 면접은 취업시험 과정에서 그 비중이 작아질 수밖에 없다. 하지만 아이러니하게도 실제 채용 과정에서 면접이 차지하는 비중은 절대적이라고 해도 과언이 아니다.

기업들은 채용 과정에서 토론 면접, 인성 면접, 프레젠테이션 면접, 역량 면접 등의 다양한 면접을 실시한다. 1차 커트라인이라고 할 수 있는 서류전형을 통과한 지원자들의 스펙이나 능력은 서로 엇비슷하다고 판단되기 때문에 서류상의 자격증이나 토익 성적보다는 지원자의 인성을 파악하기 위해 면접을 더욱 강화하는 것이다. 일부 기업은 의도적으로 압박 면접을 실시하기도 한다. 지원자가 당황할 수 있는 질문을 던져서 그것에 대한 지원자의 반응을 살펴보는 것이다.

면접은 다르게 생각한다면 '나는 누구인가?'에 대한 물음이다. 취업난 속에서 자격증을 취득하고 토익 성적을 올리기 위해 앞만 보고 달려 온 지원자들은 자신에 대해서 고민하고 탐구할 수 있는 시간을 평소 쉽게 가질 수 없었을 것이다. 자신을 잘 알고 있어야 자신에 대해서 자신감 있게 말할 수 있다. 대체로 사람들은 자신에게 관대한 편이기 때문에 자신에 대해서 어떤 기대와 환상을 가지고 있는 경우가 많다. 하지만 면접은 제3자에 의해 개인의 능력을 객관적으로 평가받는 시험이다. 어떤 지원자들은 다른 사람에게 자신을 표현하는 것을 어려워한다. 반면에 평소에 잘 사용하지 않는 용어를 내뱉으면서 거창하게 자신을 포장하는 지원자도 많다. 면접의 기본은 자기 자신을 면접관에게 알기 쉽게 표현하는 것이다. 이러한 표현을 바탕으로 자신이 앞으로 하고자 하는 것과 그에 대한 이유를 설명해야 한다. 최근에는 자신감을 향상시키거나 말하는 능력을 키울 수 있는 강의도 많기 때문에 얼마든지 자신의 단점을 극복할 수 있다.

1. 자기소개

자기소개를 시키는 이유는 면접자가 지원자의 자기소개서를 압축해서 듣고, 지원자의 첫인상을 평가할 시간을 가질 수 있기 때문이다. 면접을 위한 워밍업이라고 할 수 있으며, 첫인상을 결정하는 과정이므로 매우 중요한 순간이다. 자신을 잘 소개할 수 있는 문구의 1분 자기소개를 미리 준비해서 연습해야 한다.

2. 1분 자기소개 시 주의사항

(1) 자기소개서와 자기소개가 똑같다면 감점일까?

자기소개서의 내용을 잘 정리한 자기소개는 좋은 결과를 만들 수 있다. 하지만 자기소개서와 상반된 내용을 말하는 것은 적절하지 않다. 지원자의 신뢰성을 의심받을 수 있기 때문이다.

(2) 말하는 자세를 바르게 익혀라.

면접에서 바른 자세가 중요하다는 것은 익히 알고 있다. 하지만 문제는 무의식적으로 나오는 흐트러진 자세 때문에 나쁜 인상을 줄 수 있다는 것이다. 이러한 습관을 고칠 수 있는 가장 좋은 방법은 스마트폰으로 영상을 녹화하거나 스터디를 통해 모의 면접을 해보면서 끊임없이 피드백을 받는 것이다.

3. 대화법

전문가들이 말하는 대화법의 핵심은 '상대방을 배려하면서 이야기하라.'는 것이다. 대화는 나와 다른 사람과의 소통이다. 내용에 대한 공감이나 이해가 없다면 대화는 더 이상 진전되지 않는다.

4. 첫인상

취업을 위해 성형수술을 받는 사람들에 대한 이야기는 더 이상 뉴스거리가 되지 않는다. 그만큼 많은 사람이 좁은 취업문을 뚫기 위해 이미지 향상에 신경을 쓰고 있다. 이는 면접관에게 좋은 첫인상을 주기 위한 것으로, 지원서에 올리는 증명사진을 이미지 프로그램을 통해 수정하는 이른바 '사이버 성형'이 유행하는 것과 같은 맥락이다. 실제로 외모가 채용 과정에서 영향을 끼치는가에 대한 설문조사에서도 60% 이상의 인사담당자들이 그렇다고 답변했다.

하지만 외모와 첫인상을 절대적인 관계로 이해하는 것은 잘못된 판단이다. 외모가 첫인상에서 많은 부분을 차지하지만, 외모 외에 다른 결점이 발견된다면 그로 인해 장점들이 가려질 수도 있다. 첫인상은 말 그대로 한 번밖에 기회가 주어지지 않으며 몇 초 안에 결정된다. 첫인상을 결정짓는 요소 중 시각적인 요소가 80% 이상을 차지한다. 첫눈에 들어오는 생김새나 복장, 표정 등에 의해서 결정되는 것이다. 면접을 시작할 때 자기소개를 시키는 것도 지원자별로 첫인상을 평가하기 위해서이다. 첫인상이 중요한 이유는 만약 첫인상이 부정적으로 인지될 경우, 지원자의 다른 좋은 면까지 거부당하기 때문이다. 이러한 현상을 심리학에서는 초두효과(Primacy Effect)라고 한다.

이는 먼저 제시된 정보가 추후 알게 된 정보보다 더 강력한 영향을 미치는 현상으로, 앞서 제시된 정보가 나중의 것보다 기억이 더 잘되고, 인출도 더 잘된다는 것이다. 예를 들어 첫인상이 착하게 기억되면 나중에 나쁜 행동을 하더라도 순간의 실수로 생각되는 반면, 첫인상이 나쁘다면 착한 행동을 하더라도 그 진위에 의심을 사게 되는 것이다. 이처럼 한 번 형성된 첫인상은 여간해서 바꾸기 힘들다. 따라서 평소에 첫인상을 좋게 만들기 위한 노력을 꾸준히 해야만 한다.

좋은 첫인상이 반드시 외모에만 집중되는 것은 아니다. 오히려 깔끔한 옷차림과 부드러운 표정 그리고 말과 행동 등에 의해 전반적인 이미지가 만들어진다. 누구나 이러한 것 중에 한두 가지 단점을 가지고 있다. 요즈음은 이미지 컨설팅을 통해서 자신의 단점들을 보완하는 지원자도 있다. 특히, 표정이 밝지 않은 지원자는 평소 웃는 연습을 의식적으로 하여 면접을 받는 동안 계속해서 여유 있는 표정을 짓는 것이 중요하다. 성공한 사람들은 인상이 좋다는 것을 명심하자.

1. 면접의 유형

과거 천편일률적인 일대일 면접과 달리 현재는 면접에 다양한 유형이 도입되어 "면접은 이렇게 보는 것이다."라고 말할 수 있는 정해진 유형이 없어졌다. 그러나 대부분의 기업에서 현재까지는 집단 면접과 다대일 면접이 진행되고 있으므로 어느 정도 유형을 파악하여 사전에 대비가 가능하다. 면접의 기본인 단독 면접부터 다대일 면접, 집단 면접, PT 면접 유형과 그 대책에 대해 알아보자.

(1) 단독 면접

단독 면접이란 응시자와 면접관이 1 대 1로 마주하는 형식을 말한다. 면접위원 한 사람과 응시자 한 사람이 마주 앉아 자유로운 화제를 가지고 질의응답을 되풀이하는 방식이다. 이 방식은 면접의 가장 기본적인 방법으로 소요 시간은 10 ~ 20분 정도가 일반적이다.

① 단독 면접의 장점

　　필기시험 등으로 판단할 수 없는 성품이나 능력을 알아내는 데 가장 적합하다고 평가받아 온 면접방식으로 응시자 한 사람 한 사람에 대해 여러 면에서 비교적 폭넓게 파악할 수 있다. 응시자의 입장에서는 한 사람의 면접관만을 대하는 것이므로 상대방에게 집중할 수 있으며, 긴장감도 다른 면접방식에 비해서는 적은 편이다.

② 단독 면접의 단점

　　면접관의 주관이 강하게 작용해 객관성을 저해할 소지가 있으며, 면접 평가표를 활용한다 하더라도 일면적인 평가에 그칠 가능성을 배제할 수 없다. 또한 시간이 많이 소요되는 것도 단점이다.

> **단독 면접 준비 Point**
>
> 단독 면접에 대비하기 위해서는 평소 일대일로 논리 정연하게 대화를 나눌 수 있는 능력을 기르는 것이 중요하다. 그리고 면접장에서는 면접관을 선배나 선생님 혹은 아버지를 대하는 기분으로 면접에 임하는 것이 부담도 훨씬 적고 실력을 발휘할 수 있는 방법이 될 것이다.

(2) 다대일 면접

다대일 면접은 일반적으로 가장 많이 사용되는 면접방법으로 보통 2 ~ 5명의 면접관이 1명의 응시자에게 질문하는 형태의 면접 방법이다. 면접관이 여러 명이므로 다각도에서 질문을 하여 응시자에 대한 정보를 많이 알아낼 수 있다는 점 때문에 선호하는 면접방법이다.

하지만 응시자의 입장에서는 면접관에 따라 질문도 각양각색이고 동료 응시자가 없으므로 숨 돌릴 틈도 없게 느껴진다. 또한 관찰하는 눈도 많아서 조그만 실수라도 지나치는 법이 없기 때문에 정신적 압박과 긴장감이 높은 면접 방법이다. 따라서 응시자는 긴장을 풀고 한 명의 면접관이 질문하더라도 면접관 전원을 향해 대답한다는 마음으로 또박또박 대답하는 자세가 필요하다.

① 다대일 면접의 장점

면접관이 집중적인 질문과 다양한 관찰을 통해 응시자가 과연 조직에 필요한 인물인가를 완벽히 검증할 수 있다.

② 다대일 면접의 단점

면접 시간이 보통 10 ~ 30분 정도로 긴 편이고 응시자에게 지나친 긴장감을 조성하는 면접 방법이다.

다대일 면접 준비 Point

질문을 들을 때 시선은 면접위원을 향하고 다른 데로 돌리지 말아야 하며, 대답할 때에도 고개를 숙이거나 입속에서 우물거리는 소극적인 태도는 피하도록 한다. 면접위원과 대등하다는 마음가짐으로 편안한 태도를 유지하면 대답도 자연스러운 상태에서 좀 더 충실히 할 수 있고, 이에 따라 면접위원이 받는 인상도 달라진다.

(3) 집단 면접

집단 면접은 다수의 면접관이 여러 명의 응시자를 한꺼번에 평가하는 방식으로 짧은 시간에 능률적으로 면접을 진행할 수 있다. 각 응시자에 대한 질문 내용, 질문 횟수, 시간 배분이 똑같지는 않으며, 모두에 게 같은 질문이 주어지기도 하고, 각각 다른 질문을 받기도 한다.

또 어떤 응시자가 한 대답에 대한 의견을 묻는 등 그때그때의 분위기나 면접관의 의향에 따라 변수가 많다. 집단 면접은 응시자의 입장에서는 개별 면접에 비해 긴장감은 다소 덜한 반면에 다른 응시자들과 확실하게 비교되므로 응시자는 몸가짐이나 표현력·논리성 등이 결여되지 않도록 자신의 생각이나 의 견을 솔직하게 발표하여 집단 속에 묻히거나 밀려나지 않도록 주의해야 한다.

① 집단 면접의 장점

집단 면접의 장점은 면접관이 응시자 한 사람에 대한 관찰 시간이 상대적으로 길고, 비교 평가가 가 능하기 때문에 결과적으로 평가의 객관성과 신뢰성을 높일 수 있다는 점이며, 응시자는 동료들과 함 께 면접을 받기 때문에 긴장감이 다소 덜하다는 것을 들 수 있다. 또한 동료가 답변하는 것을 들으며, 자신의 답변 방식이나 자세를 조정할 수 있다는 것도 큰 이점이다.

② 집단 면접의 단점

응답하는 순서에 따라 응시자마다 유리하고 불리한 점이 있고, 면접위원의 입장에서는 각각의 개인 적인 문제를 깊게 다루기가 곤란하다는 것이 단점이다.

집단 면접 준비 Point

너무 자기과시를 하지 않는 것이 좋다. 대답은 자신이 말하고 싶은 내용을 간단명료하게 말해야 한다. 내용이 없는 발언을 한다거나 대답을 질질 끄는 태도는 좋지 않다. 또 말하는 중에 내용이 주제에서 벗어나거나 자기 중심적으로만 말하는 것도 피해야 한다. 집단 면접에 대비하기 위해서는 평소에 설득력을 바탕으로 한 논리 적 사고를 연습해야 하며, 다른 사람 앞에서 자신의 의견을 조리 있게 개진할 수 있는 발표력을 갖추는 데에 도 많은 노력을 기울여야 한다.

• 실력에는 큰 차이가 없다는 것을 기억하라.
• 동료 응시자들과 서로 협조하라.
• 답변하지 않을 때의 자세가 중요하다.
• 개성 표현은 좋지만 튀는 것은 위험하다.

PART 4

(4) 집단토론식 면접

집단 토론식 면접은 집단 면접과 형태는 유사하지만 질의응답이 아니라 응시자들끼리의 토론이 중심이 되는 면접 방법으로 최근 들어 급증세를 보이고 있다.

이는 공통의 주제에 대해 다양한 견해들이 개진되고 결론을 도출하는 과정, 즉 토론을 통해 응시자의 다양한 면에 대한 평가가 가능하다는 집단 토론식 면접의 장점이 널리 확산된 데 따른 것으로 보인다. 사실 집단토론식 면접을 활용하면 주제와 관련된 지식 정도와 이해력, 판단력, 설득력, 협동성은 물론 리더십, 조직 적응력, 적극성과 대인관계 능력 등을 파악하는 것이 용이하다고 한다. 토론식 면접에서는 자신의 의견을 명확히 제시하면서도 상대방의 의견을 경청하는 토론의 기본자세가 필수적이며, 지나친 경쟁심이나 자기 과시욕은 접어두는 것이 좋다.

또한 집단토론의 목적이 결론을 도출해 나가는 과정에 있다는 것을 감안하여 무리하게 자신의 주장을 관철시키기보다 오히려 토론의 질을 높이는 데 기여하는 것이 좋은 인상을 줄 수 있다는 점을 알아야 한다. 취업 희망자들은 토론식 면접이 급속도로 확산되는 추세임을 감안해 특히 철저한 준비를 해야 한다. 평소에 신문의 사설이나 매스컴 등의 토론 프로그램을 주의 깊게 보면서 논리 전개 방식을 비롯한 토론 과정을 익히도록 하고, 친구들과 함께 간단한 주제를 놓고 토론을 진행해 볼 필요가 있다. 또한 사회·시사 문제에 대해 자기 나름대로의 관점을 정립해 두는 것도 꼭 필요하다.

집단토론식 면접 준비 Point

- 토론은 정답이 없다는 것을 명심한다.
- 내 주장을 강조하지 않는다.
- 남이 말할 때 끼어들지 않는다.
- 필기구를 준비하여 메모하면서 면접에 임한다.
- 주제에 자신이 없다면 첫 번째 발언자가 되지 않는다.
- 자신의 입장을 먼저 밝힌다.
- 상대측의 사소한 발언에 집착하지 않고 전체적인 의미에 초점을 놓치지 않아야 한다.
- 남의 의견을 경청한다.
- 예상 밖의 반론에 당황스럽다 하더라도 유연함을 잃지 않아야 한다.

(5) PT 면접

PT 면접, 즉 프레젠테이션 면접은 최근 들어 집단토론 면접과 더불어 그 활용도가 점차 커지고 있다. PT 면접은 기업마다 특성이 다르고 인재상이 다른 만큼 인성 면접만으로는 알 수 없는 지원자의 문제해결 능력, 전문성, 창의성, 기본 실무능력, 논리성 등을 관찰하는데 중점을 두는 면접으로, 지원자 간의 변별력이 높아 대부분의 기업에서 적용하고 있으며, 확산하는 추세이다.

면접 시간은 기업별로 차이가 있지만, 전문지식, 시사성 관련 주제를 제시한 다음 보통 20 ~ 50분 정도 준비하여 5분가량 발표할 시간을 준다. 단순히 질의응답으로 이루어지는 것이 아니라 면접관은 주제에 대해 일정 시간 동안 지원자의 발언과 발표하는 모습 등을 관찰하게 된다. 정확한 답이나 지식보다는 논리적사고와 의사표현력이 더 중시되기 때문에 자신의 생각을 어떻게 설명하느냐가 매우 중요하다. PT 면접에서 같은 주제라도 직무별로 평가 요소가 달리 나타난다. 예를 들어, 영업직은 설득력과 의사소통 능력에 중점을 둘 수 있겠고, 관리직은 신뢰성과 창의성 등을 더 중요하게 평가한다.

PART 4

PT 면접 준비 Point

- 면접관의 관심과 주의를 집중시키고, 발표 태도에 유의한다.
- 모의 면접이나 거울 면접으로 미리 점검한다.
- PT 내용은 세 가지 정도로 정리해서 말한다.
- PT 내용에는 자신의 생각이 담겨 있어야 한다.
- PT 중간에 자문자답 방식을 활용한다.
- 평소 지원하는 업계의 동향이나 직무에 대한 전문 지식을 쌓아둔다.
- 부적절한 용어 사용이나 무리한 주장 등은 하지 않는다.

---

2. 면접의 실전 대책

(1) 면접 대비사항

① 지원 회사에 대한 사전지식을 충분히 갖는다.

필기시험 또는 서류전형의 합격통지가 온 후 면접시험 날짜가 정해지는 것이 보통이다. 이때 지원자는 면접시험을 대비해 사전에 본인이 지원한 계열사 또는 부서에 대해 폭넓은 지식을 가질 필요가 있다.

지원 회사에 대해 알아두어야 할 사항

- 회사의 연혁
- 회장 또는 사장의 이름, 그의 출신학교, 그의 관심사
- 회장 또는 사장이 요구하는 신입사원의 인재상
- 회사의 사훈, 사시, 경영이념, 창업정신
- 회사의 대표적 상품, 특색
- 업종별 계열회사의 수
- 해외지사의 수와 그 위치
- 신 개발품에 대한 기획 여부
- 자신이 생각하는 회사의 장단점
- 회사의 잠재적 능력개발에 대한 제언

---

② 충분한 수면을 취한다.

충분한 수면으로 안정감을 유지하고 첫 출발의 신선한 마음가짐을 갖는다.

③ 얼굴을 생기 있게 한다.

첫인상은 면접에 있어서 가장 결정적인 당락 요인이다. 면접관들은 생기있는 얼굴과 눈동자가 살아 있는 사람, 즉 기가 살아 있는 사람을 선호한다.

④ 아침에 인터넷에 의한 정보나 신문을 읽는다.

그날의 뉴스가 질문 대상에 오를 수가 있다. 특히 경제면, 정치면, 문화면 등을 유의해서 보아 둘 필요가 있다.

> **출발 전 확인할 사항**
>
> 이력서, 자기소개서, 지갑, 신분증(주민등록증), 손수건, 휴지, 필기도구, 예비 스타킹 등을 준비하자.

(2) 면접 시 옷차림

면접에서 옷차림은 간결하고 단정한 느낌을 주는 것이 가장 중요하다. 색상과 디자인 면에서 지나치게 화려한 색상이나, 노출이 심한 디자인은 자칫 면접관의 눈살을 찌푸리게 할 수 있다. 단정한 차림을 유지하면서 자신만의 독특한 멋을 연출하는 것, 지원하는 회사의 분위기를 파악했다는 센스를 보여주는 것 등이 면접 복장의 포인트다.

> **복장 점검**
>
> • 구두는 잘 닦여 있는가?
> • 옷은 깨끗이 다려져 있으며 스커트 길이는 적당한가?
> • 손톱은 길지 않고 깨끗한가?
> • 머리는 흐트러짐 없이 단정한가?

(3) 면접요령

① 첫인상을 중요시한다.

상대에게 인상을 좋게 주지 않으면 어떠한 얘기를 해도 이쪽의 기분이 충분히 전달되지 않을 수 있다. 예를 들면 '저 친구는 표정이 없고 무엇을 생각하고 있는지 전혀 알 길이 없다.'라고 생각하게 만들면 최악의 상태다. 청결한 복장과 바른 자세로 면접장에 침착하게 들어가 건강하고 신선한 이미지를 주도록 한다.

② 좋은 표정을 짓는다.

이야기할 때의 표정은 중요한 사항 중 하나다. 거울 앞에서는 웃는 얼굴의 연습을 해본다. 웃는 얼굴은 상대를 편안하게 만들고 특히 면접 등 긴박한 분위기에서는 큰 효과를 나타낼 것이다. 그렇다고 하여 항상 웃고만 있어서는 안 된다. 본인이 할 이야기를 진정으로 전하고 싶을 때는 진지한 표정으로 상대의 눈을 바라보며 이야기한다.

③ 결론부터 이야기한다.

본인의 의사나 생각을 상대에게 정확하게 전달하기 위해서는 먼저 무엇을 말하고자 하는가를 명확히 결정해 두어야 한다. 대답을 할 경우에는 결론을 먼저 이야기하고 나서 그에 따르는 설명과 이유를 나중에 덧붙이면 논지(論旨)가 명확해지고 이야기가 깔끔하게 정리된다. 보통 한 가지 사실을 이야기하거나 설명하는 데는 3분이면 충분하다. 복잡한 이야기도 어느 정도의 길이로 요약해서 이야기하면 상대도 이해하기 쉽고 자기도 정리할 수 있다. 긴 이야기는 오히려 상대를 불쾌하게 할 수가 있다.

④ 질문의 요지를 파악한다.

면접 때의 이야기는 간결성만으로 부족하다. 상대의 질문이나 이야기에 대해 적절하고 필요한 대답을 하지 않으면 대화는 끊어지고 자기의 생각도 제대로 표현하지 못한다. 이는 면접관이 지원자의 인품이나 사고방식 등을 명확히 파악할 수 없도록 만들게 된다. 면접에서는 면접관이 무엇을 묻고 있는지, 무슨 이야기를 하고 있는지 그 요점을 정확히 알아내야 한다.

(4) 면접 시 주의사항

① 지각은 있을 수 없다.

면접 당일에 시간을 맞추지 못하여 지각하는 것은 있을 수 없는 일이다. 약속을 못 지키는 사람은 좋은 평가를 받을 수 없다. 면접 당일에는 지정시간 10 ~ 20분쯤 전에 미리 면접장에 도착해 마음을 가라앉히고 준비해야 한다.

② 손가락을 움직이지 마라.

면접 시에 손가락을 까딱거리거나 만지작거리는 행동은 유난히 눈에 띌 뿐만 아니라 면접관의 눈에 거슬리기 마련이다. 다리를 떠는 행동은 말할 것도 없다. 불안정하거나 산만하다는 느낌을 줄 수 있으므로 주의할 필요가 있다.

③ 옷매무새를 자주 고치지 마라.

여성의 경우 외모에 너무 신경 쓴 나머지 머리를 계속 쓸어 올리거나, 깃과 치마 끝을 만지작거리는 경우가 많다. 짧은 미니스커트를 입고 와서 면접시간 내내 치마 끝을 내리는 행위는 면접관으로 하여금 인상을 찌푸리게 만든다. 인사담당자의 말에 의하면 이런 사람이 의외로 많다고 한다.

④ 적당한 목소리 톤으로 말해라.

면접관과의 거리가 어느 정도 떨어져 있기 때문에 작은 소리로 웅얼거리는 것은 좋지 않다. 그러나 너무 큰 소리로 소리를 질러가며 말하는 사람은 오히려 거북스럽게 느껴진다.

⑤ 성의 있는 응답 자세를 보여라.

질문에 대해 너무 '예, 아니오'로만 답변하면 성의 없다는 인상을 심어주게 된다. 따라서 설명을 덧붙일 수 있는 질문에 대해서는 지루하지 않을 만큼의 설명을 붙인다.

⑥ 구두를 깨끗이 닦는다.

앉아있는 사람의 구두는 면접관의 위치에서 보면 눈에 잘 띈다. 그러나 의외로 구두에 대해 신경써서 미리 깨끗이 닦아둔 사람은 드물다. 면접 전날 반드시 구두를 깨끗이 닦아준다.

⑦ 지나친 화장은 피한다.

여성의 경우 지나치게 화장을 짙게 하면 거부감을 불러일으킬 수 있다. 또한 머리도 단정히 정리해서 이마가 가급적이면 드러나 보이게 하는 것이 좋다. 여기저기 흘러나온 머리는 지저분하고 답답한 느낌을 준다. 지나친 액세서리도 금물이다.

⑧ 기타 사항

㉠ 앉으라고 할 때까지 앉지 마라. 의자로 재빠르게 다가와 앉으면 무례한 사람처럼 보이기 쉽다.

㉡ 응답 시 너무 말을 꾸미지 마라.

㉢ 질문이 떨어지자마자 답변을 외운 것처럼 바쁘게 대답하지 마라.

㉣ 혹시 잘못 대답하였다고 해서 혀를 내밀거나 머리를 긁지 마라.

㉤ 머리카락에 손대지 마라. 정서불안으로 보이기 쉽다.

㉥ 면접실에 다른 지원자가 들어올 때 절대로 일어서지 마라.

㉦ 동종업계나 라이벌 회사에 대해 비난하지 마라.

ⓞ 면접관 책상에 있는 서류를 보지 마라.

ⓩ 농담을 하지 마라. 쾌활한 것은 좋지만 지나치게 경망스러운 태도는 취업에 대한 의지가 부족하게 보인다.

ⓩ 질문에 대해 대답할 말이 생각나지 않는다고 천장을 쳐다보거나 고개를 푹 숙이고 바닥을 내려다보지 마라.

ⓚ 면접관이 서류를 검토하는 동안 말하지 마라.

ⓣ 과장이나 허세로 면접관을 압도하려 하지 마라.

ⓟ 최종 결정이 이루어지기 전까지 급여에 대해 언급하지 마라.

ⓗ 은연중에 연고를 과시하지 마라.

면접 전 마지막 체크 사항

• 기업이나 단체의 소재지(본사·지사·공장 등)를 정확히 알고 있다.
• 기업이나 단체의 정식 명칭(Full Name)을 알고 있다.
• 약속된 면접시간 10분 전에 도착하도록 스케줄을 짤 수 있다.
• 면접실에 들어가서 공손히 인사한 후 또렷한 목소리로 자기 수험번호와 성명을 말할 수 있다.
• 앉으라고 할 때까지는 의자에 앉지 않는다는 것을 알고 있다.
• 자신에 대해 3분간 이야기할 수 있는 준비가 되어 있다.
• 자신의 긍정적인 면을 상대방에게 바르게 전달할 수 있다.

LG그룹 실제 면접

LG그룹은 면접을 통해 지원자가 갖추고 있는 기본 역량 및 자질을 확인하고자 한다. LG Way 기반의 인성면접과 더불어 계열사별로 토론 면접, PT 면접, 인턴십 등 다양한 방식으로 각 계열사 및 지원 분야에 맞는 인재를 찾고자 한다. 따라서 자신이 지원하고자 하는 계열사 정보 및 면접 방법을 확인한 후 미리미리 대비하여야 한다.

1. LG전자

LG Way에 대한 신념과 실행력을 겸비한 사람을 인재상으로 하는 LG전자는 업무 분야에 적합한 최고의 인재를 선발하기 위하여 다양한 방법의 면접을 활용하고 있다. 면접은 AI 면접, 1차 면접, 2차 면접으로 진행되며, 직무지식 및 적합도를 검증할 수 있는 직무면접과 LG Way형 인재를 검증할 수 있는 인성면접으로 지원자의 직무 및 인성 역량을 평가한다.

(1) AI 면접

❶ 면접 시간 : 약 1시간
❷ 면접 형태 : 문제당 약 1분 30초의 시간제한이 있으며, 답변을 준비하는 시간과 답변을 하는 시간이 각각 차례대로 주어진다.
❸ 면접 내용 : 자기소개를 바탕으로 자신의 경험 및 인성에 관한 질문이 주어진다. 돌발적인 상황에도 당황하지 않고 제한된 시간 안에 대답하는 연습을 하는 것이 중요하다.

(2) 1차 면접

❶ 면접 시간 : 약 20 ~ 30분
❷ 면접 형태 : 다대일 면접
❸ 면접 내용 : 전공 필기, PT 면접, 외국어 면접, 실무 면접으로 구성되어 있으며, 전공과 외국어 면접의 유무는 지원 직무에 따라 다르다.

① 전공 필기

직무에 따라 전문적인 지식이 필요한 경우 전공 필기시험을 치르는 경우가 있다. 전공 4개의 문제 중 자신 있는 2문제를 풀어야 하며, 이에 관해 질문하는 내용과 그 외의 직무에 대한 지식 및 인성에 관한 질문이 출제된다.

> [필기 기출]
> • 열역학 법칙
> • 물리의 기본 이론
> • 회로 이론

② PT 면접

전공과 프로젝트에 관한 기본 지식뿐만 아니라, 관련 지식을 어떻게 직무에 활용하여 적용할 것인지에 대한 지원자의 생각을 묻는다. 사전에 과제가 제시되는 경우도 있고, 현장에서 풀이해야 하는 경우도 있으므로 상황에 맞게 준비한다. 단순히 지식을 나열하는 발표가 아니기 때문에 제한 시간 동안 깔끔하고 창의적인 발표를 할 수 있도록 준비한다.

> [기출 질문]
> • 열전달에서 전도·대류·방사가 있는데 실생활에서 쓰이는 예를 발표해 보시오.
> • TV에 팬을 달려고 하는데, 위·아래 중 어디에 설치하는 것이 좋은지 설명하고, 팬의 크기는 어느 것이 더 효율적인지 발표해 보시오.
> • 자신이 제시한 아이디어 외의 다른 아이디어를 생각해 보았는가?
> • 자신의 PT 자료에 있는 프로젝트에 관해 설명해 보시오([예] 공조냉동, 최적설계).
> • 소성변형과 탄성변형 및 항복점과의 관계에 관해 설명해 보시오.
> • TV 발열 문제의 해결법에 대해 자신의 아이디어를 제시해 보시오.
> • 혼매 판매(마트나 백화점 내 LG전자 부스)와 전매 판매(LG전자 전문 매장 베스트샵) 중 앞으로 어느 부분에 역량을 집중해야 하는지 선택하고 그 이유를 발표해 보시오.
> • LG의 베스트샵과 경쟁사의 대리점을 방문하여 해당 과제(조별로 다른 과제)에 대한 개선 점에 대해 발표해 보시오.
> • B2B 시장 공략 전략에 대해 발표해 보시오.
> • 4P의 의미와 LG전자의 마케팅 전략을 4P 측면에서 이야기해 보시오.
> • 자신이 생각하는 내장 소프트웨어란 무엇이며, 사용해본 내장 OS에 관해 이야기해 보시오.
> • 3D TV가 이슈인데 기술적인 부분에서 중요하다고 생각하는 점을 말하고, 또한 소비자의 관점에서 자기 생각을 말해 보시오.
> • 매출채권과 환율에 대해 설명하고, 환율 변동으로 인한 매출채권의 가치 변동에 대해 말해 보시오.
> • 자본적 지출과 수익적 지출의 개념에 대해 설명해 보시오.
> • 재고자산 저가법에서 NRV란 무엇인가?
> • 최근 3~4년 이내에 바뀐 IFRS 기준에 대해 설명해 보시오.
> • 퇴직급여 충당부채 회계처리에 대해 설명해 보시오.
> • 재무제표에서 가장 중요한 항목 네 가지를 말해 보시오.
> • LG전자의 최근 재무관련 이슈에 대해 설명해 보시오.
> • 당사 발전방향에 대해 발표해 보시오.
> • 지원한 직무에서 수익을 극대화할 수 있는 방안을 발표해 보시오.

③ 영어 면접
　　㉠ 면접 위원 : 2명
　　㉡ 면접 시간 : 약 40분
　　㉢ 면접 형태 : 다대일 면접
　　㉣ 면접 내용 : 주로 간단한 생활 영어를 통해 평가를 받게 되며, 실제 외국인과 면접을 치른다. 짧
　　　게 대답하더라도 자신감 있게 완벽한 문장을 구사하도록 한다.

> [기출 질문]
> • 취미가 무엇인지 말해 보시오.
> • 자신의 장점은 무엇인지 말해 보시오.
> • LG전자의 역사에 대해 영어로 간단하게 설명해 보시오.
> • LG의 상징 마크를 설명해 보시오.
> • 한국의 여러 장소 중 외국인 친구에게 가장 소개해주고 싶은 곳은 어딘지 말해 보시오.
> • 여행을 간다면 어디를 갈 것인가?
> • 가장 존경하는 인물은 누구인지 말해 보시오.
> • LG전자가 다른 경쟁회사를 이기기 위해서는 어떻게 해야 하는가?
> • LG전자에 입사하게 된다면, 만들고 싶은 제품은 무엇인가?
> • 옆에 있는 그림을 설명해 보시오(예 LG전자 프로젝터 시연 사진, 등산 사진, 오디션 프로그램
> 　사진, 쇼 프로그램 오프닝 사진 등).
> • 면접관이 신혼부부라고 생각하고, 점원으로서 상품을 추천해 보시오.
> • 면접장에 어떻게 왔는지 영어로 말해 보시오.

④ 실무 면접

> [기출 질문]
> • 자신이 잘 알고 있는 전공지식을 설명해 보시오.
> • 자신이 LG전자에서 어떠한 역할을 수행할 것 같은가?
> • 근무지가 지방이어도 괜찮은가?
> • 본인은 경쟁자를 이기기 위해서 어떻게 노력하였는가?
> • LG전자의 제품 중 앞으로 사장될 것이라고 생각하는 제품은?
> • 매장의 불친절에 대해 불만을 토로하는 고객의 클레임에 어떻게 응대할 것인가?
> • 매장 직원이 고객의 휴대폰에 있는 앱을 실수로 삭제해서 고객이 화가난 상태이다. 고객의 화를
> 　어떻게 풀어드릴 것인가?

(3) 2차 면접

❶ 면접 위원 : 3명

❷ 면접 시간 : 약 40분

❸ 면접 형태 : 다대다 면접

❹ 면접 내용 : 실무와 자기소개를 기반으로 한 질의응답이 이루어진다. 무엇보다 솔직하면서도 자신감 있고, 여유 있는 모습으로 면접에 임해야 한다. 또한 자신의 발전 가능성과 가치관, 인생관을 솔직하게 어필할 수 있어야 한다.

[기출 질문]
- 가장 힘들었던 순간을 말해 보시오.
- 대학원 진학을 하지 않은 이유는 무엇인가?
- LG전자를 지원한 이유에 대해 말해 보시오.
- 자신이 좋아하는 것에 대해 말해 보시오.
- 스트레스의 주요 원인과 해소법은 무엇인가?
- LG전자에서 구체적으로 하고 싶은 일이 무엇인지 말해 보시오.
- 졸업 후 공백 동안 어떤 일을 했는가?
- 다룰 수 있는 설계 프로그램에 대해 말해 보시오.
- 지방 근무(창원)가 가능한가?
- 회사 입사해서 어디까지 성장해보고 싶은지 말해 보시오.
- 자신이 만들고 싶은 전자제품에 대해 말해 보시오.
- LG전자 광고 중에 기억나는 것이 있다면 무엇인가? 그 광고에 대한 자기 생각은 무엇인지 말해 보시오.
- 자신이 싫어하는 직장 상사와의 관계를 어떻게 해결할 것인지 말해 보시오.
- 서울시의 지하철역 개수는 몇 개쯤 될 것으로 생각 하는가? 그 이유는 무엇인가?
- 한국사의 위인 혹은 현 인물 중 가장 독하다고 생각되는 사람을 말해 보시오.
- 자신의 단점은 무엇이고, 그것을 개선하기 위해 어떤 노력을 했는지 말해 보시오.
- 자신이 의사라면 환자를 수술할 때 시스템적으로 어떤 점을 개선할 것인지 말해 보시오.
- 학교에서 진행했던 프로젝트나 논문의 내용을 실무에서 어떻게 적용할 수 있는가?
- 자신이 리더형인지 팔로우형인지 말해 보시오.
- 면접관에게 질문해 보시오.
- 엑셀함수에 대해서 아는 것이 있으면 말해 보시오.

2. LG디스플레이

LG디스플레이는 '열정, 전문성, 팀워크'를 가진 사람을 인재상으로 한다. 일과 사람에 대한 애정과 자신감을 바탕으로 1등 LG디스플레이 달성을 위한 공동의 목표를 지향하며, 상호존중과 신뢰할 수 있는 조화로운 인재를 추구한다. 면접은 두 차례로 진행되며, 면접을 통하여 자사 인재상과의 적합 여부, 기본역량 및 인성, 전공 지식 등을 종합적으로 평가한다.

(1) 1차 면접

❶ 면접 위원 : 3명

❷ 면접 시간 : 약 40분

❸ 면접 형태 : 다대다 면접

❹ 면접 내용 : PT 면접과 조별 면접, 실무자 면접으로 진행되며, 직무와 관련한 전공, 특히 LG디스플레이 전공 관련 지식이 필요한 직무의 경우 시험과 함께 질문이 주어지므로 LG디스플레이의 대표 기술과 같이 기본적인 관련 지식을 미리 알아가는 것도 중요하다. 요즘엔 주로 화상면접으로 면접이 진행되므로 적절한 장소를 선정하고, 정확한 발음으로 대답하는 연습을 하는 것이 중요하다.

① PT 면접

미리 주어진 과제에 대해 5분 정도 발표를 한 후 질의 응답시간을 가진다. 이후에 똑같은 방식으로 포트폴리오에 대해 5분 정도 발표 후 질의 응답시간을 가지는 형태로 진행된다.

> [기출 질문]
> • 신제품의 장단점을 보여준 후, 분석해서 발표하시오.
> • 3가지 제품 중 본인이 그 제품을 선택한 이유를 설명하시오.
> • 준비한 자료가 회로에 관한 내용인데, 이와 관련한 수업을 들은 적이 있는가?

② 조별 면접

창의성이 필요한 2가지 과제 중 1가지를 선택하여 1시간 동안 관찰 및 자료를 만들고, 이 자료를 기반으로 한 면접이 진행된다.

③ 실무 면접

> [기출 질문]
> • LCD 동작 원리를 슈뢰딩거방정식과 연관 지어 설명해 보시오.
> • 연구, 기획, 공장 간 회의를 진행하는데 회의 진행이 되지 않고 있다. 어떻게 회의를 진행할 것인지 설명해 보시오.
> • 엔지니어가 중요한 이유에 대해 말해 보시오.
> • LG디스플레이의 대표적인 기술 하나를 설명해 보시오.
> • OLED 공정에 관해 설명해 보시오.
> • OLED와 LCD의 차이점에 관해 설명해 보시오.
> • 자신이 배운 것과 공정직무와의 연관성 및 공정에 대해 아는 것을 말해 보시오.
> • 자신의 연구가 LG디스플레이에 어떻게 적용될 것 같은지 말해 보시오.
> • VA와 IPS의 차이점에 관해 설명해 보시오.
> • 자신의 휴대전화 기종과 휴대전화에 들어가는 디스플레이 규격에 관해 설명해 보시오.

- LG디스플레이의 기술과 삼성디스플레이의 기술을 비교해 보시오.
- OLED에 적용할 수 있는 유리소자에 대해 말해 보시오.
- LCD의 단점에 관해 설명하고, 자신의 전공지식을 이용해 해결방안을 제시해 보시오.
- OLED가 갖는 장점에 대해 말해 보시오.
- OLED는 무엇의 약자인지 설명해 보시오.
- 열역학의 제1법칙과 제2법칙에 대해 아는 대로 말해 보시오.
- 디스플레이 산업과 타 산업 간의 융합에 대한 아이디어를 제시해 보시오.
- 아이패드와 같이 시장에서 관심을 받는 제품들의 특징을 설명해 보시오.

(2) 2차 면접

❶ 면접 위원 : 3명
❷ 면접 시간 : 약 20 ~ 25분
❸ 면접 형태 : 다대일 면접
❹ 면접 내용 : 자기소개를 바탕으로 한 인성 관련 질문과 직무 관련 질문이 주어지며, LG디스플레이의 인재상에 부합하는 대답을 자신의 경험과 연결시켜 대답하는 것이 중요하다.

[기출 질문]
- LG Way가 무엇인지 설명해 보시오.
- LG그룹 홈페이지는 얼마나 자주 접속하는지 말해 보시오.
- 자신의 장단점에 대해 설명해 보시오.
- 자신과 닮은 동물에 대해 이야기해 보시오.
- 휴학한 이유는 무엇인가?
- 직무를 지원한 이유를 말해 보시오.
- 자기소개에 고집이 센 성격이라고 기술하고 있는데, 구체적으로 어떠한 성격인지 말해 보시오.
- 학점이 낮은 이유는 무엇인지 설명해 보시오.
- 지금까지 살아오면서 가장 힘들었던 경험에 대해 말해 보시오.
- 힐러리와 트럼프에 대한 자신의 생각을 말해 보시오.
- 자신의 도덕적 점수를 측정해 보시오.
- 자신만의 스트레스 풀이법은 무엇인가?
- 학부 시절 가장 잘했던 과목은 무엇인가?
- 회사에 입사하게 된다면 이루고 싶은 것에 대해 말해 보시오.
- 팀플레이에서 자신이 맡았던 역할에 대해 설명해 보시오.
- 꿈이 무엇인가?
- 오늘 면접을 준비하면서 가장 중요하게 생각한 것이 무엇인지 말해 보시오.
- 야근이 잦은 편인데 가능한가?
- 야근하면 여가 생활을 전혀 못 하게 된다. 괜찮은가?
- 해외 공장에 파견될 경우 어떻게 할 것인가?
- 자신이 아는 공정에 대해 설명하시오.
- 1차 면접에서 자신이 부족하다고 생각하는 답변을 보완해 왔는가?
- 기성세대와 MZ세대 간의 갈등원인은 무엇인가?
- 코로나 이후 당사 업종의 변화를 말해 보시오.

3. LG생활건강

치열한 무한경쟁하의 Global 경쟁에서 이기기 위한 세계적 수준의 경쟁력을 갖춘 인재를 채용하기 위해, LG생활건강은 이론에 강한 사람보다는 주어진 기회를 포착하여 결과를 창출해 나갈 인재를 추구한다. 이에 적합한 인재를 선발하기 위해 총 두 차례의 면접을 시행하고 있다.

(1) 1차 면접

❶ 면접 위원 : 3명
❷ 면접 시간 : 각 면접위원마다 30분씩 총 1시간 30분
❸ 면접 형태 : 일대일 면접
❹ 면접 내용 : 인성면접과 직무면접으로 진행되며, 요즘엔 비대면 면접으로 이루어지는 경우가 많으니 이에 익숙해지는 연습을 하는 것이 중요하다.

① 직무 면접

> [기출 질문]
> • 방문판매 매출 증진을 위해 인터넷 채널을 활용하는 방안에 관한 문제에 대해 말해 보시오.
> • 주어진 자료 속 더페이스샵의 매출을 분석한 후 향후 전략을 말해 보시오.
> • 인터넷 채널에 적합한 제품과 자신이 생각하는 전략에 대해 설명해 보시오.
> • 중국인 관광객의 자유 관광객 비율이 점점 늘고 있는데 이에 대한 LG생활건강의 대처 방안에 대해 이야기해 보시오.
> • 고령화 사회에서 자신이 생각하는 회사 차원의 해결책에 대해 말해 보시오.
> • 중국의 특정 도시([예] 상해) 진출 방안에 대해 이야기해 보시오.
> • LG생활건강의 제품 중 관심 있게 보고 사용한 제품은 무엇인가?
> • 앞으로의 업계 동향은 어떻게 변화할 것이라고 예상하는가?
> • 본인이 설명한 내용이 변수가 생겨서 실패하게 되었을 때의 대안은?
> • LG생활건강 브랜드와 타 브랜드가 콜라보를 하는 것에 대해 어떻게 생각하는가?
> • LG생활건강 브랜드 중 맡아보고 싶은 브랜드와 그 이유에 대해 설명해 보시오.

② 인성 면접

> [기출 질문]
> • 자기소개를 해 보시오.
> • LG생활건강에 지원한 이유는 무엇인가?
> • 왜 영업 직무에 지원하였는가?
> • 영업 관리 직무를 지원하기 위해 전공을 선택한 것인가? 아니라면 자신의 전공을 선택한 이유는 무엇인가?
> • 지원 직무가 전공과 관련이 없는 것 같다. 왜 영업 관리를 지원하였는가?
> • 우리 회사에 입사하기 위해 어떠한 노력을 했는지 말해 보시오.
> • 자신의 성격에 관해 설명해 보시오.
> • 마지막으로 하고 싶은 말을 해 보시오.
> • 불가능한 일에 도전해 본 경험이 있는가?

- 어려운 상황을 극복했던 경험에 대해 말해 보시오.
- 다른 사람과 함께 협력해서 일을 했던 경험과 어떤 어려움이 있었는지에 대해 말해 보시오.
- 일을 하면서 받은 스트레스는 어떻게 푸는가?

4. LG화학

LG화학은 LG Way에 대한 신념과 실행력을 겸비한 사람을 인재상으로 '꿈과 열정을 가지고 세계 최고에 도전하는 사람', '고객을 최우선으로 생각하고 끊임없이 혁신하는 사람', '팀웍을 이루며 자율적이고 창의적으로 일하는 사람' 그리고 '꾸준히 실력을 배양하여 정정당당하게 경쟁하는 사람'을 인재상으로 추구한다. 이에 적합한 인재를 선발하기 위해 영어 면접, PT 면접, 직무역량 면접, 인성 면접 등의 다양한 방식을 활용한다.

(1) AI 면접

(2) 1차 면접

영어 면접, PT 면접, 직무역량 면접으로 총 3가지의 면접을 보게 되며, 자신이 속한 조에 따라 먼저 영어 면접을 볼 수 있고, 또는 PT 면접이나 직무역량 면접을 먼저 볼 수 있다.

① 영어면접
  ❶ 면접 위원 : 1명
  ❷ 면접 시간 : 약 60분
  ❸ 면접 형태 : 일대다 면접
  ❹ 면접 내용 : 원어민과 진행되는 면접으로 일상회화 수준이기 때문에 난이도가 높은 편은 아니지만, 질문에 대해 짧더라도 명확하게 문장을 완성하여 답하는 것이 좋다. A, B, C, D 등급의 평가가 매겨지며, 꼬리잡기 질문, 한국어로도 생각을 하고 대답해야 하는 추상적인 질문이 주어지므로 평소 다양한 질문의 답변을 준비해야 한다.

> [기출 질문]
> - 고향을 설명해 보시오.
> - 요리를 잘하는가?
> - 학교는 어디인가?
> - 다른 사람과 갈등을 해결하는 자신만의 방법을 이야기해 보시오.
> - 시골 생활이 좋은 이유를 설명해 보시오.
> - 여행을 좋아한다고 했는데, 다시 가고 싶은 도시나 가보고 싶은 도시가 있는가?
> - 해외에서 비행기를 놓쳤으면 어떻게 할 것인가?
> - 본인을 5가지 물건에 빗대서 표현한다면?
> - 갑자기 천만 원이 생기면 무엇을 하고 싶은가?

② PT 면접
  ❶ 면접 위원 : 3명
  ❷ 면접 시간 : 준비시간 포함 약 40분
  ❸ 면접 형태 : 다대일 면접

❹ 면접 내용 : 30분 동안 주어진 자료를 해석한 후에 한 장 분량으로 요약해서 3분가량 발표를 진행한다. 주어진 3가지의 대안에 대한 최종 결과를 발표해야 하는데, 30분 동안 1장의 슬라이드에 모든 자료를 축약하는 것이 쉽지 않으므로 평소에 자료를 해석하고 요약하는 연습을 충분히 해둔다.

> [기출 질문]
> 생산설비 교체, 신규공장 증설, 제휴를 통해 중국시장을 공략하고자 한다. 다음 3가지의 대안 중 어떤 대안이 최적인지 설명해 보시오.

③ 직무역량 면접
  ❶ 면접 위원 : 3명
  ❷ 면접 시간 : 약 40분
  ❸ 면접 형태 : 다대다 면접
  ❹ 면접 내용 : 실무와 관련된 역량을 평가하기 위한 질문이나 자기소개서와 관련된 질문이 주를 이룬다.

> [기출 질문]
> • 지원한 직무를 수행하면서 가장 중요한 자질은 무엇인지 말해 보시오.
> • 부서에서 직무 수행에 가장 효과적인 방법이 무엇인지 말해 보시오.
> • 직무수행에 있어 실제로 회사가 무슨 일을 하는지 알고 있는가? 알고 있다면 말해 보시오.
> • 학점이 높은데 연구를 해보겠다거나 석·박사까지 생각해보지 않았는가?
> • 각자가 두려워하는 것에 대해 말해 보시오.
> • 서울과 오창에서 근무할 수 있는데 오창 근무를 지원한 이유는?
> • 오창 근무를 하게 되면, 생산라인에 물품이 들어가는 것을 돕는 역할을 하는데, 이 일이 재무제표에 어떤 영향을 끼치게 될 것인지 설명하시오.
> • 우리 회사의 재무제표를 읽고 왔는가? 읽었다면 자신의 직무와 관련하여 우리 회사의 전략의 장단점이 무엇이라고 생각하는가?
> • 대차대조표에 관해 설명하시오.
> • 업무에서 전략이 굉장히 중요한데, 본인이 전략적으로 계획해서 성과를 낸 경험을 설명하시오.
> • 학교생활을 하면서 가장 중시한 것은 무엇인가?
> • (구매 직무) 구매에서 현직으로 일하다보면 어떠한가?
> • 구매 업무에 관심을 갖게 된 계기는 무엇인가?
> • 그 관심을 실현하기 위해 무엇을 준비했는가?
> • 회사의 어느 부분에서 일하고 싶은가?
> • 설비 중에서 가장 중요하게 생각해야 할 것은 무엇인가?
> • 현재 다니고 있는 회사가 있는데 왜 LG화학에 지원했는가?
> • 현재 직무와 자신의 전공이 잘 맞지 않는데 어떻게 생각하는가?
> • 본인 성격의 장단점을 설명하시오.
> • 20년 후의 목표를 설명하시오.

(3) 2차 면접

❶ 면접 위원 : 3명

❷ 면접 시간 : 약 30분

❸ 면접 형태 : 다대다 면접

❹ 면접 내용 : 20분 정도 진행되는 임원 면접으로 지원자의 가치관 및 인성은 물론, 판단력, 순발력, 대응력 등을 평가하는 면접이다. 주어진 질문에 대해 꾸밈없이 솔직하게 대답을 하는 것이 좋다.

[기출 질문]
- 최종 꿈이나 목표에 대해 말해 보시오.
- 친구들에게 자주 듣는 말은 무엇인가?
- 자신의 솔직함은 어느 정도인지 말해 보시오.
- 왜 화학공학에 지원했는가?
- 자신이 생각하는 자신의 장점은 무엇인지 말해 보시오.
- (구매 직무) 구매 직무가 무엇이라고 생각하는가?
- 토요일 아침 9시에 천만 원으로 장사를 해서 오후 5시까지 1,200만 원을 만들어야 한다. 어떤 것을 하겠는가?
- (위의 질문과 관련하여) 이 질문을 한 이유가 무엇이라고 생각하는가?
- 내가 판매하는 제품이 A고객과 함께 살고 있는 가족들도 다 하나씩 갖고 있는 제품이라면 어떻게 할 것인가?

5. LG서브원

LG서브원은 열정을 갖고 자기 혁신을 통해 고객 신뢰와 고객 감동의 자부심을 가진 인재를 추구한다. 이러한 인재상에 적합한 인재를 선발하기 위해 1차, 2차 면접을 시행하고 있다.

(1) 1차 면접

❶ 면접 위원 : 3명

❷ 면접 시간 : 약 30분

❸ 면접 형태 : 다대다 면접

❹ 면접 내용 : 자신의 전공과 자기소개서에 대한 질문을 주로 한다. 경우에 따라 꼬리 질문과 약간의 압박 질문 등의 돌발질문을 하는 경우가 있으니 지원자는 자기소개서를 바탕으로 철저한 준비가 필요하다.

[기출 질문]
- 1분 자기소개해 보시오.
- 학부시절 좋아했던 과목에 대해 말해 보시오.
- 신입지원을 하기엔 나이가 많은 편이다. 공백기 동안 무엇을 했는지 말해 보시오.
- LG서브원에 입사하기 위해 자신이 준비한 것에 대해 말해 보시오.
- 군 면제 사유에 대해 말해 보시오.

- 직무, 회사와 관련 없이 자신의 인생에서의 최종 목표를 말해 보시오.
- 지원동기를 말해 보시오.
- 본인이 상사와 갈등이 생긴다면 어떻게 해결할 것인가?
- 마지막으로 하고 싶은 말이 있는가?
- (영업직무) 내가 생각하는 영업인의 자세는?
- 현재 채용 과정에 있는 다른 회사가 몇 개 있는가? 주로 어떤 직무를 지원했는가?
- 고객의 니즈를 파악하겠다고 적었는데, 실제 고객의 니즈가 무엇이라고 생각하는지?
- LG서브원의 고객사가 어디라고 생각하는가?
- 경험은 다른 분야로 더 있는 것 같은데, 왜 영업인가?
- 지방현장에 장기간 근무가 가능한가?
- 연봉에 대한 자신의 기준이 있는가?
- 자신이 생각하는 영업인의 자세란 무엇이라고 생각하는지 말해 보시오.

(2) 2차 면접

❶ 면접 위원 : 3명
❷ 면접 시간 : 약 30분
❸ 면접 형태 : 다대다 면접
❹ 면접 내용 : 인성 위주의 면접이다. 3명의 면접 위원과 지원자 3명이 한 조가 되어 진행되며 경우에 따라 회사와 관련된 질문을 하기도 한다.

[기출 질문]
- LG서브원에 관해 자신이 아는 모든 지식을 말해 보시오.
- 지방근무가 가능한가?
- LG서브원의 연혁에 대해 말해 보시오.
- 자신의 직무에서 가장 중요한 것이 무엇이라고 생각하는가?
- 품질을 올리기 위해서 가장 중요한 일이 무엇이라고 생각하는가?
- 처음 예산과 다른 비용이 필요한 경우가 있는데 어떻게 행동할 것인가?

6. LG하우시스

LG하우시스는 LG Way에 대한 신념과 실행력을 겸비한 인재를 채용하기 위해 두 차례의 면접을 시행하고 있다.

(1) 1차 면접

❶ 면접 위원 : 3명

❷ 면접 형태 : 다대일 면접

❸ 면접 내용 : PT 면접과 일반 면접으로 진행되며 질문을 주고 해당 과제에 대한 답을 작성하는 데 90분의 시간이 주어진다. 그 후에 일반 면접이 추가로 진행된다.

[기출 질문]
- QCD의 최적점을 찾으시오.
- 환율 및 금리에 관한 주제
- 사이클론에 대한 지식과 시뮬레이션에 관한 주제
- 내년 상반기를 대비한 신제품을 기획해 보시오.
- 스트레스를 심하게 받았던 경험은?
- 인생에서 가장 힘들었던 경험은?
- 하우시스와 관련한 경험이 있는가?
- 면접 준비는 어떻게 했는가?
- 입사 후 어떤 일을 하고 싶은가?

(2) 2차 면접

❶ 면접 위원 : 2명

❷ 면접 시간 : 약 40분

❸ 면접 형태 : 다대다 면접

❹ 면접 내용 : 자기소개서 내용 위주의 질문이 주로 나오며 지원자의 가치관 및 인성에 대해 평가한다.

[기출 질문]
- 생산기술에서 가장 중요한 것은 무엇이라고 생각하는지 말해 보시오.
- 왜 국내영업에 지원했는가?
- 지방근무를 해도 괜찮은가?
- 영업 왜 다른 직무를 하게 된다면 어떻게 할 것인가?
- 중요한 업무가 있는데 시간 내에 마치지 못할 것 같은 경우 어떻게 할 것인지 말해 보시오.
- 사내 연애에 대해서 어떻게 생각하는가? 만약 헤어졌을 때 업무상 차질이 있지 않겠는가?
- 자기소개 및 지원동기를 말해 보시오.
- 졸업 후 공백기간이 길다. 공백기간 동안 무엇을 했는지 말해 보시오.
- 입사를 하게 된다면 어떤 부서에 들어가고 싶은지 구체적인 이유와 함께 말해 보시오.
- 지원한 다른 회사가 있는가?
- 혼자 살아본 경험이 있는가?

- 구매와 소비의 차이가 무엇인가?
- AI 면접에 대해 어떻게 생각하는가?
- 밀레니얼 세대와 Z세대의 차이에 대해 말해 보시오.

7. LG CNS

LG CNS는 최고의 IT서비스 기술역량을 갖춘 정예 전문가 양성을 위해 다양한 우수 인재 확보 전략 및 IT 기술 전문가 육성 프로그램 운영 등 사업 환경 변화에 따른 인재육성을 체계적으로 실시하고 있다. 이를 위해 직무 면접 진행 후, SW Boot Camp를 진행하여 잠재력 있는 인재를 채용하고 있다.

(1) 1차 면접

❶ 면접 시간 : 약 40분

❷ 면접 내용 : 기술 면접으로 2 : 2로 진행된다. 자기소개서를 기반으로 역량이나 수행했던 프로젝트 등에 대한 질문을 한다. 전공 관련 전문 지식에 대해 물어보기도 하므로 다양한 질문에 대한 답변을 준비하는 것이 중요하다.

PART 4

[기출 질문]
- 영어 성적과 중국어 성적이 좋은데 특별한 이유는 무엇인가?
- 야근이 많은 편인데 잘할 수 있는가?
- 지방 근무가 가능한가?
- 처음 입사 후 몇 달은 자신이 생각한 업무와 다른 사소한 업무를 할 것이다. 이에 대해 어떻게 생각하는지 말해 보시오.
- 창업 동아리에서 무엇을 했으며, 자신의 역할은 무엇이었는지 말해 보시오.
- 10년 후 회사에서 자신의 직위는 무엇일 것이라고 예측하는가?
- 자신이 지원한 분야를 사촌 동생에게 설명을 한다면 어떻게 할 것인지 말해 보시오.
- LG CNS가 바라는 인재상에 대해 본인의 생각을 말해 보시오.
- 남들이 평가하는 성격과 자신 스스로 평가하는 성격에 대해 말해 보시오.
- 신입사원 교육 프로그램이 없다면 어떻게 업무를 시작할 것인가?
- (IT 직무) 어떤 프로그램을 잘 사용하는가? 그 프로그램에 대한 설명을 해 보시오.
- 스마트팩토리란 무엇이라고 생각하는가?
- 외운 자기소개 말고, 다른 자기소개를 해 보시오.
- 지금 당장 개발 환경을 스스로 만들어서 적용시킬 수 있겠는가?
- 클라우드 직무를 하는 데에 있어 본인이 가장 자신 있게 배운 것에 대해 설명해 보시오.
- 멀티 클라우드로 시스템을 구축할 때 어떤 점을 주의해야 하는지 설명해 보시오.

CHAPTER 02 LG그룹 실제 면접 • **255**

(2) 2차 면접

❶ 면접 시간 : 약 40분

❷ 면접 내용 : 임원 면접으로 주로 지원자의 가치관 및 인성에 대해 평가한다.

> [기출 질문]
> • 본인의 장단점 및 극복 방법에 대해 말해 보시오.
> • LG CNS를 어떻게 알게 되었고, IT서비스가 무엇이라고 생각하며, 그걸 IT서비스에 어떻게 적용할 것인가?
> • LG CNS의 단점과 보완하기 위한 노력에 대해 말해 보시오.
> • 가치관과 연봉 중 어떤 것이 더 중요한가?
> • 본인은 컨설턴트인가 IT 전문가인가?
> • 품질과 납기일 중 어떤 것이 더 중요한가?
> • 어떤 분야에 관심이 있는지 말해 보시오.

앞선 정보 제공! 도서 업데이트

언제, 왜 업데이트될까?

도서의 학습 효율을 높이기 위해 자료를 추가로 제공할 때!
공기업·대기업 필기시험에 변동사항 발생 시 정보 공유를 위해!
공기업·대기업 채용 및 시험 관련 중요 이슈가 생겼을 때!

01 시대에듀 도서
www.sdedu.co.kr/book
홈페이지 접속

02 상단 카테고리
「도서업데이트」
클릭

03 해당
기업명으로
검색

참고자료, 시험 개정사항 등 정보 제공으로 학습효율을 높여 드립니다.

시대에듀
대기업 인적성검사
시리즈

신뢰와 책임의 마음으로 수험생 여러분에게 다가갑니다.

대기업 인적성 "기본서" 시리즈

대기업 취업 기초부터 합격까지! 취업의 문을 여는
Master Key!

※도서의 이미지 및 구성은 변동될 수 있습니다.

S

2024
하반기

누적 판매량
1위
대기업 인적성검사
시리즈

LG그룹
온라인 인적성검사

정답 및 해설

최신기출유형+모의고사 5회
+무료LG특강

편저 | SDC(Sidae Data Center)

?형분석 및 모의고사로
최종합격까지
한 권으로
마무리!

SDC
SDC는 시대에듀 데이터 센터의 약자로
약 30만 개의 NCS·적성 문제 데이터풀
바탕으로 최신 출제경향을 반영하여
문제를 출제합니다.

시대에듀

PART 1

대표기출유형

끝까지 책임진다! 시대에듀!

QR코드를 통해 도서 출간 이후 발견된 오류나 개정법령, 변경된 시험 정보, 최신기출문제, 도서 업데이트 자료 등이 있는지 확인해 보세요! **시대에듀 합격 스마트 앱**을 통해서도 알려 드리고 있으니 구글 플레이나 앱 스토어에서 다운받아 사용하세요. 또한, 파본 도서인 경우에는 구입하신 곳에서 교환해 드립니다.

대표기출유형 01 | 기출응용문제

01
정답 ⑤

휘발유세 상승으로 인해 발생하는 장점들을 열거함으로써 휘발유세 인상을 정당화하고 있다. 따라서 글의 주제로 ⑤가 가장 적절하다.

02
정답 ③

제시문에서는 멸균에 대해 언급하며, 멸균 방법을 물리적·화학적으로 구분하여 다양한 멸균 방법에 대해 설명하고 있다. 따라서 글의 주제로 ③이 가장 적절하다.

03
정답 ②

제시문은 청소년기에 아이들이 입는 옷차림과 그 옷차림의 목적성, 집단 정서적 효과에 대해 이야기하고 있다. 따라서 글에 어울리는 제목은 '청소년의 옷차림'이 가장 적절하다.

04
정답 ③

제시된 내용의 중심 제재는 정혜사 약수를 덮고 있는 보호각에 쓰인 '불유각'이라는 현판의 글이므로 ③이 가장 적절하다.

[오답분석]
② 약수를 덮고 있는 보호각 자체보다는 거기에 쓰인 글귀에 더 관심을 두고 글을 쓰고 있다.

05
정답 ②

제시문의 중심 내용은 '분노'에 대한 것으로, 사람의 경우와 동물의 경우를 나누어 분노가 어떻게 공격과 복수의 행동을 유발하는지에 대해 서술하고 있다. 따라서 글의 중심 내용으로 ②가 가장 적절하다.

[오답분석]
① 분노 감정의 처리는 글의 도입부에 탈리오 법칙으로 설명될 뿐, 중심 내용으로 볼 수 없다.
③ 분노에 대한 공격과 복수 행동만 서술할 뿐 공격을 유발하는 원인에 대한 언급은 없다.
④ 탈리오 법칙에 대한 언급은 했으나, 이에 대한 실제 사례 등 구체적인 서술은 없다.
⑤ 동물과 인간이 가지는 분노에 대한 감정 차이보다는, '분노했을 때의 행동'에 대한 공통점에 주안점을 두고 서술하였다.

06
정답 ⑤

글쓴이는 첫 번째 문단에서 1948년에 제정된 대한민국 헌법에 드러난 공화제적 원리는 1948년에 이르러 갑자기 등장한 것이 아니라 이미 19세기 후반부터 표명되고 있었다고 말하면서 구체적인 예를 들어 설명하고 있다.
1885년 『한성주보』에서 공화제적 원리가 언급되었고, 1898년 만민 공동회에서는 그 내용이 명확하게 드러났다고 하였다. 또한 독립협회의 「헌의 6조」에서 공화주의 원리를 찾아볼 수 있다고 하였다. 따라서 글의 중심 내용은 ⑤가 가장 적절하다.

대표기출유형 02 　기출응용문제

01
정답 ③

(다) 인권에 관한 화제 도입 및 인권 보호의 범위 - (나) 사생활 침해와 인권 보호 - (가) 사생활 침해와 인권 보호에 대한 예시 - (라) 결론의 순으로 나열하는 것이 가장 적절하다.

02
정답 ②

(나) 조각보의 정의, 클레와 몬드리안의 비교가 잘못된 이유 - (가) 조각보는 클레와 몬드리안보다 100여 년 이상 앞서 제작된 작품이며 독특한 예술성을 지니고 있음 - (다) 조각보가 아름답게 느껴지는 이유는 일상 속에서 삶과 예술을 함께 담았기 때문이다. 따라서 (나) - (가) - (다)의 순으로 나열하는 것이 가장 적절하다.

03
정답 ③

(라)의 '이러한 기술 발전'은 (나)의 내용에 해당하고, (가)의 '그러한 위험'은 (다)의 내용에 해당한다. 내용상 기술 혁신에 대해 먼저 설명하고 그 위험성에 대해 나와야 하므로, (나) - (라) - (다) - (가)의 순으로 나열하는 것이 가장 적절하다.

04
정답 ②

제시된 단락은 신탁 원리의 탄생 배경인 12세기 영국의 상황에 대해 이야기하고 있다. 따라서 이어지는 단락은 (가) 신탁 제도의 형성과 위탁자, 수익자, 수탁자의 관계 등장 - (다) 불안정한 지위의 수익자 - (나) 적극적인 권리 행사가 허용되지 않는 연금 제도에 기반한 신탁 원리 - (라) 연금 운용 권리를 현저히 약화시키는 신탁 원리와 그 대신 부여된 수탁자 책임의 문제점의 순으로 나열하는 것이 가장 적절하다.

대표기출유형 03 　기출응용문제

01
정답 ③

프리드만의 '우주는 극도의 고밀도 상태에서 시작돼 점차 팽창하면서 밀도가 낮아졌다.'라는 이론과 르메트르의 '우주가 원시 원자들의 폭발로 시작됐다.'라는 이론은 두 가지가 서로 성립하는 이론이다. 따라서 프리드만의 이론과 르메트르의 이론은 양립할 수 없는 관계라는 해석은 제시문에 대한 이해로 적절하지 않다.

02
정답 ②

다리뼈는 연골세포의 세포분열로 인해 뼈대의 성장이 일어난다.

오답분석
① 사춘기 이후 호르몬에 의한 뼈의 길이 성장은 일어나지 않는다.
③ 뼈끝판의 세포층 중 뼈대의 경계면에 있는 세포층이 아닌 뼈끝과 경계면이 있는 세포층에서만 세포분열이 일어난다.
④ 남성호르몬인 안드로겐은 사춘기 여자에게서도 분비된다.
⑤ 뇌에서 분비하는 성장호르몬은 뼈에 직접적으로 도움을 준다.

03

정답 ④

신부와 달리 대리인을 통하지 않고 직접 결혼 의사를 공표할 수 있는 신랑은 결혼이 성립되기 위한 필수조건으로 '마흐르'라고 불리는 혼납금을 신부에게 지급해야 한다.

04

정답 ①

세 번째 문단에서 녹내장을 예방할 수 있는 방법은 아직 알려지지 않았고, 가장 좋은 예방법은 조기에 발견하는 것이라고 하였다. 따라서 녹내장 발병을 예방할 수 있는 방법은 아직 없다고 볼 수 있다.

오답분석
② 녹내장은 대부분 장기간에 걸쳐 천천히 진행하는 경우가 많다.
③ 녹내장은 안압이 상승하여 발생하는 병이므로 안압이 상승할 수 있는 상황은 되도록 피해야 한다.
④ 상승된 안압이 시신경으로 공급되는 혈류량을 감소시켜 시신경 손상이 발생될 수 있다.
⑤ 녹내장은 일반적으로 주변 시야부터 좁아지기 시작해 중심 시야로 진행되는 병이다.

대표기출유형 04 기출응용문제

01

정답 ②

시장 개방과 제시문의 '티 내기'는 관련이 없다. 따라서 ②는 글의 요지를 뒷받침할 수 있는 근거로 옳지 않다.

02

정답 ⑤

태초의 자연은 인간과 균형적인 관계로, 서로 소통하고 공생할 수 있었다. 그러나 기술의 발달로 인간은 자연을 정복하고 폭력을 행사했다. 그러나 이는 인간과 자연 양쪽에게 해가 되는 일이므로 힘의 균형을 통해 대칭적인 관계를 회복해야 한다는 것이 이 글의 중심 내용이다. 따라서 뒤에 올 내용으로는 그 대칭적인 관계를 회복하기 위한 방법이 가장 적절하다.

03

정답 ③

레일리 산란의 세기는 보랏빛이 가장 강하지만 우리 눈은 보랏빛보다 파란빛을 더 잘 감지하기 때문에 하늘이 파랗게 보이는 것이다. 따라서 ③은 추론할 수 없는 내용이다.

오답분석
①・② 첫 번째 문단의 내용을 통해 추론할 수 있다.
④ 빛의 진동수는 파장과 반비례하고, 레일리 산란의 세기는 파장의 네제곱에 반비례한다. 즉, 빛의 진동수가 2배가 되면 파장은 1/2배가 되고, 레일리 산란의 세기는 $2^4 = 16$배가 된다.
⑤ 마지막 문단의 내용을 통해 추론할 수 있다.

04
정답 ⑤

치명적인 이빨이나 발톱을 가진 동물들은 살상 능력이 크기 때문에 자신의 종에 대한 공격을 제어할 억제 메커니즘이 필요했고, 그것이 진화의 과정에 반영되었다고 했으므로 적절한 내용이다.

[오답분석]
① · ③ 인간은 신체적으로 미약한 힘을 지녔기 때문에 자신의 힘만으로 자기 종을 죽인다는 것이 어려웠을 뿐 공격성은 학습이나 지능과 관계가 없다.
② 인간은 진화가 아닌 기술의 발달로 살상 능력을 지니게 되었다.
④ 인간의 공격적인 본능은 긍정적인 측면과 부정적인 측면을 모두 포함해서 오늘날 인류를 있게 한 중요한 요소이다.

대표기출유형 05 | 기출응용문제

01
정답 ⑤

제시문에서 인조는 청나라에 맞서 싸우자는 척화론을 주장하고 있으므로, 이와같은 척화론을 주장하는 ⑤는 비판의 내용으로 적절하지 않다.

02
정답 ④

제시문에서는 인간의 생각과 말은 깊은 관계를 가지고 있으며, 생각이 말보다 범위가 넓고 큰 것은 맞지만 그것을 말로 표현하지 않으면 그 생각이 다른 사람에게 전달되지 않는다고 주장한다. 즉, 생각은 말을 통해서만 다른 사람에게 전달될 수 있다는 것이다. 따라서 이러한 주장에 대한 반박으로 ④가 가장 적절하다.

03
정답 ⑤

제시문의 전통적인 경제학에서는 미시 건전성 정책에 집중하는데 이러한 미시 건전성 정책은 가격이 본질적 가치를 초과하여 폭등하는 버블이 존재하지 않는다는 효율적 시장가설을 바탕으로 한다. 따라서 제시문에 나타난 주장에 대한 비판으로는 이러한 효율적 시장가설에 대해 반박하는 ⑤가 가장 적절하다.

04
정답 ④

파울은 언어가 변화하고 진화한다고 보았으므로 언어를 연구하려면 언어가 역사적으로 발달해온 방식을 고찰해야 한다고 주장한다. 반면에 소쉬르는 언어가 역사적인 산물이라고 해도 변화 이전과 변화 이후를 구별해서 보아야 한다고 주장하고, 언어는 구성요소의 순간 상태 이외에는 어떤 것에 의해서도 규정될 수 없다고 보았다. 따라서 소쉬르는 화자가 발화한 당시의 언어 상태를 연구 대상으로 해야 하며, 그 상태에 이르기까지의 모든 과정을 무시해야 한다고 주장했으므로 ④가 가장 적절하다.

01

정답 ⑤

B와 C가 초콜릿 과자를 먹고 D와 E 중 1명 역시 초콜릿 과자를 먹으므로 초콜릿 과자는 누가 먹었는지 확인할 수 있다. 남은 커피 과자 3개는 A, D, E가 나눠 먹게 되는데, 이때 A가 커피 과자 1개를 먹었다면 D와 E 중 1명은 초콜릿 과자 1개와 커피 과자 1개를 먹고, 나머지 1명은 커피 과자 1개를 먹는다. 따라서 A와 D가 커피 과자를 1개씩 먹었다면, E는 초콜릿과 커피 2종류의 과자를 1개씩 먹게 된다.

02

정답 ②

수학을 잘하는 사람은 컴퓨터를 잘하고, 컴퓨터를 잘하는 사람은 사탕을 좋아한다. 따라서 수학을 잘하는 사람은 사탕을 좋아한다.

03

정답 ③

이동시간이 긴 순서대로 나열하면 'D – B – C – A'이다. 이때 이동시간은 거리에 비례하여 소요된다고 하였으므로 서울과의 거리가 먼 순서에 따라 D는 강릉, B는 대전, C는 세종, A는 인천에서 근무하는 것을 알 수 있다.

04

정답 ①

홍대리가 건강검진을 받을 수 있는 요일은 월요일 또는 화요일이며, 이사원 역시 월요일 또는 화요일에 건강검진을 받을 수 있다. 이때 이사원이 홍대리보다 늦게 건강검진을 받는다고 하였으므로 홍대리가 월요일, 이사원이 화요일에 건강검진을 받는 것을 알 수 있다. 나머지 수·목·금요일의 일정은 박과장이 금요일을 제외한 수요일과 목요일 각각 건강검진을 받는 두 가지 경우에 따라 나눌 수 있다.
• 박과장이 수요일에 건강검진을 받을 경우 : 목요일은 최사원이, 금요일은 김대리가 건강검진을 받는다.
• 박과장이 목요일에 건강검진을 받을 경우 : 수요일은 최사원이, 금요일은 김대리가 건강검진을 받는다.
따라서 반드시 참이 될 수 있는 것은 ①이다.

01

정답 ③

주어진 조건에 따라 좌석을 무대와 가까운 순서대로 나열하면 '현수 – 형호 – 재현 – 지연 – 주현'이므로 형호는 현수와 재현 사이의 좌석을 예매했음을 알 수 있다. 제시된 조건만으로 정확한 좌석의 위치를 알 수 없으므로 서로의 좌석이 바로 앞과 뒤의 좌석인지는 추론할 수 없다.

02

정답 ⑤

주어진 조건을 바탕으로 먹은 음식을 정리하면 다음과 같다.

구분	쫄면	라면	우동	김밥	어묵
민하	×	×	×	×	○
상식	×	○	×	×	×
은희	×	×	○	×	×
은주	×	×	×	○	×
지훈	○	×	×	×	×

따라서 민하는 어묵을, 상식이는 라면을 먹었음을 알 수 있다.

03

정답 ④

주어진 조건에 따라 네 명의 직원이 함께 탄 5인승 택시의 자리는 다음과 같다.

• 경우 1

택시 운전기사		• 소속 : 디자인팀 • 직책 : 과장 • 신발 : 노란색
• 소속 : 연구팀 • 직책 : 대리 • 신발 : 흰색 또는 연두색	• 소속 : 홍보팀 • 직책 : 부장 • 신발 : 검은색	• 소속 : 기획팀 • 직책 : 사원 • 신발 : 흰색 또는 연두색

• 경우 2

택시 운전기사		• 소속 : 디자인팀 • 직책 : 과장 • 신발 : 노란색
• 소속 : 기획팀 • 직책 : 사원 • 신발 : 흰색 또는 연두색	• 소속 : 홍보팀 • 직책 : 부장 • 신발 : 검은색	• 소속 : 연구팀 • 직책 : 대리 • 신발 : 흰색 또는 연두색

따라서 '과장은 노란색 신발을 신었다.'는 항상 참이다.

오답분석

① 부장은 뒷좌석 가운데에 앉는다.
② 부장 옆에는 대리와 사원이 앉는다.
③ 사원은 흰색 또는 연두색 신발을 신었다.
⑤ 택시 운전기사 바로 뒤에는 사원 또는 대리가 앉는다.

04

정답 ③

세 번째 조건에 따라 D는 6명 중 두 번째로 키가 크므로 1팀에 배치되는 것을 알 수 있다. 또한 두 번째 조건에 따라 B는 2팀에 배치되므로 한 팀에 배치되어야 하는 E와 F는 아무도 배치되지 않은 3팀에 배치되는 것을 알 수 있다. 마지막으로 네 번째 조건에 따라 B보다 키가 큰 A는 2팀에 배치된다.

결국 A ~ F의 배치는 다음과 같다.

1팀	2팀	3팀
C>D	A>B	E, F

따라서 키가 가장 큰 사람은 C이다.

대표기출유형 03 | 기출응용문제

01

정답 ③

'양식 자격증이 있다.'를 A, '레스토랑에 취직하다.'를 B, '양식 실기시험 합격'을 C라고 하면 전제1은 ~A → ~B, 전제2는 A → C이다. 전제1의 대우는 B → A이므로 B → A → C가 성립한다. 따라서 결론으로 B → C인 '레스토랑에 취직하려면 양식 실기시험에 합격해야 한다.'가 가장 적절하다.

02

정답 ⑤

'세미나에 참여한 사람'을 A, '봉사활동 지원자'를 B, '신입사원'을 C라고 하면, 전제1에 따라 A는 B에 포함되며, 전제2에 따라 C는 A와 겹치지 않지만 B와는 겹칠 가능성이 있다. 따라서 결론으로 '신입사원은 봉사활동에 지원하였을 수도, 지원하지 않았을 수도 있다.'가 가장 적절하다.

03

정답 ④

'주장을 잘한다.'를 '주', '발표를 잘한다.'를 '발', '시험을 잘 본다.'를 '시'라고 하자.

구분	명제	대우
전제1	주× → 발×	발 → 주
결론	발 → 시	시× → 발×

전제1이 결론으로 연결되려면, 전제1의 대우가 '발 → 주'이기 때문에 전제2는 '주 → 시'가 되어야 한다. 따라서 전제2는 '주장을 잘하는 사람은 시험을 잘 본다.'인 ④이다.

01

정답 ③

A와 D의 진술이 모순되므로, A의 진술이 참인 경우와 거짓인 경우를 구한다.

• A의 진술이 참인 경우

　A의 진술에 따라 D가 부정행위를 하였으며, 거짓을 말하고 있다. B는 A의 진술이 참이므로 B의 진술도 참이며, B의 진술이 참이므로 C의 진술은 거짓이 되고, E의 진술은 참이 된다.

　따라서 부정행위를 한 사람은 C, D이다.

• A의 진술이 거짓인 경우

　A의 진술에 따라 D는 참을 말하고 있고, B는 A의 진술이 거짓이므로 B의 진술도 거짓이 된다. B의 진술이 거짓이므로 C의 진술은 참이 되고, E의 진술은 거짓이 된다. 그러면 거짓을 말한 사람은 A, B, E이지만 조건에서 부정행위를 한 사람은 두 명이므로 모순이 되어 옳지 않다.

02

정답 ④

A ~ D 4명의 진술을 정리하면 다음과 같다.

구분	A의 진술	B의 진술	C의 진술	D의 진술
A가 범인일 때	거짓	참	거짓	참
B가 범인일 때	거짓	거짓	거짓	참
C가 범인일 때	참	참	거짓	참
D가 범인일 때	거짓	참	참	거짓

따라서 1명의 진술만이 참일 경우의 범인은 B이고, 1명의 진술만이 거짓일 경우의 범인은 C이므로 차례로 나열하면 B와 C이다.

03

정답 ②

E사원의 진술에 따라 C사원과 E사원의 진술은 동시에 참이 되거나 거짓이 된다.

• C사원과 E사원이 모두 거짓말을 한 경우

　참인 B사원의 진술에 따라 D사원이 금요일에 열리는 세미나에 참석한다. 그러나 이때 C와 E 중 한 명이 참석한다는 D사원의 진술과 모순되므로 성립하지 않는다.

• C사원과 E사원이 모두 진실을 말한 경우

　C사원과 E사원의 진술에 따라 C, D, E사원은 세미나에 참석할 수 없다. 따라서 D사원이 세미나에 참석한다는 B사원의 진술은 거짓이 되며, C와 E사원 중 한 명이 참석한다는 D사원의 진술도 거짓이 된다. 또한 A사원은 세미나에 참석하지 않으므로 결국 금요일 세미나에 참석하는 사람은 B사원이 된다.

따라서 B사원과 D사원이 거짓말을 하고 있으며, 이번 주 금요일 세미나에 참석하는 사람은 B사원이다.

대표기출유형 01 **기출응용문제**

01

정답 ⑤

주어진 표를 토대로 각 마을의 판매량과 구매량을 구해 보면 다음과 같다.

(단위 : kw)

구분	판매량	구매량	거래량 계
갑 마을	570	610	1,180
을 마을	640	530	1,170
병 마을	510	570	1,080
정 마을	570	580	1,150
합계	2,290	2,290	4,580

따라서 갑 마을이 을 마을에 40kW를 더 판매했다면, 을 마을의 구매량은 530+40=570kW가 되어 병 마을의 구매량과 같게 된다.

[오답분석]

① 거래량 표에서 보듯이 총거래량이 같은 마을은 없다.

② 마을별 거래량 대비 구매량의 비율은 다음과 같으므로 40% 이하인 마을은 없다.

- 갑 마을 : $610 \div 1,180 \times 100 ≒ 51.7\%$
- 을 마을 : $530 \div 1,170 \times 100 ≒ 45.3\%$
- 병 마을 : $570 \div 1,080 \times 100 ≒ 52.8\%$
- 정 마을 : $580 \div 1,150 \times 100 ≒ 50.4\%$

③ 위의 거래량 표에서 알 수 있듯이 을 마을의 거래수지만 양의 값을 가짐을 알 수 있다.

④ 위의 거래량 표에서 알 수 있듯이 판매량과 구매량이 가장 큰 마을은 각각 을 마을과 갑 마을이다.

02

정답 ④

사고 전·후 이용 가구 수의 차이가 가장 큰 것은 생수이며, 가구 수의 차이는 140-70=70가구이다.

[오답분석]

① 사고 전에는 수돗물을 이용하는 가구 수가 120가구로 가장 많다.

② 전체 370가구 중 식수 조달원을 변경한 가구는 230가구이므로 $\frac{230}{370} \times 100 ≒ 62\%$, 즉 60% 이상이다.

③ 수돗물과 약수를 이용하는 가구 수가 감소했다.

⑤ 사고 전에 정수를 이용하던 가구 수는 100가구이며, 사고 후에도 정수를 이용하는 가구 수는 50가구이다. 나머지 50가구는 사고 후 다른 식수 조달원을 이용한다.

03

정답 ②

남성 흡연율이 가장 낮은 연도는 50% 미만인 2019년이고, 여성 흡연율이 가장 낮은 연도도 약 20%인 2019년이다.

오답분석

㉠ 남성 흡연율은 2021년까지 증가하다가 그 이후 감소하지만, 여성의 흡연율은 매년 꾸준히 증가하고 있다.

㉢ 남성의 음주율이 가장 낮은 해는 80% 미만인 2022년이지만, 흡연율이 가장 낮은 해는 50% 미만인 2019년이다.

㉣ 2021년 남성의 음주율과 여성 음주율이 80% 초과 90% 미만이므로 두 비율의 차이는 10%p 미만이다.

04

정답 ③

성인의 탄수화물 평균 섭취량이 가장 적은 나라는 영국(284g)이다. 영국의 단백질 평균 섭취량인 64g에서 동물성 단백질은 42g, 지방 평균 섭취량 55g에서 동물성 지방은 32g이므로 단백질과 지방 평균 섭취량에서 각각 동물성이 차지하는 비율은 50% 이상이 된다. 따라서 단백질과 지방 평균 섭취량의 합에서 식물성이 차지하는 비율보다 동물성이 차지하는 비율이 높다.

오답분석

㉠ 탄수화물의 '성인기준 하루 권장 섭취량'의 범위는 300 ~ 400g이다. 최대량인 400g을 초과한 국가는 '브라질(410g), 인도 (450g), 멕시코(425g)' 3개 국가이고, 최소량 300g 미만인 국가는 '미국(295g), 영국(284g)'으로 2개 국가이다.

㉡ 단백질의 '성인기준 하루 권장 섭취량'의 범위는 56 ~ 70g으로 최대량 70g을 초과하는 국가는 '인도(74g), 프랑스(71g), 멕시코 (79g), 중국(76g)'이다. 이 중 인도와 프랑스는 식물성 단백질 섭취량이 동물성 단백질 보다 더 많다.

㉢ 국가별 지방 평균 섭취량과 권장 섭취량(51g)의 차이가 가장 적은 국가는 51－49＝2g인 인도이다. 인도의 지방 평균 섭취량 (49g) 중 동물성 지방 섭취량(21g)이 차지하는 비율은 $\frac{21}{49} \times 100 ≒ 42.9\%$로 40%를 초과한다.

01

정답 ②

중국의 의료 빅데이터 예상 시장 규모의 전년 대비 성장률을 구하면 다음과 같다.

구분	2015년	2016년	2017년	2018년	2019년	2020년	2021년	2022년	2023년	2024년
성장률(%)	–	56.3	90.0	60.7	93.2	64.9	45.0	35.0	30.0	30.0

따라서 전년 대비 성장률에 대한 옳은 그래프는 ②이다.

02

정답 ②

응시자 중 불합격자 수는 응시자에서 합격자 수를 제외한 값이다.
- 2019년 : 2,810−1,310=1,500명
- 2020년 : 2,660−1,190=1,470명
- 2021년 : 2,580−1,210=1,370명
- 2022년 : 2,110−1,010=1,100명
- 2023년 : 2,220−1,180=1,040명

따라서 ②의 그래프는 옳지 않다.

[오답분석]

① 미응시자 수는 접수자 수에서 응시자 수를 제외한 값이다.
- 2019년 : 3,540−2,810=730명
- 2020년 : 3,380−2,660=720명
- 2021년 : 3,120−2,580=540명
- 2022년 : 2,810−2,110=700명
- 2023년 : 2,990−2,220=770명

03

정답 ②

변환된 그래프의 단위는 백만 주이고, 주어진 자료에는 주식 수의 단위가 억 주이므로 이를 주의하여 종목당 평균 주식 수를 구하면 다음과 같다.

구분	2013년	2014년	2015년	2016년	2017년	2018년	2019년	2020년	2021년	2022년	2023년
종목당 평균 주식 수 (백만 주)	9.39	12.32	21.07	21.73	22.17	30.78	27.69	27.73	27.04	28.25	31.13

이를 토대로 전년 대비 증감 추세를 나타내면 다음과 같다.

구분	2013년	2014년	2015년	2016년	2017년	2018년	2019년	2020년	2021년	2022년	2023년
전년 대비 변동 추이	–	증가	증가	증가	증가	증가	감소	증가	감소	증가	증가

따라서 이와 동일한 추세를 보이는 그래프는 ②이다.

창의수리

대표기출유형 01　기출응용문제

01　　　　　정답 ②

각 행마다 다음과 같은 규칙이 성립한다.

$$\frac{(\text{첫 번째 항})+(\text{세 번째 항})}{2}=(\text{두 번째 항})$$

따라서 $4 \times 2 - 10 = -2$이다.

02　　　　　정답 ⑤

각 굵은 테두리 안 숫자의 평균은 모두 10으로 같다.
따라서 $60 - (25 + 20 + 12 - 4 + 13) = -6$이다.

03　　　　　정답 ②

분자는 $\times 3$씩 곱해지고, 분모는 $+4$, $+8$, $+12$, $+16$, $+20$, …씩 더해지고 있다.

따라서 분자는 $243 \times 3 = 729$, 분모는 $57 + 20 = 77$이므로, 빈칸에 알맞은 숫자는 $\frac{729}{77}$ 이다.

04　　　　　정답 ③

각 항을 세 개씩 묶고 각각을 A, B, C라고 하면

$$\underline{A \ B \ C} \rightarrow B = \frac{A + C}{2}$$

따라서 $(\quad) = \frac{70 + 2}{2} = 36$이다.

05　　　　　정답 ③

나열된 수를 각각 A, B, C, D라고 하면 다음과 같은 관계가 성립된다.
$A \ B \ C \ D \rightarrow A + B + C = D$
따라서 빈칸에 알맞은 수는 $7 - 2 - 4 = 1$이다.

01

정답 ③

시간$=\dfrac{거리}{속력}=\dfrac{2}{4}=\dfrac{1}{2}$ 이다.

따라서 하진이는 30분 만에 학교에 도착한다.

02

정답 ③

$(평균속력)=\dfrac{(전체\ 이동거리)}{(전체\ 이동시간)}$이다.

전체 이동거리는 $10+4+7=21$km이고, 전체 이동시간은 $1+0.5+1.5=3$시간이다.

따라서 신입사원 L이 출·퇴근하는 평균속력은 $21\div3=7$km/h이다.

03

정답 ④

5곳의 배송지에 배달할 때, 첫 배송지와 마지막 배송지 사이에는 4번의 이동이 있다. 총 80분(=1시간 20분)이 걸렸으므로 1번 이동 시에 평균적으로 20분이 걸린다. 12곳에 배달을 하려면 11번의 이동을 해야 하므로 $20\times11=220$분=3시간이다.

따라서 L씨가 택배를 마치는 데 3시간 40분이 걸린다.

04

정답 ③

열차의 길이를 xm라고 하면 열차가 다리 또는 터널을 지날 때의 이동거리는 (열차의 길이)+(다리 또는 터널의 길이)이다.

열차의 속력은 일정하므로 다리를 통과할 때 속력과 터널을 통과할 때의 속력은 같다.

즉, $\dfrac{(x+240)}{16}=\dfrac{(x+840)}{40}\ \rightarrow\ 5(x+240)=2(x+840)\ \rightarrow\ 3x=480$

$\therefore\ x=160$

따라서 열차의 길이는 160m이다.

01

5%의 소금물의 양을 xg이라 하면

$$\frac{11}{100} \times 100 + \frac{5}{100} \times x = \frac{10}{100} \times (100 + x)$$

$1,100 + 5x = 1,000 + 10x$

$\therefore x = 20$

따라서 농도 5%의 소금물은 20g이다.

02

30% 설탕물의 양을 xg이라 하면, 증발시킨 후 설탕의 양은 같으므로 $\frac{30}{100}x = \frac{35}{100} \times (x - 50) \rightarrow x = 350$

즉, 35% 설탕물의 양은 300g이다.

여기에 더 넣을 설탕의 양을 yg이라 하면,

$300 \times \frac{35}{100} + y = (300 + y) \times \frac{40}{100} \rightarrow 10,500 + 100y = 12,000 + 40y$

$\therefore y = 25$

따라서 농도 40%의 설탕물을 만들려면 25g의 설탕을 넣어야 한다.

03

A소금물에 첨가한 물의 양을 ag, 버린 B소금물의 양을 bg이라 가정하고, 늘어난 A소금물과 줄어든 B소금물을 합친 소금물의 양은 500g이며, 농도는 10%라고 하였으므로

$(200 + a) + (300 - b) = 500 \rightarrow a - b = 0 \cdots$ ㉠

$(200 \times 0.1) + (300 - b) \times 0.2 = 500 \times 0.1 \rightarrow 20 + 60 - 0.2b = 50 \rightarrow 0.2b = 30 \rightarrow b = 150 \cdots$ ㉡

㉡을 ㉠에 대입하면 $a = 150$이다.

따라서 A소금물에 첨가한 물의 양은 150g이다.

04

농도를 알 수 없는 소금물의 소금 농도를 x%라고 하자.

$$\frac{13}{100} \times 400 + \frac{7}{100} \times 200 + \frac{x}{100} \times 100 = \frac{22}{100} \times 700 \rightarrow 52 + 14 + x = 154$$

$\therefore x = 88$

따라서 농도를 알 수 없는 소금물의 농도는 88%이다.

01

정답 ①

상품의 원가를 x원이라 하면 처음 판매가격은 $1.23x$원이다.

여기서 1,300원을 할인하여 판매했을 때 얻은 이익은 원가의 10%이므로

$(1.23x-1,300)-x=0.1x$

$0.13x=1,300$

$\therefore\ x=10,000$

따라서 상품의 원가는 10,000원이다.

02

정답 ③

A원두의 100g당 원가를 a원, B커피의 100g당 원가를 b원이라고 하면

• $1.5(a+2b)=3,000 \cdots$ ㉠

• $1.5(2a+b)=2,850 \cdots$ ㉡

㉠, ㉡을 연립하면 $a+b=1,300$이므로 $a=600$, $b=700$이다.

따라서 B원두의 원가는 700원이다.

03

정답 ②

A종목에서 상을 받은 사람의 수를 $P(A)$, B종목에서 상을 받은 사람의 수를 $P(B)$, A종목과 B종목 모두 상을 받은 사람의 수를 $P(A \cap B)$일 때 다음과 같은 식이 성립한다.

• $P(A)+P(B)-P(A \cap B)=30 \cdots$ ①

• $P(A)=P(B)+8 \cdots$ ②

$P(A \cap B)=10$이므로

• $P(A)+P(B)=40 \cdots$ ㉠

• $P(A)=P(B)+8 \cdots$ ㉡

㉠과 ㉡을 연립하면 $P(A)=24$, $P(B)=16$이다.

따라서 A종목에서 상을 받은 사람의 상금의 합은 $24 \times 50,000=1,200,000$원이다.

01

정답 ②

작년에 구입한 식물 중 16%가 시들었다고 했으므로, 작년에 구입한 식물은 $\dfrac{20}{0.16}=125$그루이다.

올해 구입할 실내공기 정화 식물은 작년의 $\dfrac{1}{2.5}$ 배이므로 $\dfrac{125}{2.5}=50$이다.

따라서 올해 구입할 실내공기 정화 식물을 50그루이다.

02

정답 ④

선웅이는 $4+1=5$일마다 일을 시작하고 정호는 $5+3=8$일마다 일을 시작하므로 두 사람은 5와 8의 최소공배수인 40일마다 동시에 일을 시작한다.

한편, 선웅이의 휴무일은 $5n$일이고 정호의 휴무일은 $(8m-2)$일, $(8m-1)$일, $8m$일이다(단, n, m은 자연수이다)

• $m=2$일 때, $8\times2-1=15=5\times3$이므로 동시에 일을 시작한 후 15일 후 동시에 쉰다.
• $m=4$일 때, $8\times4-2=30=5\times6$이므로 동시에 일을 시작한 후 30일 후 동시에 쉰다.
• $m=5$일 때, $8\times5=40=5\times8$이므로 동시에 일을 시작한 후 40일 후 동시에 쉰다.

처음으로 동시에 일을 시작한 후 다시 동시에 일을 시작하기까지 휴무일이 같은 날은 모두 3일이다.

$500=40\times12+120$이므로 500일 동안 두 사람의 휴무일은 $12\times3=36$일에 남은 12일 동안 휴무일이 같은 날이 하루 더 있다.

따라서 500일 동안 휴무일이 같은 날은 $36+1=37$일이다.

03

정답 ②

한 팀이 15분 작업 후 도구 교체에 걸리는 시간이 5분이므로 작업을 새로 시작하는 데 걸리는 시간은 20분이다. 다른 한 팀은 30분 작업 후 바로 다른 작업을 시작하므로 작업을 새로 시작하는 데 걸리는 시간은 30분이다.

따라서 두 팀은 60분마다 작업을 동시에 시작하므로 오후 1시에 작업을 시작해서 세 번째로 동시에 작업을 시작하는 시각은 3시간 후인 오후 4시이다.

대표기출유형 06 · 기출응용문제

01

정답 ⑤

처음에 확인한 티셔츠 개수를 X벌, 바지를 Y벌이라고 하자. 티셔츠를 9벌 버리고, 바지를 2벌 사면 옷을 입을 수 있는 경우의 수가 33가지가 되므로 식을 세우면 다음과 같다.

$(X-9)(Y+2)=33 \cdots \bigcirc$

$\bigcirc$을 만족하는 $(X-9, Y+2)=(11, 3), (3, 11)$이다.

따라서 바지의 처음 개수는 최대 $11-2=9$벌이다.

02

정답 ⑤

5인승 차량에 팀원들을 먼저 배치한 후 나머지를 7인승 차량에 배치하면 된다. 운전자는 2명이므로 그중 1명을 선택하여 배치한 후, 나머지 좌석에 팀원들을 각각 4명, 3명, 2명 배치할 수 있으므로 식을 세우면 다음과 같다.

$2\times({}_8C_4+{}_8C_3+{}_8C_2)=2\times\left(\dfrac{8\times7\times6\times5}{4!}+\dfrac{8\times7\times6}{3!}+\dfrac{8\times7}{2!}\right)=2\times(70+56+28)=308$가지

따라서 10명의 팀원이 2대의 차에 나눠 타는 경우의 수는 모두 308가지이다.

03

정답 ④

10명의 학생 중에서 임의로 2명을 뽑는 경우의 수는 ${}_{10}C_2=45$가지
• 뽑힌 2명의 학생의 혈액형이 모두 A형인 경우의 수는 ${}_2C_2=1$가지
• 뽑힌 2명의 학생의 혈액형이 모두 B형인 경우의 수는 ${}_3C_2=3$가지
• 뽑힌 2명의 학생의 혈액형이 모두 O형인 경우의 수는 ${}_5C_2=10$가지
따라서 임의로 뽑은 2명의 학생의 혈액형이 다를 경우의 수는 $45-(1+3+10)=31$가지이다.

01

- 첫 번째 문제를 맞힐 확률 : $\dfrac{1}{5}$

- 첫 번째 문제를 틀릴 확률 : $1-\dfrac{1}{5}=\dfrac{4}{5}$

- 두 번째 문제를 맞힐 확률 : $\dfrac{2}{5}\times\dfrac{1}{4}=\dfrac{1}{10}$

- 두 번째 문제를 틀릴 확률 : $1-\dfrac{1}{10}=\dfrac{9}{10}$

따라서 두 문제 중 하나만 맞힐 확률은 $\dfrac{1}{5}\times\dfrac{9}{10}+\dfrac{4}{5}\times\dfrac{1}{10}=\dfrac{13}{50}$ 으로 26%가 된다.

02

처음에 빨간색 수건을 꺼낼 확률은 $\dfrac{3}{(3+4+3)}=\dfrac{3}{10}$ 이고,

다음에 수건을 꺼낼 때는 빨간색 수건이 한 장 적으므로 파란색 수건을 꺼낼 확률은 $\dfrac{3}{(2+4+3)}=\dfrac{3}{9}=\dfrac{1}{3}$ 이다.

따라서 처음에 빨간색 수건을 뽑고, 다음에 파란색 수건을 뽑을 확률은 $\dfrac{3}{10}\times\dfrac{1}{3}=\dfrac{1}{10}$ 이다.

03

X바이러스의 감염률과 예방접종률을 표로 정리하면 다음과 같다.

구분	예방접종 ○	예방접종 ×	합계
감염 ○	0.8×0.005=0.004	0.2×(1−0.95)=0.01	0.004+0.01=0.014=1.4%
감염 ×	0.8×(1−0.005)=0.796	0.2×0.95=0.19	0.796+0.19=0.986=98.6%

따라서 X바이러스의 전체 감염률은 1.4%이다.

PART 2

최종점검 모의고사

01 언어이해

01	02	03	04	05	06	07	08	09	10	11	12	13	14	15					
④	②	④	②	④	③	②	④	④	①	⑤	②	⑤	②	①					

01
정답 ④

기사는 미세먼지 특별법 제정과 시행 내용에 대해 설명하고 있다. 따라서 ④가 기사의 제목으로 가장 적절하다.

02
정답 ②

(나)문단의 핵심 주제는 '삼복에 삼계탕을 먹는 이유'가 적절하다.

03
정답 ④

제시문은 교정 중 칫솔질에 대한 중요성과 칫솔질 방법 등을 안내하는 것으로, 교정 중 칫솔질에 대한 중요성을 설명하는 (나), 교정 중 교정장치의 세척도 중요하며 그 방법에 대해 설명하는 (가), 장치 때문에 잘 닦이지 않는 부위를 닦는 방법에 대해 이야기하는 (라), 마지막으로 칫솔질을 할 때 빠트려서는 안 될 부분을 설명하고 있는 (다) 순으로 나열하는 것이 가장 적절하다.

04
정답 ②

제시문은 우리가 먹는 채소 종자를 많은 부분 수입하고 있으며 이로 인한 문제가 발생할 수 있음을 설명하고 있다. 따라서 국내산 채소와 종자에 대한 화두를 꺼내는 (가)가 먼저 오고, '하지만'으로 연결되어 많은 종자들을 수입하고 있음을 설명하는 (다)가 나와야 한다. 다음으로 '심지어'라는 접속어로 설명을 보충하는 (나)와 이로 인해 발생할 수 있는 문제점에 대해서 설명한 (라) 순으로 나열하는 것이 가장 적절하다.

풀이 꿀팁

(가) 문장의 '~생각하기 쉽다.'를 통해 일반적인 통념이 제시되고 있음을 알 수 있으므로 (가) 문장 다음에는 이에 대한 반박이 이어질 것임을 예측할 수 있다. 따라서 역접의 접속어 '하지만'을 통해 일반적 통념을 반박하고 있는 (다) 문장이 (가) 문장 바로 뒤에 오는 것을 알 수 있다.

05
정답 ④

제시문은 '원님재판'이라 불리는 죄형전단주의의 정의와 한계, 그리고 그와 대립되는 죄형법정주의의 정의와 탄생 및 파생 원칙에 대하여 설명하고 있다. 첫 단락에서는 '원님재판'이라는 용어의 원류에 대해 설명하고 있으므로 이어지는 문단으로는 원님재판의 한계에 대해 설명하고 있는 (다)가 오는 것이 적절하다. 따라서 (다) 원님재판의 한계와 죄형법정주의 – (가) 죄형법정주의의 정의 – (라) 죄형법정주의의 탄생 – (나) 죄형법정주의의 정립에 따른 파생 원칙의 등장의 순으로 나열하는 것이 가장 적절하다.

06

정답 ③

두 번째 문단의 마지막 두 문장에 따르면 지구상의 많은 식물들이 꿀벌을 매개로 번식하며, 꽃가루받이를 할 꿀벌이 사라진다면 이러한 식물군 전체가 열매를 맺지 못할 위기에 놓인다고 하였다. 그러나 마지막 문단 네 번째 줄에 따르면 자원봉사자를 투입하여 꽃가루받이 수작업이 이루어지고 있다고 하였으므로, 벌을 매개로 한 방법 이외에 번식할 수 있는 방법이 없다는 것은 적절하지 않다.

[오답분석]

① 마지막 문단의 두 번째 문장을 통해 알 수 있다.
② 마지막 문단에서 꿀벌의 개체 수가 줄어드는 원인으로 살충제와 항생제, 대기오염, 전자파 등을 들고 있으며, 이는 현대문명사회에 이르러서 생겨난 것들이다.
④ 두 번째 문단의 첫 번째 ~ 세 번째 문장을 통해 알 수 있다.
⑤ 첫 번째 문단에 따르면 벌은 꽃가루와 꿀을 얻는 과정에서 꽃가루를 옮겨 식물의 번식에 도움을 주므로, 비의도적인 것이라고 할 수 있다.

[풀이 꿀팁]

선택지의 핵심어를 먼저 파악한 후, 이와 관련된 내용을 지문에서 확인한다.
① 잡초 제거, 해 → 잡초, 꿀벌에게 필요한 식물 (○)
② 감소 원인, 현대문명사회 → 살충제, 항생제, 대기오염, 전자파 (○)
③ 식물의 번식, 벌 매개 이외에 없음 → 인간이 재배하는 작물 30% 꽃가루받이에 의존 (×)
④ 꿀벌의 개체 수 감소, 군집붕괴 현상 → 군집붕괴 현상, 꿀벌의 개체 수 감소 (○)
⑤ 꿀벌 번식, 비의도적
　→ 제시문에서 직접적으로 관련된 내용을 찾기 어려울 때는 나머지 선택지를 확인하여 소거하는 방법으로 답을 찾는 것이 좋다.

07

정답 ②

브이로거는 영상으로 기록한 자신의 일상을 다른 사람들과 공유하는 사람으로, 브이로거가 아닌 브이로그를 보는 사람들이 브이로거의 영상을 통해 공감과 대리만족을 느끼므로 ②는 적절하지 않다.

08

정답 ④

제시문에서는 비현금 결제의 편리성, 경제성, 사회의 공공 이익에 기여 등을 이유로 들어 비현금 결제를 지지하고 있으므로, 비현금 결제 방식이 경제적이지 않다는 논지로 반박하는 것이 가장 적절하다.

[오답분석]

① 제시문에서는 빈익빈 부익부와 관련된 내용은 주장의 근거로 사용하고 있지 않으므로 적절하지 않다.
② · ⑤ 제시문의 주장에 반박하는 것이 아니라 제시문의 주장을 강화하는 근거에 해당한다.
③ 개인의 선택의 자유가 확대된다고 해서 공공이익에 부정적 영향을 미치는 것은 아니며, 이는 글에서 제시한 근거와도 관련이 없으므로 적절하지 않다.

[풀이 꿀팁]

글쓴이의 주장과 근거를 파악한 후 근거를 가장 효과적으로 반박할 수 있는 선택지를 찾아야 한다. 글쓴이의 주장은 첫 문장에 나타난 '현금 없는 사회로의 이행은 바람직하다.'가 되며, '편리', '경제적', '공공이익' 등의 핵심어를 통해 근거를 함께 파악할 수 있다. 따라서 이 중 하나라도 반박할 수 있는 선택지가 답이 된다.

09

정답 ④

제시문에서는 변혁적 리더십과 거래적 리더십의 차이를 비교하여 변혁적 리더십의 특징을 효과적으로 설명하고 있으므로 ④가 가장 적절하다.

10

정답 ①

보기의 '이 둘'은 제시문의 산제와 액제를 의미하므로 이 둘에 관해 설명하고 있는 위치에 들어가야 함을 알 수 있다. 또 서로 상반되는 사실을 나타내는 두 문장을 이어 줄 때 사용하는 접속 부사 '하지만'을 통해 산제와 액제의 단점을 이야기하는 보기 문장 앞에는 산제와 액제의 장점에 관한 내용이 와야 함을 알 수 있다. 따라서 (가)에 들어가는 것이 가장 적절하다.

11

정답 ⑤

제시문에서는 오존층 파괴 시 나타나는 문제점에 대해 설명하고 있으며, 빈칸의 앞 문단에서는 극지방 성층권의 오존구멍은 줄었지만, 많은 인구가 거주하는 중위도 저층부에서는 오히려 오존층이 얇아졌다고 언급하고 있다.
따라서 많은 인구가 거주하는 중위도 저층부에서의 오존층 파괴는 극지방의 오존구멍보다 더 큰 피해를 가져올 것이라는 내용이 빈칸에 들어갈 내용으로 가장 적절하다.

오답분석

① 극지방 성층권의 오존구멍보다 중위도 지방의 오존층이 얇아지는 것이 더욱 큰 문제이다.
② 제시문에서 오존층을 파괴하는 원인은 찾아볼 수 없으며, 인구가 많이 거주하는 지역일수록 오존층의 파괴에 따른 피해가 크다는 것이다.
③ 지표면이 아닌 성층권에서의 오존층의 역할 및 문제점에 대해 설명하고 있다.
④ 극지방이 아닌 중위도 지방에서의 얇아진 오존층이 사람들을 더 많은 자외선에 노출시키며, 오히려 극지방의 오존구멍은 줄어들 었다.

12

정답 ②

플라시보 소비의 특징인 가심비보다는 상품의 가격을 중시하는 가성비에 따른 소비에 가깝다고 볼 수 있다. 따라서 ②는 적절하지 않다.

풀이 꿀팁

제시문을 보기 전에 선택지를 먼저 보면서 성격이 가장 다른 하나를 찾아볼 수 있다.
① 딸을 위해 비싸지만
② 세일 기간, 필요한
③ 좋아하는, 비싸게
④ 좋아해
⑤ 기분 좋게
이를 통해 ②의 성격이 ① · ③ · ④ · ⑤와 다른 것을 확인할 수 있다.

13

정답 ⑤

현대는 텔레비전이나 만화책을 보는 문화가 신문이나 두꺼운 책을 읽는 문화를 대체하고 있다. 이처럼 휴식이 따라오는 보는 놀이는 사람들의 머리를 비게 하여 생각 없는 사회로 치닫게 한다. 즉, 사람들은 텔레비전을 보는 동안 휴식을 취하며 생각을 하지 않으므로 텔레비전을 많이 볼수록 생각하는 시간이 적어짐을 추론할 수 있다. 따라서 ⑤가 가장 적절하다.

14

정답 ②

제시문에 따르면 농업은 과학기술의 발전 성과를 수용하여 새로운 상품과 시장을 창출할 수 있는 잠재적 가치를 가지고 있으므로, 농업의 성장을 위해서는 과학기술의 문제점을 성찰하기보다는 과학기술을 어떻게 활용할 수 있는지를 고민해 보는 것이 적절하다. 따라서 과학기술의 문제점을 성찰해야 한다는 ②는 적절하지 않다.

15

제시문에 따르면 복지국가 담론에 대한 회의 혹은 자본주의 시장 실패에 대한 대안이나 보완책으로 '사회적 경제'가 거론된다. 따라서 기존의 복지국가 담론은 사회적 경제가 등장하게 된 배경으로 볼 수 있으며, 이는 사회적 경제의 개념과 거리가 멀어 ①은 적절하지 않다.

풀이 꿀팁

선택지를 먼저 확인했을 때, 성격이 다른 하나를 찾을 수 있다.
① 기존의
② 실패의 대안
③ 공식과 비공식의 경계
④ 사람 중심의 경계
⑤ 상호협력과 사회연대
이에 따라 ③·④·⑤의 선택지가 비슷한 성격을 갖는 것을 알 수 있고, ①과 ②가 서로 반대되는 느낌의 선택지임을 판단할 수 있다. 선택지에서 이만큼의 정보를 파악할 수 있다면 문제 풀이 시간을 단축시킬 수 있을 것이다.

PART 2

02 언어추리

01	02	03	04	05	06	07	08	09	10	11	12	13	14	15					
③	⑤	①	⑤	⑤	①	⑤	②	①	②	⑤	⑤	⑤	②	②					

01

'자차가 있다.'를 A, '대중교통을 이용한다.'를 B, '출퇴근 비용을 줄인다.'를 C라고 하면, 첫 번째 명제는 ~A → B, 마지막 명제는 ~A → C이다. 따라서 ~A → B → C가 성립하기 위해서 필요한 명제는 B → C이므로 '대중교통을 이용하면 출퇴근 비용이 줄어든다.' 가 빈칸에 가장 적절하다.

02

'복습을 하다.'를 A, '배운 내용을 잊는다.'를 B, '시험 점수가 높게 나오다.'를 C라고 하면, 첫 번째 명제는 ~A → B, 마지막 명제는 C → A이다. 첫 번째 명제의 대우는 ~B → A이므로 C → ~B → A가 성립하기 위한 명제는 C → ~B이다.
따라서 '시험 점수가 높게 나오려면 배운 내용을 잊지 않아야 한다.'가 빈칸에 가장 적절하다.

03

'등산을 자주 하다.'를 A, '폐활량이 좋아진다.'를 B, '오래 달릴 수 있다.'를 C라고 하면, 첫 번째 명제는 A → B, 두 번째 명제는 B → C이므로 A → B → C가 성립한다.
따라서 A → C인 '등산을 자주 하면 오래 달릴 수 있다.'가 빈칸에 가장 적절하다.

04

삼단논법이 성립하기 위해서는 두 번째 명제에 '시험을 못 봤다면 성적이 나쁘게 나온다.'라는 명제가 필요하며, 이의 대우 명제인 '성적이 좋다면 시험을 잘 본 것이다.'가 가장 적절하다.

05

정답 ⑤

'회계팀 팀원'을 p, '회계 관련 자격증을 가지고 있다.'를 q, '돈 계산이 빠르다.'를 r이라고 하면, 첫 번째 명제는 $p \rightarrow q$이며, 마지막 명제는 $\sim r \rightarrow \sim p$이다. 이때, 마지막 명제의 대우는 $p \rightarrow r$이므로 마지막 명제가 참이 되기 위해서는 $q \rightarrow r$이 필요하다. 따라서 빈칸에 들어갈 명제는 $q \rightarrow r$의 대우에 해당하는 ⑤가 가장 적절하다.

06

정답 ①

'딸기를 좋아한다.'를 p, '가지를 좋아한다.'를 q, '바나나를 좋아한다.'를 s, '감자를 좋아한다.'를 r이라 했을 때, 제시된 명제를 정리하면 다음과 같다.
- 첫 번째 명제 : $p \rightarrow \sim q$
- 두 번째 명제 : $r \rightarrow q$
- 세 번째 명제 : $\sim q \rightarrow s$

따라서 $p \rightarrow \sim q \rightarrow \sim r$ 또는 $p \rightarrow \sim q \rightarrow s$는 반드시 참이며, r과 s의 관계는 알 수 없으므로 참이 아닌 명제는 ①이다.

풀이 꿀팁
- 딸 → ~가
- 바 → 가
- 가 → 감

이를 정리하면 다음과 같다.
- 딸 → ~가 → 감
- 딸 → ~가 → ~바

이 두 명제에서 '감자를 좋아한다.'는 어떤 경우에도 전제가 될 수 없으므로 ①은 참이 될 수 없는 명제이다.

07

정답 ⑤

측정 결과를 토대로 정리하면 A별의 밝기 등급은 3등급 이하이며, C별의 경우 A, B, E별보다 어둡고 D별보다는 밝으므로 C별의 밝기 등급은 4등급이다.
따라서 A별의 밝기 등급은 3등급이며, D별은 5등급, 나머지 E별과 B별은 각각 1등급, 2등급이 된다. 별의 밝기 등급에 따라 순서대로 나열하면 'E－B－A－C－D'의 순이므로 ⑤가 참인 명제이다.

08

정답 ②

주어진 조건에 따라 머리가 긴 순서대로 나열하면 '슬기－민경－경애－정서－수영'이 된다.
따라서 슬기의 머리가 가장 긴 것을 알 수 있다. 또한 경애가 단발머리인지는 주어진 조건만으로 알 수 없다.

풀이 꿀팁
순서나 길이, 높이 등의 비교를 나타내는 명제는 부등호를 사용하여 간단히 도식화할 수 있다.
- 슬기, 경애>수영
- 슬기>정서>수영
- 슬기>경애>정서
- ?>민경>경애

따라서 슬기>민경>경애>정서>수영 순서이다.

09

정답 ①

C의 진술이 참일 경우 D의 진술도 참이 되므로 1명만 진실을 말하고 있다는 조건이 성립하지 않는다. 따라서 C의 진술은 거짓이 되고, D의 진술도 거짓이 되므로 C와 B는 모두 주임으로 승진하지 않았음을 알 수 있다. 그러므로 B가 주임으로 승진하였다는 A의 진술도 거짓이 되고, 결국 A가 주임으로 승진하였다는 B의 진술이 참이 된다.
따라서 주임으로 승진한 사람은 A사원이다.

풀이 꿀팁

1명만 진실을 말한다는 조건(3명이 거짓)을 먼저 파악하면, C와 D의 진술은 모두 거짓이 된다. 이때, A의 진술 역시 거짓이 되므로 결국 B가 진실을 말하고 있으며, A가 승진한 것을 알 수 있다. 이와 같이 함께 연결되는 진술을 먼저 파악하면 경우의 수를 줄일 수 있다.

10

정답 ②

강대리와 이사원의 진술이 서로 모순이므로, 둘 중 1명은 거짓을 말하고 있다.
• 강대리의 말이 거짓일 경우
  워크숍 불참 인원이 2명이므로 조건이 성립하지 않는다.
• 강대리의 말이 참일 경우
  박사원의 말도 참이 된다. 이때, 박사원의 말이 참이라면 유사원이 워크숍에 참석했으므로 이사원의 말은 거짓이고, 누가 워크숍에 참석하지 않았는지 모른다는 진술에 의해 김대리의 말 역시 거짓이 된다. 강대리, 박사원, 이사원의 진술에 따라 워크숍에 참석한 사람은 강대리, 김대리, 유사원, 이사원이므로 워크숍에 참석하지 않은 사람은 박사원이 된다.
따라서 거짓말을 하는 사람은 이사원과 김대리이며, 워크숍에 참석하지 않은 사람은 박사원이다.

풀이 꿀팁

문제에서 묻는 내용이 거짓을 말하는 사람인지, 아님 다른 것을 묻고 있는지를 확실히 한다. 이를 확실히 하지 않고 문제를 풀이하면 시간을 낭비하는 결과를 가져올 수 있다.

11

정답 ⑤

A와 C의 성적 순위에 대한 B와 E의 진술이 서로 엇갈리고 있으므로, B의 진술이 참인 경우와 E의 진술이 참인 경우로 나누어 생각해 본다.
• B의 진술이 거짓이고 E의 진술이 참인 경우
  B가 거짓을 말한 것이 되어야 하므로 'B는 E보다 성적이 낮다.'도 거짓이 되어야 하는데, 만약 B가 E보다 성적이 높다면 A의 진술 중 'E는 1등이다.' 역시 거짓이 되어야 하므로 거짓이 2명 이상이 되어 모순이다. 따라서 B의 진술이 참이어야 한다.
• B의 진술이 참이고 E의 진술이 거짓인 경우
  1등은 E, 2등은 B, 3등은 D, 4등은 C, 5등은 A가 되므로 모든 조건이 성립한다.
따라서 E가 거짓을 말하고 있으며, D가 3등이다.

12

정답 ⑤

5명 중 단 1명만이 거짓말을 하고 있으므로 C와 D 중 1명은 반드시 거짓을 말하고 있다.
• C의 진술이 거짓일 경우
  C와 B의 말이 모두 거짓이 되므로 1명만 거짓말을 하고 있다는 조건이 성립하지 않는다.
• D의 진술이 거짓일 경우는 다음과 같다.

구분	A	B	C	D	E
출장지역	잠실		여의도	강남	

이때, B는 상암으로 출장을 가지 않는다는 A의 진술에 따라 상암으로 출장을 가는 사람은 E임을 알 수 있다.
따라서 'E는 상암으로 출장을 가지 않는다.'인 ⑤는 항상 거짓이 된다.

13

정답 ⑤

확진자가 C를 만난 경우와 E를 만난 경우를 나누어 볼 수 있다.

• C를 만난 경우

  A와 B를 만났으며, F도 만났음을 알 수 있다.

• E를 만난 경우

  F를 만났음을 알 수 있다.

따라서 확진자는 두 경우 모두 F를 만났으므로 항상 참이 되는 것은 ⑤이다.

14

정답 ②

첫 번째 조건과 두 번째 조건에 따라 물리학과 학생은 흰색만 좋아하는 것을 알 수 있으며, 세 번째 조건과 네 번째 조건에 따라 지리학과 학생은 흰색과 빨간색만 좋아하는 것을 알 수 있다. 전공별로 좋아하는 색을 정리하면 다음과 같다.

경제학과	물리학과	통계학과	지리학과
검은색, 빨간색	흰색	빨간색	흰색, 빨간색

이때 검은색을 좋아하는 학생은 경제학과 학생뿐이므로 C가 경제학과임을 알 수 있으며, 빨간색을 좋아하지 않는 학생은 물리학과 학생뿐이므로 B가 물리학과임을 알 수 있다. 따라서 항상 참이 되는 것은 ②이다.

15

정답 ②

(가) 작업을 수행하면 A − B − C − D 순으로 접시 탑이 쌓인다.

(나) 작업을 수행하면 철수는 D접시를 사용한다.

(다) 작업을 수행하면 A − B − C − E − F 순으로 접시 탑이 쌓인다.

(라) 작업을 수행하면 철수는 C, E, F접시를 사용한다.

따라서 B접시가 접시 탑의 맨 위에 있게 된다.

풀이 꿀팁

그림을 활용하면 쉽게 파악할 수 있다.

(가)   (나)   (다)   (라)

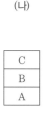

01	02	03	04	05	06	07	08	09	10	11	12	13	14	15					
③	⑤	②	⑤	③	④	③	①	③	⑤	④	①	④	④	①					

01

남성의 골다공증 진료율이 가장 높은 연령대는 진료 인원이 가장 많은 70대이고, 여성의 골다공증 진료율이 가장 높은 연령대는
진료 인원이 가장 많은 60대로, 남성과 여성이 다르다.

오답분석

① 골다공증 발병이 진료로 이어진다면 여성의 진료 인원이 남성보다 많으므로 여성의 발병률이 남성보다 높음을 추론할 수 있다.

② 전체 골다공증 진료 인원 중 40대 이하가 차지하는 비율은 $\frac{3+7+34}{880} \times 100 = 5\%$이다.

④ 제시된 자료에 따라 20대 이하와 80대 이상을 제외한 모든 연령대에서 남성보다 여성 진료자가 많았다.

⑤ 전체 골다공증 진료 인원 중 진료 인원이 가장 많은 연령대는 60대이며, 그 비율은 $\frac{264}{880} \times 100 = 30\%$이다.

02

경증 환자 수는 $8+14+10+18=50$명이므로 경증 환자 중 남성 환자의 비율은 $\frac{14+18}{50} \times 100 = \frac{32}{50} \times 100 = 64\%$이고, 중증 환자

수는 $9+9+9+23=50$명이므로 중증 환자 중 남성 환자의 비율은 $\frac{9+23}{50} \times 100 = \frac{32}{50} \times 100 = 64\%$로 같다.

오답분석

① 남성 환자 수는 $14+18+9+23=64$명, 여성 환자 수는 $8+10+9+9=36$명으로 차이는 $64-36=28$명이다.

② 여성 환자 중 중증 환자의 비율은 $\frac{9+9}{8+10+9+9} \times 100 = \frac{18}{36} \times 100 = 50\%$이다.

③ 전체 당뇨병 환자 수는 $8+14+9+9+10+18+9+23=100$명이고, 중증 여성 환자 수는 $9+9=18$명이므로 전체 당뇨병 환자

　중 중증 여성 환자의 비율은 $\frac{18}{100} \times 100 = 18\%$이다.

④ 50세 이상 환자 수는 $10+18+9+23=60$명이고, 50세 미만 환자 수는 $8+14+9+9=40$명이므로 $\frac{60}{40}=1.5$배이다.

03

전 직원의 주 평균 야간 근무 빈도는 직급별 사원 수를 알아야 구할 수 있다. 단순히 직급별 주 평균 야간 근무 빈도를 모두 더하여
평균을 구하는 것은 옳지 않다.

오답분석

① 제시된 자료를 통해 알 수 있다.

③ 0.2시간은 $60 \times 0.2 = 12$분이다. 따라서 4.2시간은 4시간 12분이다.

④ 대리는 주 평균 1.8일, 6.3시간의 야간 근무를 한다. 야근 1회 시 평균 6.3'$1.8=3.5$시간 근무로 가장 긴 시간 동안 일한다.

⑤ 과장은 $60 \times 4.8 = 288$분(4시간 48분) 야간 근무를 한다. 60분의 3분의 2(40분) 이상 채울 시 1시간으로 야간 근무 수당을
　계산한다. 즉, 5시간으로 계산하여 50,000원을 받는다.

풀이 꿀팁

문제에 작게 추가적으로 붙어 있는 설명은 대체로 선택지로 출제된다. 때문에 항상 먼저 확인하는 습관을 들인다. 이 문제의 경우에는 추가 설명에서 한 번 더 계산해야 할 내용이 있다. 항상 확인하고 문제를 풀이한다. 참고로 60분의 $\frac{2}{3}$ 는 40분이다.

② 평균에 관한 문제가 출제되는 경우는 실제 계산 문제이거나, 계산이 가능한지의 여부를 묻는 문제로 나눌 수 있다. 때문에 판단과정이 필요하다. 해당 문제의 경우 직원 수가 제시되지 않았으므로, 평균값을 알 수 없다.

④ 전체를 다 계산할 것 없이 (시간)÷(빈도)를 했을 때, 약 3배 이상인 대리와 사원만 어림값을 잡아 확인한다.
- 대리 : 6.3÷2>3
- 사원 : 4.2÷1.4=3
따라서 대리가 1회 야근근무 시 가장 긴 시간을 일한다.

⑤ 4.8시간 전체를 계산하지 말고, 0.8시간만 계산하면 60×0.8=48분이다. 따라서 40분이 넘어가므로 만 원을 받는다.

04

정답 ⑤

세 지역 모두 핵가족 가구 비중이 더 높으므로, 핵가족 수가 더 많다.

오답분석

① 핵가족 가구의 비중이 가장 높은 곳은 71%인 B지역이다.
② 1인 가구는 기타 가구의 일부이므로, 1인 가구만의 비중은 알 수 없다.
③ 확대가족 가구의 비중이 가장 높은 곳은 C지역이지만, 이 수치는 비중이므로 가구 수는 알 수 없다.
④ 부부 가구의 구성비는 B지역이 가장 높다.

05

정답 ③

2018년부터 공정자산총액과 부채총액의 차를 순서대로 나열하면 952, 1,067, 1,383, 1,127, 1,864, 1,908억 원이다.

오답분석

① 2021년에는 자본총액이 전년 대비 감소했다.
② 직전 해에 비해 당기순이익이 가장 많이 증가한 해는 2022년이다.
④ 총액 규모가 가장 큰 것은 공정자산총액이다.
⑤ 2018 ~ 2021년의 자본총액 중 자본금이 차지하는 비율은 다음과 같다.

- 2018년 : $\frac{464}{952} \times 100 = 48.7\%$

- 2019년 : $\frac{481}{1,067} \times 100 = 45.1\%$

- 2020년 : $\frac{660}{1,383} \times 100 = 47.7\%$

- 2021년 : $\frac{700}{1,127} \times 100 = 62.1\%$

따라서 2018년보다 2019년에 감소하였다.

풀이 꿀팁

② 전년에 −이익을 기록했고, 당기순이익 중 가장 큰 값을 갖는다. 따라서 다음 해에 이익이 가장 많이 증가했을 것이다.
③ 눈으로 계산했을 때, 가장 크게 차이 나는 2022년과 2023년만 정확하게 계산한다.
⑤ 계산해야 하는 선택지가 많은 경우에는 반례 하나만 찾는 것이 훨씬 빠르다. 2019년에 전년 대비 자본총액이 100억 원 이상 증가한 것에 비해 자본금은 약 20억 원만 증가했으므로, 이 둘의 비중만 어림값을 활용하여 구한다.

- 2018년 : $\frac{464}{952} = \frac{5}{9}$

- 2019년 : $\frac{481}{1,067} = \frac{5}{110}$

분자가 같으므로 분모가 더 큰 2019년의 비중은 감소했다.

06

정답 ④

2021년 출생아 수는 그 해 사망자 수의 $\frac{438,420}{275,895} ≒ 1.59$배이므로, 1.7배 이상이라는 설명은 옳지 않다.

오답분석

① 출생아 수가 가장 많았던 해는 2021년이므로 옳은 설명이다.

② 사망자 수가 2020년부터 2023년까지 매년 전년 대비 증가하고 있음을 알 수 있다.

③ 2020년 출생아 수는 2023년의 출생아 수보다 $\frac{435,435-357,771}{357,771} \times 100 ≒ 22\%$ 더 많으므로 옳은 설명이다.

⑤ 사망자 수가 가장 많은 2023년은 사망자 수가 285,534명이고, 가장 적은 2019년은 사망자 수가 266,257명이다. 두 연도의 사망자 수 차이는 285,534−266,257=19,277명으로 15,000명 이상이다.

07

정답 ③

2017년 대비 2023년에 발생률이 증가한 암은 폐암, 대장암, 유방암인 것을 확인할 수 있다.

오답분석

① 위암의 발생률은 점차 감소하다가 2022년부터 다시 증가하는 것을 확인할 수 있다.

② 제시된 자료를 통해 알 수 있다.

④ 2023년에 위암으로 죽은 사망자 수를 알 수 없으므로 옳지 않은 설명이다.

⑤ 전년 대비 2023년 암 발생률의 증가폭은 다음과 같다.
- 위암 : 24.3−24.0=0.3%p
- 간암 : 21.3−20.7=0.6%p
- 폐암 : 24.4−22.1=2.3%p
- 대장암 : 8.9−7.9=1.0%p
- 유방암 : 4.9−2.4=2.5%p
- 자궁암 : 5.6−5.6=0%p

폐암의 발생률은 계속적으로 증가하고 있지만, 전년 대비 2023년 암 발생률 증가폭은 유방암의 증가폭이 더 크므로 옳지 않은 설명이다.

08

정답 ①

제시된 자료를 분석하면 다음과 같다.

생산량(개)	0	1	2	3	4	5
총 판매수입(만 원)	0	7	14	21	28	35
총 생산비용(만 원)	5	9	12	17	24	33
이윤(만 원)	−5	−2	+2	+4	+4	+2

ㄱ. 2개와 5개를 생산할 때의 이윤은 +2로 동일하다.

ㄴ. 이윤은 생산량 3개와 4개에서 +4로 가장 크지만, 최대 생산량을 묻고 있으므로, 극대화할 수 있는 최대 생산량은 4개이다

오답분석

ㄷ. 생산량을 4개에서 5개로 늘리면 이윤은 4만 원에서 2만 원으로 감소한다.

ㄹ. 1개를 생산하면 −2만 원이지만, 생산하지 않을 때는 −5만 원이다.

09

여성 조사인구가 매년 500명일 때, 2022년의 매우 노력함을 택한 인원은 $500 \times 0.168 = 84$명이고, 2023년은 $500 \times 0.199 = 99.5$명으로 2023년도는 전년 대비 15.5명이 더 늘어났다.

오답분석

① 남성과 여성 모두 정확한 조사대상 인원이 제시되어 있지 않아서 알 수 없다.

② 2023년에 모든 연령대에서 노력 안함의 비율이 가장 낮은 연령대는 40대이다.

④ 2023년의 60대 이상 조금 노력함의 비율은 전년 대비 감소했다.

⑤ 2022년 대비 2023년에 연령대별 매우 노력함을 선택한 비율이 50대와 60대 이상은 감소했다.

10

병준이가 추가되면 총 인원은 7명으로 전체 1대1 대화방 수는 $\dfrac{n(n-1)}{2} = \dfrac{7 \times 6}{2} = 21$개이고, n명의 1대1 대화방 수는 2개가 추가 되어 $7 + 2 = 9$개이다.

따라서 밀도는 $\dfrac{9}{21} = \dfrac{3}{7}$이 되어 기존 밀도인 $\dfrac{7}{15}$보다 낮아진다.

오답분석

① 모두 SNS에 참여할 때 전체 1대1 대화방 수는 첫 번째 조건에 대입하면 $\dfrac{n(n-1)}{2} = \dfrac{6 \times 5}{2} = 15$개이다.

② 영희와 수민이가 동민이와 각각 1대1 대화를 추가할 때 2개의 방이 더 생기므로 밀도는 $\dfrac{7+2}{15} = \dfrac{9}{15} = \dfrac{3}{5}$이다.

③ 5명이 참여한 전체 1대1 대화방의 수는 $\dfrac{5 \times 4}{2} = 10$개이지만, (철수, 영희), (영희, 철수)처럼 중복된 인원 2사람이 발생한다.

　　따라서 1대1 대화방 수는 5개이다.

④ 6명의 SNS 1대1 대화방 밀도는 $\dfrac{7}{15}$로 $\dfrac{1}{2}\left(= \dfrac{7.5}{15}\right)$ 미만이다.

풀이 꿀팁

대각선 모양을 기준으로 자료가 제시되는 경우에는 항상 중복되는 경우의 수를 생각해야 한다. 실제 문제에서도 이를 혼동하여 출제하는 경우가 있다.
이 문제의 조건에서 전체 대화방의 개수는 중복되지 않고, 1사람당 1번씩 대화하는 모든 경우의 수와 같다. 이에 따라 n명의 1대1 대화방 수는 중복되는 경우의 수를 빼고 계산해야 한다.

11

ㄴ. 2023년 포르투갈의 이산화탄소 배출총량의 전년 대비 증가율은 $\dfrac{50.8 - 46.4}{46.4} \times 100 ≒ 9.5\%$이고, 한국의 이산화탄소 배출 총량의 증가율은 $\dfrac{600 - 589.2}{589.2} \times 100 ≒ 1.8\%$이다.

　　따라서 포르투갈의 이산화탄소 배출총량 증가율은 한국의 이산화탄소 배출총량 증가율의 6배인 $1.8 \times 6 = 10.8\%$보다 낮다.

ㄷ. 2021년 아시아 국가의 1인당 이산화탄소 배출량의 평균은 $\dfrac{11.4 + 6.6 + 9.1}{3} ≒ 9$톤으로, 2022년 북아메리카 국가의 1인당 이산화탄소 배출량의 평균인 $\dfrac{15.2 + 14.9}{2} ≒ 15.1$톤보다 적다.

오답분석

ㄱ. 2021년 이산화탄소 배출총량이 1,000백만 톤 이상인 국가는 '중국, 일본, 미국'이고, 이 중 2023년 전년 대비 이산화탄소 배출총량이 감소한 국가는 일본과 미국, 두 곳이다.

ㄹ. 베네수엘라의 2022년 대비 2023년 1인당 이산화탄소 배출량은 $4 - 3.6 = 0.4$톤으로 가장 많이 감소하였다.

12

2022년 화재건수 대비 사망자 수는 경기도의 경우 $\frac{70}{10,147} \fallingdotseq 0.007$명/건으로 $\frac{20}{2,315} \fallingdotseq 0.009$명/건인 강원도보다 작다.

오답분석

② 2023년 화재로 인한 부상자 수는 충청남도가 30명으로 107명인 충청북도의 $\frac{30}{107} \times 100 \fallingdotseq 28\%$이므로 30% 미만이므로 옳은 설명이다.

③ 대구광역시의 2023년 화재건수는 1,612건으로 경상북도의 50%인 $2,817 \times 0.5 = 1,408.5$건 이상이므로 옳은 설명이다.

④ 화재건수가 가장 많은 지역은 2022년과 2023년에 모두 경기도이므로 옳은 설명이다.

⑤ 부산광역시의 경우, 화재로 인한 부상자 수가 2023년에 102명, 2022년에 128명으로 전년 대비 감소율은 $\frac{128-102}{128} \times 100 \fallingdotseq$ 20.3%이므로 옳은 설명이다.

풀이 꿀팁

① 분자와 분모를 보니 소수점 아래 자릿수가 많을 것으로 보이므로 분수 자체로 비교하는 것이 편할 것이다. 분자를 비교하면 경기도의 사망자 수는 강원도의 약 3배인데, 분모를 비교하면 경기도의 화재건수가 강원도의 4배를 초과한다. 강원도에 비해 경기도의 분모 증가율이 분자 증가율보다 크다는 것을 알 수 있으므로 구체적인 계산 없이도 경기도의 화재건수 대비 사망자 수가 강원도보다 작을 것임을 알 수 있다.

② 2023년의 화재로 인한 부상자 수는 충청남도가 30명이고 충청북도가 107명이다. 이를 정확하게 계산하지 않아도 30%는 $\frac{30}{100}$ 이므로 분자는 같고, 분모가 큰 107명인 경우에 30%보다 작은 것을 알 수 있다.

13

제시된 그래프만으로는 회귀율 변화의 원인을 알 수 없다.

오답분석

① $\frac{0.1+0.2+0.3+0.2+0.5+0.2+0.3+0.8}{8} = 0.325\%$

② $\frac{1.3+1.3+1.0+0.7}{4} = 1.075\%$

③ $0.1 = \frac{x}{600만} \times 100 \rightarrow x = 6,000$

⑤ 2019년 포획량은 $0.2 \times 6 = 1.2$만 마리이고, 2021년 포획량은 $0.2 \times 10 = 2$만 마리이다.

14

ㄴ. 모든 연령대에서 발생률이 가장 높은 부작용은 발열이나, 가장 낮은 부작용은 위장장애가 아닌 발진이다.

ㄹ. 60대 무증상자 수를 구하면 다음과 같다.
- 60 ~ 64세 : $100-(5+8+29+4+45)=9\% \rightarrow 500 \times 9\% = 45$명
- 65 ~ 69세 : $100-(6+11+26+5+44)=8\% \rightarrow 500 \times 8\% = 40$명

따라서 60대 무증상자 수는 $45+40=85$명으로 100명 미만이다.

오답분석
ㄱ. 40대 근육통 부작용자 수와 발열 부작용자 수를 구하면 다음과 같다.

구분	근육통	발열
40 ~ 44세	$500 \times 31\% = 155$명	$500 \times 36\% = 180$명
45 ~ 49세	$500 \times 26\% = 130$명	$500 \times 40\% = 200$명
합계	285명	380명

따라서 40대의 근육통 부작용자 수는 발열 부작용자 수보다 $380 - 285 = 95$명 더 적다.

ㄷ. 20대 무증상자 비율과 30대 무증상자 비율을 구하면 다음과 같다.
- $20 \sim 24$세 : $100 - (4 + 6 + 18 + 2 + 59) = 11\% \rightarrow 500 \times 11\% = 55$명
- $25 \sim 29$세 : $100 - (3 + 7 + 21 + 1 + 55) = 13\% \rightarrow 500 \times 13\% = 65$명
- 20세 무증상자 비율 : $\dfrac{55 + 65}{1,000} \times 100 = 12\%$
- $30 \sim 34$세 : $100 - (3 + 7 + 24 + 1 + 43) = 22\% \rightarrow 500 \times 22\% = 110$명
- $35 \sim 39$세 : $100 - (5 + 6 + 29 + 4 + 36) = 20\% \rightarrow 500 \times 20\% = 100$명
- 30세 무증상자 비율 : $\dfrac{110 + 100}{1,000} \times 100 = 21\%$

따라서 30대 무증상자 비율은 20대 보다 $21 - 12 = 9\%$p 더 높다.

15 정답 ①

ㄱ. 연도별 층간소음 분쟁은 2020년 430건, 2021년 520건, 2022년 860건, 2023년 1,280건이다.
ㄴ. 2021 전체 분쟁신고에서 각 항목이 차지하는 비중을 구하면 다음과 같다.
- 2021년 전체 분쟁신고 건수 : $280 + 60 + 20 + 10 + 110 + 520 = 1,000$건
- 관리비 회계 분쟁 : $\dfrac{280}{1,000} \times 100 = 28\%$
- 입주자대표회의 운영 분쟁 : $\dfrac{60}{1,000} \times 100 = 6\%$
- 정보공개 관련 분쟁 : $\dfrac{20}{1,000} \times 100 = 2\%$
- 하자처리 분쟁 : $\dfrac{10}{1,000} \times 100 = 1\%$
- 여름철 누수 분쟁 : $\dfrac{110}{1,000} \times 100 = 11\%$
- 층간소음 분쟁 : $\dfrac{520}{1,000} \times 100 = 52\%$

오답분석
ㄷ. 연도별 분쟁 건수를 구하면 다음과 같다.
- 2020년 : $220 + 40 + 10 + 20 + 80 + 430 = 800$건
- 2021년 : $280 + 60 + 20 + 10 + 110 + 520 = 1,000$건
- 2022년 : $340 + 100 + 10 + 10 + 180 + 860 = 1,500$건
- 2023년 : $350 + 120 + 30 + 20 + 200 + 1,280 = 2,000$건

전년 대비 아파트 분쟁 신고 증가율이 잘못 입력되어 있어, 바르게 구하면 다음과 같다.
- 2021년 : $\dfrac{1,000 - 800}{800} \times 100 = 25\%$
- 2022년 : $\dfrac{1,500 - 1,000}{1,000} \times 100 = 50\%$
- 2023년 : $\dfrac{2,000 - 1,500}{1,500} \times 100 = 33\%$

ㄹ. 2021년 값이 2020년 값으로 잘못 입력되어 있다.

01	02	03	04	05	06	07	08	09	10	11	12	13	14	15					
②	①	④	②	①	④	①	②	③	④	③	④	①	②	③					

01

정답 ②

나열된 수를 각각 A, B, C, D라고 하면 다음과 같은 관계가 성립된다.
A B C $D \rightarrow A \times B = C \times D$
따라서 (   )$=8 \times 7 \div 4 = 14$이다.

02

정답 ①

-2, -3, -1이 번갈아 적용하는 수열이다.
따라서 (   )$=160-3=157$이다.

03

정답 ④

(앞의 항$+1) \times 2$를 하는 수열이다.
따라서 (   )$=(54+1) \times 2=110$이다.

04

정답 ②

홀수 항은 $+33$, 짝수 항은 $+42$인 수열이다.
따라서 (   )$=129+42=171$이다.

05

정답 ①

네 번째 항부터 보면 앞 세 항의 합인 수열이다.
따라서 (   )$=19+36+68=123$이다.

06

정답 ④

전개도를 접어 입체도형을 만들었을 때 각각의 꼭짓점을 기준으로 인접한 세 개의 면에 적힌 수의 합이 왼쪽 전개도에서는 14, 15이고 오른쪽 전개도에서는 15, 16이다.
따라서 물음표에는 6이 들어가야 한다. 5가 들어가게 되면 한 면의 값이 14가 되어 만족하지 않게 됨으로 틀린 보기이다.

07

정답 ①

전개도를 접어 정육면체를 만들었을 때, 마주보는 숫자의 합이 왼쪽 전개도는 8, 오른쪽 전개도는 9이다.
따라서 물음표에 들어갈 알맞은 숫자는 $9-6=3$이다.

풀이 꿀팁

규칙이 어떤 범위를 갖는지를 확인해야 한다. **06**번의 경우 정확하게 사칙연산 되는 숫자의 크기가 같았지만, **07**번의 경우 각 전개도마다 다른 규칙이 적용되었다. LG그룹의 수추리 문제는 생각의 폭을 넓혀서 적용하는 연습이 필요하다.

08

소금물 A의 농도를 $x\%$, 소금물 B의 농도를 $y\%$라고 하면

- $\dfrac{x}{100} \times 100 + \dfrac{y}{100} \times 100 = \dfrac{10}{100} \times 200 \cdots \text{㉠}$

- $\dfrac{x}{100} \times 100 + \dfrac{y}{100} \times 300 = \dfrac{10}{100} \times 500 \cdots \text{㉡}$

㉠, ㉡을 연립하면

- $x + y = 20$
- $x + 3y = 36$

따라서 $x = 12$, $y = 8$이므로 소금물 A의 농도는 12%이다.

09

친척집까지의 거리를 $x$km라고 하면 자전거를 타고 갈 때 걸리는 시간은 $\dfrac{x}{12}$, 걸어갈 때 걸리는 시간은 $\dfrac{x}{4}$이다.

$\dfrac{x}{12} + 1 = \dfrac{x}{4} \rightarrow 2x = 12$

$\therefore x = 6$

따라서 친척집과의 거리는 6km이므로 시속 8km의 속력으로 달려간다면 ($\dfrac{6}{8}$ 시간)=45분이 걸릴 것이다.

10

A사원이 P지점에서 R지점까지 이동하는데 걸린 시간은 $\dfrac{4}{4} = 1$시간이다. 이때, P지점에서 Q지점까지의 거리를 $x$km이라 하면

Q지점에서 R지점까지의 거리는 $(4-x)$km이다.

B사원이 A사원보다 12분 늦게 도착했으므로

$\dfrac{x}{5} + \dfrac{4-x}{3} = \dfrac{6}{5} \rightarrow 3x - 18 = -20 + 5x$

$\therefore x = 1$

P지점에서 Q지점까지의 거리는 1km이고 Q지점에서 R지점까지의 거리는 3km이다.

따라서 C사원이 P지점에서 R지점까지 가는 데 걸린 시간은 $\dfrac{1}{2} + \dfrac{3}{5} = \dfrac{11}{10}$ 시간이므로 A사원보다 6분 늦게 도착한다.

11

등산 동아리가 예약한 숙소 방의 개수를 x개라고 하자.

$6x + 12 = 7(x-3) + 6 \rightarrow 6x + 12 = 7x - 21 + 6 \rightarrow x = 12 + 15$

$\therefore x = 27$

따라서 등산 동아리에서 예약한 방의 개수는 총 27개이다.

12

작년보다 제주도 숙박권은 20%, 여행용 파우치는 10%를 더 준비했다고 했으므로 제주도 숙박권은 $10 \times 0.2 = 2$명, 여행용 파우치는 $20 \times 0.1 = 2$명이 경품을 더 받는다.

따라서 작년보다 총 4명이 경품을 더 받을 수 있다.

13

정답 ①

전체 일의 양을 1이라고 할 때 A, B, C직원이 각각 1분 동안 혼자 할 수 있는 일의 양을 a, b, c라고 하자.

$a = \dfrac{1}{120}$

$a + b = \dfrac{1}{80}$

$b = \dfrac{1}{80} + \dfrac{1}{120} = \dfrac{1}{240}$

$b + c = \dfrac{1}{60} \rightarrow c = \dfrac{1}{60} - \dfrac{1}{240} = \dfrac{1}{80}$

$a + b + c = \dfrac{1}{120} + \dfrac{1}{240} + \dfrac{1}{80} = \dfrac{2+1+3}{240} = \dfrac{1}{40}$

따라서 A, B, C직원이 함께 건조기 1대의 모터를 교체하는 데 걸리는 시간은 40분이다.

14

정답 ②

가로의 길이를 $x$cm만큼 줄여서 직사각형의 넓이를 반으로 즉, $20 \times 15 \div 2 = 150 \text{cm}^2$ 이하로 줄이려고 한다.

$(20 - x) \times 15 \times 150 \rightarrow 15x \geq 150$

$\therefore x \geq 10$

따라서 가로의 길이는 최소 10cm 이상 줄여야 한다.

15

정답 ③

제품의 원가를 x원이라고 하자.

제품의 정가는 $(1 + 0.2)x = 1.2x$원이고, 판매가는 $1.2x(1 - 0.15) = 1.02x$원이다.

50개를 판매한 금액이 127,500원이므로

$1.02x \times 50 = 127,500 \rightarrow 1.02x = 2,550$

$\therefore x = 2,500$

따라서 이 제품의 원가는 2,500원이다.

풀이 꿀팁

식을 세우지 않아도 1개당 최종 판매가가 $1.2x \times 0.85 = 1.02x = 2,550$원인 것까지는 머릿속으로 구할 수 있다. 메모장에는 중요한 식인 $1.02x = 2,550$ 정도만 기록하고 바로 계산한다.

01 언어이해

01	02	03	04	05	06	07	08	09	10	11	12	13	14	15					
⑤	③	②	④	④	②	④	②	④	③	⑤	②	①	⑤	④					

01

정답 ⑤

제시문에서는 현대 사회의 소비 패턴이 '보이지 않는 손' 아래의 합리적 소비에서 벗어나 과시 소비가 중심이 되었으며, 그 이면에는 소비를 통해 자신의 물질적 부를 표현함으로써 신분을 과시하려는 욕구가 있다고 설명하고 있다. 따라서 ⑤가 글의 제목으로 가장 적절하다.

02

정답 ③

대중문화가 대중을 사회 문제로부터 도피하게 하거나 사회 질서에 순응하게 하는 역기능을 수행하여 혁명을 불가능하게 만든다는 내용이다. 따라서 이 주장에 대한 반박은 대중문화가 순기능을 한다는 태도여야 한다. 그런데 ③은 현대 대중문화의 질적 수준에 대한 평가에 관한 내용이므로 연관성이 없다.

03

정답 ②

제시된 글은 크게 '피자의 시작과 본토 – 한국의 피자 도입과 확산'으로 나눌 수 있다. 이탈리아에서 나타난 현대적 의미의 피자의 시작을 논하는 것으로 글이 시작되었으므로 그 후에는 이탈리아의 피자 상황을 나타내는 (다)와 (가)가 차례대로 이어져야 하며 한국의 '경우'라고 쓰여 있는 것을 보아 그 뒤에는 (라), 이어서 (나)의 순으로 나열하는 것이 가장 적절하다.

04

정답 ④

제시문은 글쓴이가 글을 쓸 때 전략이 있어야 함을 밝히며 구체적인 예를 들어 설명하고, 이에 따라 독자 역시 글을 읽을 때 글쓴이의 의도를 파악해야 함을 그 구체적인 예를 들어 설명하는 글이다. 따라서 (나) 글쓴이가 글을 쓰는 목적에 따라 달라지는 글쓰기 전략 – (다) 글을 쓰는 목적에 따른 글쓰기 전략의 예 – (라) 독자가 글을 읽는 방법 – (가) 독자가 글을 읽는 방법에 대한 구체적인 예시 순으로 나열하는 것이 가장 적절하다.

05

정답 ④

제시문은 특허권을 둘러싼 양국의 분쟁에 대한 글이다. 따라서 (라) 특허권 분쟁의 시작 – (가) 미국의 세부적인 요구사항 – (다) 이에 대한 칠레의 대처 방안 – (나) 의약품 특허권이 지적재산권 협정을 예고 순으로 나열하는 것이 가장 적절하다.

풀이 꿀팁

특정 연도가 나타나는 제시문의 경우 일반적으로 시간의 흐름에 따라 순차적으로 글의 내용이 이어지므로 선택지를 소거해 나가면서 답을 찾을 수 있다. 즉, '1994년'의 (나) 문단은 '1980년대 말'의 (가) 문단보다 앞에 올 수 없으므로 ②와 ⑤는 답에서 제외된다. 이때, ③에서 '결국'으로 시작하는 (다) 문단은 글의 서두에 올 수 없으므로 역시 답에서 제외된다. 이에 따라 정답은 ①과 ④ 중 하나이므로 (가)와 (라) 문단만 읽고도 답을 찾을 수 있다.

06
정답 ②

한국인들은 달항아리가 일그러졌다고 해서 깨뜨리거나 대들보가 구부러졌다고 해서 고쳐 쓰지는 않았지만, 제시문에서 곧은 대들보와 완벽한 모양의 달항아리를 좋아하지 않았다는 내용은 없으므로 ②는 적절하지 않다.

07
정답 ④

제시문의 첫 번째 문장을 통해 알 수 있다.

오답분석

① 팔은 눈에 띄지 않을 만큼 작다.
② 빌렌도르프 지역에서 발견되었다.
③ 모델에 대해서는 밝혀진 것이 없다.
⑤ 출산, 다산의 상징이라는 의견이 지배적이다.

08
정답 ②

제시문은 빛의 본질에 관한 뉴턴, 토마스 영, 아인슈타인의 가설을 서술한 글이다. 빛은 광량자라고 하는 작은 입자로 이루어졌다는 아인슈타인의 광량자설은 빛이 파동이면서 동시에 입자인 이중적인 본질을 가지고 있다는 것을 의미하는 것으로, 뉴턴의 입자설과 토마스 영의 파동설을 모두 포함한다.

오답분석

① 뉴턴의 가설은 그의 권위에 의해 오랫동안 정설로 여겨졌지만, 토머스 영의 겹실틈 실험에 의해 다른 가설이 생겨났다.
③ 일자 형태의 띠가 두 개 나타나면 빛이 입자임은 맞으나, 겹실틈 실험 결과 보강 간섭이 일어난 곳은 밝아지고 상쇄 간섭이 일어난 곳은 어두워지는 간섭무늬가 연속적으로 나타났다.
④ 토머스영의 겹실틈 실험은 빛의 파동성을 증명하였고, 이는 명백한 사실이었으므로 아인슈타인은 빛이 파동이면서 동시에 입자인 이중적인 본질을 가지고 있다는 것을 증명하였다.
⑤ 겹실틈 실험은 한 개의 실틈을 거쳐 생긴 빛이 다음 설치된 두 개의 겹실틈을 지나가게 해서 스크린에 나타나는 무늬를 관찰하는 것이다.

09
정답 ④

㉠은 기업들이 더 많은 이익을 내기 위해 '디자인의 향상'에 몰두하는 것이 바람직하다는 판단이다. 즉, '상품의 사회적 마모를 짧게 해서 소비를 계속 증가시키기 위한' 방안인데, 이것에 대한 반론이 되기 위해서는 ㉠의 주장이 지니고 있는 문제점을 비판하여야 한다. ㉠이 지니고 있는 가장 큰 문제점은 '과연 성능향상 없는 디자인 변화가 소비를 촉진시킬 수 있는 것인가'가 되어야 한다. 디자인 변화는 분명히 상품의 소비를 촉진시킬 수 있는 효과적 방법 중의 하나이지만 '성능이나 기능, 내구성'의 향상이 전제되지 않았을 때는 효과를 내기 힘들기 때문이다.

따라서 성능향상을 등한시하고 디자인만 바꾸는 것이 옳은지 반문하는 내용이 가장 적절하다.

10

정답 ③

두 번째 문단에서 전통의 유지와 변화에 대한 견해 차이는 보수주의와 진보주의의 차이로 이해될 성질의 것이 아니며, 한국 사회의 근대화는 앞으로도 계속되어야 할 광범하고 심대한 '사회구조적 변동'이라고 하였다. 또한 마지막 문단에서 '근대화라고 하는 사회구조적 변동이 문화변화를 결정지을 것이기 때문'이라고 하였으므로 전통문화의 변화 문제를 사회변동의 시각에서 다루는 것이 가장 적절하다.

풀이 꿀팁

빈칸의 바로 앞에서 '사회구조적 변동이 문화변화를 결정지을 것'이라는 내용을 통해 빈칸에는 사회 구조적 변동과 관련된 내용이 들어가야 함을 알 수 있다. 빈칸 추론 유형에서는 주로 빈칸의 바로 앞뒤 문장에서 실마리를 찾을 수 있으므로 이를 먼저 읽어 보는 것이 좋다.

11

정답 ⑤

제시문의 첫 번째 문단에서 비만을 질병으로 분류하고 각종 암을 유발하는 주요 요인인 점을 제시하여 비만의 문제점을 제시하고 있으며, 이에 대한 해결 방안으로 고열량・저열량・고카페인 함유 식품의 판매 제한 모니터링 강화, 과음과 폭식 등 비만을 조장・유발하는 문화와 환경 개선, 운동의 권장과 같은 방안들을 제시하고 있음을 알 수 있다.

12

정답 ②

제시문은 베토벤의 9번 교향곡에 대해 설명하고 있으며, 보기는 9번 교향곡이 '합창교향곡'이라는 명칭이 붙은 이유에 대해 말하고 있다. 세 번째 문장까지는 교향곡에 대해 설명을 하고 있으며, 네 번째 문장부터는 교향곡에 대한 현대의 평가 및 가치에 대해 설명을 하고 있다. 따라서 보기는 교향곡에 대한 설명과 교향곡에 성악이 도입되었다는 설명을 한 다음 문장인 ⓒ에 들어가는 것이 가장 적절하다.

풀이 꿀팁

보기의 '4악장에 나오는 합창'은 ⓒ 바로 앞 문장의 '4악장에 합창 및 독창'과 연결되므로 문장의 위치를 쉽게 찾을 수 있다.

13

정답 ①

제시문에서는 조상형 동물의 몸집이 커지면서 호흡의 필요성에 따라 아가미가 생겨났고, 호흡계 일부가 변형된 허파는 식도 아래쪽으로 생성되었으며, 이후 폐어 단계에 척추동물로 진화하면서 호흡계와 소화계가 겹친 부위가 분리되기 시작해 결국 하나의 교차점을 남기면서 인간의 음식물로 인한 질식 현상과 같은 단점을 남겼다고 설명하고 있다. 또한 마지막 문장에서 이러한 과정이 '당시에는 최선의 선택'이었다고 하였으므로, 진화가 순간순간에 필요한 대응일 뿐 최상의 결과를 내는 과정이 아님을 추론할 수 있다.

14

정답 ⑤

제시문에서는 저맥락 문화는 멤버 간에 공유하고 있는 맥락의 비율이 낮고 개인주의와 다양성이 발달했고, 미국은 이러한 저맥락 문화의 대표국가로 선악의 확실한 구분과 수많은 말풍선을 사용한 스토리 전개 등이 특징이라고 하였으므로 ⑤는 적절하지 않다. 또한 다채로운 성격의 캐릭터 등장은 일본만화의 특징이다.

15

정답 ④

모바일을 활용한 마케팅은 텍스트를 줄이고, 재미와 즐거움을 줌으로써 고객을 사로잡아야 한다. 이런 부분에서 모든 것을 한 화면 안에서 보여주고, 시각과 청각을 자극하여 정보를 효과적으로 전달하는 비디오 콘텐츠를 활용한 비디오 커머스가 가장 효과적인 마케팅이다. 따라서 ④는 적절하지 않다.

01	02	03	04	05	06	07	08	09	10	11	12	13	14	15					
④	③	①	②	⑤	④	③	①	④	⑤	④	①	①	⑤	③					

01

정답 ④

첫 번째 명제는 '~스누피 → 제리'이고, 결론은 '~제리 → 니모'이다. 어떤 명제가 참이면 그 대우 또한 참이므로 '~제리 → 스누피'가 성립하고, 삼단논법이 성립하기 위해서는 빈칸에 '스누피 → 니모'가 들어가야 '~제리 → 스누피 → 니모'가 되어 세 번째 명제가 참이 된다.
따라서 빈칸에는 '스누피 → 니모'의 대우인 ④가 가장 적절하다.

02

정답 ③

'땅이 산성이다'를 A, '빨간 꽃이 핀다'를 B, '하얀 꽃이 핀다'를 C라고 하면 '~C → A → B'가 성립한다.
따라서 빈칸에는 '~C → B' 또는 '~B → C'가 가장 적절하다.

03

정답 ①

고등학생 중에는 축구를 좋아하는 사람도 있고, 축구를 좋아하는 사람 중에는 기자도 있으므로 고등학생 중에는 기자도 있다.
따라서 빈칸에는 ①이 가장 적절하다.

04

정답 ②

'하루에 두 끼를 먹는 어떤 사람도 뚱뚱하지 않다.'를 다르게 표현하면 '하루에 두 끼를 먹는 사람은 뚱뚱하지 않다.'이다. 따라서 두 번째 명제와 연결하면 '아침을 먹는 모든 사람은 하루에 두 끼를 먹고, 하루에 두 끼를 먹는 사람은 뚱뚱하지 않다.'가 되므로, 빈칸에는 ②가 가장 적절하다.

풀이 꿀팁

'어떤'이 나타나는 명제 유형에서는 벤다이어그램을 활용하여야 하나, 해당 문제의 경우에는 '어떤 사람도 ~하지 않다.'는 표현에 유의하여야 한다. 이는 결국 '모든 사람은 ~하지 않다.'의 의미이므로 굳이 벤다이어그램을 그리지 않고도 쉽게 답을 찾을 수 있다.
• 두 → ~뚱
• 아 → 두
따라서 '아 → 두 → ~뚱'이다.

05

정답 ⑤

첫 번째와 세 번째 명제에 의해 족구를 잘하는 사람은 펜싱을 잘하고, 펜싱을 잘하는 사람은 검도를 잘한다.
따라서 빈칸에는 ⑤가 가장 적절하다.

06

정답 ④

음악을 좋아하는 사람은 미술을 잘하고, 미술을 잘하는 사람은 노래를 잘하므로 음악을 좋아하는 사람은 노래를 잘한다.
따라서 나는 음악을 좋아하므로 노래를 잘한다.

PART 2

07

정답 ③

영수와 재호의 시력을 비교할 수 없으므로 시력이 높은 순서대로 나열하면 '정수 – 영호 – 영수 – 재호 – 경호' 또는 '정수 – 영호 – 재호 – 영수 – 경호'가 된다.

따라서 어느 경우라도 정수의 시력이 가장 높은 것을 알 수 있으므로 ③이 가장 적절하다.

풀이 꿀팁

- 정수(1.2)
- 정수(1.2)>영수(1.2−0.5=0.7)
- 정수(1.2)>영호>영수(0.7)
- 영호>재호(0.6~0.8)
- 경호(0.6 미만)

따라서 정수(1.2)>영호>영수(0.7), 재호(0.6~0.8)>경호(0.6 미만)이다.

08

정답 ①

영희가 전체 평균 1등을 했으므로 총점이 가장 높으므로 ①이 가장 적절하다.

오답분석

②・③・④・⑤ 등수는 알 수 있지만 각 점수는 알 수 없기 때문에 점수 간 비교는 불가능하다.

09

정답 ④

냉면을 좋아하는 사람은 여름을 좋아하고, 여름을 좋아하는 사람은 호빵을 싫어하므로 대우 명제인 ④가 가장 적절하다.

10

정답 ⑤

첫 번째 조건과 네 번째 조건에서 여학생 X와 남학생 B가 동점이 아니므로, 여학생 X와 남학생 C가 동점이다. 세 번째 조건에서 여학생 Z와 남학생 A가 동점임을 알 수 있고, 두 번째 조건에서 여학생 Y와 남학생 B가 동점임을 알 수 있다. 따라서 여학생 W와 남학생 D는 동점이다.

11

정답 ④

네 사람의 진술을 정리하면 다음과 같다.

- A가 진실을 말하는 경우

구분	A	B	C	D
피아노	×	×		
바이올린		×		×
트럼펫			○	○
플루트	△			

- B가 진실을 말하는 경우

구분	A	B	C	D
피아노	○	×		
바이올린		○		×
트럼펫			○	×
플루트	×			

- C가 진실을 말하는 경우

구분	A	B	C	D
피아노	○	○		
바이올린		×		○
트럼펫			○	×
플루트	△			

- D가 진실을 말하는 경우

구분	A	B	C	D
피아노	○	×		
바이올린		×		×
트럼펫			×	×
플루트	○			

따라서 B의 말이 진실일 경우 주어진 조건에 따라 A는 피아노, B는 바이올린, C는 트럼펫, D는 플루트를 연주하며, 피아노를 연주하는 A는 재즈, 트럼펫과 바이올린을 연주하는 B와 C는 클래식, 그리고 플루트를 연주하는 D는 클래식과 재즈 모두를 연주한다.

12

정답 ①

- ㉠의 경우
  B, C의 진술이 모두 참이거나 거짓일 때 영업팀과 홍보팀이 같은 층에서 회의를 할 수 있다. 그러나 B, C의 진술은 동시에 참이 될 수 없으므로, A·B·C 진술 모두 거짓이 되어야 한다. 따라서 기획팀은 5층, 영업팀과 홍보팀은 3층에서 회의를 진행하고, E는 5층에서 회의를 하는 기획팀에 속하게 되므로 ㉠은 항상 참이 된다.
- ㉡의 경우
  기획팀이 3층에서 회의를 한다면 A의 진술은 항상 참이 되어야 한다. 이때 B와 C의 진술은 동시에 거짓이 될 수 없으므로, 둘 중 하나는 반드시 참이어야 한다. 또한 2명만 진실을 말하므로 D와 E의 진술은 거짓이 된다. 따라서 D와 E는 같은 팀이 될 수 없으므로 ㉡은 참이 될 수 없다.
- ㉢의 경우
  1) 두 팀이 5층에서 회의를 하는 경우 : (A·B 거짓, C 참), (A·C 거짓, B 참)
  2) 두 팀이 3층에서 회의를 하는 경우 : (A·B 참, C 거짓), (A·C 참, B 거짓), (A·B·C 거짓)
  두 팀이 5층보다 3층에서 회의를 하는 경우가 더 많으므로 ㉢은 참이 될 수 없다.
따라서 항상 참이 되는 것은 ㉠이다.

13

정답 ①

아메리카노를 A, 카페라테를 B, 유자차를 C, 레모네이드를 D, 녹차를 E, 스무디를 F로 변환하여 각각의 조건을 비교해 보면 'A>B', 'D>C', 'E>B>D', 'F>E>A'가 된다. 이를 연립하면 'F>E>A>B>D>C'가 되므로 가장 많이 팔리는 음료는 F이다. 따라서 가장 많이 팔리는 음료는 스무디이다.

풀이 꿀팁

주어진 조건에서 해당 단어의 앞 글자가 서로 다를 때는 단어의 앞 글자 하나로 표기할 수 있으며, 비교를 나타내는 명제는 부등호를 사용하여 간단히 도식화할 수 있다.
따라서 스>녹>아>카>레>유이다.

14

주어진 조건에 따르면 과장은 회색 코트를 입고, 연구팀 직원은 갈색 코트를 입었으므로 가장 낮은 직급인 기획팀의 C사원은 검은색 코트를 입었음을 알 수 있다. 이때 과장이 속한 팀은 디자인팀이며, 연구팀 직원의 직급은 대리임을 알 수 있지만, 각각 디자인팀의 과장과 연구팀의 대리가 A, B 중 누구인지는 알 수 없다.

따라서 항상 옳은 것은 ⑤이다.

15

주어진 조건을 정리하면 다음과 같다.

1층	2층	3층	4층	5층
어린이 문헌정보실, 가족 문헌정보실	제1 문헌정보실	제2 문헌정보실	일반열람실	보존서고실

1층은 어린이·문헌정보실과 가족 문헌정보실, 5층은 보존서고실, 4층은 보존서고실 밑의 층으로 일반 열람실이 된다. 남은 곳은 제1 문헌정보실과 제2 문헌정보실인데 3층은 2층에 연결된 계단을 통해서만 이동이 가능하므로 엘리베이터로 이동이 가능한 제1문 헌정보실이 2층이 되고, 계단을 통해서만 이동이 가능한 3층이 제2 문헌정보실이 된다.

따라서 '빅데이터' 관련 도서는 정보통신, 웹, 네트워크 코너에서 찾을 수 있으므로 3층의 제2 문헌정보실로 가야 한다.

풀이 꿀팁

주어진 조건의 수가 많은 경우 문제 해결에 반드시 필요한 조건과 그렇지 않은 조건을 구분할 수 있어야 한다. 문제에서 A씨는 빅데이터와 관련된 도서를 빌린다고 하였으므로 여섯 번째 조건에 따라 제2 문헌정보실의 위치만 찾으면 된다. 제2 문헌정보실의 위치에 대한 정보가 담긴 세 번째 조건과 엘리베이터와 관련된 정보가 담긴 일곱 번째 조건을 통해 제2 문헌정보실이 3층에 위치하고 있다는 것을 알 수 있다.

03	자료해석

01	02	03	04	05	06	07	08	09	10	11	12	13	14	15			
③	④	⑤	⑤	②	②	②	①	④	③	①	③	③	⑤	③			

01

㉠ 초등학생에서 중학생, 고등학생으로 올라갈수록 스마트폰(7.2% → 5.5% → 3.1%)과 PC(42.5% → 37.8% → 30.2%)의 이용률은 감소하고, 태블릿PC(15.9% → 19.9% → 28.5%)와 노트북(34.4% → 36.8% → 38.2%)의 이용률은 증가하고 있다.

㉢ 태블릿PC와 노트북의 남학생·여학생 이용률의 차이는 다음과 같다.
- 태블릿PC : $28.1 - 11.7 = 16.4$%p
- 노트북 : $39.1 - 30.9 = 8.2$%p

따라서 태블릿PC의 남학생·여학생 이용률은 노트북의 $16.4 \div 8.2 = 2$배이다.

오답분석

㉡ 초·중·고등학생의 노트북과 PC의 이용률의 차이는 다음과 같다.
- 초등학생 : $42.5 - 34.4 = 8.1$%p
- 중학생 : $37.8 - 36.8 = 1$%p
- 고등학생 : $38.2 - 30.2 = 8$%p

따라서 중학생의 노트북과 PC의 이용률 차이가 가장 작다.

02

합격자 중 남성의 비율은 $\dfrac{120}{120+80}\times100=\dfrac{120}{200}\times100=60\%$이므로 ④는 옳지 않은 설명이다.

오답분석

① 남성 합격자 수는 여성 합격자 수의 $\dfrac{120}{80}=1.5$배이다.

② 총 입사지원자 중 합격률은 $\dfrac{200}{680+320}\times100=\dfrac{200}{1,000}\times100=20\%$이다.

③ 여성 지원자의 합격률은 $\dfrac{80}{320}\times100=25\%$이다.

⑤ 총 입사지원자 중 여성 입사지원자의 비율은 $\dfrac{320}{680+320}\times100=\dfrac{320}{1,000}\times100=32\%$이므로 30% 이상이다.

03

이온음료는 7월에서 8월로 넘어가면서 판매량이 줄어드는 모습을 보이고 있다.

오답분석

① 맥주의 판매량은 매월 커피 판매량의 2배 이상임을 알 수 있다.
② 3~5월 판매 현황과 6~8월 판매 현황을 비교해 볼 때, 모든 캔 음료는 봄보다 여름에 더 잘 팔린다.
③ 3~5월 판매 현황을 보면, 이온음료는 탄산음료보다 더 잘 팔리는 것을 알 수 있다.
④ 맥주가 매월 다른 캔 음료보다 많은 판매량을 보이고 있음을 볼 때, 가장 많은 판매 비중을 보임을 알 수 있다.

04

• 지연 중 A/C 정비가 차지하는 비율 : $\dfrac{150}{2,880}\times100\fallingdotseq5\%$

• 결항 중 기상이 차지하는 비율 : $\dfrac{14}{70}\times100=20\%$

따라서 항공기 지연 중 A/C 정비가 차지하는 비율은 결항 중 기상이 차지하는 비율의 $\dfrac{5}{20}=\dfrac{1}{4}$이다.

오답분석

① 기상으로 지연된 항공편 수는 기상으로 결항된 항공편 수의 $\dfrac{98}{14}=7$배이다.

② 기타를 제외하고 지연이 발생한 원인 중 가장 높은 비중을 차지하고 있는 것은 A/C 접속이며, 결항이 발생한 원인 중 가장 높은 비중을 차지하고 있는 것은 기상이다.

③ 9월 동안 운항된 전체 비행기 수를 알 수 없으므로 구할 수 없다.

④ A/C 정비로 인해 결항된 항공편 수는 A/C 정비로 인해 지연된 항공편 수의 $\dfrac{12}{150}\times100=8\%$이다.

05

㉠ 서울과 경기의 인구수 차이는 2017년에 $10,463-10,173=290$천 명, 2023년에 $11,787-10,312=1,475$천 명으로 2023년에 차이가 더 커졌다.
㉢ 광주는 2023년에 22천 명 증가하여 가장 많이 증가했다.

오답분석

㉡ 인구가 감소한 지역은 부산, 대구이다.
㉣ 대구는 전년 대비 2020년부터 인구가 감소하다가 2023년에 다시 증가했다.

06

정답 ②

제시된 자료에 의하면 수도권은 서울과 인천·경기를 합한 지역을 의미한다.

따라서 전체 마약류 단속 건수 중 수도권의 마약류 단속 건수의 비중은 22.1+35.8=57.9%이므로 50% 이상이다.

오답분석

① • 대마 단속 전체 건수 : 167건
   • 코카인 단속 전체 건수 : 65건
   따라서 65×3=195>167건이므로 옳지 않은 설명이다.
③ 코카인 단속 건수가 없는 지역은 강원, 충북, 제주로 3곳이다.
④ • 대구·경북 지역의 향정신성의약품 단속 건수 : 138건
   • 광주·전남 지역의 향정신성의약품 단속 건수 : 38건
   따라서 38×4=152>138건이므로 옳지 않은 설명이다.
⑤ • 강원 지역의 향정신성의약품 단속 건수 : 35건
   • 강원 지역의 대마 단속 건수 : 13건
   따라서 13×3=39>35건이므로 옳지 않은 설명이다.

07

정답 ②

ㄱ. 주화공급량이 주화종류별로 각각 20십만 개씩 증가한다면, 이 지역의 평균 주화공급량은 $\frac{1,000+20\times4}{4}=\frac{1,080}{4}=270$십만 개이다.

ㄷ. • 평균 주화공급량 : $\frac{1,000}{4}=250$십만 개

   • 주화공급량 증가량 : 340×0.1+215×0.2+265×0.2+180×0.1=148십만 개

   • 증가한 평균 주화공급량 : $\frac{1,000+148}{4}=287$십만 개

   따라서 250×1.15>287이므로, 증가율은 15% 이하이다.

오답분석

ㄴ. • 10원 주화의 공급기관당 공급량 : $\frac{340}{170}=2$십만 개

   • 500원 주화의 공급기관당 공급량 : $\frac{180}{120}=1.5$십만 개

   따라서 주화종류별 공급기관당 공급량은 10원 주화가 500원 주화보다 많다.

ㄹ. 총 주화공급액이 변하면 주화종류별 공급량 비율도 당연히 변한다.

08

정답 ①

2020년 인구성장률은 0.63%, 2023년 인구성장률은 0.39%이다. 2023년 인구성장률은 2020년 인구성장률에서 40% 감소한 값인 0.63×(1-0.4)=0.378%보다 값이 크므로 40% 미만으로 감소하였다.

오답분석

② 제시된 자료에서 2020년 이후 인구성장률이 매년 감소하고 있으므로 옳은 설명이다.
③ 2018년부터 2023년까지 인구성장률이 가장 낮았던 해는 2023년이며, 합계출산율도 2023년에 가장 낮았다.
④ 인구성장률과 합계출산율은 모두 2019년에는 전년 대비 감소하고, 2020년에는 전년 대비 증가하였으므로 옳은 설명이다.
⑤ 인구성장률이 높은 순서로 나열하면 2020년 - 2018년·2021년 - 2019년 - 2022년 - 2023년이고, 합계출산율이 높은 순서로 나열하면 2018년 - 2021년 - 2020년 - 2019년 - 2022년 - 2023년이다.
   따라서 인구성장률과 합계출산율이 두 번째로 높은 해는 2021년이다.

09

1인당 평균 보수액에서 성과급이 차지하는 비중을 구하면 다음과 같다.

- 2020년 : $\dfrac{1,264}{55,722} \times 100 \fallingdotseq 2.27\%$

- 2022년 : $\dfrac{862}{56,214} \times 100 \fallingdotseq 1.53\%$

따라서 2020년도가 2022년보다 높으므로 옳지 않은 설명이다.

오답분석

① 자료에서 2020년부터 2022년까지 기본급은 전년 대비 계속 증가하는 것을 알 수 있다.

② 기타 상여금이 가장 높은 연도는 2021년이며, 이때 1인당 평균 보수액은 복리후생비의 $\dfrac{56,209}{985} \fallingdotseq 57$배이다.

③ 2019 ~ 2022년 동안 고정수당의 증감 추이는 '감소 – 감소 – 감소'로 이와 증감추이가 같은 항목은 없다.

⑤ 2023년 성과급의 전년 대비 증가율이 실적수당의 전년 대비 증가율인 $\dfrac{2,168-2,129}{2,129} \times 100 \fallingdotseq 2\%$와 같을 때, 성과급 금액은 $862 \times 1.02 = 879.24$천 원으로 900천 원 미만이다.

풀이 꿀팁

② 2021년 1인당 평균 보수액에 복리후생비의 구체적인 수치로 나누지 않고 어림값을 활용하면 $\dfrac{985}{56,209} \fallingdotseq \dfrac{1,000}{56,000} = \dfrac{1}{56}$ 이다. 따라서 50배 이상인 것을 알 수 있다.

③ 여러 개의 증감 추이를 비교해야 하는 경우 하나의 반례라도 있으면 바로 소거하고 넘어간다. 이런 방법으로 모든 선택지가 전년 대비 2020년부터 소거된다.

④ 2020년과 2022년에 1인당 평균보수액에서 성과급이 차지하는 비중은 각각 $\dfrac{1,264}{55,722}$, $\dfrac{862}{56,214}$ 이다. 이 둘을 비교하면 2022년의 분모는 더 크고, 분자는 더 작다. 따라서 2022년의 비중이 더 낮다.

10

ㄴ. 기계 장비 부문의 상대수준은 일본이다.

ㄷ. 한국의 전자 부문 투자액은 301.6억 달러이고, 전자 외 부문 투자액의 총합은 3.4+4.9+32.4+16.4=57.1억 달러로, 57.1× 6=342.6>301.6이다.

오답분석

ㄱ. 제시된 자료를 통해 한국의 IT 서비스 부문 투자액은 최대 투자국인 미국 대비 $\dfrac{3.4}{200.5} \times 1,000 \fallingdotseq 1.7\%$임을 알 수 있다.

ㄹ. 일본은 '전자 – 바이오·의료 – 기계장비 – 통신 서비스 – IT 서비스' 순서이고, 프랑스는 '전자 – IT 서비스 – 바이오·의료 – 기계 장비 – 통신 서비스' 순서이다.

풀이 꿀팁

이 문제의 ㄱ과 ㄷ은 계산을 해야 풀이할 수 있는 문제이다. 때문에 ㄴ과 ㄹ을 먼저 확인하는 것이 좋다. ㄴ은 추가 설명에 따라 옳지 않은 것을 알 수 있고, ㄹ의 투자액이 많은 순서가 일치하지 않아 옳은 설명이라는 것도 빠르게 확인할 수 있다. 즉, 선택지에 ㄴ은 있어야 하고, ㄹ은 없어야 하므로 ㄱ이나 ㄷ 중에 더 빠르게 계산할 수 있는 ㄱ을 확인해 보면 선택지 전체를 확인하지 않아도 답을 찾을 수 있다.

11

㉠ 1시간 미만 운동하는 3학년 남학생 수는 87명이고, 4시간 이상 운동하는 1학년 여학생 수는 46명이므로 옳은 설명이다.

㉡ 제시된 자료에서 남학생 중 1시간 미만 운동하는 남학생의 비율이 여학생 중 1시간 미만 운동하는 여학생의 비율보다 각 학년에서 모두 낮음을 확인할 수 있다.

오답분석
ⓒ 남학생과 여학생 모두 학년이 높아질수록 3시간 이상 4시간 미만 운동하는 학생의 비율은 낮아진다. 그러나 남학생과 여학생 모두 학년이 높아질수록 4시간 이상 운동 하는 학생의 비율은 높아지므로 옳지 않은 설명이다.
ⓔ 3학년 남학생의 경우 3시간 이상 4시간 미만 운동하는 학생의 비율은 4시간 이상 운동하는 학생의 비율보다 낮다.

12
정답 ③

7월과 9월에는 COD가 DO보다 많았으므로 ③은 옳지 않은 설명이다.

오답분석
① · ⑤ 자료를 통해 확인할 수 있다.
② DO는 4월에 가장 많았고, 9월에 가장 적었다. 이때의 차는 $12.1-6.4=5.7\text{mg/L}$이다.
④ 7월 BOD의 양은 2.2mg/L이고 12월 BOD의 양은 1.4mg/L이다. 7월 대비 12월 소양강댐의 BOD 감소율은 $\dfrac{2.2-1.4}{2.2}\times100$
$\fallingdotseq36.36\%$이다.
따라서 7월 대비 12월 소양강댐의 BOD 감소율은 30% 이상이다.

13
정답 ③

견과류 첨가 제품의 시리얼은 단백질 함량이 1.8g, 2.7g, 2.5g이며, 당 함량을 낮춘 제품의 시리얼은 단백질 함량이 1.4g, 1.6g으로 옳은 설명이다.

오답분석
① 탄수화물 함량이 가장 낮은 시리얼은 후레이크이며, 당류 함량이 가장 낮은 시리얼은 콘프레이크이다.
② 일반 제품의 시리얼 열량은 체중 조절용 제품의 시리얼 열량보다 더 낮은 수치를 보이고 있다.
④ 당류가 가장 많은 시리얼은 초코볼 시리얼(12.9g)이며, 초코맛 제품이다.
⑤ 콘프레이크의 단백질 함량은 3g이므로 약 2배 이상 많다.

14
정답 ⑤

매년 로봇 부품이 차지하는 비율은 2022년 $\dfrac{1,007}{9,336}\times100\fallingdotseq10.8\%$에서 2023년 $\dfrac{1,072}{10,984}\times100\fallingdotseq9.8\%$로 감소하였으므로 ⑤는 옳지 않은 설명이다.

오답분석
① 생산 설비 투자금액이 2019 ~ 2022년까지 매년 가장 많았으므로 투자 비중이 가장 높다.
② 2023년 연구개발 설비와 생산 설비의 투자금액의 차는 $1,334-1,275=59$억 원이다.
③ 2023년에 10,984억 원으로 1조를 돌파하였다.
④ 제조용 로봇 수출 비중은 2019년(80.9%), 2020년(84.6%), 2021년(83%), 2022년(72.9%), 2023년(80.7%)으로 2020년이 가장 높다.

15
정답 ③

오답분석
① 조형 전공의 2018년, 2019년 취업률은 자료보다 높고, 2020년 취업률은 자료보다 낮다.
② 2018년 모든 전공의 취업률이 자료보다 낮다.
④ 2018년 연극영화 전공, 2019년 작곡 전공, 2020년 성악 전공 취업률이 자료보다 높다.
⑤ 성악 전공의 취업률 누적 수치는 자료보다 높고, 국악 전공은 낮다.

01	02	03	04	05	06	07	08	09	10	11	12	13	14	15					
②	②	②	⑤	⑤	④	④	④	③	④	③	②	⑤	②	⑤					

01
정답 ②

전개도를 접어 입체도형을 만들었을 때 마주보는 면에 적혀 있는 수의 합이 일정한 규칙이다. 왼쪽 전개도부터 6, 7, 8이므로 A=1, B=2이다.
따라서 A+B=3이다.

02
정답 ②

전개도를 접어 입체도형을 만들었을 때 마주보는 면에 적혀 있는 수의 합이 일정한 규칙이다. 왼쪽은 5, 6, 7이고 오른쪽은 6, 7, 8이다.
따라서 물음표에 들어갈 숫자는 5이다.

03
정답 ②

굵은 선으로 이루어진 도형 안의 숫자의 합이 22로 같다. 빈칸의 수를 x라 하면, $22-22+9+8=x$이다.
$\therefore x=17$
따라서 빈칸에 들어갈 알맞은 수는 17이다.

04
정답 ⑤

각 열(세로)에 대해 +24의 규칙을 가지고 있다.
따라서 (   )=27+24=51이다.

05
정답 ⑤

앞의 항에 $\times(-3)$를 하는 수열이다.
따라서 (   )=$18\times(-3)=-54$이다.

06
정답 ④

n을 자연수라고 할 때, n항의 값은 $(n+11)\times(n+12)$인 수열이다.
따라서 (   )=$(2+11)\times(2+12)=13\times14=182$이다.

07
정답 ④

홀수 항은 +20, 짝수 항은 -13을 더하는 수열이다.
따라서 (   )=$-3-13=-16$

08

정답 ④

현수가 처음 가진 소금물 200g의 농도를 $x\%$라 하면 (소금의 양)$=\dfrac{x}{100}\times200=2x$이다.

여기에 물 50g을 증발시키면 소금물은 150g이 되고, 다시 소금 5g을 더 녹이므로 소금물의 양은 155g, 소금의 양은 $(2x+5)$g이다. 처음 농도의 3배가 된다고 하였으므로

$$\frac{3x}{100}\times155=2x+5 \rightarrow 93x=40x+100 \rightarrow 53x=100$$

$$\therefore x=\frac{100}{53}\fallingdotseq1.9$$

따라서 현수가 처음 가진 소금물의 농도는 약 1.9%이다.

09

정답 ③

박물관까지의 거리를 $x$km라 하면, 자전거로 갈 때와 시속 6km로 걸어갈 때의 시간차가 30분이므로 $\dfrac{x}{12}=\dfrac{x}{6}-\dfrac{1}{2} \rightarrow x=6$이다.

또한 박물관에 3시에 도착하기 위한 속력을 시속 $v$km라 하면, 자전거로 시속 12km로 갈 때, 6km 떨어진 박물관에 도착한 시간이 2시 50분이므로 $\dfrac{6}{12}=\dfrac{6}{v}-\dfrac{1}{6} \rightarrow v=9$이다.

따라서 민솔이가 시속 9km 속력으로 박물관으로 향하면 정각 3시에 도착하게 된다.

10

정답 ④

644와 476을 소인수분해하면 다음과 같다.

- $644=2^2\times7\times23$
- $476=2^2\times7\times17$

즉, 644와 476의 최대공약수는 $2^2\times7=28$이다. 이때 직사각형의 가로에 설치할 수 있는 조명의 개수는 $644\div28+1=23+1=24$개이고, 직사각형의 세로에 설치할 수 있는 조명의 개수는 $476\div28+1=17+1=18$개이다.

따라서 조명의 최소 설치 개수는 $(24+18)\times2-4=84-4=80$개이다.

11

정답 ③

L사의 작년 전체 직원 수는 $284-4=280$명이다. 이때 작년 남자 직원 수를 x명이라고 하면, 작년 여자 직원 수는 $(280-x)$명이다.

$$-0.05x+0.1(280-x)-4 \rightarrow -5x+10(280-x)=400 \rightarrow 15x=2,400$$

$$\therefore x=160$$

따라서 올해 남자 직원 수는 $160\times(1-0.05)=152$명이다.

12

정답 ②

일의 양을 1이라고 가정하면, P연구원과 K연구원이 하루에 할 수 있는 일의 양은 각각 $\dfrac{1}{8}$, $\dfrac{1}{14}$이다. 처음 이틀과 보고서 제출 전 이틀 총 4일은 같이 연구하고, 나머지는 K연구원 혼자 연구하였다. K연구원 혼자 연구하는 기간을 x일이라고 하자.

$$4\times\left(\frac{1}{8}+\frac{1}{14}\right)+\frac{x}{14}=1 \rightarrow \frac{1}{2}+\frac{2}{7}+\frac{x}{14}=1 \rightarrow 7+4+x=14$$

$$\therefore x=3$$

따라서 K연구원이 혼자 3일 동안 연구였으므로 보고서를 제출할 때까지 총 $3+4=7$일이 걸렸다.

13

구입한 볼펜의 개수를 x자루, 색연필 개수는 y자루라고 하자.

$x+y=12 \cdots$ ㉠

$500x+700y+1,000=8,600 \rightarrow 5x+7y=76 \cdots$ ㉡

두 방정식을 연립하면 $x=4$, $y=8$이므로 볼펜은 4자루, 색연필은 8자루를 구입했다.

따라서 L사원이 구입한 볼펜은 4자루이다.

풀이 꿀팁

만약 식을 연립방정식으로 세웠다면, 대입법을 활용해서 풀거나 소거법이 가능한지를 확인한다. 이 문제의 경우에는 ㉠을 ㉡에 대입해서 푸는 방법이 훨씬 빠르지만 소거법을 활용하는 것도 숫자가 복잡하지 않아서 좋은 방법이다.

㉠$\times 5=5x+5y=60$이고 이를 ㉡과 연립하면 $2y=16 \rightarrow y=8$이고, 이에 따라 $x=4$인 것을 알 수 있다. 만약 자신이 소거법에 익숙해져 있다면 간단한 계산은 암산을 하는 연습을 통해 식을 일일이 쓰지 않고도 계산할 수 있도록 연습한다.

14

2명씩 짝을 지어 한 그룹으로 보고 원탁에 앉는 방법은 원순열 공식 $(n-1)!$를 이용한다. 제시된 조건은 2명씩 3그룹이므로 $(3-1)!=2\times1=2$가지이다. 또한 그룹 내에서 2명이 자리를 바꿔 앉을 수 있는 경우는 2가지씩이다.

따라서 6명이 원탁에 앉을 수 있는 방법은 $2\times2\times2\times2=16$가지이다.

15

한 제품이 불량품일 확률은 $\dfrac{1}{50}$이다.

따라서 임의의 제품 2개를 고를 때, 모두 불량품일 확률은 $\dfrac{1}{50} \times \dfrac{1}{50} = \dfrac{1}{2,500}$이다.

01 언어이해

01	02	03	04	05	06	07	08	09	10	11	12	13	14	15				
④	③	③	②	①	④	③	②	④	②	⑤	②	③	⑤	③				

01

정답 ④

첫 번째 문단에서 '카타르시스'와 니체가 말한 비극의 기능을 제시하며 비극을 즐기는 이유를 설명하고 있으므로 ④가 글의 제목으로 가장 적절하다.

02

정답 ③

제시문의 첫 번째 문단에서 오늘날 우리가 부르는 애국가의 노랫말은 외세의 침략으로 나라가 위기에 처해있던 1907년을 전후하여 조국애와 충성심을 북돋우기 위하여 만들어졌음을 알 수 있다. 따라서 1896년 『독립신문』에 현재의 노랫말이 게재되지 않았으므로 ③이 가장 적절하다.

오답분석

① 두 번째 문단에서 1935년 해외에서 활동 중이던 안익태가 오늘날 우리가 부르고 있는 국가를 작곡하였고, 이 곡은 해외에서만 퍼져나갔다고 하였으므로, 1940년에 해외에서는 애국가 곡조를 들을 수 있었다.
② 네 번째 문단에서 국기강하식 방송, 극장에서의 애국가 상영 등은 1980년대 후반 중지되었다고 하였으므로, 1990년대 초반까지 애국가 상영이 의무화되었다는 말은 적절하지 않다.
④ 마지막 문단에서 연주만 하는 의전행사나 시상식·공연 등에서는 전주곡을 연주해서는 안 된다고 하였으므로 적절하지 않다.
⑤ 두 번째 문단을 통해 안익태가 애국가를 작곡한 때는 1935년, 대한민국 정부 공식 행사에 사용된 해는 1948년이므로 13년이 걸렸다.

03

정답 ③

제시문은 유명인 모델의 광고 중복출연이 광고효과가 크지 않음을 지적하며 효과를 극대화하기 위한 방안을 제시한 글이다. 그러므로 (나) 유명인 모델의 중복출연이 높은 광고효과를 보장할 수 있는지에 대한 의문 – (가) 유명인이 자신의 이미지와 상관없이 여러 광고에 출연하면 효과가 줄어들 수 있음 – (라) 유명인의 이미지가 여러 상품으로 분산되면 상품 간의 결합력을 떨어트릴 수 있음 – (다) 따라서 유명인이 자신과 잘 어울리는 한 상품의 광고에만 지속적으로 나오는 것이 효과적이라는 순으로 나열하는 것이 가장 적절하다.

04

정답 ②

제시된 단락은 신탁 원리의 탄생 배경인 12세기 영국의 상황에 대해 이야기하고 있다. 그러므로 이어지는 단락은 (가) 신탁제도의 형성과 위탁자, 수익자, 수탁자의 관계 등장 – (다) 불안정한 지위의 수익자 – (나) 적극적인 권리행사가 허용되지 않는 연금제도에 기반한 신탁 원리 – (라) 연금 운용 권리를 현저히 약화시키는 신탁 원리와 그 대신 부여된 수탁자 책임의 문제점 순으로 나열하는 것이 가장 적절하다.

05

정답 ①

제시된 단락 다음에는 청바지의 시초에 대한 내용이 나와야 하므로 (가) '비록 시작은 그리하였지만' – (다) 패션 아이템화의 각론으로서 한국에서의 청바지 – (나) 청바지의 역사, 패션 아이템으로서의 청바지라는 청바지의 기능 – (라) 청바지가 가지고 있는 단점과 그 해결 순으로 나열하는 것이 가장 적절하다.

06

정답 ④

스마트팩토리의 주요 기술 중 하나인 에지 컴퓨팅은 중앙 데이터 센터와 직접 소통하는 클라우드 컴퓨팅과 달리 산업현장에서 발생하는 데이터를 에지 데이터 센터에서 사전 처리한 후 선별하여 전송하기 때문에 데이터처리 지연시간을 줄일 수 있다.

07

정답 ③

수면 패턴은 휴일과 평일 모두 일정하게 지키는 것이 성장하는 아이들의 수면 리듬을 유지하는 데 좋으므로 휴일에 늦잠을 자는 것은 글을 이해한 것으로 적절하지 않다.

08

정답 ②

세슘은 공기 중에서도 쉽게 산화하며 가루 세슘 또한 자연발화를 한다. 특히 물과 만나면 물에 넣었을 때 발생하는 반응열이 수소 기체와 만나 더욱 큰 폭발을 일으킨다. 하지만 제시문에서 액체 상태의 세슘을 위험물에서 제외한다는 내용이 제시되어 있지 않다.

09

정답 ④

제시문에서는 드론이 개인의 정보 수집과 활용에 대한 사전동의 없이도 개인정보를 저장할 수 있어 사생활 침해 위험이 높으므로 '사전 규제' 방식을 적용해야 한다고 주장한다.
따라서 이러한 주장에 대한 반박으로는 개인정보의 복제, 유포, 위조에 대해 엄격한 책임을 묻는다면 사전 규제 없이도 개인정보를 보호할 수 있다는 내용이 가장 적절하다.

풀이 꿀팁

주장에 대한 반박 찾기 유형에서는 글쓴이의 주장이나 근거를 반박할 수 있는 선택지를 찾아야 한다. 글쓴이는 '사생활 침해'를 근거로 '드론의 개인정보 수집과 활용에 대해 사전 규제 방식을 유지해야 한다.'고 주장하고 있으므로 글쓴이의 주장과 반대되거나 근거를 반박하고 있는 선택지를 찾아야 한다.

10

정답 ②

미세먼지의 경우 최소 $10\mu m$ 이하의 먼지로 정의되고 있지만, 황사의 경우 주로 지름 $20\mu m$ 이하의 모래로 구분하되 통념적으로는 입자 크기로 구분하지 않는다.
따라서 $10\mu m$ 이하의 황사의 경우 크기만으로 미세먼지와 구분 짓기는 어렵다.

오답분석

①·⑤ 제시문을 통해서 알 수 없는 내용이다.
③ 미세먼지의 역할에 대한 설명을 찾을 수 없다.
④ 제시문에서 설명하는 황사와 미세먼지의 근본적인 구별법은 구성성분의 차이이다.

11

정답 ⑤

전통적인 경제학은 외부성의 비효율성을 줄이기 위해 정부의 개입을 해결책으로 제시하고 있다.
따라서 정부의 개입이 오히려 비용을 높일 수 있다는 주장을 반박으로 제시할 수 있다.

오답분석
① · ② 외부성에 대한 설명이다.
③ · ④ 전통적인 경제학의 주장이다.

12

정답 ②

제시문은 첫 문단에서 유행에 따라 변화하는 흥행 영화 제목의 글자 수에 대한 이야기를 언급한 뒤 다음 문단에서 2000년대에 유행했던 영화의 제목 글자 수와 그 예시를, 그 다음 문단에서는 2010년대에 유행했던 영화의 제목 글자 수와 그 사례, 그리고 흥행에 실패한 사례를 예시로 들고 있으므로 ②가 가장 적절하다.

풀이 꿀팁

제시문 첫 번째 문단의 접속어 '하지만'으로 시작하는 문장을 통해 유행에 따라 영화 제목의 글자 수가 변화한다는 사실을 설명하는 글임을 알 수 있다. 이를 바탕으로 선택지를 보면 ①과 ③, ④는 설명하는 글의 전개 방식보다는 주장하는 글의 전개 방식으로 적절한 것을 알 수 있다. 따라서 정답은 ②와 ⑤ 중 하나이므로 사례나 발전 방향에 대한 내용이 담겨 있는지 여부를 확인하여 답을 찾을 수 있다.

13

정답 ③

제시된 보기의 문장은 미첼이 찾아낸 '탈출속도'의 계산법과 공식에 대한 것이다. 즉, 탈출속도에 대한 언급이 본문의 어디서 시작되는지 살펴봐야 한다. 본문의 경우 (가) 영국의 자연 철학자 존 미첼이 제시한 이론에 대한 소개, (나) 해당 이론에 대한 가정과 '탈출속도'의 소개, (다) '임계 둘레'에 대한 소개와 사고실험, (라) 앞선 임계 둘레 사고실험의 결과, (마) 사고실험을 통한 미첼의 추측의 순서로 쓰여 있으므로 보기의 문장은 '탈출속도'가 언급된 (나)의 다음이자 '탈출속도'를 바탕으로 임계 둘레를 추론해 낸 (다)의 앞에 위치하는 것이 가장 적절하다.

풀이 꿀팁

보기의 '탈출속도'는 (다) 바로 앞 문장의 '탈출속도'와 연결되므로 문장의 위치를 쉽게 찾을 수 있다.

14

정답 ③

제시문에서 '현존하는 가장 오래된 실록은 전주의 전주 사고에 보관되어 있던 것으로, 강화도 마니산에 봉안되었다가 1936년 병자호란에 의해 훼손된 것을 현종 때 보수하여 숙종 때 강화도 정족산에 다시 봉안했다가 현재 서울대에서 보관하고 있다.'고 나와 있으므로 ⑤가 가장 적절하다.

오답분석
① 원본을 포함해 모두 5벌의 실록을 갖게 되었으므로 재인쇄하였던 실록은 모두 4벌이다.
② 강원도 태백산에 보관하였던 실록은 서울대학교에 있다.
③ 현재 한반도에 남아 있는 실록은 강원도 태백산, 강화도 정족산, 장서각의 것으로 모두 3벌이다.
④ 묘향산의 실록은 적상산과 구황궁의 장서각으로 옮겨졌으며, 이는 6 · 25 전쟁 때 북한으로 옮겨져 현재 김일성종합대학에서 소장하고 있다. 일부 훼손된 것은 강화도 마니산의 실록이다.

풀이 꿀팁

제시된 문제와 같이 제시문의 구체적인 내용을 바탕으로 세부적인 내용을 추론해야 하는 경우에는 지문을 읽기 전에 선택지를 먼저 확인하는 것이 유리하다. 즉, 선택지의 내용을 추론하는 데 있어 근거가 되는 내용을 지문에서 찾아가며 선택지를 하나하나 소거해 나간다면 쉽게 답을 찾을 수 있다.

15

정답 ⑤

제시문의 첫 번째 문단 여섯 번째 줄의 '이들이 문제 삼는 ~ 허용될 수 있다.'에서 알 수 있다.

PART 2

① ㉠은 이성이나 언어 능력에서 인간과 동물의 차이가 있더라도 동물실험이 정당화되는 것은 아니라고 주장한다. 따라서 인간과 동물의 언어와 이성 능력 차이를 부정하는 것은 아니다.
② ㉡은 각 동물 개체가 삶의 주체로서 가치를 지닌다고 보지만, 그 이유가 동물이 고통을 느낄 수 있는 존재이기 때문은 아니다.
④ ㉡은 각 동물 개체가 삶의 주체로서 가치를 지니고 실험에 이용되지 않을 권리가 있다고 보며, 인간과 동물의 차이에 대하여 언급한 부분은 없다.
⑤ ㉠과 ㉡ 모두 인간과 동물의 차이에 집중하고 있지 않다.

02 언어추리

01	02	03	04	05	06	07	08	09	10	11	12	13	14	15					
③	⑤	④	④	③	②	①	③	⑤	⑤	①	④	③	③	④					

01

정답 ③

제시된 명제들을 통해서 고기를 좋아하는 사람은 소시지를 좋아하지만 과일은 좋아하지 않는 것과 소를 좋아하는 사람은 치즈와 소시지를 좋아하지 않고, 치즈와 소시지를 좋아하지 않는 사람은 우유와 고기를 좋아하지 않는 것을 알 수 있다.
따라서 4번째 명제와 1번째, 2번째 대우를 통해 추론할 수 있다.

02

정답 ⑤

제시된 명제를 정리하면 다음과 같다.
• A : 연차를 쓸 수 있다.
• B : 제주도 여행을 한다.
• C : 회를 좋아한다.
• D : 배낚시를 한다.
• E : 다른 계획이 있다.
제시된 명제들을 간단히 나타내면, A → B, D → C, E → ~D, ~E → A이다. 두 번째 명제를 제외한 후 연립하면 D → ~E → A → B가 되므로 D → B가 성립한다.
따라서 그 대우 명제인 '제주도 여행을 하지 않으면 배낚시를 하지 않는다.'가 옳다.

03

정답 ④

제시된 명제를 정리하면 다음과 같다.
• A : 치킨을 판매하는 푸드트럭이 선정된다.
• B : 핫도그를 판매하는 푸드트럭이 선정된다.
• C : 커피를 판매하는 푸드트럭이 선정된다.
• D : 피자를 판매하는 푸드트럭이 선정된다.
• E : 솜사탕을 판매하는 푸드트럭이 선정된다.
• F : 떡볶이를 판매하는 푸드트럭이 선정된다.
제시된 명제들을 간단히 나타내면 A → ~B, ~C → D, E → A, D → ~F or ~F → ~D, ~E → F이다. 이에 따라 핫도그를 판매하는 푸드트럭이 선정되면 B → ~A → ~E → F~ → ~D → C가 성립한다.
따라서 핫도그, 커피, 떡볶이를 판매하는 푸드트럭이 선정된다.

04

정답 ④

돼지꿈을 꾼 다음 날 복권을 사는 사람들은 모두가 미신을 따르는 사람들이고, 미신을 따르는 사람 중 과학자는 없다.
따라서 돼지꿈을 꾼 다음 날 복권을 사는 사람이라면 과학자가 아니다.

05

정답 ③

철학은 학문이고, 모든 학문은 인간의 삶을 의미 있게 해준다.
따라서 철학은 인간의 삶을 의미 있게 해준다.

06

정답 ②

어떤 고양이는 참치를 좋아하고, 참치를 좋아하는 생물은 모두 낚시를 좋아한다.
따라서 어떤 고양이는 낚시를 좋아한다.

풀이 꿀팁

'어떤'이 나타나는 명제 유형에서는 벤다이어그램을 활용하여 해결할 수 있다.
• 첫 번째 명제

• 두 번째 명제

• 결론

07

정답 ①

현명한 사람은 거짓말을 하지 않고, 거짓말을 하지 않으면 다른 사람의 신뢰를 얻는다.
따라서 현명한 사람은 다른 사람의 신뢰를 얻는다.

풀이 꿀팁

서로 연결될 수 있는 명제를 찾아 정리해 두면 선택지를 쉽게 파악할 수 있다.
• 현 → ~거 → 신
• 건 → ~말 → ~친

08

정답 ③

덕진과 휘영이 형제이고, 덕진과 휘영의 자식인 진철과 수환은 사촌지간이므로 덕진은 수환의 삼촌임을 알 수 있다.

풀이 **꿀팁**

표나 그림을 통해 주어진 조건을 정리하면서 관계를 명확히 드러내도록 표기하면 답을 쉽게 찾을 수 있다.

따라서 덕진은 수환의 삼촌이 되는 것을 확인할 수 있다.

09

정답 ⑤

월요일에 먹는 영양제에는 비타민 B와 칼슘, 마그네슘이 올 수 있으나, 마그네슘의 경우 비타민 D보다 늦게 먹고, 비타민 B보다는 먼저 먹어야 하므로 월요일에 먹는 영양제로 마그네슘과 비타민 B 둘 다 불가능하다. 이에 따라 L씨가 월요일에 먹는 영양제는 칼슘이 된다. 또한 비타민 B는 화요일 또는 금요일에 먹을 수 있으나, 화요일에 먹게 될 경우 마그네슘을 비타민 B보다 먼저 먹을 수 없게 되므로 비타민B는 금요일에 먹는다. 나머지 조건에 따라 L씨가 요일별로 먹는 영양제를 정리하면 다음과 같다.

월	화	수	목	금
칼슘	비타민 C	비타민 D	마그네슘	비타민 B

따라서 회사원 L씨가 월요일에는 칼슘, 금요일에는 비타민 B를 먹는 것을 알 수 있다.

10

정답 ⑤

거짓을 빠르게 찾기 위해서는 모순관계에 있는 진술을 찾는 것이 중요하다. C와 D가 모순되는 진술을 하고 있으며 둘 중 한 명이 거짓을 말하고 나머지 한 명이 참인 것을 알 수 있다. 또한 A의 말이 참이므로 C의 말도 참이 되어 D의 말이 거짓이 되고 A는 홍보, C는 섭외, E는 예산을 담당하고 있다. 따라서 D의 말은 거짓이므로 '구매' 담당은 B가 되며, D는 '기획'을 맡게 된다.

풀이 **꿀팁**

한 명만 거짓을 말한다는 조건을 먼저 파악하면, A와 C의 진술은 반드시 참이 되어야 하는 것을 알 수 있다. 따라서 C는 섭외를 담당하므로 C가 기획을 담당한다는 D의 진술이 거짓임을 알 수 있다. 주어진 조건을 제대로 파악하기만 한다면, 진술을 경우의 수로 나누어 파악하지 않아도 답을 빠르게 찾을 수 있다.

11

정답 ①

B와 E의 말이 서로 모순되므로 둘 중 한 명은 반드시 거짓을 말한다.
- B의 말이 거짓일 경우
  E의 말이 참이 되므로 D의 말에 따라 아이스크림을 사야 할 사람은 A가 된다. 또한 나머지 A, C, D의 말 역시 모두 참이 된다.
- E의 말이 거짓일 경우
  B의 말이 참이 되므로 아이스크림을 사야 할 사람은 C가 된다. 그러나 B의 말이 참이라면 참인 C의 말에 따라 D의 말은 거짓이 된다. 결국 D와 E 2명이 거짓을 말하게 되므로 한 명만 거짓말을 한다는 조건이 성립하지 않으며, A의 말과도 모순된다.
따라서 거짓말을 하는 사람은 B이며, 아이스크림을 사야 할 사람은 A이다.

12

B와 C의 말이 모순되므로 B와 C 중 1명은 반드시 진실을 말하고 다른 1명은 거짓을 말한다.
- B가 거짓, C가 진실을 말하는 경우
  B가 거짓을 말한다면 E의 말 역시 거짓이 되어 롤러코스터를 타지 않은 사람은 E가 된다. 그러나 A는 E와 함께 롤러코스터를 탔다고 했으므로 A의 말 또한 거짓이 된다. 이때, 조건에서 5명 중 2명만 거짓을 말한다고 했으므로 이는 성립하지 않는다.
- C가 거짓, B가 진실을 말하는 경우
  B가 진실을 말한다면 롤러코스터를 타지 않은 사람은 D가 되며, E의 말은 진실이 된다. 이때, D는 B가 회전목마를 탔다고 했으므로 D가 거짓을 말하는 것을 알 수 있다.

따라서 거짓을 말하는 사람은 C와 D이며, 롤러코스터를 타지 않은 사람은 D이다.

풀이 꿀팁

서로 연결되는 진술을 먼저 파악하면 B와 E의 진술이 서로 연결되며, A와 E의 진술 역시 서로 연결된다. 따라서 A, B, E의 진술은 동시에 참이거나 거짓이어야 하는데, 이때 조건에서 2명만 거짓을 말한다고 하였으므로 결국 A, B, E가 진실을 말하고, 나머지 C와 D가 거짓을 말하고 있음을 알 수 있다. 이와 같이 서로 연결되는 진술을 주어진 조건에 따라 빠르게 파악하면 답을 쉽게 찾을 수 있다.

13

우선 마지막 조건에 의해 E는 목요일에 근무한다. 그리고 F가 E보다 먼저 근무하므로 F는 화, 수 중에 근무한다. 그런데 A는 월요일에 근무하고 G는 A와 연이어 근무하므로 월, 화, 수, 목은 A, G, F, E가 근무한다. 다음으로 F가 근무하고 3일 뒤에 C가 근무하므로 C는 토요일에 근무한다. C가 B보다 먼저 근무하므로 B는 일요일에 근무한다.
이를 정리하면 다음과 같다.

월요일	화요일	수요일	목요일	금요일	토요일	일요일
A	G	F	E	D	C	B

따라서 남은 금요일에 D가 근무하고, 금요일의 전날인 목요일과 다음날인 토요일의 당직 근무자는 E와 C이다.

14

먼저 세 번째 조건의 대우에서 최대리가 승진하면 임대리가 승진하고, 두 번째 조건에서 최대리가 승진하면 박대리와 이대리는 승진하지 못한다. 또한 첫 번째 조건의 대우에서 박대리가 승진하지 못하면 김대리도 승진하지 못하며, 네 번째 조건에서 김대리가 승진하지 못하면 한대리가 승진한다.
따라서 최대리, 임대리, 한대리 3명이 승진한다.

15

한 분야의 모든 인원이 한 팀에 들어갈 수 없으므로 가와 나는 한 팀이 될 수 없다.

오답분석

① 한 분야의 모든 사람이 한 팀에 들어갈 수 없기 때문에 갑과 을이 한 팀이 되는 것과 상관없이 가와 나는 반드시 다른 팀이어야 한다.
② 두 팀에 남녀가 각각 2명씩 들어갈 수도 있지만, (남자 3명, 여자 1명), (여자 3명, 남자 1명)인 경우도 있다.
  예 (a, c, 나, 을), (b, 가, 갑, 병)인 경우 각 팀에는 남녀가 각각 2명씩 포함되지 않는다.
③ a와 c는 성별이 다르기 때문에 같은 팀으로 구성될 수 있다.
⑤ c와 갑이 한 팀이 되면, 그 팀의 인원은 5명이 된다.

풀이 꿀팁

주어진 조건에 따라 팀을 구성할 경우 총 8가지 경우의 수가 나타날 수 있다. 이와 같이 많은 경우의 수가 나타날 수 있는 경우 모든 경우를 생각하기보다는 선택지의 오답 여부를 확인하며 답을 찾는 것이 좋다.

01	02	03	04	05	06	07	08	09	10	11	12	13	14	15					
④	②	④	④	④	⑤	③	③	①	③	③	②	⑤	⑤	③					

01

정답 ④

2023년도 남성 공무원 비율은 100−29.7=70.3%로 70% 이상이므로 ④는 옳지 않은 설명이다.

오답분석

① 제시된 자료에 따라 2018년 이후 여성 공무원 수는 매년 증가하고 있다.

② 2021년 전체 공무원 수는 2,755백 명으로, 2020년 전체 공무원 수 2,750백 명에서 증가하였다.

③ 2022년 남성 공무원 수는 2,780−820=1,960백 명이다.

⑤ 2023년 여성 공무원 비율은 2018년 비율보다 29.7−26.5=3.2%p 증가했다.

02

정답 ②

서울, 베이징, 도쿄 모두 해당 기간 동안 지속적으로 인구가 증가하고 있으므로 ②는 옳지 않은 설명이다.

오답분석

① 2013년을 기점으로 서울과 베이징의 인구 순위가 뒤바뀐다.

③ 1993년 대비 2003년의 서울의 인구 증가율은 $\frac{120-80}{80} \times 100 = 50\%$이다.

④ 2003년 대비 2013년의 인구 증가폭은 서울이 25십만 명, 베이징이 78십만 명, 도쿄가 26십만 명으로 베이징이 가장 높다.

⑤ 2023년 인구가 최대인 도시는 도쿄로 360십만 명이다. 이는 인구가 최소인 도시 서울의 $\frac{360}{180} = 2$배이다.

03

정답 ④

제시된 공식을 이용하여 발행 주식 수를 구하면 다음과 같다.

(자기자본)=(발행 주식 수)×(액면가) → (발행 주식 수)=$\frac{(\text{자기자본})}{(\text{액면가})}$

• A기업 : $\frac{100,000}{5} = 20,000$개

• B기업 : $\frac{500,000}{5} = 100,000$개

• C기업 : $\frac{250,000}{0.5} = 500,000$개

• D기업 : $\frac{80,000}{1} = 80,000$개

ㄴ. 주당 순이익은 B−D−A−C 순서로 높다. 이는 주식가격이 높은 순서와 일치한다.

ㄷ. 20,000×4=80,000개

오답분석

ㄱ. •A기업 : $\frac{10,000}{20,000} = 0.5$천 원   •B기업 : $\frac{200,000}{100,000} = 2$천 원

  •C기업 : $\frac{125,000}{500,000} = 0.25$천 원   •D기업 : $\frac{60,000}{80,000} = 0.75$천 원

ㄹ. •A기업 : $\frac{10,000}{100,000} = 0.1$ •B기업 : $\frac{200,000}{500,000} = 0.4$

  •C기업 : $\frac{125,000}{250,000} = 0.5$ •D기업 : $\frac{60,000}{80,000} = 0.75$

PART 2

04

정답 ④

A ~ D의 청년층 정부신뢰율을 구하면 다음과 같다.

- A국가 : $14-6.4=7.6\%$
- B국가 : $35-(-14.1)=49.1\%$
- C국가 : $48.0-(-9.1)=57.1\%$
- D국가 : $82.0-2.0=80.0\%$

이에 따라 첫 번째 조건을 구하면 $7.6\times10<80$이므로 A는 그리스, D는 스위스이다. 또한 두 번째 조건은 B, C의 청년층 정부신뢰율은 전체 국민 정부 신뢰율보다 높으므로 B와 C는 영국과 미국(또는 미국과 영국)이다. 마지막으로 세 번째 조건을 구하면 $80.0\%-30\%=50.0\%$로 미국의 청년층 정부신뢰율은 50% 이하여야 하므로, B는 미국, C는 영국이다.

따라서 A는 그리스, B는 미국, C는 영국, D는 스위스이다.

05

정답 ④

2019년과 2021년의 전체 풍수해 규모에서 대설로 인한 풍수해 규모가 차지하는 비중을 구하면 다음과 같다.

- 2019년 : $\dfrac{480}{7,942}\times100\fallingdotseq6.04\%$

- 2021년 : $\dfrac{113}{1,720}\times100\fallingdotseq6.57\%$

따라서 전체 풍수해 규모에서 대설로 인한 풍수해 규모가 차지하는 비중은 2021년이 2019년보다 크다.

[오답분석]

① 풍수해가 가장 큰 해부터 나열하면 '2014년 – 2020년 – 2019년 – 2018년 – 2017년 – 2015년 – 2022년 – 2021년 – 2016년–2023년' 순이다.

따라서 피해가 3번째로 컸던 해는 2019년이다.

② 제시된 자료를 통해 확인할 수 있다.

③ 2023년 호우로 인한 풍수해 규모의 전년 대비 감소율은 $\dfrac{1,422-12}{1,422}\times100\fallingdotseq99.16\%$이다.

⑤ 2015년과 2023년의 태풍으로 인한 풍수해 규모는 전년보다 증가했지만, 전체 풍수해 규모는 전년보다 감소했다. 그리고 2017년 태풍으로 인한 풍수해 규모는 전년보다 감소했지만, 전체 풍수해 규모는 전년보다 증가했다.

[풀이 꿀팁]

① 순서 전체를 나열하는 문제가 아니라면 필요한 값을 구하기 위한 최선의 선택을 해야 한다. 만약 가장 피해규모가 적었던 해를 구하는 문제하면 적은 순서부터 구하는 방법이 빠르다.

③ 2022년의 호우 풍수해 규모인 1,422의 3%는 $1,422\times0.03\fallingdotseq43$억 원이다. 따라서 97% 이상이다.

06

정답 ⑤

ㄱ. 대도시 간 예상 최대 소요시간의 모든 구간에서 주중이 주말보다 소요시간이 적게 걸림을 알 수 있다.

ㄴ. 주중 전국 교통량 중 수도권에서 지방으로 가는 교통량의 비율은 $\dfrac{42}{380}\times100\fallingdotseq11.1\%$이다.

ㄹ. 서울 – 광주 구간의 주중 소요시간과 서울 – 강릉 구간의 주말 소요시간은 3시간 20분으로 같다.

[오답분석]

ㄷ. 지방에서 수도권으로 가는 주말 예상 교통량은 주중 교통량보다 $\dfrac{52-35}{35}\times100\fallingdotseq45.7\%$ 많다.

07

정답 ③

총 이동자 수 대비 20 ~ 30대 이동자 수 비율은 약 45.4%로 2013년이 가장 높다.

08

전체 유출량이 가장 적은 연도는 2020년이고, 기타를 제외한 선박 종류별 사고 건수 대비 유출량의 비율은 다음과 같다.

- 유조선 : $\dfrac{21}{28}=0.75$

- 화물선 : $\dfrac{49}{68}≒0.72$

- 어선 : $\dfrac{166}{247}≒0.67$

따라서 어선의 사고 건수 대비 유출량이 가장 낮다.

[오답분석]

① 2020년에 사고 건수는 증가하였으나 유출량은 감소하였다.
② 2022년에는 전년 대비 전체 사고 건수는 감소했지만, 유조선 사고 건수는 증가했다. 따라서 전년 대비 비율은 증가하였다.
④ 평균적으로 유조선 사고의 유출량이 가장 많다.
⑤ 2022년에는 유조선의 사고 건수에 대한 비율이 어선보다 낮다.

09

연도별 냉장고별 화재 발생 비율은 다음과 같다.

(단위 : 건)

구분	2019년	2020년	2021년	2022년	2023년
김치냉장고	21	35	44	60	64
일반냉장고	23	24	53	41	49
김치냉장고 비율	47.7%	59.3%	45.4%	59.4%	56.6%
일반냉장고 비율	52.3%	40.7%	54.6%	40.6%	43.4%

따라서 그래프로 옳게 나타낸 것은 ①이다.

10

ㄱ. 수출 품목에서 평판디스플레이의 수출 순위와 수출액의 추이는 2021년 대비 2022의 수출 순위는 올라갔지만(5위 → 4위) 수출액은 감소하였고(288천 억 → 245천 억), 2022년 대비 2023년 수출 순위는 내려갔지만(4위 → 5위) 수출액은 증가하였다 (245천 억 → 262천 억).
   따라서 수출 순위와 수출액은 반비례한다.
ㄹ. 2021년부터 2023년까지의 1위와 3위의 수입액을 비교하면 다음과 같다.
   - 2021년 : 591÷197=3
   - 2022년 : 837÷279=3
   - 2023년 : 705÷235=3
   따라서 수입액 1위는 3위의 3배이다.

[오답분석]

ㄴ. 1위부터 3위 안에 드는 수출 품목은 다음과 같다.
   - 2021년 : 반도체, 선박 부품, 자동차
   - 2022년 : 반도체, 석유, 자동차
   - 2023년 : 반도체, 자동차, 석유
   따라서 2022년과 2023년은 동일하지만, 2021년은 동일하지 않다.
ㄷ. 연도별 수출 품목에서 1위와 2위의 금액 차이는 다음과 같다.
   - 2021년 : 994－428=566천 억
   - 2022년 : 1,252－485=767천 억
   - 2023년 : 938－462=476천 억

수입 품목에서 1위와 2위의 금액 차이는 다음과 같다.

- 2021년 : 591−471=120천 억
- 2022년 : 837−447=390천 억
- 2023년 : 705−473=232천 억

따라서 가장 큰 연도는 2022년으로 수입품목과 수출품목과 동일하나, 가장 작은 연도는 각각 2021년과 2023년으로 동일하지 않다.

11

정답 ③

본인에 대해 아버지가 걱정하는 비율은 27.1%이다.

오답분석

① 아버지가 본인, 아들, 딸에 대해 걱정하는 비율은 각각 27.1%, 77.1%, 89.6%인 반면, 어머니가 본인, 아들, 딸에 대해 걱정하는 비율은 58.4%, 83.4%, 91.1%로, 어머니가 걱정하는 비율이 더 높다.

② 아버지가 아들보다 딸을 걱정하는 비율이 12.5% 더 높고, 어머니가 아들보다 딸을 걱정하는 비율이 7.7% 더 높다.

④ 어머니가 아들과 딸에 대해 걱정하는 비율의 차이는 91.1−83.4=7.7%p이고, 아버지가 아들과 딸에 대해 걱정하는 비율의 차이는 89.6−77.1=12.5%p이다.

⑤ 본인의 범죄피해에 대해 걱정하는 아버지는 27.1%, 걱정하지 않는 아버지는 41.2%이다.

12

정답 ②

2022년도 전체 인구수를 100명으로 가정했을 때, 같은 해 문화예술을 관람한 비율은 60.8%이므로 100×60.8≒61명이다. 61명 중 그해 미술관 관람률은 10.2%이므로 61×0.102≒6명이다.

오답분석

① 문화예술 관람률은 52.4% → 54.5% → 60.8% → 64.5%로 꾸준히 증가하고 있다.

③ 문화예술 관람률이 접근성과 관련이 있다면, 조사기간 동안 가장 접근성이 떨어지는 것은 관람률이 가장 낮은 무용이다.

④ 문화예술 관람률에서 남자보다는 여자가 관람률이 높으며, 고연령층에서 저연령층으로 갈수록 관람률이 높아진다.

⑤ 60세 이상 문화예술 관람률의 2020년 대비 2023년의 증가율은 $\frac{28.9-13.4}{13.4}\times100 ≒ 115.7\%$이므로 100% 이상 증가했다.

풀이 꿀팁

⑤ 자료해석에서 100% 증가하였다는 2배, 200% 증가하였다는 3배 증가하였다는 것이다.

13

정답 ⑤

매우 노력함과 약간 노력함의 비율 합은 다음과 같다.

구분	비율
남성	13.6+43.6=57.2%
여성	23.9+50.1=74.0%
취업	16.5+47.0=63.5%
실업 및 비경제활동	22.0+46.6=68.6%

따라서 여성이 남성보다 비율이 높고, 취업자보다 실업 및 비경제 활동자의 비율이 높다.

오답분석

① '전혀 노력하지 않음'과 '매우 노력함'은 일의 '약간 노력함'과 '별로 노력하지 않음'에 비해 숫자의 크기가 현저히 작음을 알 수 있다.

② 10세 이상 국민들 중 환경오염 방지를 위해 매우 노력하는 사람의 비율이 가장 높은 연령층은 31.3%인 70세 이상이다.

③ 우리나라 국민들 중 환경오염 방지를 위해 전혀 노력하지 않는 사람의 비율이 가장 높은 집단은 6.4%로 20 ~ 29세이다.

④ 20 ~ 29세 연령층에서는 별로 노력하지 않는 사람의 비중이 제일 높다.

14

52시간 이상 일하는 사람이 5% 이상인 업종은 전기 가스 공급업(11.7%), 운수 및 창고업(7.3%), 숙박 및 음식점업(15.5%), 기타 개인 서비스업(5.8%)이다. 이 중 숙박 및 음식점업(1.2%)과 기타 개인 서비스업(1.5%)에서 40시간 미만으로 일하는 사람은 1%를 초과한다.

오답분석

① 대학원 이상 학력의 사람은 40시간 미만 또는 52시간 이상 일하지 않으므로 건설업에 종사하는 사람 중 40시간 미만 또는 52시간 이상의 비율인 $0.4+1.7=2.1\%$는 학력이 대졸 이하이다.

② 전문 서비스업의 총 종사자가 1,000명일 경우 40시간 미만 일하는 근로자는 $1,000\times0.003=3$명이고, 임대 서비스업의 총 종사자가 2,000명일 경우에는 $2,000\times0.027=54$명이다. 따라서 40시간 미만 동안 일하는 근로자는 임대 서비스업이 전문 서비스업 인원의 $\frac{54}{3}=18$배이다.

③ 40시간 미만으로 일하는 사람의 비율이 2% 이상인 업종은 수도 하수 처리업(2.2%), 도매 및 소매업(2.8%), 임대 서비스업(2.7%)이며, 이 업종에서 52시간 이상 일하는 사람의 비율은 각각 1.3%, 4.9%, 1.6%이므로 5% 미만이다.

④ 대졸에서 40시간 이상 일하는 사람의 비율은 $96.9+2=98.9\%$로, 전문대졸에서 40시간 이상 일하는 사람의 비율인 $96+3.5=99.5\%$보다 적다.

15

2022년 E강사의 수강생 만족도는 3.2점이므로 2023년 E강사의 시급은 2022년과 같은 48,000원이다. 2023년 시급과 수강생 만족도를 참고하여 2024년 강사별 시급과 2023년과 2024년의 시급 차이를 구하면 다음과 같다.

구분	2024년 시급	(2024년 시급)－(2023년 시급)
A강사	$55,000(1+0.05)=57,750$원	$57,750-55,000=2,750$원
B강사	$45,000(1+0.05)=47,250$원	$47,250-45,000=2,250$원
C강사	$54,600(1+0.1)=60,060$원 → 60,000원(∵ 시급의 최대)	$60,000-54,600=5,400$원
D강사	$59,400(1+0.05)=62,370$원 → 60,000원(∵ 시급의 최대)	$60,000-59,400=600$원
E강사	48,000원	$48,000-48,000=0$원

따라서 2023년과 2024년 시급 차이가 가장 큰 강사는 C이다.

오답분석

① E강사의 2023년 시급은 48,000원이다.

② 2024년 D강사의 시급과 C강사의 시급은 60,000원으로 같다(∵ 강사가 받을 수 있는 최대 시급 60,000원).

④ 2023년 C강사의 시급 인상률을 a%라고 하면 $52,000\left(1+\dfrac{a}{100}\right)=54,600$ → $520a=2,600$

   $\therefore a=5$

   따라서 2023년 C강사의 시급 인상률은 5%이므로, 수강생 만족도 점수는 4.0점 이상 4.5점 미만이다.

⑤ 2024년 A강사와 B강사의 시급 차이는 $57,750-47,250=10,500$원이다.

01	02	03	04	05	06	07	08	09	10	11	12	13	14	15					
②	④	④	④	②	③	②	④	④	②	③	②	①	①	⑤					

01

정답 ②

각 항을 세 개씩 묶고 각각을 A, B, C라고 하면 다음과 같은 규칙을 갖는다.

$$\underline{A\ B\ C} \rightarrow \frac{B}{A} \times C = 20$$

따라서 ( ) $= 20 \div \frac{20}{2} = 20$이다.

02

정답 ④

각 항은 15^2, 16^2, 17^2, 18^2, …인 수열이다.
따라서 ( ) $= 19^2 = 361$이다.

03

정답 ④

첫 번째 항부터 $+8$, $\times 10$을 번갈아 적용하는 수열이다.
따라서 ( ) $= 9 \times 10 = 90$

04

정답 ④

전개도를 접어 입체도형을 만들었을 때 마주보는 면에 적혀 있는 수의 차이가 일정한 규칙이다. 왼쪽 전개도부터 5, 3, 1이므로 A=7, B=4 또는 6이다.
따라서 A+B의 최솟값은 7+4=11이다.

05

정답 ②

아래로 연결된 두 작은 원을 A, B, 위에 있는 큰 원을 C라 하면, $\frac{A+C}{2} = B$이다.

$$\frac{5+13}{2} = 9, \quad \frac{18+22}{2} = 20, \quad \frac{13+35}{2} = 24, \quad \frac{52+?}{2} = 37$$

따라서 ?=22이다.

06

정답 ③

아래로 연결된 두 작은 원을 A, B 위에 있는 큰 원을 C라 하면, $A^B - A = C$이다.
$1^5 + 1 = 0$, $2^3 - 2 = 6$, $3^4 - 3 = 78$, $4^4 - 4 = 252$
따라서 ?=252이다.

07

A	B
C	D

$\rightarrow A\times D=B+C$

$A\times D$	$B+C$
$9\times 8=72$	$37+35=72$
$12\times 7=84$	$46+38=84$
$13\times 8=104$	$55+?=104$

따라서 ?=49이다.

08

A, B 두 그릇에 처음 들어있는 소금의 양을 구하면 다음과 같다.

· A그릇 : $\dfrac{6}{100}\times 300=18\text{g}$

· B그릇 : $\dfrac{8}{100}\times 300=24\text{g}$

A그릇에서 소금물 100g을 퍼서 B그릇에 옮겨 담으면 옮겨진 소금의 양은 $\dfrac{6}{100}\times 100=6\text{g}$이다

그러므로 B그릇에 들어 있는 소금물은 400g, 소금의 양은 24+6=30g이고 농도는 $\dfrac{24+6}{300+100}=\dfrac{30}{400}$ 이다.

다시 B그릇에서 소금물 80g을 퍼서 A그릇에 옮겨 담으므로 옮겨진 소금의 양은 $80\times\dfrac{30}{400}=6\text{g}$이다.

따라서 A그릇에는 소금물이 280g이 들어있고 소금의 양은 12+6=18g이므로 농도는 $\dfrac{18}{280}\times 100\fallingdotseq 6.4\%$이다.

09

A배가 3시간 동안 간 거리와, A배를 떠난 B배가 x시간 후에 A배를 향하여 출발하여 A배에 돌아왔을 때의 위치가 같다는 점을 이용한다. 이에 따라 A배가 3시간 동안 간 거리는 80×3이고, 3시간 후의 B배의 위치는 x시간 동안 앞으로 갔다가 $(3-x)$시간 동안 뒤로 이동하였으므로, $160x-160(3-x)\text{km}$이다.

따라서 $80\times 3=160x-160(3-x)$인 방정식을 풀면 $x=\dfrac{9}{4}=2\dfrac{1}{4}=2\dfrac{15}{60}$ 이므로, B배는 2시간 15분 후에 A배를 향하여 출발해야 한다.

10

사과의 개수를 x개라고 하자.

$300x+500\times 3\leq 10,000$

$\therefore\ x\leq 28.333\cdots$

따라서 사과는 최대 28개를 살 수 있다.

11

작년 남학생 수는 x명, 작년 여학생 수를 y명이라고 하자.

$x+y=500$ … ㉠

$1.1x+0.8y=490$ … ㉡

㉠과 ㉡을 연립하면

$\therefore\ x=300,\ y=200$

따라서 올해 남학생 수는 $1.1x=1.1\times 300=330$명이다.

12

정답 ②

일의 양을 1이라고 하면 A, B가 하루에 할 수 있는 일의 양은 각각 $\frac{1}{4}$, $\frac{1}{6}$ 이다.

이때 B가 혼자 일한 기간을 x일이라고 하면 다음과 같이 구할 수 있다.

$\frac{1}{4} \times 2 + \frac{1}{6} \times x = 1$

$\therefore x = 3$

따라서 B가 혼자 일하는 기간은 3일이다.

풀이 꿀팁

일률을 구할 때, 처음부터 분모를 통일시켜서 계산하는 것도 좋은 방법이다. $\frac{1}{4}$ 과 $\frac{1}{6}$ 을 각각 $\frac{3}{12}$, $\frac{2}{12}$ 로 놓고 계산하면 $\frac{3}{12} + \frac{2}{12}$ $\times x = 1$이다.

따라서 $x = 3$이다.

13

정답 ①

구입할 수 있는 컴퓨터를 x대라고 하자.

3대까지는 한 대당 100만 원을 지불해야 하므로 80만 원에 구입할 수 있는 컴퓨터는 $(x-3)$대이다.

$100 \times 3 + 80 \times (x-3) \leq 2,750 \rightarrow 80(x-3) \leq 2,450 \rightarrow 80x \leq 2,690$

$\therefore x \leq 33.625$

따라서 컴퓨터는 최대 33대 구입 가능하다.

풀이 꿀팁

역으로 선택지에 값을 문제에 대입하여 구한다.

① $3 \times 100 + 30 \times 80 = 2,700$만 원
② $3 \times 100 + 31 \times 80 = 2,780$만 원
③ $3 \times 100 + 32 \times 80 = 2,860$만 원
④ $3 \times 100 + 33 \times 80 = 2,940$만 원
⑤ $3 \times 100 + 34 \times 80 = 3,020$만 원

14

정답 ①

• 7권의 소설책 중 3권을 선택하는 경우의 수 : $_7C_3 = \frac{7 \times 6 \times 5}{3 \times 2 \times 1} = 35$가지

• 5권의 시집 중 2권을 선택하는 경우의 수 : $_5C_2 = \frac{5 \times 4}{2 \times 1} = 10$가지

따라서 소설책 3권과 시집 2권을 선택하는 경우의 수는 $35 \times 10 = 350$가지이다.

15

정답 ⑤

• 7명의 학생이 원탁에 앉는 경우의 수 : $(7-1)! = 6!$가지
• 7명의 학생 중 여학생 3명이 원탁에 이웃해서 앉는 경우의 수 : $[(5-1)! \times 3!]$가지

따라서 7명의 학생 중 여학생 3명이 원탁에 이웃해서 앉는 확률은 $\frac{4! \times 3!}{6!} = \frac{1}{5}$ 이다.

LG그룹 온라인 인적성검사 답안지

언어이해

문번	1	2	3	4	5
1	①	②	③	④	⑤
2	①	②	③	④	⑤
3	①	②	③	④	⑤
4	①	②	③	④	⑤
5	①	②	③	④	⑤
6	①	②	③	④	⑤
7	①	②	③	④	⑤
8	①	②	③	④	⑤
9	①	②	③	④	⑤
10	①	②	③	④	⑤
11	①	②	③	④	⑤
12	①	②	③	④	⑤
13	①	②	③	④	⑤
14	①	②	③	④	⑤
15	①	②	③	④	⑤

언어추리

문번	1	2	3	4	5
1	①	②	③	④	⑤
2	①	②	③	④	⑤
3	①	②	③	④	⑤
4	①	②	③	④	⑤
5	①	②	③	④	⑤
6	①	②	③	④	⑤
7	①	②	③	④	⑤
8	①	②	③	④	⑤
9	①	②	③	④	⑤
10	①	②	③	④	⑤
11	①	②	③	④	⑤
12	①	②	③	④	⑤
13	①	②	③	④	⑤
14	①	②	③	④	⑤
15	①	②	③	④	⑤

자료해석

문번	1	2	3	4	5
1	①	②	③	④	⑤
2	①	②	③	④	⑤
3	①	②	③	④	⑤
4	①	②	③	④	⑤
5	①	②	③	④	⑤
6	①	②	③	④	⑤
7	①	②	③	④	⑤
8	①	②	③	④	⑤
9	①	②	③	④	⑤
10	①	②	③	④	⑤
11	①	②	③	④	⑤
12	①	②	③	④	⑤
13	①	②	③	④	⑤
14	①	②	③	④	⑤
15	①	②	③	④	⑤

창의수리

문번	1	2	3	4	5
1	①	②	③	④	⑤
2	①	②	③	④	⑤
3	①	②	③	④	⑤
4	①	②	③	④	⑤
5	①	②	③	④	⑤
6	①	②	③	④	⑤
7	①	②	③	④	⑤
8	①	②	③	④	⑤
9	①	②	③	④	⑤
10	①	②	③	④	⑤
11	①	②	③	④	⑤
12	①	②	③	④	⑤
13	①	②	③	④	⑤
14	①	②	③	④	⑤
15	①	②	③	④	⑤

교시장

성 명

수 험 번 호

⓪	①	②	③	④	⑤	⑥	⑦	⑧	⑨
⓪	①	②	③	④	⑤	⑥	⑦	⑧	⑨
⓪	①	②	③	④	⑤	⑥	⑦	⑧	⑨
⓪	①	②	③	④	⑤	⑥	⑦	⑧	⑨
⓪	①	②	③	④	⑤	⑥	⑦	⑧	⑨
⓪	①	②	③	④	⑤	⑥	⑦	⑧	⑨
⓪	①	②	③	④	⑤	⑥	⑦	⑧	⑨

감독위원 확인

인

LG그룹 온라인 인적성검사 답안지

고사장

성 명

수험번호

⓪	⓪	⓪	⓪	⓪	⓪	⓪
①	①	①	①	①	①	①
②	②	②	②	②	②	②
③	③	③	③	③	③	③
④	④	④	④	④	④	④
⑤	⑤	⑤	⑤	⑤	⑤	⑤
⑥	⑥	⑥	⑥	⑥	⑥	⑥
⑦	⑦	⑦	⑦	⑦	⑦	⑦
⑧	⑧	⑧	⑧	⑧	⑧	⑧
⑨	⑨	⑨	⑨	⑨	⑨	⑨

감독위원 확인

(인)

언어이해

문번	1	2	3	4	5
1	①	②	③	④	⑤
2	①	②	③	④	⑤
3	①	②	③	④	⑤
4	①	②	③	④	⑤
5	①	②	③	④	⑤
6	①	②	③	④	⑤
7	①	②	③	④	⑤
8	①	②	③	④	⑤
9	①	②	③	④	⑤
10	①	②	③	④	⑤
11	①	②	③	④	⑤
12	①	②	③	④	⑤
13	①	②	③	④	⑤
14	①	②	③	④	⑤
15	①	②	③	④	⑤

언어추리

문번	1	2	3	4	5
1	①	②	③	④	⑤
2	①	②	③	④	⑤
3	①	②	③	④	⑤
4	①	②	③	④	⑤
5	①	②	③	④	⑤
6	①	②	③	④	⑤
7	①	②	③	④	⑤
8	①	②	③	④	⑤
9	①	②	③	④	⑤
10	①	②	③	④	⑤
11	①	②	③	④	⑤
12	①	②	③	④	⑤
13	①	②	③	④	⑤
14	①	②	③	④	⑤
15	①	②	③	④	⑤

자료해석

문번	1	2	3	4	5
1	①	②	③	④	⑤
2	①	②	③	④	⑤
3	①	②	③	④	⑤
4	①	②	③	④	⑤
5	①	②	③	④	⑤
6	①	②	③	④	⑤
7	①	②	③	④	⑤
8	①	②	③	④	⑤
9	①	②	③	④	⑤
10	①	②	③	④	⑤
11	①	②	③	④	⑤
12	①	②	③	④	⑤
13	①	②	③	④	⑤
14	①	②	③	④	⑤
15	①	②	③	④	⑤

창의수리

문번	1	2	3	4	5
1	①	②	③	④	⑤
2	①	②	③	④	⑤
3	①	②	③	④	⑤
4	①	②	③	④	⑤
5	①	②	③	④	⑤
6	①	②	③	④	⑤
7	①	②	③	④	⑤
8	①	②	③	④	⑤
9	①	②	③	④	⑤
10	①	②	③	④	⑤
11	①	②	③	④	⑤
12	①	②	③	④	⑤
13	①	②	③	④	⑤
14	①	②	③	④	⑤
15	①	②	③	④	⑤

LG그룹 온라인 인적성검사 답안지

언어이해

문번	1	2	3	4	5
1	①	②	③	④	⑤
2	①	②	③	④	⑤
3	①	②	③	④	⑤
4	①	②	③	④	⑤
5	①	②	③	④	⑤
6	①	②	③	④	⑤
7	①	②	③	④	⑤
8	①	②	③	④	⑤
9	①	②	③	④	⑤
10	①	②	③	④	⑤
11	①	②	③	④	⑤
12	①	②	③	④	⑤
13	①	②	③	④	⑤
14	①	②	③	④	⑤
15	①	②	③	④	⑤

언어추리

문번	1	2	3	4	5
1	①	②	③	④	⑤
2	①	②	③	④	⑤
3	①	②	③	④	⑤
4	①	②	③	④	⑤
5	①	②	③	④	⑤
6	①	②	③	④	⑤
7	①	②	③	④	⑤
8	①	②	③	④	⑤
9	①	②	③	④	⑤
10	①	②	③	④	⑤
11	①	②	③	④	⑤
12	①	②	③	④	⑤
13	①	②	③	④	⑤
14	①	②	③	④	⑤
15	①	②	③	④	⑤

자료해석

문번	1	2	3	4	5
1	①	②	③	④	⑤
2	①	②	③	④	⑤
3	①	②	③	④	⑤
4	①	②	③	④	⑤
5	①	②	③	④	⑤
6	①	②	③	④	⑤
7	①	②	③	④	⑤
8	①	②	③	④	⑤
9	①	②	③	④	⑤
10	①	②	③	④	⑤
11	①	②	③	④	⑤
12	①	②	③	④	⑤
13	①	②	③	④	⑤
14	①	②	③	④	⑤
15	①	②	③	④	⑤

창의수리

문번	1	2	3	4	5
1	①	②	③	④	⑤
2	①	②	③	④	⑤
3	①	②	③	④	⑤
4	①	②	③	④	⑤
5	①	②	③	④	⑤
6	①	②	③	④	⑤
7	①	②	③	④	⑤
8	①	②	③	④	⑤
9	①	②	③	④	⑤
10	①	②	③	④	⑤
11	①	②	③	④	⑤
12	①	②	③	④	⑤
13	①	②	③	④	⑤
14	①	②	③	④	⑤
15	①	②	③	④	⑤

교시장

성 명

수 험 번 호

⓪	①	②	③	④	⑤	⑥	⑦	⑧	⑨
⓪	①	②	③	④	⑤	⑥	⑦	⑧	⑨
⓪	①	②	③	④	⑤	⑥	⑦	⑧	⑨
⓪	①	②	③	④	⑤	⑥	⑦	⑧	⑨
⓪	①	②	③	④	⑤	⑥	⑦	⑧	⑨
⓪	①	②	③	④	⑤	⑥	⑦	⑧	⑨
⓪	①	②	③	④	⑤	⑥	⑦	⑧	⑨

감독위원 확인

인

※ 절취선을 따라 분리하여 실제 시험과 같이 사용하면 더욱 효과적입니다.

LG그룹 온라인 인적성검사 답안지

교시장

성명

수험번호

⓪	⓪	⓪	⓪	⓪	⓪	⓪
①	①	①	①	①	①	①
②	②	②	②	②	②	②
③	③	③	③	③	③	③
④	④	④	④	④	④	④
⑤	⑤	⑤	⑤	⑤	⑤	⑤
⑥	⑥	⑥	⑥	⑥	⑥	⑥
⑦	⑦	⑦	⑦	⑦	⑦	⑦
⑧	⑧	⑧	⑧	⑧	⑧	⑧
⑨	⑨	⑨	⑨	⑨	⑨	⑨

감독위원 확인 (인)

언어이해

문번	1	2	3	4	5
1	①	②	③	④	⑤
2	①	②	③	④	⑤
3	①	②	③	④	⑤
4	①	②	③	④	⑤
5	①	②	③	④	⑤
6	①	②	③	④	⑤
7	①	②	③	④	⑤
8	①	②	③	④	⑤
9	①	②	③	④	⑤
10	①	②	③	④	⑤
11	①	②	③	④	⑤
12	①	②	③	④	⑤
13	①	②	③	④	⑤
14	①	②	③	④	⑤
15	①	②	③	④	⑤

언어추리

문번	1	2	3	4	5
1	①	②	③	④	⑤
2	①	②	③	④	⑤
3	①	②	③	④	⑤
4	①	②	③	④	⑤
5	①	②	③	④	⑤
6	①	②	③	④	⑤
7	①	②	③	④	⑤
8	①	②	③	④	⑤
9	①	②	③	④	⑤
10	①	②	③	④	⑤
11	①	②	③	④	⑤
12	①	②	③	④	⑤
13	①	②	③	④	⑤
14	①	②	③	④	⑤
15	①	②	③	④	⑤

자료해석

문번	1	2	3	4	5
1	①	②	③	④	⑤
2	①	②	③	④	⑤
3	①	②	③	④	⑤
4	①	②	③	④	⑤
5	①	②	③	④	⑤
6	①	②	③	④	⑤
7	①	②	③	④	⑤
8	①	②	③	④	⑤
9	①	②	③	④	⑤
10	①	②	③	④	⑤
11	①	②	③	④	⑤
12	①	②	③	④	⑤
13	①	②	③	④	⑤
14	①	②	③	④	⑤
15	①	②	③	④	⑤

창의수리

문번	1	2	3	4	5
1	①	②	③	④	⑤
2	①	②	③	④	⑤
3	①	②	③	④	⑤
4	①	②	③	④	⑤
5	①	②	③	④	⑤
6	①	②	③	④	⑤
7	①	②	③	④	⑤
8	①	②	③	④	⑤
9	①	②	③	④	⑤
10	①	②	③	④	⑤
11	①	②	③	④	⑤
12	①	②	③	④	⑤
13	①	②	③	④	⑤
14	①	②	③	④	⑤
15	①	②	③	④	⑤

LG그룹 온라인 인적성검사 답안지

언어이해

문번	1	2	3	4	5
1	①	②	③	④	⑤
2	①	②	③	④	⑤
3	①	②	③	④	⑤
4	①	②	③	④	⑤
5	①	②	③	④	⑤
6	①	②	③	④	⑤
7	①	②	③	④	⑤
8	①	②	③	④	⑤
9	①	②	③	④	⑤
10	①	②	③	④	⑤
11	①	②	③	④	⑤
12	①	②	③	④	⑤
13	①	②	③	④	⑤
14	①	②	③	④	⑤
15	①	②	③	④	⑤

언어추리

문번	1	2	3	4	5
1	①	②	③	④	⑤
2	①	②	③	④	⑤
3	①	②	③	④	⑤
4	①	②	③	④	⑤
5	①	②	③	④	⑤
6	①	②	③	④	⑤
7	①	②	③	④	⑤
8	①	②	③	④	⑤
9	①	②	③	④	⑤
10	①	②	③	④	⑤
11	①	②	③	④	⑤
12	①	②	③	④	⑤
13	①	②	③	④	⑤
14	①	②	③	④	⑤
15	①	②	③	④	⑤

자료해석

문번	1	2	3	4	5
1	①	②	③	④	⑤
2	①	②	③	④	⑤
3	①	②	③	④	⑤
4	①	②	③	④	⑤
5	①	②	③	④	⑤
6	①	②	③	④	⑤
7	①	②	③	④	⑤
8	①	②	③	④	⑤
9	①	②	③	④	⑤
10	①	②	③	④	⑤
11	①	②	③	④	⑤
12	①	②	③	④	⑤
13	①	②	③	④	⑤
14	①	②	③	④	⑤
15	①	②	③	④	⑤

창의수리

문번	1	2	3	4	5
1	①	②	③	④	⑤
2	①	②	③	④	⑤
3	①	②	③	④	⑤
4	①	②	③	④	⑤
5	①	②	③	④	⑤
6	①	②	③	④	⑤
7	①	②	③	④	⑤
8	①	②	③	④	⑤
9	①	②	③	④	⑤
10	①	②	③	④	⑤
11	①	②	③	④	⑤
12	①	②	③	④	⑤
13	①	②	③	④	⑤
14	①	②	③	④	⑤
15	①	②	③	④	⑤

고사장

성 명

수 험 번 호

⓪	①	②	③	④	⑤	⑥	⑦	⑧	⑨
⓪	①	②	③	④	⑤	⑥	⑦	⑧	⑨
⓪	①	②	③	④	⑤	⑥	⑦	⑧	⑨
⓪	①	②	③	④	⑤	⑥	⑦	⑧	⑨
⓪	①	②	③	④	⑤	⑥	⑦	⑧	⑨
⓪	①	②	③	④	⑤	⑥	⑦	⑧	⑨
⓪	①	②	③	④	⑤	⑥	⑦	⑧	⑨

감독위원 확인

인

※ 절취선을 따라 분리하여 실제 시험과 같이 사용하면 더욱 효과적입니다.

LG그룹 온라인 인적성검사 답안지

고사장

성명

수험번호

감독위원 확인

인

언어이해

문번	1	2	3	4	5
1	①	②	③	④	⑤
2	①	②	③	④	⑤
3	①	②	③	④	⑤
4	①	②	③	④	⑤
5	①	②	③	④	⑤
6	①	②	③	④	⑤
7	①	②	③	④	⑤
8	①	②	③	④	⑤
9	①	②	③	④	⑤
10	①	②	③	④	⑤
11	①	②	③	④	⑤
12	①	②	③	④	⑤
13	①	②	③	④	⑤
14	①	②	③	④	⑤
15	①	②	③	④	⑤

언어추리

문번	1	2	3	4	5
1	①	②	③	④	⑤
2	①	②	③	④	⑤
3	①	②	③	④	⑤
4	①	②	③	④	⑤
5	①	②	③	④	⑤
6	①	②	③	④	⑤
7	①	②	③	④	⑤
8	①	②	③	④	⑤
9	①	②	③	④	⑤
10	①	②	③	④	⑤
11	①	②	③	④	⑤
12	①	②	③	④	⑤
13	①	②	③	④	⑤
14	①	②	③	④	⑤
15	①	②	③	④	⑤

자료해석

문번	1	2	3	4	5
1	①	②	③	④	⑤
2	①	②	③	④	⑤
3	①	②	③	④	⑤
4	①	②	③	④	⑤
5	①	②	③	④	⑤
6	①	②	③	④	⑤
7	①	②	③	④	⑤
8	①	②	③	④	⑤
9	①	②	③	④	⑤
10	①	②	③	④	⑤
11	①	②	③	④	⑤
12	①	②	③	④	⑤
13	①	②	③	④	⑤
14	①	②	③	④	⑤
15	①	②	③	④	⑤

창의수리

문번	1	2	3	4	5
1	①	②	③	④	⑤
2	①	②	③	④	⑤
3	①	②	③	④	⑤
4	①	②	③	④	⑤
5	①	②	③	④	⑤
6	①	②	③	④	⑤
7	①	②	③	④	⑤
8	①	②	③	④	⑤
9	①	②	③	④	⑤
10	①	②	③	④	⑤
11	①	②	③	④	⑤
12	①	②	③	④	⑤
13	①	②	③	④	⑤
14	①	②	③	④	⑤
15	①	②	③	④	⑤

**2024 하반기 시대에듀 All-New LG그룹
온라인 인적성검사
최신기출유형 + 모의고사 5회 + 무료LG특강**

개정27판1쇄 발행	2024년 08월 20일 (인쇄 2024년 06월 13일)
초 판 발 행	2011년 03월 25일 (인쇄 2011년 03월 03일)
발 행 인	박영일
책 임 편 집	이해욱
편 저	SDC(Sidae Data Center)
편 집 진 행	안희선 · 윤지원
표지디자인	김지수
편집디자인	양혜련 · 장성복
발 행 처	(주)시대고시기획
출 판 등 록	제10-1521호
주 소	서울시 마포구 큰우물로 75 [도화동 538 성지 B/D] 9F
전 화	1600-3600
팩 스	02-701-8823
홈 페 이 지	www.sdedu.co.kr

I S B N	979-11-383-7362-3 (13320)
정 가	23,000원

※ 이 책은 저작권법의 보호를 받는 저작물이므로 동영상 제작 및 무단전재와 배포를 금합니다.
※ 잘못된 책은 구입하신 서점에서 바꾸어 드립니다.

LG그룹

온라인 인적성검사

최신기출유형+모의고사 5회
+무료LG특강

최신 출제경향 전면 반영

대기업 인적성 "기출이 답이다" 시리즈

역대 기출문제와 주요기업 기출문제를 한 권에! 합격을 위한

Only Way!

대기업 인적성 "봉투모의고사" 시리즈

실제 시험과 동일하게 마무리! 합격으로 가는

Last Spurt!

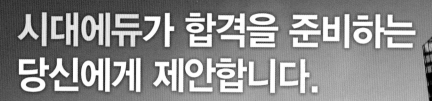

시대에듀가 합격을 준비하는
당신에게 제안합니다.

결심하셨다면 지금 당장 실행하십시오.
시대에듀와 함께라면 문제없습니다.

성공의 기회!
시대에듀를 잡으십시오.

NEXT STEP!

기회란 포착되어 활용되기 전에는 기회인지조차 알 수 없는 것이다. — 마크 트웨인 —